典型国家和地区政府预算制度研究丛书

中国财政发展协同创新中心、中央财经大学政府预算管理研究所资助项目

丛书主编／李 燕

法国政府预算制度

吴亚萍／编著

中国财经出版传媒集团

经济科学出版社

Economic Science Press

《典型国家和地区政府预算制度研究丛书》

编委会成员

顾　　问：姜维壮　李保仁　汤贡亮　李俊生

主　　任：马海涛

副 主 任：李　燕

委　　员：白彦锋　樊　勇　肖　鹏　何　杨　任　强
　　　　　宋立岩　李小荣　汪　昊　曾康华　乔志敏
　　　　　高　萍　蔡　昌　王文静

丛书主编：李　燕

丛书总序

从世界范围来看，现代预算制度的产生发展历程与现代法治国家的建设如影随形，预算是控制和制约政府权力扩张的重要手段。从形式上看，政府预算是经过法定程序批准的、具有法律效力的政府年度财政收支计划，但从其实质而言，是社会公众对政府权力进行"非暴力的制度控制"的有效途径。同时，由于预算还决定着对有限的公共资源在不同利益主体之间如何分配的问题，因而，预算过程中也充满了各种利益集团为争夺有限预算资源的政治博弈。预算过程为各利益集团及公众提供了一个相对开放的平台和渠道，使他们可以通过法定的程序提出自己的预算诉求，了解预算配置的信息，监督预算资源的使用及政府承诺的兑现。因此，预算是实现政府自我约束和立法机构外部控制的重要制度安排与机制。

随着中国公共财政框架体系的逐步建立和完善，预算在保证政府对有限公共资源的配置及使用上的合规有效，强化人大对各部门、各单位使用财政资金的控制功能方面，正在发挥着越来越重要的作用。我国自2000年以来将财政改革及公共财政框架体系的建设聚焦于支出管理后，围绕预算制度的改革与创新就从未间断过：如部门综合预算改革旨在细化预算编制，实现部门预算的完整性；政府采购制度改革旨在将政府的支出管理纳入"公开、公平、公正"的轨道，杜绝黑箱操作；国库集中收付制度改革旨在提升财政部门对预算资金收支流的控制功能，防止财政资金被截留挪用和提高其使用效率；预算外资金管理改革旨在将完整的政府收支纳入财政管理和社会监督视野；政府收支分类改革旨在使政府每一项支出通过功能和经济分类得到"多维定位"，以清晰的反映支出最终去向等。党的十八大以来，党和国家的重要会议、重要文件中均密集涉及政府预算问题，特别是从党的十八大报告中提出的"加强对政府全口径预算决算的审查和监督"到党的十八届三中全会《中共中央关于全面深化改革若干重大问题的决定》中提出的"实施全面规范、公开透明的预算制度"，再到历经十年修订历程于2015年1月1日起正式实施的新修订的预算法，直至党的十九大进一步提出"建立全面规范透明、标准科学、约束有力的预算制度，全面实施绩效管理"等，可以说，预算改革已经成为中国当前行政体制改革、财政体制改革的关键突破口，引起了决策层的高度关注。

从理论研究而言，近十年来中国的政府预算研究也呈现出"百花齐放"的繁荣景象。政府预算突破了传统财政学的研究范畴，政治学、社会学、法学、行政管理学等学科纷纷从各自的研究视角加大对政府预算的研究，跨学科的研究视角和国际化的研究视野也有力地推动了政府预算研究的广度和深度。

西方国家现代预算制度作为政府治理的重要手段，其建立与完善走过了几百年的历史，经历了新兴资产阶级力量与落后王权力量的斗争过程，以及暴力式的革命路径和非暴力式的改良路径。一个国家预算制度的选择与该国的政治体制、政党政治、经济体制、经济发展阶段、历史文化等环境因素密切相关，各国预算制度的优化也始终与政府改革、政府效率的提高紧密联系在一起，但在发展与改革过程中越来越清晰的是预算已逐渐成为社会公众和立法机构控制约束政府权力扩张的有效工具，是给权力戴上"紧箍咒"的重要载体。

他山之石，可以攻玉。编纂《典型国家和地区政府预算制度研究》丛书的根本目的，在于全面、完整、系统的提供典型国家及地区预算管理的做法，归纳典型国家与地区在建立现代预算制度过程中的成功经验与教训，为预算理论及实际工作者了解他国及地区现代预算制度的建立历程、管理模式、关键改革等提供文献资料及经验借鉴，同时也可以为我国建立起现代预算制度提供参考依据。因此，本丛书定位于具有决策参考价值和研究文献价值的专辑，目的不在于说教，而在于为决策者和理论与实际工作者提供一种选择和借鉴的可能。我们也希望本丛书的出版与问世能引起各界和决策层对政府预算的广泛关注，为我国现代预算管理制度的建设与完善，为建设法治中国添砖加瓦。

《典型国家和地区政府预算制度研究》丛书选择了俄罗斯、美国、英国、澳大利亚（俄罗斯、美国、英国、澳大利亚、日本、印度等卷已出版）、法国、德国、加拿大等国家和港澳台地区，内容根据各国和地区的特点，侧重梳理介绍其政府预算管理制度，主要包括组织体系、管理流程、管理制度、监督机制、法律法规以及预算改革的趋势等相关内容，重在诠释各国预算管理的基本事实和最新改革动态，力图总结出可供我国借鉴之处。

本丛书是依托中央财经大学中国财政发展协同创新中心和政府预算管理研究所的力量组织编著的。中央财经大学政府预算研究团队集合了国内外高校、研究机构、实务部门构成的专兼职研究人员，主要从事政府预算管理理论与政策的研究，研究范围涉及政府预算理论、财政信息公开与透明度、预算监督与预算法治化、政府会计与政府财务报告、中期财政规划等。研究团队还紧跟国际预算理论发展与我国政府预算管理改革动态，借鉴国际经验，加强对政府预算理论、预算政策、预算制度和预算程序以及中外预算的比较研究。研究团队的特色定位于倡导问题导向型的研究模式，强调研究成果的决策实用价值；随着学科交叉与融合，提倡对政府预算进行跨学科研究；推动研究方法的创新，提倡对政府预算问题开展实证研究。研究团队在运作模式上，提倡"学研一体"的运作模式，以期将科学研究与人才培养工作结合起来。

丛书编写主要基于各国政府相关部门网站、政府预算报告、最新立法及政策方案、各种统计年报等所载大量一手资料和有关文献编纂而成，力图尽可能客观地反映各国的政府预算制度体系及改革近况。但是，由于受各种因素及语言局限在资料收集上存在一定的难度，该套丛书还存在一些缺憾与疏漏，希望广大读者理解，也欢迎批评指正，以利于我们不断总结，逐渐扩大丛书所涉国家及地区的范围，为广大读者提供更多更好地开展预算研究与指导实践的书籍。

丛书编委会
二〇一七年九月

前　言

管理国家政府预算意味着对国家政策和发展的大方向进行财务决策，其管理方式也直接影响着国家财政预算执行的效果：我们要追寻什么目标？以怎样的方式去实现？如何衡量实际的效果？怎样在实现这些目标的同时使成本效益最优化？哪些方面的支出是应该被优先考虑的？2006年之前的法国政府预算制度无法很好地回答以上问题。

法国公共财政的历史与政治史密切相关，历史上的多次危机也都有其财政起源。在旧制度下，国王与议会之间的较量大多与税制有关。公共财政法的变革也真实地反映了政治史的情况。第三共和国的预算程序是议会权利的体现。相反，在第五共和国初期，由于行政权占据主导，在1959年1月2日，具有《财政法组织法》性质的法令才得以通过，对财政法进行了重组。这一法令在2005年前一直有效。由议会牵头的、2001年投票通过、2006年开始实施的新《财政法组织法》（LOLF），对国家预算的结构、编制、执行、监督和绩效管理进行了深入的改革。它的显著特点是给予议会在预算投票和预算监督上更大的权力，加强了财政预算的透明度。同时，它明确了以绩效为导向的财政预算制度，将国家的行动进行绩效监测。

目前，我国正处于政府预算制度改革的重要时期，预算管理、中期预算编制、预算执行的规范、全面的绩效管理、预算透明度以及地方政府预算管理，都是主要研究与探索的重要课题。法国2001年《财政法组织法》对政府预算管理进行了深入改革，其逐渐成熟的改革和实践经验对我国当前的政府预算制度改革具有诸多可借鉴之处。

本书先从总体框架入手，介绍了法国政府预算管理体制、收支状况、法律法规和重要原则等，再对法国政府预算管理的各个环节进行梳理。具体来说，本书包括十一章内容。第一章介绍了法国的政治经济发展中的财经状况和政策、国家体制和管理架构及权责，以及各方权利的相互制衡。第二章引出法国政府财政预算管理概况，包括公共财政部门结构及权责、法国的预算管理体制、财政预算收支，以及财政法律法规。第三章介绍了法国预算编制的原则、预算的编制、预算的审批，以及预算编制中的重要法律控制。第四章、第五章分别梳理了法国政府预算的执行和多年规划及其三年预算制度。第六章为法国社会保障预算专题。第七章介绍法国国库管理制度。第八章则介绍了法国政府会计管理，包括政府会计的改革、会计工作、公共会计网络、公共部门会计委员会以及政府会计准则。第九章分析了法国政府预算透明度，从国际标准入手，到法国预算信息公开的法律依据、途径和方式；之后又分析了法国预算和账目的透明度，行政监控透明度以及透明度与公共政策评估的关系；最后展示了国际预算伙伴关系2015年调查中的法国预算透明度的状况。第十章介绍了法国政府预算的多重监督系统。第十一章则介绍了法国地方政府预算，包括地方政府体制、地方政府收支、与中央的财政关系、地方政府预算准则、编制和执行。

本书的编著者吴亚萍，曾在法国攻读经济学本、硕、博士学位，对法国的经济与财政状况比较了解，在本书编著的过程中，翻译并整理了大量的法文原始资料。本书的编著过程中，也得到了西南财经大学财政税务学院几位老师的指导和建议以及参与编写。本书参与编写人员的具体贡献如下：吴亚萍（南京审计大学经济与金融研究院）独立编写了第一章、第二章、第三章、第五章、第六章和第九章。吴亚萍和卫伴伊（西南财经大学财政税务学院）共同编写了第四章和第八章。李建军（西南财经大学财政税务学院）、梁远川（西南财经大学财政税务学院）和吴亚萍共同编写了第七章。李建军、余秋莹（西南财经大学财政税务学院）和吴亚萍共同编写了第十章。吴亚萍和陈隆近（西南财经大学财政税务学院）共同编写了第十一章。

本书为中央财经大学政府预算管理研究所组织编写的《典型国家和地区政府预算制度研究丛书》中的分册之一，也是中央财经大学李燕教授主持的国家社会科学基金重点项目"建设现代预算制度研究——基于制约和监督权力运行的研究视角"（14AZD022）和中央财经大学重大科研培育项目"国家治理能力提升下的政府施政行为规范研究"的阶段性成果。

在本书的写作过程中，得到了许多支持和帮助，对本书的框架结构、内容组织、语言文字提出了许多宝贵的意见和建议，包括中央财经大学政府预算管理研究所所长及丛书主编李燕教授、西南财经大学财政税务学院的陈隆近副教授与李建军教授、北京联合大学商务学院的刘立国副教授以及黄胜端、黄胜强、吴文洁、林代潇潇等，在此一一表示深深的感谢！此外，法国友人Marie - Noele Bonnes，Marie - Thérèse Garcia和Robert Garcia，给本书推荐了法国财政预算的相关网站，经济科学出版社刘颖编辑为本书的顺利出版付出了很多辛苦，在此也一并深表感谢！最后，也感谢我的父亲和母亲在本书的编写过程中给予的鼓励和支持。

本书的编写主要基于编著者对法国的原始法文书籍资料、原始法律文件以及与法国财政预算相关的各大官方网站上原始资料的翻译和整理，并且参考、小结和整理了国内关于法国政治经济、法国政府和国际政府预算制度的相关论文、著作及译作，旨在使国内读者对法国政府预算制度有一个全面而具体的了解。这些原始资料和书籍为本书的编纂提供了基础。因时间、精力、专业和能力所限，本书还有不尽如人意之处，恳请各位专家和读者不吝赐教，提出宝贵意见，以供我们进一步修改、完善和提高。

吴亚萍

二〇一七年九月

目　　录

第一章　法国政治经济体制 / 1

　　第一节　法国政治经济发展中的财经政策概况 / 2
　　第二节　法国国家管理架构及权责 / 7

第二章　法国政府财政预算管理概况 / 26

　　第一节　法国公共财政部门及权责 / 27
　　第二节　法国的预算管理体制 / 36
　　第三节　法国的财政预算收支 / 41
　　第四节　法国的财政法律法规 / 50

第三章　法国政府预算编制 / 63

　　第一节　预算编制的原则 / 64
　　第二节　预算的编制 / 76
　　第三节　预算的审批 / 84
　　第四节　预算编制中的重要法律控制 / 90

第四章　法国政府预算执行 / 93

　　第一节　预算执行的主体 / 94
　　第二节　预算执行的程序 / 99
　　第三节　预算执行的预测跟踪 / 101
　　第四节　预算执行中的调整 / 103
　　第五节　预算执行的绩效管理 / 106
　　第六节　决算 / 110

第五章　法国多年规划及其三年预算制度 / 114

　　第一节　法国多年规划及其三年预算的

　　　　　实施背景及法律依据 / 115
　　第二节　多年规划及其三年预算的参与机制 / 120
　　第三节　法国多年规划及其三年预算的编制 / 125
　　第四节　多年规划及其三年预算的实施与监督 / 133
　　第五节　法国多年规划及三年预算的
　　　　　成效及经验借鉴 / 136
　　附件一　法国的《稳定规划》/ 139
　　附件二　法国的《公共财政规划法》各法案及其三年预算 / 143

第六章　法国社会保障预算 / 155

　　第一节　法国社会保障制度 / 156
　　第二节　《社会保障筹资法》及其《组织法》/ 162
　　第三节　从《社会保障筹资法》的准备到上交国民议会 / 163
　　第四节　社会保障收入与支出 / 168
　　第五节　社会保障预算的绩效管理 / 171

第七章　法国国库管理制度 / 173

　　第一节　法国国库管理概述 / 174
　　第二节　国库管理重要机构 / 177
　　第三节　法国国库现金管理 / 182

第八章　法国政府会计管理 / 188

　　第一节　法国政府会计的改革 / 189
　　第二节　政府的会计工作 / 192
　　第三节　法国公共会计网络 / 194
　　第四节　公共部门会计准则委员会 / 195
　　第五节　法国政府会计准则 / 197

第九章　法国政府预算公开与透明度 / 208

　　第一节　预算透明度的国际标准：信息的发布 / 209
　　第二节　法国政府预算信息公开的法律依据、途径和方式 / 211
　　第三节　预算与账目透明度 / 212
　　第四节　行政监控透明度：政治权力的透明度 / 216
　　第五节　透明度与公共政策评估：破译和辨认 / 217
　　第六节　审计法院：促进公民对信息的掌握 / 218
　　第七节　国际预算伙伴关系2015年
　　　　　调查中的法国预算透明度 / 220

第十章　法国政府预算监督 / 222

　　第一节　议会监督 / 223
　　第二节　内部监督 / 227
　　第三节　审计监督 / 234

第十一章　法国地方政府预算 / 247

　　第一节　法国地方政府体制 / 248
　　第二节　法国的地方政府收支 / 254
　　第三节　中央与地方之间的财政预算关系 / 262
　　第四节　地方政府预算准则 / 264
　　第五节　地方政府预算编制 / 266
　　第六节　地方政府预算执行 / 284

参考文献 / 298

第一章

法国政治经济体制

■ 本章导读

  一国预算制度与其权利分配紧密联系，立法者的立法行为必须遵循"具有《宪法》价值的原则"。本章首先简要梳理了法国政治与经济发展中的财经状况与政策，接着介绍了1958年法国《宪法》及其2014年加强版下法国的国体、管理架构以及总统、总理、政府、两院议会、宪法委员会和审计法院的权责，以及各方权力的相互制衡。

第一节　法国政治经济发展中的财经政策概况

一、政治发展中的财政与经济政策

公元 10 世纪，法国初步形成封建社会。13 世纪，随着城市与商业的发展，商人和行政官员成为新兴资产阶级的代表。1337～1453 年，法国经历了长达一百多年的英法战争。15 世纪末到 16 世纪初，法国形成中央集权国家。17 世纪中叶，"太阳王"路易十四将法国君主专制的社会推向鼎盛。1789 年，法国资产阶级大革命爆发，其起因是国家的财政和政治问题以及经济危机。贵族和资产阶级地主不愿意改变当时的封建体系以及它复杂的税负制度。又由于 1756～1763 年的"七年战争"与之后与英国的竞争，到 18 世纪 80 年代，国家债务已经占国家税收的一半以上。政府陷入了严重的信贷危机和信任危机。1789 年 7 月 14 日，巴士底狱被攻占。1789 年 8 月 26 日表决通过了《人权与公民权宣言》，在历史上第一次宣布了"自由、平等、博爱"等基本原则。法国人民抛弃了君主政体的一切机构，开启了三权分立的局面：议会具有立法权；国王保留行政权；司法权完全独立于另外两种权利。

1958 年，戴高乐将军建立第五共和国，扩大了总统权力，议会在宪法的结构中排在共和国总统和政府之后，处于次要的地位。议会具有立法权、通过财政预算权和对政府的监督权。1958 年，《宪法》规定议会例会每年举行两次，第一次例会为秋季例会，专门用来审议财政年度预算；第二次例会为春季例会，专门用来讨论和通过法律草案和立法提案。

法国历届总统和政府在进行政治和社会改革、促进法国国民经济、社会治理方面采取了一系列措施。在政治改革方面，通常围绕议会的换届选举、分化重组、行政部门与议会的关系、总统、政府和议会的权利、总统与政府工作的透明度、官僚机构运行机制、精简总统府办事机构工作人员、实行地方权利下放、加强地方行政效率等。

在促进经济方面，根据不同时期国际与国内的经济环境，历届总统和其政府采取了一系列应对措施，其中包括节约开支、改革税制、增减税收、减少财政年度的预算赤字；发行国债、提高利率、控制银行贷款、扩大就业、减低失业率、控制工业品价格、制止通货膨胀、资本重组、产业结构调整；以及制定经济和财政计划、改革最低工资制度、扩大总需求等。

尼古拉·萨科齐 2007 年当选总统时正是金融危机前夕，菲永政府采取了一系列财政和金融监管措施，取得了不错的成效，却造成了财政赤字和公债增加。于是，政府又采取了一系列的财政紧缩计划、政策和措施，如精简国家机构的经费和人员编制，提高增值税和取消大部分税务优惠，开征高收入人群的附加税等。①

在社会治理方面，历届总统和其政府围绕完善社会保障制度、与失业做斗争、加强社会凝聚力等方面进行改革。吉斯卡尔·德斯坦执政期间将社会保障制度普及化，减低体力劳动者的退休年龄。弗朗索瓦·密朗特执政期间增加劳动者权利、利用社会财富再分配（财产税）减缓贫富差距。巴拉迪尔政府曾改革医疗保险制度、减轻中小企业负担。德维尔潘政府当时的主要工作也是解决就业问题和经济问题。但社会保障制度仍然存在不少问题，比如等级社会保障造成了社会矛盾，社会保障收支不平衡造成财政负担逐渐加重，社会保障所带来的福利又使工作效率和劳动生产率下降。拉法兰政府曾在医疗保障上改革成功，但是在退休制度问题上没有太大起色。②

弗朗索瓦·奥朗德执政期间，法国面临着政治运作问题、经济困顿与社会问题。③ 奥朗德上任初重点强调了其本人和现政府的三项奋斗目标：一是制定欧洲发展前景。在推行紧缩政策的同时，设法刺激经济增长。二是继续削减财政赤字，重建公共财政。三是增强法国的竞争力。但奥朗德和其政府面临着一系列国内外的经济难题，国家宏观经济"三高一低"的困境（高赤字、高逆差、高失业、低增长率），国际经济萧条以及欧债危机，使其想要推进的改革面临艰难局面。奥朗德于2014年新年之际的演说中强调要发展经济的重要性，并指出2013年12月31日提出的"责任条约"（le pacte de responsabilité）主要的措施是在供给方：减轻企业的负担和约束，使企业更多地创造岗位、雇用员工，更多地与社会对话。具体表现在，减轻劳动力成本，给企业留有更多的活动余地，税务的现代化，减少税种，减少繁琐的规章制度。而相对的，企业要带来对就业和社会的贡献。

2017年当选总统的埃马纽埃尔·马克龙（Emmanuel Macron）面临的经济挑战十分严峻：低经济增长和高失业率。马克龙的经济计划着眼于财政巩固、重振经济增长、就业和竞争力。他计划削减对资本的征税，对企业的职业教育和培训进行投资，资助创新和起步阶段，简化行政程序。他计划增加劳动力市场的灵活性，鼓励加班，给予企业层面的商议以更多的权重，设立解雇赔偿上限，改革失业保险，并且计划利用暂时的投资计划和对工人和家庭的减税来刺激国民经济。总之，目标在于通过减税和劳动力市场改革提升成本竞争力，通过教育和创新提高非成本竞争力。

二、经济发展中的财政状况④

（一）封建专制时期工农商及手工业

16～18世纪的法国处于封建专制时期，这一时期的工商业和手工业有一定的发

---

①② 吴国庆：《法国政治史（1958－2012）》，社会科学文献出版社2014年版。

③ 陈新丽、冯传禄：《奥朗德的困境——试析当前的法国政治生活》，载于《法国研究》（Etudes Françaises）2013年第4期。

④ 这部分内容是基于穆良平：《主要工业国家近现代经济史》，西南财经大学出版社2005年版；[英] 科林·琼斯著，杨保筠、刘雪红译：《剑桥插图法国史》，世界知识出版社2004年版等相关内容整理而成。

展。封建社会以土地为主要生产资料，农民须向国家缴纳沉重的赋税，包括财产税、人头税、军役税、盐税、酒税、烟草税，另外还要向教会缴纳什一税。17~18世纪，各地农民斗争频频发生，动摇了封建制度的基础。17世纪初，法国开始了殖民事业，推进殖民政策，在殖民扩张中，对外贸易得到了发展。在法国原始积累的过程中，战争的耗费使财政陷入困境。18世纪末，法国国王进行的战争和经济政策使财政危机加重。1778年，由于法国支持美国独立战争，财政支出骤然增加。除了举借国债外，增税也是用来弥补财政亏空的手段，但这使农民陷入了极度贫困。

（二）资本主义经济和工业化

1789年7月，农民、手工业者在资产阶级领导下发动了反对封建专制制度的资产阶级革命，要求废除封建制度，解决土地问题。法国资产阶级大革命对发展资本主义经济起了很大作用。革命时期土地问题的解决对1800年后的经济发展产生了巨大影响。1870年前后，法国成为欧洲第二大加工产品出口国。19世纪30~40年代，更是在完善经济的基础建设方面长足发展。

（三）法国工业革命

1789年开始的资产阶级大革命以后，尤其是拿破仑执政时期，积极推行鼓励资本主义工商业发展的经济政策，英国的工业革命基本完成。在这样的背景下，酝酿了19世纪初期法国的工业革命。第一阶段开始于拿破仑时期（1804~1815年）。拿破仑采取了一系列积极措施以扶持法国工商业的发展，包括贸易保护政策、对生产企业给以大量国家补助、提供低息贷款、设立"发明专利证"制度等。第二阶段为"复辟王朝"和"七月王朝"（1815~1848年）。拿破仑实行的政策大多都保留下来，法国经济进入相对快速的增长时期，工业革命大规模开展起来。法国政府与企业从英国引进大量的机器设备，蒸汽机数量大增。第三阶段为第二帝国时期（1852~1870年）。1847年爆发了19世纪最大的一次经济危机，诞生了短暂的第二共和国，之后拿破仑成立第二帝国。此时，机器大生产在法国全面展开。工业的增长推动了城市经济繁荣，农民进入城市工作，城市人口增加，并且在工业革命的推动下，法国的交通运输、贸易及金融业也有了很大的发展。物质水平在工业化进步的基础上提高。法国经济缓慢而稳定的发展，截至1914年，工业产量和国民收入均增加。

（四）直至第二次世界大战结束前的经济波动

1860年后法国的经济增长缓慢，由于普法战争、第二次科技革命、两次世界大战和1929年的经济危机，使得法国的经济经历了几次大幅度的波动，直至第二次世界大战结束。接下来的1945~1974年是法国"辉煌三十年"。

（五）辉煌三十年

20世纪60年代所形成的政治上稳定和内阁的连续性，为有效实施社会和经济政策提供了一个更加有益的框架。人口的繁荣来自战后的生育高峰、国家大量的家庭补助和健康的经济环境。大量较为年轻的人口带动需求的发展，刺激了经济的增长。国家也在战后的经济恢复中发挥了主要作用，制订国家计划，对国有化政策做补充，政府、商界和工会被鼓励合作完成经济目标。

（六）辉煌三十年以后的经济波动

1974年开始，吉斯卡尔·德斯坦总统任职时期，辉煌三十年的繁荣即将结束，带来新的政治和经济问题。法国政府试图通过增加政府的财政赤字来获得经济增长而摆脱危机，但是这造成了高通货膨胀率。通过采取节约和货币从紧政策，经济运转良好。密特朗执政期间，购买力过强，贸易不平衡，货币贬值，石油价格上涨导致通货膨胀上涨，失业问题难以控制。他冻结工资和物价，压缩公共开支，提高医疗服务费用，对支出增长封顶，控制汇率。1980~1994年，法国是世界第六大工业国，并且是欧洲的农业大国。20世纪90年代以来，法国对欧共体的出口增长，同时，对亚洲发展中国家的出口、进口均增长。但是，法国经济中仍存在一系列问题，主要是失业和财政赤字。

在石油危机引发的世界性经济危机中，法国经济反复衰退，通货膨胀和失业问题严重。历届政府采取各种措施，先后制订了很多个经济计划。1950~2015年的经济增长率见图1-1。

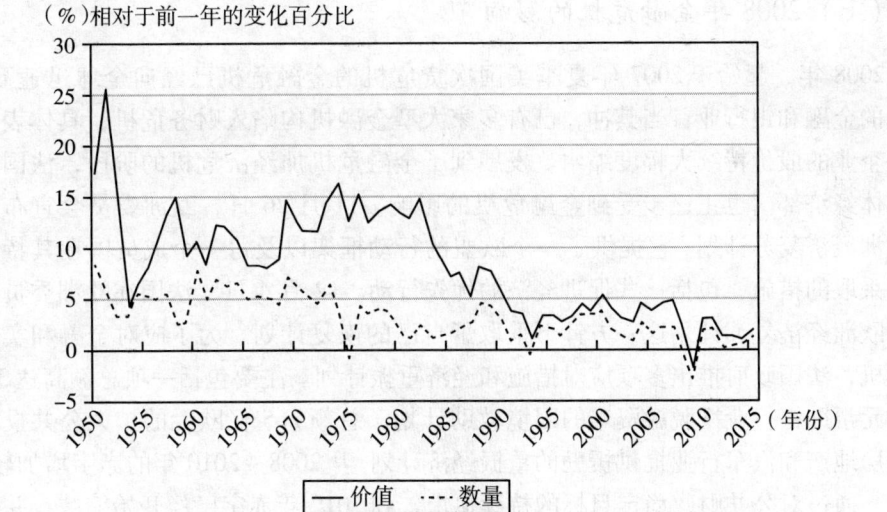

图1-1 到2015年为止的法国国内生产总值变化

注：基年：2010年。
资料来源：国家统计与经济研究所总局。

2015~2017年国内生产总值季度变化百分比及其构成见图1-2。2017年第三季度，国内生产总值重新上升0.6%。

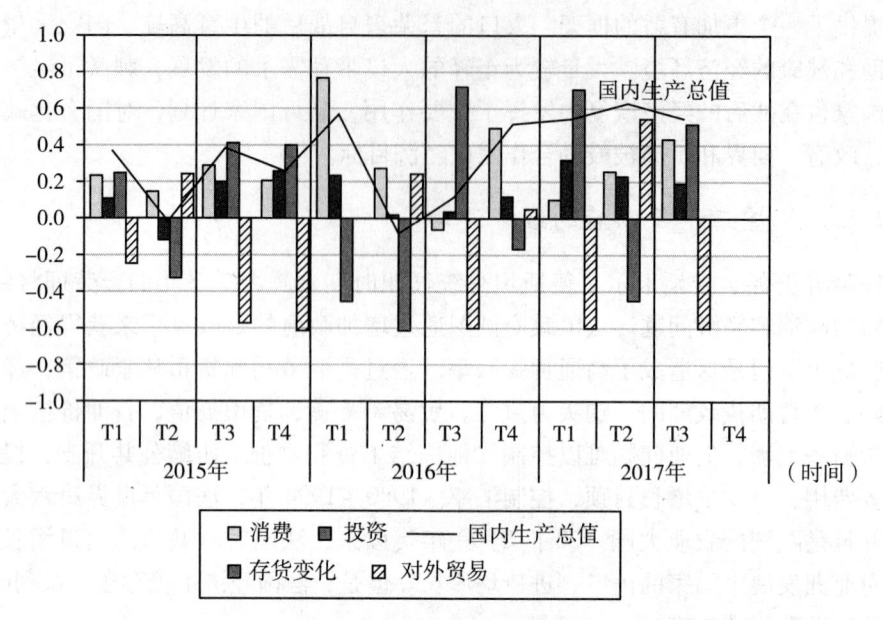

图 1-2　2015~2017 年法国国内生产总值季度变化百分比及其构成

注：季度变化百分比和其构成（Ti：第 i 季度）。
资料来源：国家统计与经济研究所总局。

（七）2008 年金融危机的影响

2008 年，起始于 2007 年夏季美国次贷危机的金融危机已经向全球迅速蔓延，法国的金融和银行业首当其冲，已有多家大型金融机构陷入财务危机，具体表现为相关企业的股价持续大幅度缩水。发展到了金融危机加经济危机的阶段，法国国内的实体经济部门也正逐步受到金融危机的影响。11 月 26 日，欧洲委员会宣布了一个欧洲经济复苏计划。它提供了一个欧盟的行动框架以及每一个成员国在其特殊情况下采取的措施，包括一些促进经济的优先行动。12 月 4 日，法国在欧洲委员会宣布的欧洲经济复苏计划这一方针下采取了自己的恢复计划。为了应对金融和实体经济危机，法国政府推出多项应对措施和经济重振计划。主要包括一项总额高达 3 600 亿欧元帮助银行业摆脱融资难的困境救助计划，总额 265 亿欧元的扩大公共投资以及对房地产和汽车行业提供援助的重振经济计划。[①] 2008~2010 年的赤字增加较大。但是，通过对公共财政稳定目标的持续追求，到 2012 年赤字已经开始缩减，并且在接下来的年份中不断缩减，直至 2015 年，财政赤字实现更大缩减，恢复到 2008 年的水平。

---

① 中国国际贸易促进委员会驻法国代表处：《2008 年至 2009 年法国经济形势回顾与展望》，2009，http://www.ccpit.org/Contents/Channel_3902/2009/0213/536305/content_536305.htm。

第二节　法国国家管理架构及权责

一、1958 年《宪法》与第五共和国体制

（一）第五共和国《宪法》的诞生

法国第五共和国《宪法》，即 1958 年 10 月 4 日的《宪法》（以下简称《宪法》），是为了终止议会的过度用权而设计的，是在第四共和国无法对抗反殖民地的危机中诞生的。第四共和国的最后几年，国家无力对抗大规模的反殖民地挑战。为了面对阿尔及利亚要求独立的暴动，以及阿尔及尔军队负责人对造反势力的权力控制，第四共和国总统勒内·科蒂（René Coty）召唤已经退出政治生涯的夏尔·戴高乐将军，以重组新的政府。新的政府在 1958 年 6 月 1 日被授予了权力。6 月 3 日设立了《宪法》咨询委员会，负责审查 1958 年夏天由掌玺大臣米歇尔·德勃雷（Michel Debré）起草的《宪法》草案。草案于 1958 年 9 月 28 日进行公民投票，79% 的有效票赞成通过。《宪法》于 1958 年 10 月 4 日正式颁布施行。

戴高乐将军主张所有的原则和经验都要求立法、行政和司法三大权力必须分隔开来，相互平衡，并在此基础上建立一个超越政党的国家仲裁，以保证在政党的倾轧中，国家体制的长久不衰。各项法律和预算最终能否通过还须由直接普选的国民议会决定。但为了避免国民议会在立法阶段缺乏远见和客观公正的态度，他提出建立两个议院。另一个议院会以另外一种方式选举和成立，对第一个议院提出的草案进行公开审核，提出修改意见或其他方案。第二个议院的建立也是为了地方政治生活的开展，因为它的成员将主要由省议会和市议会进行选举产生。这个议院将作为第一议院的补充，并在必要的情况下促使第一个议院对其提出的草案进行修改，或考虑其他方案。①

他主张行政权、立法权和司法权的三权分立，彼此平衡。尤其强调行政权与立法权的分离。行政权应授予政府。国家的行政权力将不来自这个执行立法的两院议会，否则将会导致权责混淆。②

1958 年 6 月 2 日，国民议会授予政府政治立法权利，并规定了修改《宪法》时新政府必须遵守的三个基本原则：第一，承认权利来自普选，行政权与立法权分离，政府对议会负责，司法权独立，确定法国本土与海外领地关系共五项原则。第二，必须征求宪法咨询委员会和参议院的意见。第三，新《宪法》必须通过公民投票表决。

---

①② Charles-De-Gaulle. Discours de Bayeux. 16 juin 1946. http：//www. persee. fr/doc/rfsp_0035－2950_1959_num_9_1_402990.

1958年9月28日的公民投票在法国本土和共同体中同时进行，新《宪法》草案的赞成票占压倒性的优势。新《宪法》于1985年10月4日公布。

（二）1958年以来对《宪法》的修改

《宪法》的第89条规定了《宪法》本身的修改方式。2008年7月23日对《宪法》的修改又涉及这一条，即《宪法》修改的倡议权属于共和国总统和议会议员，总统依据总理的建议行使倡议权。修改《宪法》的草案或提案应由两院在草案提出后最长六周的期限之内以相同的文本分别表决通过。国民议会在与参议院存在不同意见的情况下具有的最终表决权不再有效。经公民投票通过后，《宪法》修改才能够最终确定。①

二、1958年《宪法》及其2014年加强版对国家权力机制的设计

第五共和国《宪法》规定："法国是不可分割的、政教分离的、民主的和社会的共和国。他确保全体公民不分种族和宗教，在法律面前享有平等的权利并尊重他们的信仰自由。"法国宣称忠实于1789年制定的《人权与公民权宣言》和维护国家主权的原则。

（一）第五共和国体制的特征

1. 混合体制。第五共和国的政治制度采用了议会制和总统制的传统特点，有些研究《宪法》的学者将其称为"半总统制"。因为由总理负责的政府的存在，使其具有了议会制的特点，总理对国民议会负责。与这种责任相对应的是，总理可以向国家元首提出请求，解散国民议会。共和国的总统由直接普选产生，其主要职责是负责国家的外交，以及对国家政策的管理。

2. 《宪法》为最高准则。法国的法律传统，深受让·雅克·卢梭（Jean-Jacques Rousseau）作品的影响（《社会契约论》，1762年），长期以来赋予法律绝对优先的地位，法律由人民代表表决通过，根据1789年《人权宣言》第6条的表述，法律是"公共意志的表现"。

第五共和国的《宪法》赋予了宪法委员会在法律颁布之前，审核法律是否符合《宪法》的职权。该委员会由9位成员组成，由共和国总统、议会两院议长任命。由此，宪法委员会的作用逐渐得到确认。从20世纪70年代初开始，宪法委员会扩大其监管的范围，将1789年《人权宣言》、1946年《宪法》序言以及共和国法律所承认的基本原则纳入了"合宪性范畴"，即将其用作监管的参考标准。

立法者的立法行为必须遵循所有"具有《宪法》价值的原则"。在司法机构审

---

① 1958年10月4日《宪法》2014年12月18日加强版，Constitution du 4 octobre 1958，Version consolidée au 18 décembre 2014。

理诉讼过程中，当已经颁布的法律规定损害了《宪法》所保障的权利和自由（合宪审查的首要问题）时，可向宪法委员会提起合宪审查，2008年7月23日修改《宪法》就是对这种可能性的认可的再一次确认。

（二）共和国总统的权责

1. 政权机构的关键。第五共和国《宪法》将共和国总统放到了首要位置，是整个行政体制的"核心"。《宪法》第5条规定"共和国总统保障《宪法》得以遵循。总统通过其裁决，保障公共权力的有序运转和国家的连续性。总统确保国家独立、领土完整和条约得以遵循"。总统享有自身的权力，这使其成为法国整个政治生活和政治制度的中心，决定政府施行政策的大方向，是司法机构独立性的捍卫者。

2. 共和国总统的地位及选举。共和国总统由全民直接选举产生，任期5年。《宪法》第6条第1款规定了这一原则，而这是两次重要的机构改革后的结果：

——通过《宪法》第11条规定的全民公决而进行的1962年《宪法》的修改，规定了共和国总统由全民直接选举产生，授予了总统职位与其众多权力相对应的、更大的合法性，而在此改革之前，总统是由议会两院议员和地方议员组成的选举团选出。

——2000年通过议会进行的《宪法》修改，执行了《宪法》第89条的规定，但要全民公决表决通过，将总统的任期从7年改为5年，从而结束了长期以来法兰西共和国总统7年任期的传统，选择了与其他国家总统平均任期较为接近的解决方案。

所有年满23周岁的法国籍公民都可以成为总统选举的候选人，前提是需要获得500名全国或地方议员的联名支持。额外的条款也规定了支持该候选人议员的地理分布情况，即这些议员必须来自至少30个省或者不同的海外领地，而且来自同一个省或者海外领地的议员不得超过1/6。而且，将由宪法委员会来确认总统候选人的资格是否有效。此外，每位正式参选的候选人必须向宪法委员会提交详细的财产申报。

总统竞选活动在第一轮投票15天前正式启动，而且如有必要，可延长至两轮投票之间间隔的两个星期。而事实上，竞选人之间的辩论在正式启动之前就已经开始。每位总统竞选人都必须设立一个竞选账号，由法国竞选账目和政治资金全国委员会（Commission nationale des Comptes de campagne et des Financements Politiques，CCFP）审查，并可上诉至宪法委员会。法国竞选账目和政治资金全国委员会主要审查的是，用于政治竞选的开支不得超过法定的上限。国家将向竞选中得票少于5%的竞选人报销竞选费用，报销费用最高不超过为法定竞选开支上限的4.75%；向竞选中得票5%及以上的竞选人报销竞选费用，最高不超过用于第一轮或第二轮总统选举实际开支的47.5%。

总统选举采用多数两轮投票制。只有在第一轮投票中胜出的前两位候选人才能进入第二轮投票。而第二轮投票在第一轮投票结束14天后进行。

宪法委员会为总统选举的唯一仲裁者。该委员会负责解决所有的竞选争议,并据此审理选举准备活动及与选举本身相关活动的争议。

《宪法》第6条第2款规定,自2008年7月23日修改《宪法》以来,任何人连续担任总统职务不得超过两届。

3. 共和国总统的权力。共和国总统具有总统职位本身单独行使而无须联署的权力,以及保障和仲裁的权利。从《宪法》角度来说,《宪法》第5条规定"共和国总统保障《宪法》的遵循",这实际上赋予了总统的《宪法》解释权,且总统可以在多个场合使用这一权力,例如,通过全民公决进行修改《宪法》、拒绝签署法令等。共和国总统拥有的任命宪法委员会3名委员和提请宪法委员会裁决(《宪法》第56条和61条)的权力,也同样属于总统保障权力机关正常运行的职能。

从司法角度来说,共和国总统是司法机构独立性的保证人(《宪法》第64条)。在履行这一职务时,共和国总统由最高司法委员会(conseil supérieur de la magistrature)协助。

《宪法》第16条规定的特别权力赋予了共和国总统用于公共利益的特别权力。

共和国总统还具有解散国民议会的权力。解散国民议会的权利最终属于共和国总统,总统在行使此项权力之前,只需与议会两院议长及总理商议即可。《宪法》对此做出了三项限制。在以下情况时不得宣布解散国民议会:在总统职务代理期间;在共和国总统享有《宪法》第16条规定的特别权力期间;在上一次解散国民议会之后的12个月内。

解散国民议会为的是求助于人民以解决严重的危机,或是解决或防止与国民议会之间的争议,而出于这个目的,议会也只被解散过两次(1962年和1968年)。另外的三次解散国民议会,是由总统宣布解散的,要么是在总统任期开始之初,为的是在国民议会中形成支持总统政策的多数派(1981年和1988年);要么是在认为更加合适的时机(1997年)能够进行选举磋商。

共和国总统具有与其他机关关联的特权:

——与政府关联的权力:共和国总统任免总理;总统负责召集、批准部长会议议程并主持部长会议。

——与议会关联的权力:共和国总统通过总统咨文与议会进行沟通,总统咨文由总统在国民议会和参议院宣读,但不允许任何辩论;自2008年修改《宪法》以来,总统同样可以在组成两院联席会议的议会上发言,而对于总统的发言,议员们可以在总统离席后进行辩论,但不投票表决(这一新的程序首次在2009年6月22日实施)。

共和国总统具有分享的权力,即共和国总统只有在总理联署,或在有些情况下需要一位或几位相关部长联署才能行使的权力。

共和国总统在议会休会期间召集议会特别会议的权力。在议会休会期间,共和国总统可根据既定的会议议程,根据总理或是国民议会多数议员的请求,召集议会特别会议(《宪法》第29条)。政治制度的实践并没有让这一权力受到牵制,是否召集议会特别会议属于共和国总统独有的职责和评判。

在外交和国防方面,《宪法》规定了总统在以下领域拥有共享的权力:共和国总统为"三军统帅"(第15条),他负责"谈判并批准国际条约"(第52条);而政府"决定和管理国家政策""拥有军事力量"(第20条)。

共和国总统具有颁布法律的权力。共和国总统通过由总理副署的法令,在议会将最终表决通过的法案移送至政府后的15日之内,颁布法律。而在此期间,共和国总统可以要求对已经表决通过的法律再次辩论(同样需要总理的副署)。

他还具有人事任命权、签署命令和法令、要求全民公决的权利和大赦的权力。

(三)政府的权责

尽管《宪法》规定了行政体制的双首脑分享权力,但直接普选是决定共和国总统超越政府总理的关键因素。在实际政治生活中,共和国总统的权力范围根据国民议会选举的多数与总统选举的多数是否重合而有所不同。

在第一种情况中,国家元首可以自由地选择总理,而总理服从总统。总统甚至可以要求总理辞职。《宪法》第20条规定了政府制定并管理国家政策,共和国总统掌握着国家政策的大方向。

在"左右共治"的情况下,也就是国民议会中反对总统政策的议员占大多数,那么就是另外一回事了。共和国总统应在议会多数党派中选择总理,以便政府能够获得国民议会的支持。至于各部的部长,政治生活的实践表明,共和国总统至多对某些被称为国家主权的职位拥有否决权。在内政领域,国家元首的影响受到了削弱,而只有在《宪法》所承认的总统职务本身权力的对外政策领域上,总统才保留了自己的主要权力。而且要想行使这些权力,总统还必须与总理协商。共和国总统权力的范围,以及政体的性质,取决于当时的政治状况。但总统任期缩短至5年,以及以后总统选举先于国民议会选举进行的事实,应该会限制来自一个多数派的总统和来自另一个多数派的国民议会共同存在的情况。

1. 政府的组建和辞职。选择总理是共和国总统职务本身的特权。而《宪法》第8条规定,各部部长的人选由国家元首根据总理的提名确定。任何条件都不能主宰不同的选择,例如没有什么能规定总理或部长必须是议员。然而,政权机关运行和民主的实践要求共和国总统选择一个得到国民议会多数支持的总理。《宪法》第8条规定,共和国总统可以根据总理递交的政府辞呈,免除总理的职务。

2. 政府内阁成员的地位。

(1)等级。政府由总理和各部部长组成。部长可以分为:

——国务部长,有时授予党派主要领袖或是议会主要多数党派领袖的荣誉头衔,在礼宾排位上优先于"普通"部长;国务部长如今一般都领导一个部级部门。

——通常意义上的部长,这里的部长领导他们管辖范围内的行政部门,但他们没有指定政府规章的权力(只有总理才拥有这一权力),而拥有的是为了保证其部门正常运行而采取必要措施的权力。

——部长助理,指总理的助理或是一般部长的助理。

——国务秘书,国务秘书可以是独立管理部门(而且因此拥有自己的预算、副署的权力以及对相关部门的管辖权),也可以是部长助理;一般来说,作为部长助理的国务秘书不参加部长会议。

(2) 义务和不可兼任的活动。政府内阁成员为了保证其公共生涯的公开透明,应该在其被任命后两个月内向最高权威审查(Haute Autorité)递交财产状况申报单和股权申报单,并同时递交给总理。这些申报单将被公开,而且根据申报内容的变动而及时更新。在政府内阁成员职务终止后两个月内,他们还需要递交同样的申报单。他们同样还应该将证券交由第三方管理,并从其任命开始,接受税务审查程序。

此外,部长职务还无法兼任众多其他活动。为了更好体现三权分立的原则,一名政府内阁成员不能担任议员职务。在国民议会议员或参议员被任命为政府内阁成员后一个月期限到期时,这种无法兼任的原则生效;在此期间,议员不能参加投票,但他从其被任命为政府内阁成员起,至少从形式上来说,仍然是所在议会的成员。在一个月的期限到期后,国民议会的议长将行使权力,由"与其同时当选这一议员职务的人"替换掉部长,也就是用其候补者换掉部长,而该候补者已由内政部长提前告知当选为政府内阁成员的议员。2008 年 7 月,《宪法》第 25 条第 2 款进行的新的修订,规定在《2009 年 1 月 13 日编号 2009-38 关于〈宪法〉第 25 条实行的组织法》确定的条件下,这种议员的替补仅具有临时性质,即在部长职务终止后一个月的期限到期时结束。在此期间,前部长不能将其议员席位让给替补者,除非辞职或是进行部分选举,否则将自动重新获得议员席位。

一名政府内阁成员不能继续担任公共职务或私营部门职务(包括自由职业)。他同样还无法兼任政府职务或是担任职业代理的职务(包括经济、社会和环境委员会成员的资格)。

(3) 个人责任。政治责任:政府内阁成员对其政府部门所采取的行为负有政治责任,对这种责任的处罚是免职或辞职;刑事责任:部长和国务秘书对履行其职务过程中发生的行为负有刑事责任,如果这些行为做出时构成犯罪或轻罪的话,他们将由 1993 年成立的共和国司法法院进行审判。共和国司法法院由 12 名议员(6 名国民议会议员和 6 名参议员)以及 3 位翻案法院法官组成(其中 1 位主持法院)。

(四) 总理的权责

1. 领导政府。总理领导政府运行(《宪法》第 21 条);总理体现和代表政府,尤其当以政府的名义对外阐述其施政纲领或承担责任的时候;总理对政府内阁成员具有政治权威,这尤其表现在协调政府行为的权力和出现分歧时进行仲裁的权力。

2. 制定规章(或称案例)的权力。总理拥有规章制定权和人事任命权。因此,总理拥有颁布必要的法律实施条例的权力。在必要的情况下,这些条例还需要一个部长或几个部长的联署。然而,对于法令(lés decrets)和部长委员会高级职位的任命,这项规章制定权和人事任命权要与共和国总统共享。

3. 总理在立法程序中的作用。总理在立法过程中起着非常重要的作用。首先,在整个行政权力体系中,总理是唯一享有立法创议权的人;其次,总理在很大程度上引导着立法进程，即他可以选择将法案提交给国民议会或参议院（除了《宪法》第 39 条规定法案审议优先顺序的情况，这种情况很少），总理掌握议会的一部分议程，他可以以政府的名义提交修正条款，他可以对某些程序做出选择，如快速程序、召集多党派联合委员会、阻止投票表决，等等。然而，必须指出的是，在每个法律文本的讨论过程中，其中的某些权力是由负责该文本的部长来行使的（条款修正的权力、阻止投票表决）。

4. 其他职权。除了以上提到的职权，总理的主要权力还在于对共和国总统法令的副署（立法全民公决、解散国民议会、行使《宪法》第 16 条规定的总统特别权力、任命宪法委员会成员以及任命最高司法委员会成员除外）。

（五）两院制

法兰西第五共和国的议会实行两院制，由国民议会和参议院组成，国民议会通过全民直接选举选出，参议院由全民间接选举选出，且《宪法》规定参议院代表的是共和国的地方行政区域。

第三和第四共和国时期议会拥有过大的权力使 1958 年的制宪者们为限制议会的权力，转而确立了以"权力有限的议会制"为中心的政治规则。不断改革议会机构的需要，使议会两院在共和国的政权机关中能够表明并不断明确议会的作用，这种作用尤其表现为对行政权力监督活动的持续发展。

法国立法机关的一般特征具有双重表现：一是立法机关为两院制，而且立法权力在议会两院之间呈非均等分配；二是立法机关的运行体现了从权力有限的议会制中启发出来的规则。

1. 法国两院制的一般特征。法兰西第五共和国的议会实行两院制：议会由国民议会和参议院组成。议会两院位于不同的地点（国民议会位于波旁宫，而参议院位于卢森堡宫）。

在法国宪政史上，两院制很久以来被认为是解决单一议会滥权的办法，或是作为巩固行政权力的一个因素，分化了立法权力。

现代的两院制有着很大不同，第二个议会在很多国家往往代表地方（德国、比利时、西班牙、美国等），在联邦国家尤其如此，因为在联邦国家这既体现了联邦又代表了人民。法国做出了类似的选择，第五共和国的《宪法》规定了两院制，同时存在着国民议会和参议院，国民议会通过全民直接选举选出，参议院由全民间接选举选出且代表的是共和国地方行政区域。

如同许多国家的议会由两院组成一样（值得注意的是意大利议会除外），法国议会两院拥有的权力是不一样的，国民议会拥有的权力比参议院更大：

——只有国民议会才能拒绝信任政府或是投票通过不信任案，对政府承担的职责提出质疑（根据同样的逻辑，只有国民议会才有可能被共和国总统解散）。

——在立法过程中，当国民议会与参议院发生分歧时，政府可以决定由国民议会来做出"最终裁决"（除非是与参议院相关的宪法法律和组织法）。

——《宪法》赋予国民议会在财政议案以及社会保障融资议案审查上具有决定

性的地位。在几乎所有的其他领域，议会两院拥有同等的权力。议会两院之所以没有拥有完全相同的职权，那是因为议会两院具有不同的知名度。法国公民更多了解的是国民议会，而且国民议会议员是由他们直接选举出来的；媒体更多报道的也是国民议会的工作，因为国民议会的辩论居于政治领域的中心，也因为大部分的重要领导人是国民议会议员出身。

2. 第五共和国的参议院。参议院的第一个特征是其持久性：和国民议会不同，参议院不能被解散。而也正是参议院的这种持久性，使得第五共和国的《宪法》赋予参议院议长在共和国总统无法履职、辞职或是逝世的情况下能够暂时代行总统职权。这种代理期限仅限定为组织总统选举所必需的时间（在实际操作中，这一期限为五十多天）。

参议院的特殊之处还在于《宪法》第 24 条授予的代表地方行政区域的角色。也正是从这个角色，产生了参议员的任命方式。

参议院共有 348 名参议员（2003 年改革之前为 321 名参议院，这项改革规定参议院人数可以逐步增长），通过全民间接选举产生，任期为 6 年。参议院每 3 年改选一半的参议员。

参议员由大约由 15 万重要选民（这些选民必须参与投票）组成的选举团选出。这一选举团由以下人员构成：

——议会议员，各大区参议员，科西嘉议会参议员，各省参议员和巴黎大区参议员。

——各市镇议会代表，人数根据本市镇的人口确定：对于人口在 9 000 人以下的市镇，议员人数为 1～15 人；对于人口在 9 000～30 000 人的市政，则包括市镇议会的所有议员；对于人口在 3 万人以上的市镇，包括市镇议会的所有议员，再加上每 1 000 居民额外增加 1 名代表（由该市镇议会通过比例制投票选出）。

这样的参议员选举制度使农村地区的较小市镇在重要选举团中具有很大的代表性，因为在法国此类性质的较小市镇大约有 3 万个。

选举方式根据选区有所不同：在将要选出 30 名参议员以下的选区，选举为两轮多数选举制；在将要选出 30 名及以上参议员的选区，选举采用的是比例代表制，实行的是最为平均的规则以分配剩余名额。

所有的参议员候选人都必须年满 24 岁。在 2008 年 7 月 23 日《宪法》修改之前，只有参议院才能代表海外法国人，他们将以间接选举的方式选出 12 名参议员。而在改革之后，旅居国外的法国人在国民议会和参议院都有代表，这也就表现为取消了参议院在审议此类议案方面的优先权。

3. 权力受限的议会制。

（1）实行权力受限的议会制原则。1958 年制宪会议成员的主要目的之一就在于限制议会过多的权力：每年两个议会会期，每个会期大约为 3 个月；政府负责制定议会议程；在《宪法》规定的法律范畴和财政可受理性原则上，限制议员的立法创议权以及他们修正法案的权力；议会规章先由宪法委员会提前审查；常设委员会数目限定为 6 个；政府在很大程度上掌握立法程序（紧急申明、召集多党派联合委员会、阻止投票等）；严格限制预算程序；可以不经议会投票通过法律，除非政府被推翻（《宪法》第49条第3款）；对质疑政府职责的条件做严格限定。

（2）议会角色的改革。所有的这些措施，其首要的目的在于限制议会的作用。实际上，可以从新制度诞生后的几年中看到议会作用的某种削弱。但议会在寻求自身改革的同时，逐渐重新找回了昔日的荣光。①议会对政府活动的监督取得不断进步（增设了调查委员会，隶属于常设委员会的信息调查机构，政府质询程序的设立和发展，设立了议会办公室和代表团等）；②自1995年起，设立了会期长达9个月的单一普通会期制，以取代之前两个会期且每个会期为期3个月的制度；③自1996年起，议会以通过新型法律的形式介入社会保障融资问题；④自2005年起，设立新的财政法案通过程序，大大加强了议会在预算方面的作用。

2008年7月23日的《宪法》修改使议会在政治生活中的角色和权力显著增强：①规定分别由议会两院和政府来共同追定议会议程。4周中有两周时间优先审议政府提出的议案和进行辩论，剩下的两个星期则采用国民议会或参议院制定的议程；然而，政府仍然可以在此议程上加入不同类型议案，其中包括《财政法（草案）》和《社会保障筹资法（草案）》。②议会在立法过程中的权力得到提升。政府不得不在草案第一读的时候遵循草案递交和议会会议讨论6周的期限，或是遵循接受草案的第一个议会移交及讨论4周的期限，除非政府启动快速程序；快速程序取代了紧急申明，然而两院议长联席会议可以共同反对实施快速程序；法案还必须附加影响研究报告；除了《财政法（草案）》《社会保障筹资法（草案）》和《宪法》法案，议会对于法案的讨论，针对的是委员会通过的法律文本；两院议长可以共同要求针对某项法案成立对等混合委员会。① ③对政府采用《宪法》第49条第3款（不经议会投票就通过法律）的可能性限定为同一个会期一个法案，《财政法（草案）》和《社会保障筹资法（草案）》除外，对于这两类法案，政府仍可以履行其职责。④监督和评估方法的进步，通过增设常设委员会，常设委员从6个增加至8个，并在国民议会成立公共政策评估和监督委员会，对政府行为进行监督和公共政策评估方面确立了审计法院协助议会的原则。⑤将某些由共和国总统任命的职位提交给议会两院常设委员会审议。⑥政府必须将其在境外部署军事力量的决定告知议会，而且如果这种军事部署超过4个月，政府延长军事部署必须经过议会批准。

（3）议会两院联席会议。在第五共和国时期，两院联席会议指的是议会两院（国民议会和参议院）的联合会议。三种情况可以召集两院联席会议：修改《宪法》；批准一个国家加入欧盟；听取共和国总统的声明。在后一种情况下，总统发言后可以进行辩论，但辩论不会成为投票表决的内容，且是在国家元首离场的情况下进行。

当要对一项草案或宪法法律提案或是一个国家加入欧盟表态时，两院联席会议与立法会议不同，不能行使修正的权力。

---

① 对等混合委员会由7个国民议会议员和7个参议员组成，在两院议会对某个草案或法律议案意见不一致时，针对法律议案，可以由首相发起，或者由两院主席联合发起（从2008年起）。这个委员会的目的在于调解两院议会以使达成一致。

议会两院联席会议由共和国总统召集,会议地点位于凡尔赛宫南翼的半圆会场。联席会议受联席会议规章的约束,但其办公室为国民议会的办公室。

(六) 宪法委员会

法国对法律的合宪性审查长期以来被认为是对国家意志表达的损害,直到1958年才得以真正存在。合宪性审查被授权给宪法委员会,在第五共和国初期这一机构默默无闻,权力有限。

几次修改《宪法》,尤其是1974年的修宪,使议员能够就尚未颁布的法律提请宪法委员会进行合宪性审查,以及1992年的修宪,使得宪法委员会的职权扩展至国际条约,再加上宪法委员会的判例本身,使得宪法委员会在政权机构中逐渐确立其地位,并在准则的合宪性审查及选举争议方面确立权威。

2008年7月,在司法机构审理的一起案件中,一名接受审判的人强调法律规定损害了《宪法》赋予其的权力和自由。这一事件对提请宪法委员会合宪审查的可能性进行了再次确认。

1. 成员。

(1) 法定的成员。共和国的前任总统自然是宪法委员会的终身成员。

(2) 任命的成员。9位成员被任命,任期为9年,3位由共和国总统任命,3位由参议院议长任命,另外3位由国民议会议长任命。宪法委员会每3年更换1/3的成员,在成员更替时,由3位有任命权的成员每人任命1位新成员。宪法委员会主席则由共和国总统任命。

自2008年7月修改《宪法》以来,并根据《2010年7月23日编号2010-837关于〈宪法〉第13条第五段落实施的组织法》确定的程序,这些人事任命需要经过《宪法》第13条最后一款规定的程序(咨询参议院和国民议会负责宪法法律的委员会的公开意见;如果每个常设委员会反对票之和超过两个常设委员会表决投票的至少3/5,则无法任命)。然而,议长们进行的任命,仅需要所在议会负责宪法法律的常设委员同意即可。

2. 宪法委员会成员的地位。宪法委员会成员不受任何年龄限制或是专业资质限制。在履职之前,宪法委员会成员要向共和国总统宣誓。宪法委员会成员特别地位的目的在于保障他们的独立性:他们无法被撤职;他们的任期无法连任(然而如果本人被任命代替在职但任期不满三年的成员,替补者可以重新被任命一个新的任期);他们需要遵循严格的不得兼职的制度:他们不能成为政府内阁成员、议员、欧洲议会议员、经济社会和环境委员会成员,不能获得选举任期,或在企业或是政党中担任领导职务;违反这些不得兼职的规则将导致该宪法委员会成员辞职;他们还必须遵守特定义务,保守审议秘密,对可能成为宪法委员会裁决对象的主题不提供判断也不表面政治立场。

3. 宪法委员会的使命。

(1) 咨询的职权。共和国总统在行使《宪法》第16条赋予其的特别权力时应征求宪法委员会的意见,宪法委员会的意见将发表在公报上。《宪法》第16条范畴内采取的措施必须事先征求宪法委员会的意见。自2008年7月起，《宪法》第16条规定，在行使特别权力30天后，国民议会议长、参议院议长、60名国民议会议员或60名参议员可以提请宪法委员会就《宪法》规定的行使特别权力所需要的条件是否满足进行审议；在60天后，宪法委员会可以全权进行此类审议。

此外，政府可以就总统选举的投票组织方式和全民公决的草案咨询宪法委员会。

(2) 司法裁决的职权。

①选举或全民公决的争议。宪法委员会确保选举的咨询符合规定：对于总统选举，宪法委员会审核的主要是总统候选人的被选举资格，监管对候选人的联名支持，确保个人财产申报单的提交，制定候选人名单，确保选举活动符合法律规定，审议由任何一名选民提出的异议；宪法委员会宣布选举结果；审议对法国竞选账目和政治资金全国委员会（CCFP）决议提出的上诉；如有一名候选人逝世或无法参选，只有是宪法委员会才能决定推迟选举。

对于议会选举，宪法委员会是候选人被选举资格的仲裁者。在选举前它是行政法院裁决的上诉机构，选举后它可以根据情况，按照法律规定处罚或根据宪法委员会的判断做出处罚；它可以裁定议员的罢免。宪法委员会采用对选民或候选人进行调查的方式，保证选举结果符合法律规范；它可以宣布选举结果生效，也可以取消选举结果，甚至改变选举结果并宣布另一名候选人当选（但这种情况尚未发生过）。

对于全民公决咨询，宪法委员会接受提交全民公决的法律文本以及与组织选举有关法令的咨询。自2000年起，宪法委员会被宣布有权审核选举准备工作；确保投票符合法律规范并审议提交给宪法委员会的争议，宪法委员会有权裁决争议结果。

②准则的审查。在法律和规章范畴内确保合规，《宪法》第41条赋予政府和（自2008年修改《宪法》以来）议会议长以不属于法律范畴为由，用不可接受性原则来反对任何法案或修正案的权力。如相关议会议长与政府发生矛盾，可由一方或另一方提请宪法委员会在8天内做出裁决。

同样，《宪法》第37条第2款赋予宪法委员会在法律范畴内合规进行后续控制，赋予其将以法律形式出现的文本宣布为具有规章特征的权力，并且因此允许以法令形式对其进行修改。

4. 合宪性审查。

(1) 审查参照标准方面。合宪性审查并不仅仅局限于确保合乎严格意义上的《宪法》，它扩展至一般所说的"《宪法》性规范集（bloc de constitutionnalité）"。

在共和国的基本法之外，《宪法》性规范集尤其还包括《宪法》的序言。该规范集还可推及另外两个文本，1789年《人权与公民权宣言》和1946年《宪法序言》，这些文本同样被授予了《宪法》价值。因此，法律必须符合《人权与公民权宣言》的原则，符合"共和国法律承认的基本原则"以及1946年《宪法序言》意义上的"我们的时代特别需要的原则"，还有体现众多《宪法》价值的原则和目标。

(2) 实施审查。在颁布之前，对《组织法》以及议会两院规章的合宪性审查是全面而系统的。于是，议会两院不再是自身规章的绝对主宰，因此也就丧失了第五共和国之前议会政体下的一个主要权力。

对于一般的法律和一些地方性法律，合宪审查是选择性的。宪法委员会根据共和国总统、国民议会议长、参议院议长或总理的提请进行合宪性审查。而且自 1974 年修改《宪法》以来，60 名国民议会议员或 60 名参议员也能提请合宪审查。

在《宪法》第 61-1 条的基础上，由于 2008 年 7 月 23 日的修宪引入，2009 年 12 月 10 日的《组织法》①自 2010 年 3 月 1 日起，设立了对立法条款进行后续合宪性审查机制，这是合宪性审查的首要问题。

所有接受审判的人在司法机关审理案件的过程中，都可以认为一个法律条文，以其已经颁布的定义，损害了《宪法》赋予其的权力和自由。司法机关确保《组织法》提出的条件已经满足，并将该问题提交给同级别的最高司法机关，最高司法机关对此进行筛选，并在需要的时候，将这一问题提交给宪法委员会。宪法委员会对受到争议的法律条文的合宪性做出裁决。

（3）裁决的结果。宪法委员会裁决的结果：如不符合《宪法》，该法律条文被废止。有以下几种情况：法律被整体废止，这就使得该法律无法颁布；法律被部分废止。如果宪法委员会认为受到争议的条款与该法律的其他部分不可分割，该法律不得颁布，因此要么被舍弃，要么在进行修改使其符合《宪法》后重新提交。而如果该条款与法律的其他部分可以拆开，共和国总统根据《宪法》第 10 条第 2 款的规定颁布去掉不符合《宪法》条款后的法律，或是要求重新讨论。

在合宪优先顺序的问题上，宪法委员会废除已经颁布但被判定为不和《宪法》的条款。它可以选择在时间上灵活掌握其裁决的效力。它同样还决定已被废除的条款产生的效力将可能遭受质疑的条件和限制。

宪法委员会同样还可以为合宪的申明附上条件，表示"保留解释权"。这些条件将为法律的解释指明方向。

（4）保证国际协议与《宪法》相吻合。宪法委员会还可被要求进行合宪审议，审查国际协议不包含与《宪法》相冲突的条款。如果最终确认为存在此类不合《宪法》的条款，那么在批准该国际协议之前必须先修改《宪法》。

（5）其他权限。宪法委员会根据政府的请求，可以裁定共和国总统无法履行总统职务。宪法委员会是议员不能兼职原则的仲裁者，可以根据国民议会、参议院或司法部长的请求，裁定罢免 1 位议员。

5. 程序和内部组织机构。

（1）程序。宪法委员会并不居于司法法院或行政法院等级体系中的顶层。从这个意义上来说，宪法委员会并不是最高法院，是一个机构，根据向其提请调查的步调进行议事。宪法委员会召开并做出裁决时必须举行全会。磋商需要遵循法定人数的规定，按照此规定，需要 7 名成员出席才有效。在审议相持平时，宪法委员会主席的投票具有决定作用。在合宪审查方面，宪法委员会在听取其中一名成员的报告后做出裁决。程序是以书面形式，并且为对审程序。

当宪法委员会被提请就合宪优先顺序问题进行裁决时，宪法委员会可以接受共

---

① 《2009 年 12 月 10 日编号 2009-1523 关于〈宪法〉第 61-1 条实行的组织法》。

和国总统、总理、国民议会议长和参议院议长的评论。各方甚至可以针锋相对地做出自己的评论。听取这些评论是公开的，除非特殊情况。

对于选举争议，预审交由三个分庭之一审理，该分庭由随机制定的三位宪法委员会成员组成，但每位成员必须得到一个不同机构的任命。裁决在宪法委员会全会上做出。

除了在行使咨询职能或是为选举做准备的时候，通常宪法委员会做出的是"裁决"。根据《宪法》第62条的规定，不能对这些裁决提起上诉，而且这些裁决适用于所有的行政机构和司法机构。除了针对选举争议以及合宪优先顺序问题做出的裁决，其他裁决都应该在提请的当月做出（在紧急情况下，这一期限可由政府缩短为8天）。裁决都应在《公报》（Journal officiel）上发表。

宪法委员会会议上的辩论和表决不得公开，也不得发表。有分歧的意见不得泄露。只有在宪法委员会审议保密期过后才能公开公布，保密期为25年。而裁决、提请审议和政府可能发表的评论都应在当日在宪法委员会的网站上发布，并于当周在《公报》上发表。

（2）内部组织机构。所有的服务部门（法律服务部门，书记和信息技术服务部门，行政和财物服务部门，资料、图书馆和网络服务部门以及对外关系部门）均由1位秘书长领导，秘书长根据宪法委员会主席的提名由共和国总统任命。秘书长负责协调宪法委员会的各项工作。

宪法委员会享有财政自主权，保证了权力的分立。委员会主席制定预算，其费用列入财政法案。

（七）审计法院

旧政治体制曾经存在过许多审计法院，但是以新形式运行的审计法院却是依据1807年9月16日法律而创建的拿破仑体制的机构。修改其组织结构、运行方式与权限职能的各种法律文本，被汇总在《财政法院法典》（le Code des Juridictions Financières）中。在预算领域，审计法院（及预算与财政纪律法院）肩负着国家顾问和监控的使命。

值得注意的是，2010年之后，法院要求自己达到与所检查行政机构相同的透明度，并接受外国同级机构的外部检查：瑞士、葡萄牙和芬兰的高级机构曾进行过这个"同僚审查"。

1. 审计法院的组织架构。

（1）法院的构成。审计法院由终身制法官组成，终身制法官在上任时应该在法院公开宣誓，他们必须遵守他们的宣誓。与政府其他重要机构一样，主要在成绩最优秀的国立行政学校（l'École Nationale d'Administration, L'ENA）学生中选拔审计法院的成员。

①法官席的法官。在职业等级上，法院的法官包括依据共和国总统法令而任命的助理稽核员（约15名，二级稽核员，18个月之后资历升为一级）。顾问委员，依据共和国总统法令而任命（约70名），其中约3/4是地区审计法庭的助理稽核员及

法官，另外1/4为"外围入选"，即符合年龄条件（35岁）与工作条件（在公共部门或隶属法院检查机构的部门任职10年）的人员。

1994年6月28日与政府公共职能的某些任命方式《1994年6月28日编号94-530关于国家公务人员某些任命方式和某些公务员或以前的公务员进入私营职能方式的法律》第2条规定，以"外围入选"方式进行任命时，应该咨询审计法院首席庭长的意见。首席庭长收集由法院20人左右组成的法院高级委员会意见。其意见应该公布在官方日志上。《2006年7月1日编号2006-769关于适用于审计法院成员的法律规定的法律》重申了这些规定。另外，首席庭长向政府汇报法院在"外围入选"岗位方面需求及当事人的预期条件。

主要议员约140名，由部长委员会依据法令任命，选择后聘用。约2/3为一级顾问议员；其他1/3为"外围入选"方式招聘，但是半数岗位（18个岗位中有13个岗位）是具备一定职级条件（区域审判长）、年龄条件（50岁以上）和服务年限条件（工作15年）的地区审计法庭法官团队的成员；其他招聘者的年龄必须为40岁以上。另外，隶属部委检查团并执行公共企业监督工作的公务员，或者曾在国有企业监督或管理职位工作的人员，可以依据部长委员会法令而被任命为特职主要议员，以辅助法院对享受公共财政资助的国有企业和机构进行检查；任期5年，不可续任。根据《2006年7月1日编号2006-769关于适用于审计法院成员的法律规定的法律》，特职主要议员的人数限制在12人，并且他们不得执行任何审批工作。

审计法院的分庭庭长是依据部长委员会的命令，在具有3年以上资历的常规岗位的主要议员中任命。由部长委员会任命首席庭长，也可以在法院之外选举首席庭长。首席庭长管理审判工作，确定一般工作组织架构并确定年度检查计划。他的职位赋予他领导其他机构的权力（预算与财政纪律法院、公共财政高级理事会等）。1名（依据法令在主要议员或顾问议员之中任命的）秘书长和2名（在顾问议员中任命）副秘书长接受其领导。秘书长或副秘书长负责管理法院行政部门的运行。

②公共部。法院的检察院由以下人员组成：部长委员会利用法令任命1名总检察长，以及在征得总检察长同意之后依据法令在主要议员或顾问议员中任命的首席代理检察长和（5名）代理检察长。检察院在某种程度上代表了法律，总检察长对法院工作的一般组织形式提出意见并着重跟踪账簿的编制；通过公诉和意见方式行使部长职权。公诉是将可能构成越权管理的操作提交法院，以便对会计逾期未做账或延迟执行付款令处以惩罚。意见附在提交给法院审核、供检察院审阅的报告后面。

值得注意的是，阻止法官行使法院赋予权力的任何行为均应处以15 000欧元的罚款，并且总检察长可以向有司法权限的检察院提出申请，进行公诉。审计法院进行调查时，如发现可能构成刑事违法事件，总检察长应把资料移交司法部（《财政法院法典》第R.135-3条款的规定）。对此，审计法院和地方审计法庭（大部分是地方审计法庭），每年在审查之后移交三十余份的资料。

③其他人员。外部报告员（约80人）的工作被委托给司法法官、政府高官、地方团体、医院或社保机构的管理人员或会计。这些报告员不具备审判职能，他们的任期为两年或三年，根据他们是否为公务员而确认任命是否延期。法院外派约70

名检查助理（其地位由《2002 年 3 月 14 日编号 2002 – 370 关于审计法院助理职位的法令》确定）。法院同样设置专门的行政人员（书记员、公务员等，约 270 名员工），以承担法院正常运行所需的工作。

最后需要指出的是，约 200 名法官在审计法院开展工作，150 名法官在其他法院开展工作［地区审计法庭（Chambres Régionales des Comptes，CRC）的庭长职务］、外派或在其他机构工作（行政机构、部委内阁等）或为预备岗位（很多法官承担政治、选举或政府职责）。审计法院的成员也参加了约 340 个性质不同的委员会、理事会和顾问团：如公共机构管理委员会、政府和国有企业合同委员会、监督或检查法院等。

（2）法院的运行。

①分庭。7 个专门的分庭（编号 1~7）集体审议审计法院的命令及决定，其职权由首席庭长在咨询法院高级委员会的意见之后确定。每个分庭专项负责其管辖的几个部委、机构、组织和企业（公共机构、联合会、国有企业、混合经济公司等）。权限被相对平均地分为了七大领域：

第 1 分庭：经济、预算和财政领域、政府财务的书面保证。

第 2 分庭：国防、工业、能源、外贸、商业和手工业、中小企业、自由职业、旅游业、前参战人员。

第 3 分庭：高等教育、研究、教育、青年、体育、社团生活、文化、通信。

第 4 分庭：宪法公共权力、地区审计法庭（CRC）审判上诉、内务、海外省、司法、国外事务、国家总理。

第 5 分庭：住房、城市、驱逐、儿童、家庭、老人、残疾人、工作、就业、职业培训、公众捐赠。

第 6 分庭：社保、社保财务的书面保证、社保筹资法律执行情况报告、卫生机构与政策。

第 7 分庭：交通、设备、城市规划、土地整治、环境、农业。

首席法官也可以组建各分庭团队，以分析各个分庭共同的问题。每个分庭由分庭长领导，由 12~15 名主要议员、报告员、检查助理和 1 名书记员构成。

②特殊机构。委员会法庭：包括首席庭长、法庭庭长和主要议员。它评议财政法律执行情况报告及财务书面证明报告（与议会表决结算法有关的文件），并审议法院编制的各类公共报告。《2012 年 3 月 21 日关于审计法院委员会法庭的法令》规定，该法庭的组织形式可以为全体法庭，也可以为普通法庭。全体委员会法庭的组成与当前委员会法庭的构成相同；普通委员会法庭的参与人数更少：首席庭长和每个分庭的 5 位主要议员，如果地区审计法庭参与了所审查的报告，地区审计法庭的庭长也出席。总检察长参与每个组织形式的会议。按照该法令规定，全体委员会法庭有权审查年度公共报告、与《财政法》有关的报告（《决算法》）和与《社会保障筹资法》有关的报告（法律执行情况、财务书面证明）；普通委员会法庭有权审查其他报告。

联合法庭：在每个司法年度的年初召开，包括首席庭长、分庭庭长，每个分庭由同僚选举两名主要议员。该联合法庭行使咨询职能,针对首席庭长提交的程序问题或法学问题提供意见(目的是避免分庭之间针对这些问题存在矛盾);并行使司法职能,针对首席庭长根据分庭或总检察长提议而提交的财务进行判决,对最高行政法院决定撤销原判后移交的事务进行裁定。

法庭还设置咨询机构,例如,可协调检查计划并准备公共报告的公共报告及规划委员会,或庭长及总检察长大会、法学委员会、审计法院咨询委员会等。审计法院咨询委员会是依据《2001年12月21编号2001-1248关于地方审计法庭和审计法院的法律》而创建,首席庭长可以向审计法院咨询委员会咨询法院权限、组织方式和运行方式等问题。

2. 审计法院的权责。法国的审计法院是独立的司法机构,也是国家最高的经济监督机关。审计法院为确保财政资金使用的规范与合法,主要协助议会和政府监督《财政法组织法》《社会保障筹资法》的执行,审查国家机关、国家公共机构与国有企业的账务。地区审计法庭审查地方政府与地方公共部门的账目。审计法院的监督独立于议会与政府,属于高层次的事后监督。法国的审计法院具有独立的财政监督职能,预算执行的审查一般为每年定期进行。审计法院年度审计计划抄送财政部,在进行监督检查后,需形成监督报告,财政稽查总局查过的案子审计法院一般不再审计。审计法院的7个法庭,各个法庭分别监督不同的对象。审计法院的监督较之其他监督具有独立性、强制性、直接性等特点,在整个预算监督体系中有较强的约束力与威慑力。

(1) 审计法院的审查工作。审计法院的工作主要有:一是审查国家决算。审计法院每年对财政部提交的国家预算执行结果总账目进行审核,并发表账目核准通告,然后将该通告连同预算年度执行结果的评价和对预算执行管理的意见一同报送议会,对政府制定下一年财政法草案与议会对预算的审批具有重要作用。二是对公共会计进行法律监督。审计法院或地方审计法庭每年定期对公共会计提交的账目进行核查,核准后进行公证,从而确定公共会计是否正确履行自己的职责。三是监督公共支出决策人。审计法院不直接对除公共会计以外的其他公职人员问责,但审计法院有权对非选举产生的支出决策人进行监督检查,如发现有违反财政法规的行为或其他问题,审计法院通过检察长向预算与财政纪律法院提起诉讼,追究其经济或刑事责任。对经选举产生的决策人,审计法院一般通过审计账目,提出建议并交换意见最终形成报告,公开发表报告,形成舆论监督;对涉嫌违法的情况,通过检察长向刑事法庭提出诉讼。四是监督国有企业遵守有关财政法规的情况。审计法院通过对企业账目的审计,检查企业的财务活动是否遵守财政法规。若发现问题,检察长通报企业主管部门部长,对有关责任人提起诉讼,追究经济或刑事责任。

(2) 审计法院的监督权限。法国审计法院的监督对象范围在不断扩大,审计对象一般分为强制审计对象与可选择的审计对象。强制审计对象包括中央政府、社会保障机构和国营企业。可选择的审计对象包括私营机构(它的资本大部分来自三种强制审计对象之一,并且后者对该私营机构有决定权和管理权)、接受具有公共性质资金的私营机构（特别是协会）、受益于公共捐赠，具有公共性质的机构、接受欧盟资金援助的机构和有权征收附加税、任何性质的税及合法的强制性费用的机构（林玲，2006）。

监督权限方面，法国审计法院具有司法权，有权监督公共会计师的行为，对公共会计师的失职行为，可以提起诉讼并有权追究其责任。但公共支出的决策者行为不受审计法院的管辖。

监督性质方面，为确保审计法院的高度独立性，法国审计法院仅次于最高法院，且所有成员都具有法官资格，并实行终身制，审计官员不得随意变动。审计法院实行垂直管理制度，基层审计法院受上级审计法院领导，不受同级政府与议会的影响。

（3）审计法院的协助职能。协助职能方面，法国审计法院具有协助议会监督预算执行的职能。审计法院与议会的协作主要有五种方式：一是法院的首席主席可以就检查结果与议会委员会沟通；二是议会委员会可以就特殊事项要求审计法院进行特别的检查；三是审计法院每年需要公开年度报告与特殊报告，并同时提交议会与总统；四是审计法院每年7月向议会提供上一年度预算执行情况监督报告；五是审计法院每年向议会提供社会保障机构总体情况的报告。

（八）预算与财政纪律法院

预算与财政纪律法院（la Cour de Discipline Budgétaire et Financière，CDBF）创立于1948年，该法院①的责任在于通过罚款惩戒经财政法典认证过的不法行为。主要包括财政收入、支出程序②执行过程中的不法行为和不合理的财款赠与。国家、地方、公共机构以及国有企业③所有的领导人和官员，不包括各部长和地方民选代表（特殊情况除外），都归该法院管理。

预算与财政纪律法院的创设旨在强化拨款审核人的责任。而不是为了将惩戒拨款审核人的惩戒权直接赋予唯一可以评判会计职责的审计法院。总检察官负责做追踪决定，对审计法院负责。审计法院扮演公共事业部的角色，对预算与财政纪律法院负责。其措施的采取可以由其自身主导，或者依审计法院、地区审计法院、某位部长或者各议会领导的要求行事。

最近20年，考虑到刑事程序和犯罪行为管理的发展，预算与财政纪律法院的干涉范围被局限在未触犯法律、不构成犯罪行为的不规范行为的惩戒上，并且这些不合规行为的主要人员既不能是某位部长，也不能是地方民选代表。换句话说，预算与财政纪律法院扮演的只是一个次要角色。

1. 法院的组织架构。

（1）法院成员。预算与财政纪律法院是一个混合法院，包括审计法院法官与最高行政法院成员，双方人数相等。由审计法院的首席庭长担任主席，法国最高行政

---

① 指的是行政性司法，其政令可由议会审议。
② 特别模糊的定义，理论上可以囊括大量财政相关的不合法行为。
③ 或者审计法院和地方审计法庭管辖下的其他机构。

法院（Conseil d'État）负责财政的庭长是副主席，首席庭长缺席或不便时，由副主席主持法院工作。《2005 年 6 月 17 日编号 2005 – 677 修改财政法院法典第三卷的法令》以来，预算与财政纪律法院的成员包括 5 个审计法院的主要议员、法国最高行政法院①的 5 个议员，部长理事会利用法令任命他们，任期 5 年。审计法院的总检察长履行公共部长职能，审计法院的代理检察长提供协助。审计法院的行政部门负责此法庭的秘书事务。

（2）报告员。报告员负责事件的预审，从原则方面看，应该从最高行政法院成员和审计法院成员中选择报告员，并根据财政部长的提议而通过法令任命，但实际被任命的报告员主要是审计法院的法官。

2. 法庭的审理。

（1）审理期限。自受惩罚性质事件发生之日起的 5 年内可以把案件提交法庭审理；5 年之后，违法事件受时效约束。

（2）有权限的部门。与审计法院不同，不能通过官方指定的方式向预算及财政纪律法院提出申诉。只能通过以下三种方式提起申诉：第一，通过政治机关：国家总理、财政部长、国民议会主席和参议院议长有一般申诉权；其他部长可以针对其领导下的管理人员或员工指出的事件提交法庭审理；第二，通过财政法院：审计法院自己或审计法院的检察院，以及地区和领地（海外省）的审计法院，可以向该法庭提起诉讼，这是最常见的情况；第三，所有受公法约束的法人的债权人，政府、地方团队或公共机构被终审判决应支付的款项在两个月内无拨款令或付款通知时。

例如，2013 年在法院登记了 11 个事项，全部由财政法院提起申请。2013 年法庭签发了四项判决，自创立以来签发了 190 项判决。

3. 法院权限。

（1）不能被审判的机关。

①与执行工作有关的审判豁免权。《财政法院法典》的第 L. 312 – 1 – Ⅱ 条款详细规定，法院不能依据政府成员执行工作时，根据法律法规文本规定，作为主要工作必不可少的附属工作行为而审判政府成员；尽管是主拨款审核员，部长不受预算与财政纪律法院的审判。

依据同样的条件下，以同样的方式，大区、省和市镇民选代表、议员、地方团体的成员和科西嘉省执行理事会成员也不受法庭审判。

在社保机构或受审计法院或地方审计法庭检查的社会救济协会中不担任领导职务或不接受酬劳的管理人员不受法院的审判。

②司法豁免权的范围。《1993 年 1 月 29 日编号 93 – 122 关于预防贪污和经济生活与公共程序透明化的法律》第 78 条款（《财政法院法典》的第 L. 312 – 2 条款）规定，法院可以依据地方民选代表（市长和副市长、地方审议大会的主席及副主

---

① 法国最高行政法院是政府的顾问，关于法律草案、政令和一些法令的准备。同时对意见的征求进行处理，并进行政府要求或机构本身发起的研究。自从 2008 年 7 月 23 日《宪法》改革以后，国民议会或参议院主席也可以向国务委员会提交议会议员编制的法律提议。

席）执行职务的行为在以下三种情况下审判地方议员：当他们的行为可导致团体或公共机构由于不执行，或不完全执行，或延迟执行司法决定而被罚款时；依据司法决定，团体或公共机构应支付一笔款项，并且司法决定确定了款项金额，款项在两个月内未被签发付款通知时；民选代表利用会计征用令，① 为了一项理由不充分的优惠，对其他人进行支付，从而承担了他们的责任时。

在地方民选代表执行被委任的附属工作职能时，如果地方议员的责任被质疑，法院也可以审判地方议员。

（2）法院可审判的人员。法院可以审判的人员包括：部委内阁的成员、国家和地方团体的民事或军事公务员或职工，以及接受审计法院或地方审计法庭检查的机构代表、管理人员或职工。这个列举范围很广，因此，法院可以审判拨款审核员（尽管主拨款审核员不在审判范围内）、管理人员和会计，甚至包括财政稽查员在执行工作时的违规行为。《1995 年 11 月 28 日与里昂信贷和企业主银行复兴计划中的政府行为有关的法律》第 25 条规定，国有企业的领导人或者政府握有半数以上股权的公司领导人，在出现重大管理疏忽或错误时应受法院审判。

另外，法院有权审判所有接受财政法院检查（审计法院或地方审计法庭）的机构或个人，包括享受公共资助的协会或经济与社会委员会的代表或职工。

---

① 会计认为被要求付款的款项不合理时，可以暂停付款并把这个决定告知拨款审核者。拨款审核者可以不接受会计的拒绝意见，并向会计提供征用令。

第二章

法国政府财政预算管理概况

■ **本章导读**

　　法国的政府预算分为国家预算（即中央预算）、地方预算和社会保障预算，与公共行政相一致。国家预算包括一般预算、专项账户预算和附设预算。法国的财政权集中在中央。公共财政法律主要是根据《宪法》的标准，按照宪法委员会的判例来进行建构的。本章介绍了法国公共财政部门及权责、法国的预算管理体制、法国的财政预算收支，以及法国的财政法律法规。

第一节　法国公共财政部门及权责

一、法国经济和财政部

在法国制度史上，根据政府，一个或多个部长曾承担公共财政责任，以及这一领域的国际财政法和国际义务。在"统一"期间，财政机构由同一部长管辖（1978年前或1997~2007年的经济和财政部），随后的"双重"时期，预算、经济和财政的管理权属于两个不同的部门（比如，1978~1984年，1986~1988年，1993~1997年间和自2007年以后）。自2007年5月以来，十年来首次通过一个双重方案，一个为经济、工业与就业部，另一个为预算、公共账务与国家改革部。2016年8月30日政府重组之前，经济和财政部中两位部长的名称为：财政与公共账务部长，和经济、工业与数字化部长。2016年8月30日政府重组后，经济和财政部由一位部长领导。而在2017年埃马纽埃尔·马克龙（Emmanuel Macron）当选为总统以后，经济和财政部又由两位部长领导。在《2017年5月17日关于政府构成的法令》中，总统宣布任命布鲁诺·勒·梅尔（Bruno Le Maire）为经济部长（后改名称为经济财政部长[①]），任命热拉尔·达马南（Gérald Darmanin）为公务行动和公共账务部长。2017年重组后的经济和财政部结构见图2-1。

（一）经济财政部长的职权

经济财政部长负责制定和实施政府关于经济、财政、消费与反欺诈的政策，以及有关工业、服务、中小型企业、手工业、商业、邮政和电子通信、旅游活动跟踪与支持的政策。为此，他定义并推动法国经济增长与竞争的措施，鼓励和引导投资；负责准备法国宏观经济形势和国际环境；管辖负债公司和固有资金公司的融资，尤其对中小型企业和规模中等的企业；负责有利于创建企业和简化其手续的政策；监护法国手工业行会以及工商业行会网络机构。

根据以上定义的职责，经济财政部长的管辖范围如下：法国经济增长与竞争、国外直接投资、领地吸引力和未来投资的政策；融资、货币、经济与国家财政事务，与相关的、欧洲和国际的部门商议；出口融资；公共参与政策；经济预测；税务立法；统计与经济研究；竞争、消费与反欺诈；对公共诉求的规制、分析与控制；工业部门方向战略，工业和服务部门的跟踪；策略信息与经济安全；有关于中小型企业、手工业和商业的政策；与自由职业相关的政策；原材料和矿物材料相关政策，在能源材料方面与国家部委（le ministre d'État）、生态与联结转型部长联合；邮政与电子通信政策；新技术的支持、促进和传播；工业产权；打击伪造品；在不损害对

[①]《2017年6月29日编号2017-1116关于经济财政部长职权的法令》。

图 2-1 法国经济和财政部组织结构（2017 年 11 月 30 日）

Bruno LE MAIRE 经济财政部长	Gérald DARMANIN 公务行动和公共账务部长
Delphine GÉNY-STEPHANN 经济财政部长旁边的国家秘书	Olivier DUSSOPT 公务行动和公共账务部长旁边的国家秘书

Isabelle BRAUN-LEMAIRE 经济和财政部总秘书处 国防与安全高级公务员

Odile RENAUD-BASSO 国库总局	Christophe POURREAU 税收立法总局	Laure BÉDIER 法律事务局	Bruno PARENT 公共财政总局	Amélie VERDIER 预算局
Pascal FAURE 企业总局	Jean-Luc TAVERNIER 国家统计与经济研究所总局	Marie-Christine LEPETIT 财政稽查总局	Rodolphe GINTZ 海关税与间接税总局	Thierry LE GOFF 国家公职与国家行政管理总局
Virginie BEAUMEUNIER 竞争、消费和反欺诈总局	Luc ROUSSEAU 经济、工业、能源与技术总理事会	Hélène CROCQUEVIEILLE 经济与财政总监控部	Jeanne-Marie PROST 国家反欺诈代表团	Thomas CAZENAVE 部际间公共转型局
Martin VIAL 国家控股处	Jean-Baptiste CARPENTIER 战略信息与经济安全专员	Christophe BAULINET 经济与财政部调解者	Nathalie MORIN 国家不动产局	Michel GRÉVOUL 政府采购局
Fabrice PESIN 企业经费调解者	Pierre PELOUZET 企业调解者	Christine BUHL 部门预算及会计监控部	Bruno DALLES 打击非法资金流转的报告与行动处理	Charles DUCHAINE 法国反腐局
		Danielle BOURLANGE 国家非物质遗产处	Grégoire PARMENTIER 与人力资源有关的信息服务部际中心	Régine DIYANI 国家财政信息处

Mathilde LIGNOT-LELOUP 社会保障局	Jean-Louis L'HÉRITIER（interim）研究、调研、评估与统计局

资料来源：法国经济与财政部，https://www.economie.gouv.fr/qui-fait-quoi-au-ministere。

外事务和国际发展部门权限的情况下，对旅游活动进行追踪与支持。

经济财政部长与公务行动和公共账务部长联合管辖：财政预测；经济与财政控制。

经济财政部长和高等教育、研究和创新部长联合管辖有关创新政策的定义和跟踪。与总理旁边负责数字化的国家秘书联合，经济财政部长监督企业发展和法国数字化参与者，推动加速经济数字化转型的行动。他还参与定义和实施农业食品加工业和林业领域的政策。他还协助关注法国经济对国际交易变化的适应，以及政府有关对外贸易政策的定义和实施。

（二）公务行动和公共账务部长的职权

公务行动和公共账务部长负责制定和实施政府在公共账务、公务行动和公共职能现代化方面的政策，负责制定和实施政府有关国家采购和国家不动产的政策。他负责所有公共账务，以及公共财政多年战略。

管辖的范围有：预算的编制和执行；税收，在经济财政部长的职权下的税收立法、地籍和房地产广告；海关税与间接税；预算管理与公共会计及相关领域；养老金和国家公共领域退休制度的行政与资金管理。

公务行动和公共账务部长与经济财政部长联合管辖经济与财政控制和财政预测；与内政部长和区域凝聚力部长编制和实施有关地方财政的规则；与团结和卫生部长联合制定《社会保障筹资法》并跟踪其执行；负责社会账户的总体平衡和社会保护融资措施。他与司法部长联合负责打击腐败。

在公务行动方面，他制定和实施国家转型政策。与总理旁边负责数字化的国家秘书联合，推进加速国家数字化转型的行动。他支持相关部门设计、实施和更新有关改善公共服务质量和效率以及现代化管理的措施。他参与国家地区行政改革，协调制定和跟踪简化规范和程序的措施，以减轻行政限制。他副署有关中央行政机构、国家职能服务、分散于地方的服务和由国家监督的公共机构的法令。

在公务人员方面，他受总理委托，在总理的职权下，负责国家高层干部。他监督所有公务员对法律和义务的遵守，以及职业准则。他领导公共行政人力资源管理改革政策。他保证国家人力资源管理的配合并监督部门之间的配合。他引领公共领域的薪酬、退休金和退休，保证合乎章程的规范和特殊指数之间的协调。他制定关于职业生涯平等的措施，和混合职业的薪酬，并监督其实施。他监督促进公务人员的社会融入性，和进入公共领域就职的平等原则。他副署有关章程和在《1983 年 7 月 13 日编号 83-634 有关公务员权利和义务的法律》中提到的人员的薪酬。他领导国家公务人员高级委员会（le Conseil Supérieur de la Fonction Publique de l'Etat）和公务人员共同委员会（le Conseil Commun de la Fonction Publique）。

熟悉所有文本和改革项目，并在对公共财政产生影响之前，做出决定。与公务人员事务总局和管理部一起，参与公务人员政策的实施。通常，预算局还和国库总局一起，按照相应的比例，负责确保许多公共组织、企业和机构的财务监管。为公共管理的现代化和《财政法组织法》①的实施提供帮助，特别是在目标商讨和绩效指标的监控方面提供专业知识支持，这些都是必须开展的工作。因此预算局是政府内部唯一的综合性机构，鉴于其经常与总理府各部门有直接联系，在预算和财务方面，它一直保持信息透明化。

为了完成这些任务，预算局下设8个分局和29个办公室，使其任务与《财政法组织法》的预算结构方案保持一致。

第一分局，负责公共财政政策、预算政策的定义、其执行、收入的预测和财政法的协调。

第二分局，负责公务人员、公共部门的工资和就业政策，以及个人预算问题、公务人员的文职和军事人员的管理章程及补贴事宜、预算监督的协调和信息系统项目的管理。

第三分局，负责经济发展和调控、经济战略和公共财政向导以及学校教育、科研和高等教育相关的任务。

第四分局，负责领土政策、可持续发展、交通、航空检测和开发、城市和住房相关的任务。

第五分局，负责国防、公民安全、政府活动、与地方行政区域的关系、国家整体和领土管理相关的任务。

第六分局，负责健康、残疾和扶持政策、家庭、社会保障、就业、职业培训、迁入、移民、养老和社会账目汇总。

第七分局，负责国家对外活动、国家对农业、渔业、林业发展的援助、欧洲金融及国家担保相关的任务。

第八分局，负责文化、体育、青年和社区生活、海外、媒体、电影、音像和司法、经济部。

在履行其职责时，预算局与财政部其他局，如国库总局、公共财政总局、国家统计与经济研究所总局等，及各部的财政局保持着紧密联系。

（三）公共财政总局（Direction Générale des Finances Publiques，DGFiP）

公共财政总局成立于2008年4月，负责统一管理分散于整个国土内的国家收支部门（地区和省公共财政局、国库和税务局）。在其内部，税收立法局具有特殊地位，附属于经济部长但可以为预算部长提供业务。

公共财政总局的大任务与税务和公共管理相关，即设立赋税，监督纳税申报，清查土地资产，保持有关不动产建筑的行动，征收公共收入，监督和执行公共支出，出示有关预算和会计的信息，提供专家和财政顾问的补助，管理国库现金存款并且指挥国家的不动产策略。公共财政总局同时履行活跃和调整国家退休金的任务。

---

① 2001年《财政法组织法》（LOLF）产生于国民议会在2000年6月提出的法案，并与参议院和政府达成了一致，2001年2月7日至6月28日对其条款进行了讨论，宪法委员会于7月25日宣布其有效。于是新《财政法组织法》2001年8月1日被颁布。

公共财政总局包括税法署，税法署设计、起草税务有关的司法条款和法规以及实行的指令。公共财政总局还有保证国际税务关系的任务，如协商和诠释税务协议、友好诉讼、转让价格税制、欧盟税务协商、国际组织工作。

（四）海关税和间接税总局（Direction Générale des Douanes et Droits Indirects，DGDDI）

海关税和间接税总局，履行国家预算和共同体预算的税收任务。做为其经济任务的补充，它具有评估商业物流的能力、打击走私和重大国际非法交易、安全保护、公共卫生、环境和国家遗产的任务。

海关税与间接税总局履行对进出口贸易管制与监督并维持厂商经济竞争的任务，尤其在国家、国际与欧盟层面使经济畅通，打击走私；参与实施利于社会保障与公共卫生的策略；履行税务任务，因为其为欧盟账户、国家账户、一些共同体领土和公共机关征收关税和间接税；参与对边境人群的监督。

（五）部门预算及会计监控部（services de Contrôle Budgétaire et Comptable Ministériel，CBCM）①

部门预算及会计监控部的任务是保证所在部门的支出程序与资产情况的宏观视野，旨在改善在《财政法组织法》精神和财政监督改革下，预算执行的安全性与可靠性。因此，部门预算及会计监控部主要负责的是所在部门的预算控制。作为公共部门会计，部门预算及会计监控部要向预算权利机关和主要拨款审核者递交预算执行年度报告以及部门财政状况分析。

（六）国家反欺诈代表团（Délégation Nationale à la Lutte contre la Fraude，DNLF）

国家反欺诈代表团，负责监督国家有关部门以及社会福利机构进行的反欺诈行动的效率，以及协调业务。其任务在于，通过利用国家服务和有关社会保障的社会组织，协调打击公共财政欺诈舞弊行为以及打击非法工作，在《1978年1月6日编号78-17关于信息、文件和自由的法律》规定的框架下，提高关于欺诈舞弊的认知，促进相关行政之间文件交换的发展。代表团兼有在协调打击欺诈舞弊中提出改革方案、付出行动并在管理组织及服务中推动反欺诈文化的职责。

---

① 按照行政体系，法国的政府预算分为国家预算（及中央预算）、地方预算和社会保障预算。国家预算结构分为三个层级：任务、计划和行动。一个"任务"可由政府提出，可以是一个部门的或者部际间的。关于法国财政预算体系，参见第二章。

（七）打击非法资金流转的报告与行动处理（Traitement du Renseignement et Action contre les Circuits Financiers clandestins，TRACFIN）

打击非法资金流转的报告与行动处理是一个国家职能机构（Service à Compétence Nationale，SCN），促进经济的健康发展，打击非法资金流通、洗钱和恐怖主义筹资。

（八）国家财政信息处（Agence pour l'Informatique Financière de l'Etat，AIFE）

国家职能机构"国家财政预算与会计信息系统"，通常被叫作国家财政信息处，其任务在于定义和实施国家财政信息策略，保证和维持国家财政信息系统的协调一致，并且定义和实施与集中在负责预算的部长边的战略方向委员会中所有合作者有关的国家战略。

（九）政府采购局（Direction des Achats de l'Etat，DAE）

政府采购局根据《2016年3月3日编号2016-247成立国家采购局和关于国家采购局管理的法令》成立，隶属于财政与公共账目部部长管辖，取代国家权能服务"政府采购处"，任务在于定义和监督所有"日常"国家服务采购策略的实施。

（十）国家公职与国家行政管理总局（Direction Générale de l'Administration et de la Fonction Publique，DGAFP）

主管公务人员事务、社会对话活动和人力资源公共政策的向导，如人员就业及职权管理、信息系统、公共职能之间的沟通、培训等。

（十一）与人力资源有关的信息服务部际中心（Centre Interministeriel de Services Informatiques relatifs aux Ressources Humaines，CISIRH）

与人力资源有关的信息服务部际中心是根据《2015年2月9日编号2015-144关于取名为"与人力资源有关的信息服务部际中心"的部际特征国家职能机构成立的法令》建立的国家职能机构，由三个部门监管（国家公职与国家行政管理总局、公共财政总局和预算局），负责促进国家人力资源—工资链的现代化规划。

（十二）国家现代化总局（Direction Générale de la Modernisation de l'État，DGME）

2005年12月成立的行政事务机构，其职责主要是协助各部门在公共政策总修订计划（La Revue Générale des Politiques Publiques，RGPP），范围内制定它们的现代化战略。

负责预算的部长还根据需要指导其他部委工作，主要是公共财政的总体控制工作，尤其是内政部的地方行政总局（Direction Générale des Collectivités Locales, DGCL）或护理供给总局（Direction Générale de l'Offre de Soins, DGOS）。

（十三）竞争、消费和反欺诈总局（Direction Générale de la Concurrence, de la Consommation et de la Répression des Fraudes, DGCCRF）

竞争、消费和反欺诈总局监督市场管制和市场的正常运行。因此，其负责定义和遵守有利于开放与透明市场发展的竞争法规；负责通知和保护消费者免于过分和违法商业操作的伤害；负责实施合法的度量衡。

（十四）企业总局（Direction Générale des Entreprises, DGE）

在经济工业与数码事务部长权限管辖下，企业总局起草和实施关于工业、数码经济、旅游业、商业、手工业和服务业的公共政策。

1 300名人员在国际间与地区间通过地区的企业，竞争、消费、劳动与就业来往，促进各种规模企业在法国以及国际上的创业、发展、革新与竞争。

（十五）经济、工业、能源与技术总理事会（le Conseil General de l'Economie, de l'Industrie, de l'Energie et des Technologies, CGEIET）

经济、工业、能源与技术总理事会明确和制定关于经济发展。工业、金融服务、能源以及数字化的公共决策，负责审查公共政策和服务。它的任务还包括管理矿业行业，监督工程师和管理类重点大学，保证矿业年鉴的出版。

（十六）国库总局（la Direction Générale du Trésor, DG Trésor）

国库总局于2004年11月15日以国库与经济政策总局（Direction Générale du Trésor et de la Politique Economique, DGTPE）的名义建立，2010年3月更名，其合并了财政局、预测局、对外经济关系局。在国家公共经济政策及整个国家政策的制定和实施中起着经济分析的作用。确保资产的管理以及国家债务分配。参与年度财政法草案和稳定与增长计划的实施。在国际事务中还具有广泛的职能，如G20、G7、世界货币基金组织（FMI）、开发银行、世界贸易组织（OMC）、经济合作与发展组织（OECD）、巴黎俱乐部、法郎区等，并确保国外经济业务系统的流向控制。

国库总局为部长服务，在他们的权限下提议和指挥法国经济与金融政策行动并在欧洲与全世界为其捍卫。因此，国库司起草经济预测并在财政金融、社会和各领域给部长提出经济政策和公共政策的建议；它监督经济中融资的规制和干预，保险、银行和金融市场投资的机构组织；它参与双边和多边金融与商业谈判并监督其对发展的支持；保证对出口，企业对外投资的支持；通过法国国库署管理国库和国债，并通过公共—私有合作支援任务（Mission d'Appui aux Partenariats Public-Privé, MAP-

PP）对公共—私有合作提供鉴定。

（十七）国家统计与经济研究所总局（Institut National de la Statistique et des Etudes Economiques，INSEE）①

国家统计与经济研究所总局负责收集、撰写、分析、传播法国经济和社会信息，通常主要是与公共财政有关的。作为中央管理局，确保法国官方统计部门的协调，并代表法国负责欧洲共同体及国际机构内的统计协调。

国家统计及经济研究所收集、提出、分析、传播有关法国经济和社会的信息。同时负责协调公共行政部门和私营机构的工作方法（méthodes）、经费（moyens）、统计工作，向公共权力机关、行政部门、企业、研究者、媒体、教授、学生或个人提供信息，方便他们进行研究、预测和决策。保证协调法国公共统计系统并且参与保证欧洲及国际统计的协调一致性（l'harmonisation statistique）。

（十八）财政稽查总局（l'Inspection Générale des Finances，IGF）

财政稽查总局履行对行政、经济和财政的总体监督，包括审计、研究、建议和评价的职责。还接受总理委派的任务并且被准许在其他国家权力机关、公共组织、地方行政区域或者由它们组成的组织、基金或协会、国外、国际或欧洲组织的请求下履行任务。

（十九）经济与财政总监控部（le service du Contrôle Général Economique et Financier，CGEFi）

经济与财政总监控部负责公共服务和国家改革的工作。保证公共经费的优良管理，其任务包括对公共管理的监督、监视、审计、研究、鉴定和国家的现代化。

（二十）经济和财政部总秘书处（le Secrétariat Général des ministères économiques et financiers，SG）

经济与财政部总秘书处是经济财政部与公务行动和公共账务部两部门的共同机构，跨部门地既履行在现代化领域、支持功能的部门领导任务，又履行中央服务管理的任务（人力资源、后勤、不动产信息等）。除此之外，总秘书处作为国防与安全高级官员（Haut Fonctionnaire de Défense et de Sécurité，HFDS），协助部长履行防卫与安全的职责。

（二十一）法律事务局

法律事务局局长是国家司法人员。在其权限外还履行顾问的职能，并且是国家

---

① 在法国，大家称为 L'INSEE，即国家统计与经济研究所。

第二节 法国的预算管理体制

一、法国的预算体系

法国的政府预算体系是和公共行政相一致的。法国的公共行政机构分为中央公共行政机构、地方公共行政机构和社会保障行政机构。其中，中央行政机构由国家和其他各种中央行政机构组成。地方公共行政机构包括各大区、省和市镇的地方政府、其他地方行政机构。社会保障行政机构包括中央和地方的各类社会保障机构。于是，按照行政体系，法国的政府预算分为国家预算（及中央预算）、地方预算和社会保障预算。而国家预算包括一般预算、专项账户预算和附设预算。

二、法国的预算管理体制

（一）政府与议会等的预算关系

国家（即政府）是公共财政的主要参与者。在一家企业或者一个司法机构中，预算指的是汇集一个确定的时间段内（通常为一年）财政预计的文件。对国家来说，也是如此：国家预算是由接下来的一年内收入和支出的整体预算构成的。支出的预计上限是不可超过的；从这个意义上讲，国家预算同样是一种公共支出的承诺文书。而在收入方面，预算则仅仅是预计性的。

在法国，执行机构完全掌握财政法案的编制权力，因为，根据《财政法组织法》第38条规定，执行机构要接受国家总理的管理，财政部长编制财政法草案，由部长理事会审议。

如果从本质上讲，预算编制只属于行政机关的工作的话，那么，议会则对这一在事实及法律方面日益完善的预算程序阶段，呈现出日益增长的好奇心。因此，各议会的财务委员会主席、财务委员会的一般报告员和特别报告员以及其他委员会的意见报告员，要求政府提供比以往更多的信息，以便监督该阶段的工作。在向议会递交范围规划信函时同样也要求提供更多的信息。

2001年8月的《财政法组织法》已经使这种做法正式化，明确并加强了主席及两院议会财政委员会的一般和特别报告员的权力：有权查看任何财务和行政相关的信息和文档，包括各部委检查报告的主要内容；有权对所有在场的跟职业机密相关的人员进行审计调查，即使是已脱离职业机密的人员（第57条）。还有可能要求审计法院进行各种调查（每年平均10~15次），调查结果必须在8个月内提交（第58条）。如果未能上交监督或评估任务范围内要求的信息，需要在行政法庭进行紧急行政机关以及公共机构的司法助理。

按照各部长的要求,法律事务局要协调立法和法规文件的起草,协助领导起草对于这些文件之前的分析研究,向部长提议立法和规章制定的改革,分析和起草有关公共诉求的法规,在宪法委员会前维护经济与财政部门。

(二十二) 经济与财政部调解者(Le médiateur des ministères économiques et financiers)

经济与财政部调解者为所有经济与财政部门人员服务,负责接收个人(纳税人、消费者、商人、企业领导等)或者集体(公司、组织等)在部门工作的运行中与用户之间的申诉,并要有利于诉讼和争议的解决。

(二十三) 国家控股处(l'Agence de Participation de l'Etat, APE)

国家控股处是一个国家职能机构,负责管理国家在被国家监控或大部分或者不是大部分持有、直接或间接持有的公司和机构中的股权。这样,国家控股处能够在尊重国有资产利益的条件下,确定明确的产业与经济长期发展策略,并且监督公司的社会政策和有关组织机构。

(二十四) 税收立法局(Direction de la Législation Fiscale, DLF)

税收立法局附属于公共财政总局。

(二十五) 部际间公共转型局(la Direction Interministérielle de la Transformation Publique, DITP)

部际间公共转型局和部际间数字化、信息系统和国家通讯局(la Direction Interministérielle du Numérique et du Système d'Information et de Communication de l'État)替代公务行动现代化总秘书处(le Secrétariat Général pour la Modernisation de l'Action Publique, SGMAP)。部际间公共转型局由负责国家改革的部长管辖。

(二十六) 法国反腐局(l'Agence Française Anticorruption, AFA)

法国反腐局是一项国家职能服务,隶属于司法和预算部长,帮助企业人或者自然人,预防和揭露损害廉洁的行为。

(二十七) 国家不动产局(la Direction de l'Immobilier de l'État)

其职能范围是管理国家不动产政策和地产评估和管理,以及领导这一取代了与此政策有关的不同国家委员会的机构。

诉讼（第59条）。同样，也明确了不同预算议会报告员发送至各部委的调查问卷的答复期限（第49条）。

在制定财政法的时候，当政府已经有了预算和草图和策略时，还需通过召开第N-1年春季预算方向辩论（2008年后更名为公共财政方向辩论），向议会传达相关信息。20世纪90年代举行过这样的讨论，不进行投票表决，这是1990年的情况。1996年也召开过此辩论会，自1998年起，每年举行辩论。该辩论不是对《财政法》细节的事先讨论，而是对公共财政基本方向的讨论。《财政法组织法》第48条将预算方针辩论制度化（并非具有强制性），以便通过要求政府在最后一个季度提供关于国民经济发展和公共财政指导方针，两院议会可以对该方针进行辩论和商讨。该报告应包括"经济发展分析""法国相对欧洲的承诺而言，经济和预算政策大方针说明""国家资源的和重大岗位分摊支出中期评估"。第58条补充规定，该方针报告中必须附有审计法院关于上一年度预算执行情况的初步报告。

（二）中央预算与地方预算的关系[①]

法国的财政权集中在中央。各级预算相对独立，有各自的收入和支出。法国在资金管理上实行事权与财权相统一的原则。在明确事权的基础上，确定与之相对应的财权，例如，在支出上，有归国家的支出，有归地方的支出。在经国家议会审批讨论通过的国家预算中，只包括中央预算。每年也只公布中央预算收支总额。自1982年以来，权力下放，地方政府建立了相对独立的预算体系，在财政经济管理上，有一定的自主权，但是受到中央的严格监督。2003年3月是权力下放地方分权改革的新阶段，地方财政自治得到加强，对权限转移的补偿以税收收入分配的方式进行，而不是以预算份额来施行，并出台新的改革手段，即对国家层面的税收在国家和地方团体机构之间进行分配。另外，国家通过预算部门（公共财政总局）的工作保证地方税收的行政管理，地方议会投票决定地方直接税税率的多少，国家的财政税务部门决定税收基数，特别是它确定了可征税不动产的土地价值。

（三）财政与部门的财政关系

从2006年起，法国国家预算结构转变为三个层级：任务、计划和行动。任务层面体现出所有的国家公共政策，如国家安全、文化、司法、卫生等。"任务"归类了与此"任务"有关的计划。"行动"则作为实现"计划"的一个单元，明确了预计资金被使用的目的。一个"任务"可由政府提出，可以是一个部门的或者部际间的。一个"计划"只与某一个部门相关，并在其下归结了很多相关的"行动"。一个"计划"被委托给一个计划责任人。该计划责任人由与"计划"相关的部门任命。这个计划负责人可以对这个"计划"下的各个"行动"或支出性质间的资金进行调整。

[①] 详见第十一章。

而法国国家预算的编制，是由总理领导、预算局牵头，以及各部门的配合协商共同完成的。一年中，总理或负责预算的部长通过发布不间断的通知函来明确一年中对下一年度预算编制的进度计划和规定。尽管每年都有所调整，概括来说，这些通知函自 2005 年以来，预设了四个预算阶段，以及一个根据《财政法组织法》更新的框架而专门用于绩效的阶段。

1. 在第 N-1 年度初，通常，在公共财政预算战略政府研讨会结束后，总理会向每位部长发出范围规划信函，确定下一年度整体预算方针，该方针在理论上要符合在第 N-2 年度的秋季传送给欧洲权力机关的公共财政中期稳定计划。该范围规划信函提出预算部长和其他部长进行的后期商议的框架。同时，一个阶段在各部门内部展开，此期间，各部门将对他们在次年需要的资金进行评估，并向他们的财政总监论证其新措施的需求。在向预算部长提交完整的资料之前，各个部长将进行第一轮仲裁，得出其预算商议的战略。另外，预算局各部门办公室提出各自的观点，力求确保中期规划（Programmation de Moyen Terme，PMT）在三年内的持续性。

2. 从第 N-1 年度的 2~4 月，各部和预算局之间召开结构性节约会议。这些会议的目的是取消先前每个阶段主要倾向于增加经费的预算商讨程序，使预算商讨进一步集中在结构性改革，"第一欧元"上，以及从消除之前区别"已投票事务"①和"新的措施"之中得出结论。事实上，在没有真正分析账目和公共活动绩效评估工具的情况下，预算辩论并不总是能够实现提交给议会表决时的经费、职位和实际需求之间的最佳匹配。与此同时，预算局于上述"预算编入会议"（réunions de budgétisation）期间，对一般预算框架下各部的经费需求和记账进行审查。

3. 在第 N-1 年度的 4 月，经费商讨的同时，预算局和各部之间进行绩效考核工作，以便在商讨预算政策和编制年度绩效计划时，向议会提供绩效指标清单。

4. 在第 N-1 年度的 5 月或者之后的时间内，特别是在总统选举年，在与部长各办公室交流后，总理会组织一系列预先的会议，以确定改革方针并纳入预算草案编制中，以及确定每项任务的经费及记账最高金额。这一时期是预算程序最激烈、最具有争执性的阶段，最终以总理向各部门发放"上限通告"②（每项任务的拨款金额）结束。

5. 最后，在第 N-1 年度的 6~9 月，各部长与预算局一同为不同的任务计划按最高限度分配经费。与此同时，计划负责人开始研究制定战略目标。最终敲定预算文件，特别是年度绩效草案和"第一欧元论证"③。在 8 月，预算局可以开始进行各种预算文件的编辑。最后由预算部和总理确定最终预算平衡。在最后的调整阶段，用比以前更加精确的方式确定收入预测，并确定最新的税收政策。由此平衡预算差

---

① 1959 年的《财政法组织法》规定的"已表决事务指的是：上一年被议会批准的、政府认为要执行公共事务的最低储备。2001 年《财政法组织法》取消了"已表决事务"的概念，该概念曾经表示的是那些可以被自动延续到下一年的支出。

② 法文名称：lettre plafond，或翻译为上限信函。

③ 即计划所需资金论证，这项论证是为了在财政资源和成本指标之间建立联系。通过阐述经费的需求，以实际情况和财政决定性因素为参照，细化经费的预期使用和所需人员。

额，并自行编辑财政法案。该文本将被传送至最高行政法院，由其宣布所提条款的合法性及其编写方式是否符合法律形式。于9月下半月，在新闻界公布之前，将该草案提交至部长理事会，然后提交到国民议会。该日程按规定被遵守，只有在总统选举年，提交的日期可例外变更为10月初。

该程序漫长而复杂，但具有其优势：关于资金及其论证的讨论比较完整；在行政组织之上，公共政策正真的载体——任务，越来越显现出逻辑性。但是，必须指出的是，它未使各部长适应预算限制和绩效逻辑，然而这是《财政法组织法》极大的抱负之一。此外，被预算年度性所限制，它不能给预算管理人员提供一个多年框架，而多年框架正是预算管理人员提高管理效率所必需的。

正是由于这个原因，2008年7月23日的《宪法》修订，创建了一项为定义"公共财政多年规划"的新法案，以平衡公共账目。该类新法案的第一部法律（《2009年2月9日编号2009-135对于2009~2012年公共财政规划的法律》）已根据普通立法程序被议会采用，涵盖2009~2012年，不仅包括关于国家领域的财政法还包括关于社会保障的《社会保障筹资法》，以及地方行政区域的失业保险和补充养老保险体制，即所有公共行政部门，差不多有1万亿欧元的公共支出。

该类规划法所附报告中详细说明了规划的背景、目标和实施条件。第一部《规划法》还确定了新的行为规范：相对于《财政法》规定的水平，多出的潜在收入将全部用于削减债务；税式支出和 niches sociales[①] 从此必须进行评估和划定界限，并建立一个系统的新措施补偿规则；预计每年在公共财政方向辩论期间，对法案的实施进行年度会议。

三、国家预算[②]的结构——一般预算的三层构建：更具可读性的预算

2006年之前的法国国家预算是按照公共支出类别来划分的，如行政费用、公共投资、国家安全等。2006年起，法国将这些预算章节进行整合，将国家预算结构转变为三个层级：任务、计划、行动，并通过任务层面体现出所有的国家公共政策，如国家安全、文化、司法、卫生等。同样，议会有权利监督并评估政府为了实施公共政策而花费的公共支出总量。2012年国家预算结构见图2-2。

"任务"，代表了国家的大政策。例如，司法、安全、劳动与就业、学校教育、国家财政义务等。"任务"归类了与此"任务"有关的"计划"。例如，"国家安全"这一任务下的"国家警察"这一"计划"。而"行动"，则作为实现"计划"的一个单元，明确预计资金被使用的目的。例如，"国家警察"这一"计划"下的"公共秩序""公共安全与和平""道路安全"等行动。一个"任务"可由政府提

[①] Les niches sociales，广义上说，指所有社会分担额和分摊金（contributions et cotisations sociales）基数的减免、减少和削减措施。

[②] 国家预算即中央预算。

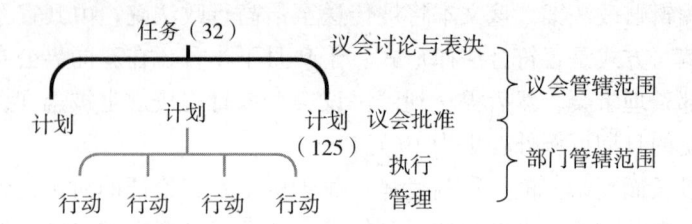

图 2-2　2012 年国家预算结构

资料来源：Guide pratique de la LOLF-Comprendre le Budget de l'État ［R］. Ministère de l'économie et des finances，http：//www. performance-ublique. budget. gouv. fr/sites/performance_publique/files/files/documents/performance/lolf/guidelolf2012. pdf.

出，可以是一个部门的或者部际间的。议会对每一个"任务"进行投票，并可以对同一个"任务"下的不同"计划"间进行资金分配调整。

"计划"，定义了国家公共政策实施的环境。一个"计划"是一个有上限额度的公共支出拨款单元。一个"计划"只与某一个部门相关，并在其下归结了很多相关的"行动"。一个"计划"被委托给一个计划责任人。该计划责任人由与"计划"相关的部门任命。这个计划负责人可以对这个"计划"下的各个"行动"或支出性质间的资金进行调整，这就是可替换性原则，因为在《财政法（草案）》附件中写出的资金分配只是指示性的。每一个"计划"都有明确的目标和预计要达到的结果。例如，2012 年主要任务见图 2-3。国家将任务用目的表示出来，以便公民可以很好地理解他们纳税的钱被用于哪些公共政策或"任务"。

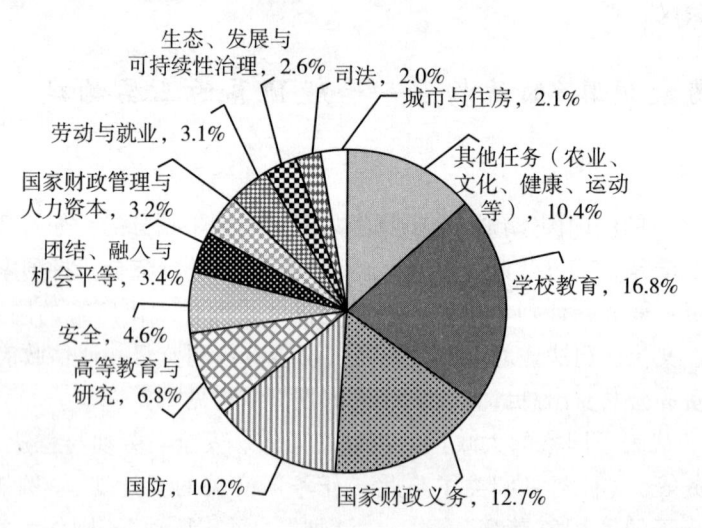

图 2-3　2012 年国家一般预算主要任务

资料来源：Guide pratique de la LOLF-Comprendre le Budget de l'État ［R］. Ministère de l'économie et des finances，http：//www. performance-ublique. budget. gouv. fr/sites/performance_publique/files/files/documents/performance/lolf/guidelolf2012. pdf.

再如，以国家安全为一个"任务"的例子，其下包括了一系列"行动"（见表 2-1）。

表 2-1　　　　　　　　　任务：国家安全

任务：国家安全
计划：国家警察
相关部门：内政部
行动：
- 公共秩序
- 公共安全与和平
- 道路安全
- 海外警察与国际交通安全
- 司法警察与后勤
- 指挥，人力资源与后勤

资料来源：Guide pratique de la LOLF-Comprendre le Budget de l'État [R]. Ministère de l'économie et des finances, http：//www.performance-ublique.budget.gouv.fr/sites/performance_publique/files/files/documents/performance/lolf/guidelolf2012.pdf.

第三节　法国的财政预算收支

一、预算收入

法国国家一般预算的收入主要来自税收，非税收收入仅占总收入的约 3.5%。然而，税收收入和非税收收入的总额需减去各种预扣费用和偿还国家以外受益人的债务。扣减之后，可以确定国家能够根据其预算开支分配的净收入总额。

（一）公共收入结构

公共收入指的是所有公共行政部门征收的收入：国家（l'État）和中央各部委（les Organismes Divers d'Administration Centrale, ODAC）、地方公共行政机关（les Administrations Publiques Locales, APUL）以及社会保障行政机关（les Administrations de Sécurité Sociale, ASSO）。

公共收入可以分为两大类：

1. 财政收入：公共行政机关经费的主要来源。

（1）财政收入的定义。财政收入是国家会计学上的一个概念，指的是自然人和法人缴纳给公共行政机关的所有费用，用于政府必要开支。可分为：赋税（les impôts）、社会保险缴费（les cotisations sociales）、财政税收（les taxes fiscales）。

赋税是针对所有纳税人征收的费用，是必须缴纳给行政机关及欧盟机构的费用，而没有等价交换。赋税用于公共开支，并且能够调节经济活动。赋税又可以分为两种类型：直接税收，由同一个人缴纳并承担，如所得税；间接税收，缴纳主体不同于纳税人，如增值税。

赋税不同于社会保险缴费和财政税收，社会保险缴费缴纳给社会保险机构，而财政收入则是在提供公共服务时缴纳给中央政府、地方政府以及公共机构的费用，以便提供公共服务，公共服务的数量与其价格没有绝对的对等关系。社会保险缴费和财政税收这两种收入存在或多或少的对应于纳税者所付出的一定比例的等价交换。而赋税没有等价交换。

（2）财政收入的发展过程。自20世纪70年代以来，财政收入的发展经历了三个截然不同的增长阶段。在70年代以及80年代前期，财政收入的比例极大增长，从占国民生产总值的34%增长至42%。随后，这一比例稳定在国民生产总值的42%左右，持续到90年代初以后，这一比例再次开始逐步上升，直至1999年达到国民生产总值的44.9%。自从2000年以来，这一比例总体下降至2009年的42.1%，随后由于经济危机及经济复兴措施的关系，这一比例又大幅上升，2012年达到了45.0%（见图2-4）。

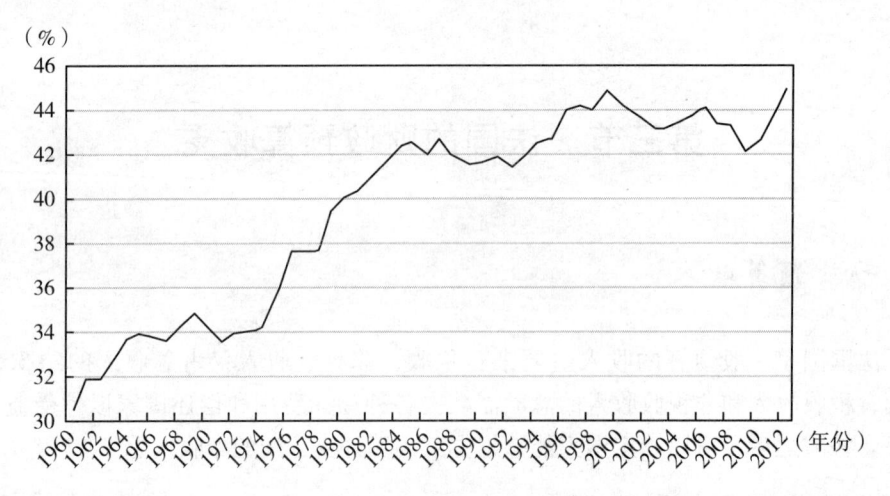

图2-4 1960~2012年法国公共行政机关财政收入比例

资料来源：http://www.performance-publique.budget.gouv.fr.

近几十年以来，财政收入在各公共行政部门的分布也发生了显著变化。国家获取的份额呈现下降的趋势，而社会保险机构及地方公共行政部门的份额在上升。社会保险机构在财政收入中所占比例的上升，反映在对社会性事务支出的总体趋势上，尤其表现为与老年及健康风险相关的开支增加。财政收入中地方政府所占比例的上升，源自一系列分权法案（1982年第Ⅰ次行动及2003~2004年第Ⅱ次行动）引起的事权的转移，伴随着的是税收划拨以及额外的财政收入。

2. 公共行政机关经费的其他来源。公共行政机关经费的其他来源主要来自非税收入、资金注入及借款。

非税收入由全部财产收入组成，包括国家资产收入、工商业经营活动收入、服务报酬以及视听产品专利权使用费。

资金注入是由单位或个人给国家的赠与或遗赠，与之伴随的是部分开支以及符合赠与方的意图。《财政法组织法》规定，在财政法框架内对该金额做出估价。

借款是公共行政机关的主要收入之一。事实上，30 多年以来，[1] 由于支出高于收入，财政预算表决通过的时候就收支不平衡。因此，国家通过法国国库署（Agence France Trésor）每年从金融市场上借款，一方面用以支付到期的债务，另一方面进行新的借款，以弥补财政一般预算上的赤字。在 2014 年的财政法案中，政府预计借款 1 770 亿欧元：将近 1 050 亿欧元用于偿还到期的债务，700 多亿欧元用来弥补财政赤字。

（二）一般预算的总收入[2]

1. 税收收入。
（1）主要直接税。
①个人所得税。在法国，经过议会多年的抗争，直到 1914 年才开始征收所得税。根据 2015 年财政法初始案，[3] 法国所得税的收入规模估价为 753 亿欧元（即 20% 的税收收入），普遍适用于应纳税的收入，不论收入为何种形式。

②企业所得税。法国企业所得税创立于 1948 年。根据 2015 年《财政法初始案》，该税收收入规模估价为 581 亿欧元，占税收收入的 15% 以上。企业所得税由企业缴纳（该税的 2/3 由 2% 的企业缴纳），征税对象为企业的应纳税净收入，即企业收入和支出之间的差额。该税税率定位 33.3%。营业额低于 760 万欧元的中小企业，其税率为 15%。对于营业额超过 2.5 亿欧元的公司，可另外缴纳 10.7% 的税额。

（2）主要间接税。
①增值税。法国增值税创立于 1954 年，是国家收入的主要部分，根据 2015 年《财政法初始案》，其收入规模估价为 1 932 亿欧元，占税收总额的 50%。增值税是一种从价税，以产品的价格为基准：附加值是商品的价值和商品生产所需价值的差额。

②针对能源产品的国内消费税。根据 2015 年《财政法初始案》，该税收入规模估价为 140 亿欧元，约占税收收入总额的 3.8%。能源产品消费税是一种对消费阶段的石油产品（燃油、机油、柴油）征收的间接税，消费阶段指产品离开油库或炼油厂，进入销售网络渠道的阶段。能源产品消费税在消费环节开始的时候征收，无论该产品是从国外直接进口，还是主要源自政府批准的约 200 家应税炼油厂和油库。能源产品消费税是一种特定税，《财政法》规定，其税率由产品的物理单位决定，

---

① 根据资料：https://www. performance-publique. budget. gouv. fr/finances-publiques/grandes-caracteristiques-finances-publiques/s-informer/structure-recettes-publiques –0#. Wo56NTs3GM –，大约 1987 年以来（笔者判断）。

② 国家预算包括一般预算、专项账户预算和附设预算。

③ 《财政法初始案》（la Loi de Finances Initiale），被议会最终采纳的《财政法（草案）》将通过《财政法初始案》的方式发布，以便对相关年度的所有国家收入和支出进行预测与授权。

产品形状不同或用途不同引起税率的差异。能源产品消费税的税率不由产品价格而由产品数量计算，因此该税不受任何燃料价格浮动的影响。然而，燃料同时也要征收增值税，因为增值税适用于不含税的燃料价格，并且增值税随着燃料价格的上升而自动增加。平均来说，法国每升燃料的税（能源产品消费税、增值税等）占了其价格的 70%，为欧洲最高的税率，仅次于英国。

（3）其他税。

①其他直接税和类似税。在 2015 年《财政法初始案》中，这一部分税收占了 140 亿欧元的税收收入。值得一提的是，其中税收预提和动产投资收入提取为 35 亿欧元，财产连带责任税为 55 亿欧元。

②其他通过发放纳税名册征收的直接税。这一部分税收收入为 29 亿欧元，对应向企业、国家承包项目征收的地方税收减免费用。

③登记税、印花税等其他间接税。在财政法案中，这一部分包括了 30 余种不同类型的税，合计税收收入为 208 亿欧元。其中，主要收入为因死亡而产生的财产转移税——继承税（98 亿欧元），以及对法国国家彩票集团开发的彩票产品的预收税（20 亿欧元）。

2. 非税收入。

（1）主要非税收入来源。

①股息和类似收入。国家在工业、商业企业（法国国家彩票集团、法国电信、法国电力公司、法国航空等）或金融企业（法国国家人寿保险公司、法兰西银行、法国信托投资局等）参股，根据 2015 年《财政法初始案》，国家因此从中获得 58 亿欧元的分红和税收。

②商品和服务销售收入。根据 2015 年《财政法初始案》，各种商品和服务销售的税基与征收费用（5.17 亿欧元），或欧盟偿还的这部分费用（5.06 亿欧元），这两者占了该收入的主要部分，收入金额达 11 亿欧元。

③其他各种收入。这一部分包括了源自酬金或偿还的收入，根据 2015 年《财政法初始案》，这部分占 31 亿欧元。其中最主要的收入来源于法国对外贸易保险公司（5 亿欧元），或由法国信托投资局管理的储蓄资金的预提款（7.6 亿欧元）。

（2）其他非税收入。

①国家公共领域产品。根据 2015 年《财政法初始案》，公共领域财产或国有财产产生的收入为 19 亿欧元，该收入来源为国家提供产品（对公共领域的占有权等），或销售产品（出让国有不动产的部分场所等）所得。

②偿还、贷款利息和垫款利息。根据 2015 年《财政法初始案》，这部分收入总额为 9.312 亿欧元，包括银行或外国偿还的贷款或服务（民航等）。

③罚金、罚款、罚没款和诉讼费。根据 2015 年《财政法初始案》，交警罚款（4.37 亿欧元），由协作管理机构或由独立的行政机关进行处罚，或经济处罚均属于这一部分，国家获得的这部分收入为 11 亿欧元。

（三）一般预算的净收入

一般预算的净收入通过在毛收入的基础上减去有益于欧共体预算和地方行政区域预算的预先扣除，以及减免税和退税。根据 2015 年《财政法初始案》的数据，如果总收入，即税收收入和非税收入总额约为 3 928 亿欧元，其实国家并未获得这所有的 3 928 亿欧元，该总额的近一半是要扣除的，如有益于欧共体预算的预先扣除（207 亿欧元），地方行政区域的预算（507 亿欧元），或减免税和退税（994 亿欧元）。因此，国家的净收入大约在 2 218 亿欧元，再加上 39 亿欧元垫款，净收入总额为 2 257 亿欧元。

1. 有益于欧共体预算的预先扣除。根据 1970 年 4 月 21 日的决议，欧共体理事会决议通过了成员国的财政捐税由欧共体的"自有财源"替代，并规定所有在现有欧共体政策框架内得到协调的税收将被转移到各国预算中：共同关税、农业税和共同农业政策下推出的税。但这些"自有财源"的水平（已经）远低于支出水平。因此另一种欧共体预算的财源建立了。为了保持收支平衡，财源在增值税的基础上（正在协调中），从 1986 年的最大 1.4%，降到 1999 年的 1%。根据 1988 年 6 月 24 日的理事会决议，一种新的保持平衡的财源被写入决议规定中，该财源以每个国家在欧共体中的国民生产总值为基础（与欧共体国民生产总值相对应的达到上限的欧共体支出，1999 年起定为 1.27%）。

用于支付预算的财源，都根据 2000 年 9 月 29 日欧盟理事会决议批准的新机制进行了计算。该决议被称为"自主财源决议"，《2001 年 12 月 21 日准许欧盟理事会 2000 年 9 月 29 日关于欧洲共同体自主财源系统决议批准的法律》予以通过。该决议给予国民生产总值财源最大空间，并相应减少了增值税的份额。这一决议已被 2007 年 6 月 7 日理事会通过的有关自主财源体系的新决议替代。新决议于 2009 年 3 月生效，该决议中，统一要求的税率被定为 0.30%，适用于在增值税统一基数上的所有成员国，而基数不能超过每个国家国民收入的 50%（有一些过渡性的特征）。自有财源的总金额不能超过欧共体国民生产总值的 1.24%。2014 年 5 月 26 日，理事会通过一项新决议（同一天两项条例出台），于 2016 年生效。

2. 有益于地方政府的预先扣除。有益于地方政府的预先扣除首次出现在财政法案中是 1969 年。2015 年这类扣除的总额达到 507 亿欧元。这类扣除可以分为三大类：补偿性质的扣除，作为对地方政府依法支出的补偿；补助金，作为国家对当地政府的补助；财政拨款，将某些收入或收入的一部分划拨给当地政府。其中最主要的几种情况如下：

（1）涉及地方税收的免税补偿。不同类别的纳税人获得某种地方税（房屋税和物业税）的免除（所得税的非应税人等）或减扣（劳动补助收入受益者等）：根据财政法案决定的这些减免税措施，其对税收的影响由国家通过收入征税、向地方政府发放补助金来抵消。根据 2015 年《财政法初始案》，这部分补偿总额为 18 亿欧元。然而，其中最大一部分是计入政府运转的资金划拨中的。

（2）增值税的补偿基金。根据 2015 年《财政法初始案》，价值 59 亿欧元的增值税补偿基金抵消了地方政府上一年在某些投资开支中缴纳的增值税。要想得到补偿，必须是地方政府直接进行的开支，或在地方政府账户中发生的开支，以补充地方政府财产为明确目的开支，为第三方购买的商品、服务和工程不包含在内。由地方政府缴纳的增值税，大部分由国家在2年之后返还给地方政府。

（3）政府运转的资金划拨。根据2015年《财政法初始案》，政府运转的资金划拨金额为366亿欧元，代表了国家财政收入为地方政府征收的最重要的税金，受惠者是市镇、公社集体和部门，自2004年起，地区也成为受惠者。政府运转的资金划拨包括地区（和其他地方集体）的补助，作为取消工资税和营业税的补偿，对地区性房屋税和有偿转让财产税的补偿，以及将汽车保险合同的税收转让给部门的补偿。政府运转的资金划拨还包含了很大一部分因权力向地区和部门下放而产生的财政拨款。向地方政府和集体的补助分为两部分：一部分为固定分配；另一部分为平均分摊。资金划拨的计算方式非常复杂，其结果根据多个标准产生（人口、面积等）。这366亿欧元的分配方式如下：市镇将得到210亿欧元的资金划拨，政府部门得到110亿欧元，地区得到45亿欧元。为了实现总体的节约（2015年这类扣除的总额达到507亿欧元，约500亿欧元），该类资金划拨在2014年减少了15亿欧元，在2015年减少了37亿欧元。

（4）营业税改革的补助。伴随着1999~2003年营业税中工资份额取消，2010年税收基数的设备和不动产两项也被取消，意味着生产性投资税收的取消。政府致力于保证地方政府的财政来源。从此，地方政府征收的区域经济税收由两部分组成，一部分是以当地土地税为基准的地方补助，另一部分是以增值税为基准的补充性补助。为了避免对劳动密集型行业的处罚，增值税以补助金作为基准进行征收，对非金融性公司的上限为营业额的80%，对地域经济的纳税上限为增值税的3%。2010年的财政法案还建立了能源、铁路交通和电信领域的网点公司向当地政府缴纳的统一税率。根据2015年《财政法初始案》，补助总额达到了34亿欧元，但大多数这种补助都包含在政府运转的资金划拨中。

3. 退税和减税。根据2015年《财政法初始案》，退税和减税的总价值为994亿欧元，这部分作为支出被记录在预算一般支出预估的几个章节中。税款的退还由几个涉及税收机制的部门决策而定，而税款的减免则按法律规定或个人决策而执行。这是一项特殊职责。

（1）国家税收的退还和减免。根据2015年《财政法初始案》，退还的税收总额为876亿欧元，主要涉及一种间接税——增值税和一种直接税——企业所得税，即两种对经济形势特别敏感的税：增值税退还总额为500亿欧元（比如出口商可以返还增值税，因为增值税不适用于出口），返还给企业的税额为230亿欧元。

（2）地方税收的退还和减免。该税收减免主要涉及地方的直接税，根据2015年《财政法初始案》，价值约为116亿欧元。主要部分（63亿欧元）关系到地方税收的减免，源于营业税减免，该金额的2/3源自增值税封顶机制。基本的减税和免税通过收入征税的方式进行补偿。对房屋税的减免上升至39亿欧元。

二、预算支出

(一) 公共支出结构

公共支出为所有公共行政机关的开支,包括国家和中央各部委(ODAC)、地方行政机关(APUL)以及社会保障行政机关(ASSO)。可以根据每类机关的性质或比重对公共开支进行分析,一般通常称为分项(sous-secteur)。

国家账目是法国在欧盟承诺的框架下,所有公共行政机关共同的唯一的会计参照体系。国家账目可以计算所有公共行政机关收入和支出的总金额。

1. 公共支出中的三个分项。国家账目在"公共行政机关"范畴内有三个分项,因而有三个层次的公共支出。

中央行政机关,包括国家(即所有国家级公共权力机构)及其分权到地方的各部门、中央各部委,后者囊括了具有法人资格的国家机构[如法国会计委员会(CNC)、法国环境及能源管理署(ADEME)、大学、就业中心,等等]。

地方公共行政机关,包括所有的地方政府(大区、省、市镇以及市政间联合的公共机构)以及其他各类地方行政机构(如初中和高中、商会等)。

社会保障行政机关,包括医院以及所有的社会保险体系(基本社会保险制度以及专门的社会保险制度)、补充的退休体系以及失业保险。

公共开支按性质划分主要分为干预支出(主要为社会性补助)、人员支出(公职人员工资酬劳、退休金等)、投资支出、运行支出以及借债利息支出。

2. 投资公共支出在每个分项中的分布情况以及账目合并机制。实际上,每个"公共行政机关"支出的总和并不等于所有的公共支出,因为分项的支出同样还包括行政机关之间的划拨。

为此,必须要剔除行政机关之间交叉的资金流,以还原公共支出中各个分项的部分,这一操作被称为"账目合并"(见图2-5)。因此,开支被归到划拨的收款方,也就是说,最后花钱的一方为支出方。

以失业补助(ass)为例:该补助由失业补助基金支付给领取者,而失业补助基金属于中央部委,部分资金来源于国家的补贴。国家补贴与失业补助基金的支出,出现对同一笔支出的两次入账。失业补助于是被划转至失业补助基金名目下,与中央部委而非国家的分项进行报表合并。这一划分表明,社会保险机构占到了公共支出的47%,国家占26%,地方行政机关占21%以及中央部委占7%。这一分布显著降低了国家的支出水平,因为后者是向其他公共行政机关划拨的主要来源。

3. 分项在公共支出中的重要作用。中央行政机关支出指的是国家以及中央各部委的支出。对于中央各部委来说,它们的开支性质反映了各自业务种类的综合性及其重要性。比如,中央各部委的利息开支80%由法国社会安全债务管理机构,即社会债务偿还基金会(CADES)承担。这些机构在就业以及共同的农业政策方面收到众多补贴。

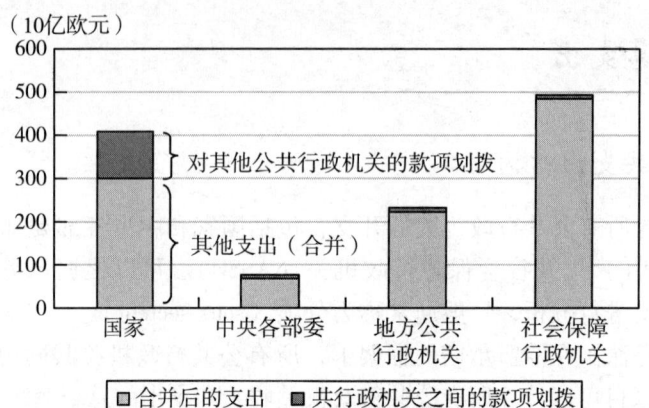

图 2-5 公共开支账目合并

资料来源：http://www.performance-publique.budget.gouv.fr/finances-publiques/grandes-caracteristiques-finances-publiques/s-informer/structure-depense-publique#.WLz_lbb9e6g.

社会保障行政机关的支出属于社会保险财政法案的管辖范围，主要指的是社会性补助支出。这些支出每年由议会以社会保险财政法案的形式表决通过。

地方公共行政机关的支出没有合并报表，占到地方政府支出的85%以上。地方公共行政机关是公共行政机关在投资方面的第一大分项。

4. 所有公共行政部门关于公共支出规模控制的统一行动。法国公共支出规模是欧盟最高的国家之一，其主要问题在于收支之间的缺口（即赤字）最近20年以来一直在扩大。过去30年以来，债务规模增长至5倍；2008年以来，尤其是在经济和金融危机的影响下，债务规模又呈现大规模增长。在这样的全球背景下，公共权力机关采用了控制公共财政的战略，优先考虑整体公共开支的较小变化。

2006年以来，"所有公共行政机关"召集了多次统一协调会，以便公共支出的所有参与方能够对公共支出形成强有力的统一领导，以整顿公共财政。

对"所有行政机关"的审核目前正在《公共财政规划法》的框架下落实，落实期限为2012~2017年。这标志着，政府将在整个议会任期内将公共支出占国民生产总值的比例降低3个百分点的决心。这一控制支出的努力能够在2017年达到公共账目的结构性平衡，同时也是如期兑现法国对欧盟做出的承诺。所有分项都需要结合起来，以符合这一既定路径。因此，法国决定地方政府在2014年和2015年减少15亿欧元的捐赠，从而对其支出做出改变。同样，社会领域也成为重大改革的目标（尤其是退休制度及家庭政策的改革）。

这一战略依据的是对公共支出检查的创新管理。为此，公共行动现代化（MAP）将统筹范围扩大至公共支出的所有参与者，以提高公共服务的效率。首批评估于2013年开始，涉及的是20%的公共支出，在家庭政策以及企业扶持方面进行了重大改革。

2014年，法国对预算程序进行了修改，以便各个部委能够从4月开始就提供系统性节约经费的资料，从而让能够符合公共财政既定路径。2014年成立的由共和国总统领导的公共支出战略委员会，能够从最高层面对这个新的预算前期流程的大方向做出决策。

（二）支出的刚性组成部分

债务开支、人员开支和政府运转经费构成了支出的3个刚性组成部分，占据了约2 150亿欧元的支出，及超过一半（54%）的总支出，但为72%的净支出。

1. 债务开支。

（1）发行公共债务。债务开支归于国家财政承诺这一任务内。国家债务包括了所有以借款、国债或国库券的形式发行的累计金额（发行债务），国家通过这些债务来保证财政需求。可流通债务占了国家财政债务的绝大部分（99%），由以下几类债务组成：国债类债务，即向债券市场投放的长期债券；国库券，即可流通的短期和中期债券。这类债券是"可转让"的，因为其涉及的债权都是可以在市场上交易转让的。不可流通债务主要由国库存款组成，个人或公共机构自愿地或强制性地将其部分或所有可用资金存入国库（2013年的存款额为1 270亿欧元）。从法律意义上说，这部分资金不属于贷款，而属于存款，因为存款人可以随时取出存款。然而这部分资金仍然包含在债务范畴内，因为负债是永久的。该类存款主要来自金融性质的组织、地方公共机构和地方政府，这些机构若有可用资金也应该存入国库。

（2）债务开支。国家应该支付的债务利息就是债务开支，2015年的债务净开支为434亿欧元。这些开支是国家要承担的强制性费用，必须从财政收入里扣除需要还本付息的金额。这笔费用已被写入财政法案第四篇，国家履行财政承诺的职责中。政府债务的存量在10年内增加1倍，导致了债务开支的相应增长。目前债务开支已消耗了约20%的一般预算净收入，因而无法承担其他开支。434亿欧元的债务开支中，约99%属于可流通债务。

法国债务的期限结构由70%的长期国债（OAT）、20%的中期国债（BTAN）和10%的短期债权（BTF）构成。

2. 人员开支（或称人事支出）。

（1）人员开支的内容。人员开支由公务人员薪酬、缴费和社会分摊金构成。正如2001年《财政法组织法》第51-3条规定，继财政法案所附的立法表（表A、表B等）之后，还附有其他信息，尤其是政府运作层面和投资层面的预算收入和支出列表。编入该表格中的人员开支，在2015年上升到1 212亿欧元（其中690亿欧元为公务人员薪酬）。

根据2015年《财政法初始案》，在法国四个公务人员数量最多的部门内：教育部（983 800人，包括国民教育、高等教育和研究256 300人），国防部（265 800名文职人员和军职人员），财政部（139 500人）和内政部（278 600人），公务人员的薪酬开支被缩减到80%。文职和军职人员的退休金发放对象超过2 500万人。公务人员退休金的预扣税不再充入国家预算，而是直接与特定退休金划拨账户绑定。

2015 年的财政法案中，等价于全职职位的数量①达到约 1 901 100 个，加上国家业务员②的 397 600 个职位（约 550 个机构）。

（2）人员开支变化的因素。如同债务开支一样，人员开支的变化也成为影响预算的一大因素。在这一预算项目中节约开支是很难实现的，除非将准备退休的人员按实数替换。这是各国政府数年来总结出的方法，因为 2008 年未替换的职位有 22 900 个，2009 年有 30 600 个，2010 年有 34 000 个，2011 年有 31 600 个，2012 年有 27 000 个，2013 年有 19 200 个，2014 年有 13 100 个。③ 对于薪酬来说，若不考虑重新招聘的人员，仅仅通过提高工资和晋升使公务人员受益（年长—技术的平滑过渡），人员开支将产生平均每年 2% 的变动，并大量消耗（加倍）职位不替换所节约下来的开支（2013 年约 58 000 万欧元）。对于退休金来说，受益人数量的增加和退休金提高措施增加了开支的负担，使其变化（大约 3%）比薪酬的提高更快。在法规不变的情况下，这一趋势仅仅会因为受到人口状况的影响而继续保持。

3. 政府运作开支。该类开支包括除了人员开支以外的其他运作开支，尤其是与国防有关的开支。政府运作开支由政府活动产生（信件邮资、信息技术开支和办公自动化开支、地方政府的办公场所租金、搬迁费用等），或市政工程的保养费用（文物古迹、道路、道路安全设施、航道等的保养维护），或军用设备的保养费用（维修和维护）。政府运作开支，根据 2015 年数据，约占了 500 亿欧元。④政府运作开支还包括了公共服务开支的补贴（264 亿欧元），即国家拨给的维持运作的补贴，尤其是国家管理之下的一些公共机构。

（三）民用和军用开支

民用和军用开支包括民政服务开支和国防开支。2015 年，国家一般预算的净开支约为 3 000 亿欧元，其中包含了垫款的估价。税收返还和减免金额 994 亿欧元。该净开支金额分摊在民政服务开支（约 2 633 亿欧元）、国防开支（368 亿欧元，即约 12.3% 的总开支）的费用中。⑤

第四节　法国的财政法律法规

一、法国公共财政法的起源与变革

法国公共财政的历史与政治史密切相关。历史上的多次危机也都有其财政起源。

---

① 法文原文：Équivalents temps plein travaillé。
② 公共服务机构，包括工业与商业公共机构（Établissement Public à caractère Industriel et Commercial，EPIC）、公共利益集团（Groupement d'Intérêt Public，GIP）、事务所、协会等。
③④⑤ Chouvel F. Finances Publiques 2015 [M]. 18th éd. Gualino éditeur, Lextenso éditions, 2015.

在旧制度下，国王与议会之间的较量大多与税制有关。在 18 世纪，由于征款制度的结构不够合理，君主政体的力量被削弱。法国大革命的直接起源也是因为 1789 年 5 月召开的三级会议为坚决反对议会对税制进行任何变革，尽管内克（Jacques Necker）、卡洛纳（Charles Alexandre de Calonne）和洛梅尼·德·布里安（Étienne Charles de Loménie de Brienne）等人曾多次提出改革方案。国民议会则宣布了三级会议的第一次决议，宣称"未经国家许可而设立的一切现有税制，一律无效且违法"。①

公共财政法规的变革也真实地反映了政治史的情况。第三共和国的预算程序是议会权利的体现。相反，在第五共和国初期，由于行政权占据主导，在 1959 年 1 月 2 日，具有《财政法组织法》性质的法令②才得以通过，还对《财政法》进行了重组（在 2005 年前一直有效）。这一法令是在 1958 年《宪法》第 92 条颁布前的过渡状态下颁布的，因此无须议会进行讨论。

公共财政法规的起源并不久远（详情见表 2-2）。预算和会计原则的某些起源可以追溯至旧制度时代（金融机构、对公共账户的法律监督），另一些可追溯至复辟时代。同时，与法国相当大一部分行政制度一样，大部分的重要公共财政机构，都是在大革命或拿破仑时期建立的（如财政部下设的审计局与审计体系、审计法院等）。

表 2-2　　　　　　　　法国公共财政简要年

时期	国家预算	地方财政	税制和社会保险金
旧制度	设立财政审判机关（13 世纪），制定公款会计员账目审判原则；中央财政部（17 世纪）	出现市镇预算（中世纪）和市政税（主要是间接税）	16~18 世纪：萌芽于中世纪的税制最终系统化
大革命和拿破仑时期	成立法兰西银行（1800 年）；成立审计法院（1807 年），建立重要审计体系	设立"附加税"，后演化为今天的地方直接税	1789 年发布人权和公民权宣言：制定认可税收原则；征收专门服务税
复辟时代	"重要预算原则"形成；由议会进行预算投票；成立储蓄与信托银行（1816 年）		
第二帝国与第三共和国	国家所有权分支的增加（公共机构）；1922 年：国家费用财政监督法	地方公共财政部门的发展；1892 年：各省预算自主	卡约（Caillaux）改革，设立所得税（1914 年、1917 年）

---

① Adam F. Ferrand O. Rioux R. Finances Publiques [M]. 3ʳᵈ éd. Presses de Sciences Po et Dalloz, 2010.
② 《1959 年 1 月 2 日编号 59-2 关于财政法组织法的法令》

时期	国家预算	地方财政	税制和社会保险金
第四共和国与第五共和国初期	通过国有化对公共产业进行扩张； 1958年《宪法》：对议会预算权进行限制； 1959年1月2日法令，对预算权进行改革； 1962年12月29日关于公共会计的总规章的法令		设立社会保险并推广强制性社会征款； 1948年：成立税务总局； 1957年：所得税使用的形式开始延续至今
20世纪60年代和70年代		国家对地方团体的财政监督减弱	设立增值税
20世纪70年代		设立地方四大直接税，其形式延续至今； 1979年：设立全国运营捐赠基金（Dotation Globale de Fonctionnement, DGF）	欧盟增值税法令
20世纪80年代	金融市场的自由化与国债管理改革； 1986年：私有化开始	1982年：地方分权以及对地方团体实施财政监督的结束； 1983年：设立区域审计法庭（Chambre Regionales des Comptes, CRC）	设立巨额财产税，后被取消，被财产团结税（Impôt de Solidarité sur la Fortune, ISF）取代
20世纪90年代	里昂信贷银行救助计划，由国家资助； 马斯特里赫特条约（1992年）：在欧盟范围内预算政策进行限制； 1996年：制定社会保险资助法律； 1997年：稳定与增长公约	与财务相关的刑罚诉讼程序发展； 1990年：CRC最终意见书的系统公布； 1996年：开始限制国家给地方团体的拨款； 1997年：市镇会计改革推广	1990年：设立社会普摊税（Contribution Sociale Généralisée, CSG）； 1999年：开始对职业税进行改革
21世纪初	2001年：颁布新的《财政法组织法》，2005年生效； 2005年：稳定与增长公约改革； 2008年：修订《宪法》（财政规定）	2003~2004年：地方分权进入新阶段； 2004~2005年：DGF改革	2006年：所得税改革方案通过（2007年实施）； 2006~2007年：设立"税务保护"； 2007年：设立公共财政总局； 2010年：取消职业税

资料来源：Adam F. Ferrand O. Rioux R. Finances Publiques [M]. 3rd éd. Presses de Sciences Po et Dalloz, 2010.

二、法律系统

公共财政法律主要是根据《宪法》层面的标准，也就是按照宪法委员会的判例来进行建构的。2008 年的《宪法》修订（《2008 年 7 月 23 日编号 2008-724 第五共和国制度现代化的宪法法律》）中包含一些重要的财政规定，尤其是确定了公共管理部门审计的诚实性准则（《宪法》第 47 条第 2 款修正案），从《宪法》层面认定议会（条款 24）和审计法院（条款 47-2）具有对公共政策进行评估的义务。此外，第 34 条还规定："多年内的公共财政发展方向将由公共财政规划法制定。其目的是促进公共管理部门账目的收支平衡。"欧盟法同样也对税法领域今后长期的发展做出了规定，并对自 1992 年以来的预算政策做出了限制。

（一）国家财政

根据《宪法》第 34 条，"财政法依据组织法所规定之条件及保留，明定国家财政之来源及支出"。这里涉及第 2001-692 号《财政法组织法》，它标志着公共管理深层改革的开端。该法律（在 2005 年和 2009 年做出了少量修正）取代了 1959 年 1 月 2 日颁布的、半个世纪内几乎从未修正的法令。

《宪法》同样也对议会在财务方面的修正权（条款 40）、财政法律表决期限（条款 47）和国民议会在预算方面拥有的优先权（条款 39）做出了规定。

《欧盟运行条约》第 126 条款对欧盟赤字控制标准做出了规定，并通过作为该条约附件的两份议定书加以明确，议定书涉及与超额赤字相关的程序，以及趋同标准。《稳定与增长条约》则是由欧洲理事会于 1997 年 6 月 17 日年通过的一项决议[1]，以及 1997 年 7 月 7 日的第 1466/97 号[2]及第 1467/97 号[3]两项欧盟法令组成，这两部欧盟法令在 2005 年进行了深刻变革。最后，条约第 123 条禁止法兰西银行向国家或向任何公共管理部门提供贷款。

《1962 年 12 月 29 日编号 62-1587 关于公共会计总规章的法令》以及《2005 年 1 月 27 日编号 2005-54 关于国家行政部门内部财政监控的法令》对国家的收入和支出做出了规定。《财政法院法典》集合了与审计法院相关的规定，2001 年 8 月 1 日《财政法组织法》条款 47-2 以及条款 58 分别对议会具有的协助义务和公共政策评估义务做出了规定。

（二）地方财政

在法律现有状况下，地方团体无权决定各自适用哪些预算和审计法则，而需要由法律或适用规章决定。《宪法》第 72 条阐述的地方团体的自由行政原则应当与第 34 条规定相结合，后者规定"地方团体自治行政、权限及财源"的基本原则由法律

---

[1] Resolution of the European Councilon the Stability and Growth Pact, Amsterdam, 17 June 1997.
[2][3] Council Regulation (EC).

规定。在此基础上，由于地方当选者通过国民议会发挥着巨大的作用，因此立《宪法》官和行政法官将制定大部分地方财政法律的权利和对各团体进行保护性解释的权利赋予立法者。议会于2003年5月通过的《宪法》修正案，在《宪法》中加入了新的条款，即条款72-2，确定了团体的重要财政原则及其税务自主权。

大部分地方财政法律收录于《地方行政区总法典》（CGCT）。1962年12月29日法令的某些一般性规定也同样适用于地方团体。最后，《财政审判法》中也包含与地方审计法院相关的规定。

（三）税制

《宪法》规定的税收平等以及认可税收原则起源于1789年《人权和公民权宣言》条款13和条款14。此外，《宪法》第34条规定，各种赋税课税的基准、税率及征收方式将由法律规定。

欧盟在税收方面的标准是以指令形式制定的（随后转化为各国法律），主要涉及间接税（增值税、烟酒特别消费税、关税）。此外，欧盟条约的某些一般性规定也涉及税收（人员、货物和资本自由流动原则、禁止征收歧视性间接税等）。

税收法律及其适用规章均收录于《税收总法典》（Code Général des Impots, CGI）、《税收程序手册》（Livre des Procédures Fiscales）和《关税法》（Code des douanes），并附有多项行政指令作为补充。

（四）社会财政[①]

自1996年进行修宪以来，《宪法》第34条规定："依据组织法所规定之条件及保留，社会保障筹资法根据收入预期制订支出计划，确定保持收支平衡的一般条件。"

条款39和条款47-1规定了财政法律通过的程序。第34条规定社会保险，尤其是财政领域内的社会保险的基本原则由法律制定。大部分与社会财政相关的组织性规定、法律规定和规章性规定收录于《社会保障法典》（Code de la Sécurité Sociale）。

三、2001年《财政法组织法》的诞生

2006年之前，预算的准备、投票与执行遵照1959年1月2日法国《财政法组织法》的规定。这篇法令对国家预算制度的规定体现了第五共和国《宪法》的有限议会精神，实际上削减了法国议会在预算协商及预算批准方面的权力。在没有重大问题的前提下，议会对国家各项预算进行投票，投票通过的公共预算由政府执行。但下一年度没有做出改变的公共预算内容则可以不通过议会投票而直接被执行。在这种情况下，中央政府规划出的预算草案，大部分内容不需要经过与议会的协商就

[①] 与社会保障相关的财政。

能够直接执行。①

然而，从 1959 年起，政治制度和整个欧洲的环境，以及伴随着议会在财政与预算上的职能，都有较大的变革。经济合作与发展组织（OECD）主要成员及法国的多数邻国都进行了预算制度改革。2001 年《财政法组织法》产生于国民议会在 2000 年 6 月提出的法案，并与参议院和政府达成了一致，其条款在 2001 年 2 月 7 日与 6 月 28 日之间被进行了讨论，宪法委员会于 7 月 25 日宣布其有效。于是新《财政法组织法》于 2001 年 8 月 1 日被颁布。在进行了为期五年的准备工作之后，于 2006 年 1 月 1 日起正式实行。②

2001 年《财政法组织法》的颁布，明确提出了建立以结果和绩效为导向的绩效预算，加强了议会的评估和监督作用，改善了公共财政的民主制度和财政透明度。

四、2001 年《财政法组织法》的主要概念

2001 年《财政法组织法》为财政预算公共管理引入了新的概念。

（一）《财政法组织法》定义的任务（mission）

一项任务包括了所有促进某一公共政策的计划。只有政府的《财政法初始案》的条款可以提出一项任务。任务是投票表决经费的一个单位。

（二）《财政法组织法》定义的计划（programme）

一个计划包括了用于实施行动（action）或者属于一个部门相关的所有一致行动的经费。它配有细化的、根据总利益定义的目标，以及所期望的、并且会被评价的结果。每一个计划都有一个负责人被指派对其负责。

（三）《财政法组织法》定义的行动（action）

一个行动是计划的组成部分。它可以聚集到用于特殊公共事业使用者和收益者的经费，或者成为一种干预政府部门的特殊方式。在一个计划中，经费在各个行动上的分配是指示性的，它是预算执行的确切原状，它也可以是关于计划的特殊目标与指标的组合。

（四）成本分析（analyse des coûts）

对行动的成本分析，其目的在于补充议会的信息，对每个行动的实施，提供有关的所有直接和间接的预算资产分配的度量。它同时有助于衡量行政管理部门的

---

① 黄严：《新 LOLF 框架下的法国绩效预算改革》，载于《公共行政评论》2011 年第 4 期，第 101～128 页。

② Guide pratique de la LOLF-Comprendre le Budget de l'État [R]. Ministère de l'économie et des finances, http://www.performance-ublique.budget.gouv.fr/sites/performance_publique/files/files/documents/performance/lolf/guidelolf2012.pdf.

绩效。

（五）承诺许可（Autorisations d'Engagement，AE）

在预算的框架内，投入许可是理解司法上投入支出的必要概念。许可的数目构成了一年中所允许的投入支出的上限。

（六）拨付经费（Crédits de Paiement，CP）

在承诺许可范围内订立的合约所规定的年度内，可以拨付的费用上限。

（七）计划下可操作型预算（Budget Opérationnel de Programme，BOP）

计划下可操作型预算集合了计划经费中安排给特定行动范围负责人的那部分经费。特定范围可以是计划中的部分特定行动领域或者特定地理区域（地区、省等）。计划下可操作型预算与计划有共同的特性：是一个与绩效指标度量目标有关的一笔经费。计划下可操作型预算的目标跟计划的目标是一致的。

（八）多年规划或三年预算（budget pluriannuel ou triennal）

三年预算给国家在三年内的支出设定了总体上限，同时也对每个公共政策的支出设定了上限。这给每年将被议会投票表态的财政法草案的准备设定了框架。上一期三年预算的款额是下一个三年预算的出发点。

（九）账目认证（certification des comptes）

稽核员通过账目审计明确账目是否建立在符合账目审计基准之上。稽核员对每年账目进行认证，确认账目是否具有合法性和真实性，提供刚刚过去一年的执行结果的真实情况，以及这一年末尾的财政状况和社会财产。在新的国家会计体制中，审计法院承担了认证国家账目的职责。

（十）国家总账户（Comptes Général de l'État，CGE）

国家总账户是一个有关财政信息的集合（比较信息、综合图表、附录解释）。这些信息提供了国家财产和义务的宏观景象。它包括了所有财政状况：资产负债表、损益表、现金流量表和资产负债表之外的国家义务评估的附录。现在，国家总账户以和公司会计一样的会计准则来表述，并且被审计法院认证。

（十一）税式支出（dépenses fiscales）

税式支出是这样一些税收优惠条款，它们的实行使按照法国税法基准规定的本来属于国家收入的一部分被损失了。

（十二）可替换性，不对称可替换性（fongibilité, fongibilité asymétrique）

可替换性是《财政法组织法》提供给每个管理人为了有效实施计划而自由使用

经费的权力。替换性是非对称的，人事经费可以用于其他性质的支出（机构运行、干涉、投资），而人事经费已经足够庞大，立法者打算限制这类支出的扩大。

（十三）指标（indicateur）

量化的指标给出了进展预期和获得绩效的数量指示。每一个指标都有一个该年度预算草案的预测值和中期值。

（十四）财务不受理（irrecevabilité financière）

《宪法》第40条禁止议员以罚款的形式降低某一国家收入或加大某一国家开支。在这个框架下，《财政法组织法》准许议员在同一个任务的不同计划之间分配经费。

（十五）第一欧元论证（Justification au Premier Euro，JPE）

对于每一个计划，都需要解释所有经费和人员需求或消费。2001年《财政法组织法》取消了所谓"已表决事务"的概念，该概念曾经表示的是那些可以被自动延续到下一年的支出。"第一欧元论证"的要求旨在使议会拥有更多关于预算的信息，增加预算透明度。

（十六）目标（objectif）

《财政法组织法》设定了在年度绩效草案的框架下，每个计划配有诠释其对公共绩效改善作用的目标，它通过指标来度量。

（十七）国家业务员（opérateurs de l'État）

国家业务员是国家公共服务机构，主要包括大型公共机构，比如大学、法国气象预报、法国国家科学研究中心、全国保健和医学研究所等。无论是公共司法的身份还是私有身份，他们被委托完成一项国家公共服务的任务，也就是说他们要执行一个计划政策的所有或者很大一部分内容。国家业务员具有法律人格，他们被国家直接监督，履行大部分非商业化的活动，促进计划的绩效。

（十八）强制性扣除额（prélèvements obligatoires）

强制性扣除额，或称强制性征税，指的是所有税收和社会分摊捐赠。

（十九）条款（titres）

国家预算开支被划分到由支出性质定义的七大条款下：公共机构拨款、人事支出、运营支出、国债支出（利息）、投资支出（有形和无形固定资产的购买）、干预支出（运营和投资监督）和财政交易支出（借款和预付款，财务分担），每个条款可以再按类划分。

五、2001年《财政法组织法》的预算文件

(一)《财政法》的内容

根据《财政法组织法》第1条定义,《财政法》是一类特殊的立法,一些法律规定仅在《财政法》中出现,尤其是:允许征收税费、收入预测、支出限额和就业限额(按部门)、平衡表中总结的财政平衡总体数据,包括所有收入、支出限额和预算赤字预测、贷款允许,以及预算编制调整,比如建立或消除某个附设预算或专项账户,或者把某一项收入拨到支出。

然而,税收条款以及旨在公共财政方面组织信息和议会监督的条款,通常可以包含在普通法律中。反之,任何包含在财政法中但不属于任何前述类别的条款将会被宪法委员会视作"预算骑士"条款。

《财政法(草案)》对国家收入和支出费用的性质、数额和分配进行提议。它要在年初之前进行投票表决。从形式上看,《财政法(草案)》由两部分组成。

1. 第一部分。在第一部分中,它授权公共资源的征收,包括确保今年的财政平衡的途径和方法。这一部分以讨论财政平衡的条款结束。在《财政法(草案)》第一部分(关于收入)的末尾,财政平衡的条款简述了国家预算收入,制定了支出上限并决定了总收支差,它还包括了国库收入与支出、促进财政平衡、由国家支付工资的职位上限。这一部分,以"财政平衡的一般条件"为题,现包含10种条款:允许每年征收国家资源,向国家以外的其他法人征收各种税费;包含有关影响财政平衡的国家资源的所有规定;包含有关国家预算内收入分配的所有规定;第6条《财政法组织法》提到的每项扣除(对收入的扣除)的评估;包含每项财政收入的评估;一般预算和每项附设预算固定限额,每类专用账户支出限额,国家支付薪酬的岗位允许限额;预算收支总体数据汇总,体现在收支平衡表中;包括第26条中规定允许的借款和国家资金流动,用于财务收支平衡的国家资源和资金支出评估,体现在财务表中;净变化限额,年终评估,期限超过一年的可转让国家债务;与年度《财政法》评估相比,国家各类性质税收收入潜在盈余方式汇总。

第一部分包括所有《财政法》综合条款。《财政法》两部分之间的区别应该能在构成具体资金问题前,解决财政政策方面的一般性问题。因此,对于平衡条款第一部分最后一条的审查是《财政法》的关键。该条款系统介绍了税收和非税收方面一般预算的总资源减去相关还款和退税的方法,以得到"净资源",然后扣除地方行政区域和欧洲共同体的收入,以计算"一般预算净金额",也说明了垫款资金数额。对于这些资源,平衡条款确定了一般预算、附设预算和专项账户预算最高限额。该条款还规定了关于借款和国家资金的准许,以及体现在财务表中的用于财务收支平衡的国家资源和资金支出评估,并确定超过一年期的目录可转让债务年终评估的净变化限额。还确定了国家支付薪酬的全职岗位允许限额。明确了与年度《财政

法》评估相比产生的潜在收入盈余的使用方式，《财政法（初始案）》中预计了这些盈余对减少财政赤字的基本影响。

在1979年12月24日编号第79-110 DC号决议中，宪法委员会已将财政法案第一部分的初步表决作为第二部分审查通过的一个必要条件，并且，1980年《财政法》将这些内容写入其中。这条规则被列入《财政法组织法》第42条，其中规定如下："《财政法（草案）》第二部分和，如果有的话，《财政法修正案（草案）》在《财政法（草案）》第一部分通过之前，不能在议会上进行商讨。"

2. 第二部分。第二部分对于一般预算，制定了附设预算和专项账户，计划的经费数额或者赠款，以承诺限额和拨付经费的形式，明确人员支出的最大额度。这部分被称作"业务方式和特殊规定"，其内容如下：对于一般预算，确定了每项任务的承诺许可和拨付经费数额；根据各部和附设预算，确定岗位许可限额；根据附设预算和专项账户，确定承诺许可、拨付经费和允许的可透支金额；对于一般预算、附设预算和特殊账户，按2001年《财政法组织法》第15条第Ⅱ款第2°号的规定确定转账金额限额；允许国家担保的给予并确定其规章制度；允许国家承担第三方债务，建立单方面承认债务相关的任何担保，确定关于该类承担及担保的规章制度。《财政法》的第二部分可以包含不同措施，其中某些措施对相关预算的执行没有影响：（1）包括各类不影响财政收支平衡的税收征收的税基、税率和方式相关的规定；（2）包括直接影响年度预算的一些规定；（3）确定国家对地方政府拨款的分配方式；（4）批准一些财政协议；（5）包括与议会对公共财政管理的资讯及监督相关的任何规定；（6）包括有关国家账户和公职人员财务责任制度的所有规定。

（二）各项法案

严格来说，除了《财政法（草案）》，① 政府要向议会提交大量附属预算文件，包括详细的和综合的信息。这些文件在2006年时旧的《财政法组织法》转化为新的《财政法组织法》的过程中被进行了深入的审查核对。按照传统，仍然根据其封皮颜色进行区分："蓝色""黄色""橙色"和"绿色"。

1. 《财政法（草案）》。最重要的预算文件是《财政法（草案）》本身，有时也被称为"蓝色总文件"。它包含了草案的所有条款、理由介绍，以及五个方面立法内容（途径和方法；按任务和计划分配一般预算经费；关于附设预算经费；特殊拨款账户及财政垫款账户资金；可透支资金分配）。为了方便进行不同年份之间的比较，使国家一般预算范围的变动趋向中性化，在《财政法》中还能找到一些"附加信息"，包括经费和岗位的不同介绍、与上一本《财政法（初始案）》相比存在的主要经费差距的分析以及"预算编制基本规则"。

"解释性附件"，通常被称为"蓝色预算文件"，也具有强制性特点，必须在10月的第一个星期二之前提交。该类文件（《财政法组织法》第50条和第51条）包括以下内容：国家经济、社会和财政现状及前景报告，该报告对作为《财政法（草

---

① 法国的《财政法》就是年度的预算。《财政法（草案）》实质上就是预算草案。

案)》基础的假设进行论证。根据国民账户协定和法国对欧洲的承诺，介绍未来至少 4 年内政府财政的发展前景。与国家统计与经济研究所、国库总局和法国银行相关部门共同编制的国民经济核算报告也附在本附件中；1 份解释性附件，包括向国家以外的其他法人征收的各种税收列表和评估文件，该列表和评估文件按受益人为单位进行建立，或按受益人类别建立；预算体现的变化分析；预算收入和预算说明，运作部分和资本部分，以地方政府预算为例；1 份解释性附录，分析每项预算收入并预测和说明税收预算，也被称作途径和方式评估；为确保在执行中遵守一般预算的预算整体限额而采取的说明措施，由此，把预算调节方式告知议会，该调节方式明显比以前更加透明。

政府要把一些附录提交给议会，也就是"蓝色"，按任务（一般预算、附设预算和专项账户）介绍分配给不同公共政策的资金。对于每项任务的计划，这些文件包含以下信息：经费明细（承诺许可和拨付经费），是根据不同目的（计划和行动）和不同性质（条款和类别）建立的计划明细表，也可能是按垫款资金途径办理的经费评估。有时需要提交明细，甚至是具体行动的信息。该文件中也要指明法令分配及岗位需求资金责任的委托部长。对计划相关的税收介绍及其评估，以便使国家对同一方针投入的整体资金进行评估。也可以对收入预测内"蓝色"预算文件"途径和方式评估"（第二卷）中的税收预算进行一个汇总和说明。《年度绩效草案》，由《财政法组织法》提出主要创新点，使议会直接将国家预算和关于公共政策执行的商讨决议联系起来。这些明细文件由五个部分构成：（1）计划的总体介绍，包括总目标、股份结构、管理方式的介绍；（2）计划的战略和目标，以及结果指数和要达到的目标值；（3）所需资金"第一欧元论证"，详细介绍了预算的主体、财务内容及决定因素（用户数目、活动量、不动产、重大项目、合同信贷、改革措施等）以及就业机会和工资计划的详细介绍，还提供了担保许可相关的应付资金登记簿；（4）计划运营商（即接受公共业务费用补助的机构）及拨款资金相关的基本信息；（5）根据现有的成本分析，核算计划和行动成本相关的基本信息。

此外，以前的"总附录"或"黄色文件"是议会要求的，是关于优先主题的信息附件。2010 年《财政法（草案）》中有 22 个附件，其中最重要的有：关于与欧盟的财政关系、国家向地方行政区域拨款、垫付资金、资助协会或某些部门间政策，比如城市政策或地方发展的援助。而现在，必须在国民议会对收入或经费重要数值审查前五天提交这些资料文件（《财政法组织法》第 39 条）。

若没有明显区别，除了这些"黄色文件"外，还需要增加其他总附件，"交替政策文件（Documents de Politique Transversale，DPT）"，或"橙色"预算文件。其目的是介绍关于不同任务的跨部门政策，包括主要部门说明。对于每个相关政策，阐述其策略、经费、目标和指标。2007 年《财政法（草案）》的商讨中，提交了 15 份交替政策文件。

除了《财政法（草案）》，《财政法组织法》规定，议会会议开始时，还要提交一份描述一些必须扣除项的过去和未来发展的报告（第 52 条），以准备同时审查

《财政法（草案）》和《社会保障筹资法（草案）》。另外，还必须从经济方面评估未来两年政府所设想的新法律法规。

在熟悉和完全了解这一整套文件以及部长、审计法院、议会管理人员、特殊意见报告人的各种答复文件之后，常务委员会开始《财政法（草案）》的审查。

还有第四类预算文件，"绿色文件"，在《财政法》公布及分配后进行编辑，部门管理人员从这些文件中获晓他们被投票表决的经费的分解。

2. 《财政法初始案》（la loi de finances initiale）。被议会最终采纳的《财政法（草案）》将通过《财政法初始案》的方式发布，以便对相关年度的所有国家收入和支出进行预测和授权。

3. 《财政法修正案》（les lois de finances rectificatives）。《财政法修正案》是在执行期间对《财政法初始案》的条款加以修改。其内容和结构的纠正是根据《财政法组织法》第35条所定义的内容并且十分接近《财政法初始案》。

我们可以区分两类《财政法修正案》：执行年末的传统《财政法修正案》（或称年末集体法案），根据《财政法初始案》的执行情况，调整经费数额、拨放或取消经费；而在执行年过程中交给议会的《财政法修正案》，一般用来调整预算政策以适应经济形势，改变《财政法初始案》的执行条件或者诠释一项新的经济和预算政策。

《财政法修正案》构成了《财政法初始案》的执行模式。《财政法修正案》对调整工作的开展是必不可少的，法定的权力机关没有资格独自进行调整工作或者在财政年度的过程中改变预算政策，尤其是在大选之后。

一般来讲，每年在财政年度结束时，所有政府都会系统地递交一套《财政法修正案》。在发生政治换届的情况时，通常在春季递交一份《财政法修正案（草案）》。除了对经费（支出与收入）进行不可避免的调整之外，《财政法修正案》还是部分税务条款的载体。因此2002年8月6日，经过总统选举和立法选举之后进行了《财政法修正案》的票选，目的在于减少所得税的5%以及应新政府的要求对公共财政情况的审计意见进行整合。在2009年，在经济危机的特殊背景下，特别是为了落实"复兴计划"，有不少于三份的《财政法修正案》被进行了票选。

于是《财政法修正案》采用了独有的"预算蓝图"形式，并配有摘要表格，该表格概括了对正在进行中的财政年度的经费总额或者分配产生过影响的所有法律文件。

经过多次讨论后，直到1980年，通过《财政法组织法》的明确规定，《财政法修正案》如同《财政法初始案》，必须包含一项平衡条款，并且要清楚地注明对《财政法初始案》的资源与支出所做的所有变更。涉及的内容有向国民议会递交、检查期限以及票选模式，《财政法修正案》与《财政法初始案》一样，需要遵守同样的法律。

自10多年前以来，财政年度末的《财政法修正案（草案）》都由部长理事会在一个星期内采纳，在同一个星期内议会也将完成次年的《财政法初始案（草案）》的第一次宣读。该文件必须在12月20日前最终被采纳，因为考虑到宪法委员会可能会进行程序受理，以及在12月31日前在官方报纸对其刊登的必要性，使得对其检查的时间非常紧迫。为了避免议会的监管变成财政法初始案的一项"补救性会议"，而且随着有关预算可靠性要求的增加，在财政年末进行的《财政法修正案》票选活动，正趋向为议会监管的重要时刻。

一部分议会议员曾提议废除年末的《财政法修正案》，以便巩固以计划为单位的支出最高值的强制性特点，并且可以就此为预算校准产生一个强有力的刺激，该预算校准是根据最可信的支出预测值进行的。因此政府将只保留使用《财政法组织法》规定的法律行为的可能性。

4.《决算法》。《决算法》，即账目决算和审批法案（la loi de règlement et d'approbation des comptes），以前叫作结算法和管理报告，是一项最终结算预算收入与支出以及预算执行的结果的法案，它给出预算会计和总会计的执行结果，包括"绩效"方面，可使议会评估公共政策管理的质量。

决算法确定收入的最终金额和预算支出额，以及执行的预算差额（或称赤字），构成了议会监管国家财政的最后一个严肃的阶段。2001年《财政法组织法》第1条规定："《财政法（草案）》在关于前一年的《决算法（草案）》未在某院议会前第一次宣读并经过其票选之前，不能在此院议会前讨论。"《决算法（草案）》应当于与之相关的财政年之后的6月1日之前递交。N－2年经费执行的议会监管与N年的经费投票表决之间存在着一个良性链接。

5.《年度绩效（草案）》。《年度绩效（草案）》是2001年《财政法组织法》引入的主要革新。《年度绩效（草案）》对每个计划追溯：计划的表述包括它的策略、行动、追求的目标、用具体指标度量达到的结果和对下一年结果的预计；税式支出的评估；每一欧元的论证及其效果；关于计划主要操作者的信息，也就是关于因公共服务而受到国家补助的机构；对行动的成本分析，这是为了展示所有直接和间接分配给某一政策的经费。

6.《年度绩效报告》。附属于《决算法（草案）》的每个计划的《年度绩效报告》，通过对比《财政法初始案》中的预测数据与达到的结果来评估公共政策的管理质量。特别是呈现出的相对于《年度绩效（草案）》中的目标、指标和目标数值的绩效。为了便于比较，《年度绩效报告》要以与《年度绩效草案》相同的结构来描述。

7.《公共财政规划法》。《宪法》第34条规定了从2008年7月23日《宪法》修订开始的《公共财政规划法》，这类法规定义了公共财政多年指导方针，目标在于公共行政账户的平衡。《公共财政规划法》设定了前三年内一般预算任务的经费上限，构成了准备每年被议会投票表决的《财政法（草案）》的国家三年预算。这种多年财政预算程序为结构性改革实施提供了必要的框架，使必要的财政资金流向最紧要和优先的领域和方向。

第三章

法国政府预算编制

■ 本章导读

　　法国政府预算编制的原则：年度性原则、统一性原则、普遍性原则和特殊原则。法国政府预算编制是一个超过8个月的长期过程，由政府负责起草，由部长理事会审议。在《财政法组织法》规定的日期之前提交给议会进行审阅、表决与采用。本章介绍了法国政府预算编制的原则、预算的编制、预算的审批，以及预算编制中的重要法律控制。

第一节 预算编制的原则

一、年度性原则

在法国，年度性原则指的是，预算年与民用年（1月1日至12月31日）①重合；这一年度的预算金额在下一年不再有任何法律效力（《财政法组织法》第15条）；上一年度的余额在下一年度不可以继续使用，必须由接下来新一期的财政法律中做出新的承诺。2001年《财政法组织法》第1条就规定，年度的财政法规定了一年中国家收入与支出的性质分类、数额和分配。年度性原则是一项传统的原则，也是最有争议的一项原则。

但是，《财政法组织法》第15条同时也规定了经费结转。为了避免当期滥用和浪费经费，拨给某部门的这一年度的经费如果全部或者部分没有被用完的话，在一些条件下，可以加入下一年的预算贮备中。在年度中的预算变动体现在《财政法修正案》中。2001年《财政法组织法》第35条规定只有《财政法修正案》可以改变年度的《财政法》。如重新估测的收入，有待批准的支出的事先法令，或者提高储备经费等。

法国虽然有年度性原则，但也存在多年度预算的管理。通过承诺许可，可以具体做出需要在几年内完成的承诺，这样就需要在连续几年的预算法律中记录拨付经费。

（一）承诺许可与拨付经费

根据2001年《财政法组织法》第8条定义了"承诺许可"（Autorisations d'Engagement，AE）和"拨付经费"（Crédits de Paiement，CP）。②承诺是开支程序的第一个阶段：通过这一法律行为，国家做出或确认一项承诺，且该承诺会产生费用。承诺许可即"可以投入的费用的上限"。拨付是支付程序的最后一个阶段。"拨付期限"构成了"在承诺许可范围内订立的合约所规定的年度内，可以做出指令或者拨付的费用的上限"（2001年《财政法组织法》第8条）。

承诺许可这一规定是从1959年《财政法组织法》就开始用的预算程序。具体指的是一个部门在一个多年期内决定为一项投资所使用的最高经费额度。承诺许可可以没有期限限制，直到取消为止。接着，在计划实现的过程中，根据工作的进展，每一年所需的拨付经费被记录到每一年的预算中，这些拨付经费用来承担这一年度这项投资的所有经费。

2006年实施了新《财政法组织法》以后，承诺许可和拨付经费被推广到每一个计划的支出上。所以，承诺许可是一个投资计划几年的经费最高上限，而拨付经费

---

① 也称日历年度。
② 根据传统的术语命名法，用"拨付限额"命名更为准确。

则是一年内要进行这个计划的最高经费上限。

一个计划的承诺许可可以延迟推后到下一年度的同一个计划，或者具有同样目标的计划。一个计划可用的拨付经费也可以延迟推后到下一年度的同一个计划，或者在一些条件下，具有同样目标的计划。

对于某一确定的计划，承诺许可的数额高于拨付经费，意味着要对承诺支出的增加进行跟踪，并在接下来的一到几年内增加拨付经费，以完成预算。从平均情况来看，拨付经费的累计数额等同于设立的承诺许可和实际承诺的数额之和。在实践中，承诺许可与拨付经费之间的差额主要出现在条款5的费用上（投资）。对每个计划的条款2，即人员经费来说，《财政法组织法》规定承诺许可要等于拨付经费，以便更好地管理该类费用，防止一些受聘员工无法获得拨付经费。

（每个计划的）承诺许可和拨付经费构成了一个单独管理的总体。也就是说，不存在为了保证某个承诺限额抵偿而设立的"定向"拨付经费。表3-1介绍了在一个简化案例中，两项投资交易的承诺限额与拨付经费的完成进度。

承诺许可与拨付经费之间的差额很大：2009年和2010年，两项交易均完成了承诺许可，而2011年和2012年则做出了部分调整，这是由交易内容的改变引起的。相反，2011年，拨付经费的需求最大。从整个阶段来看，每项交易完成的拨付经费总额等于完成的承诺许可总额。

表3-1　　　　　　承诺许可与拨付经费之间的联系

年 份	2009	2010	2011	2012	2013	总计
承诺许可（完成）						
交易1	100		5			105
交易2		70		-2		68
总计	100	70	5	-2		173
拨付经费（完成）						
交易1	10	30	30	20	15	105
交易2		15	25	20	8	68
总计	10	45	55	40	23	173

资料来源：Adam F. Ferrand O. Rioux R. Finances Publiques [M]. 3rd éd. Presses de Sciences Po et Dalloz, 2010.

在某些特殊情况下，国家可以做出特殊的多年度承诺，并且不受预算承诺许可限制：国家批准借款，并对财政法律规定的债务进行资产管理（《财政法组织法》第34条）。

另外，预算许可可用于资助本财政年度以外的其他年度的行为，除非预算法规之外的其他特殊规定不得如此。

国家征收的收入,无论是税收收入还是非税收收入,都是建立在年度总许可基础上的,这是财政法律的一项强制性规定(《财政法组织法》第 34 条)。

(二) 预算余额

对于一般预算、专项账户和附设预算来说,国家预计的预算余额等于预算的预计收入与拨付经费的差额。设立的承诺许可不在统计范围之内。

预算法律并没有对预计余额的多少做出规定,没有规定必须为正或必须为负。但是按照习惯(并不是法律义务)会以均衡的方式来编制附设预算,通过各种类型的借债满足其财务需求(附设预算、预算业务除外)。因此在实践中,预算余额也就等于总预算余额和专项账户余额之和。由于在总数中并不使用支出限额,而收入估计又不准确,并且支出限额又可能通过财政法律修正案或者规章性措施做出修改,因此实际余额总是与财政法律初始记录的余额有一定的差距。

每部《财政法》第一部分结尾的"平衡表"均对预算平衡做出了最概括的介绍。收入记录在附属于财政法律的统计表 A 中,至于支出,则详细记录在另一张表格 B 中(见表 3–2、表 3–3)。

表 3–2　　　　　　　2009 年《财政法初始案》平衡表　　　　单位:百万欧元

	收入	支出	余额
总预算:			
税收毛收入/毛支出	361 348	379 028	
需扣除:退税和减免税	101 395	101 395	
税收净收入/净支出	259 383	277 063	
非税收收入	22 678		
总净收入/净支出	282 061	277 063	
需扣除:给地方行政区和欧盟的收入预扣款	71 149		
总预算净额	210 912	277 063	–66 151
补助金和相关经费估价	3 316	3 316	
总预算净额,包括补助金	214 228	280 379	
附设预算:			
航空管制与经营	1 907	1 907	
官方出版物与行政信息	196	196	
附设预算总计	2 103	2 103	
补助金和相关经费估价:			
航空管制与经营	19	19	
官方报刊	0	0	
附设预算总计,包括补助金	2 122	2 122	

续表

	收入	支出	余额
专项账户：			
专项拨款账户	57 459	57 464	-5
财政援助账户	98 506	99 436	-930
商业账户（余额）			18
现金业务账户（余额）			82
专项账户余额			-835
余额总计			-66 986

注：平衡表尤其注重附设预算的平衡编制，以及国库两类专项账户的缩合编制（只显示一项预计余额）。

资料来源：Journal officiel, 28 décembre 2008 和 Adam F. Ferrand O. Rioux R. Finances Publiques [M]. 3rd éd. Presses de Sciences Po et Dalloz, 2010.

表 3-3　　　　　2009 年总预算收入预计详情

（摘自作为《财政法初始案》附件的统计表 A）　单位：10 亿欧元

A. 税收收入	361.3
所得税	59.4
通过发行名册直接征收的其他税	6.5
利润税	60.1
其他税收和类似税种	14.1
对石油产品征收的国内消费税	15.3
增值税	186.3
登记费、印花税、其他赋税和间接税	19.8
B. 非税收收入	22.7
C. 国家收入预扣款	-71.1
地方行政区获得的预扣款	-52.2
欧盟获得的预扣款	-18.9
总收入，预扣款净值	312.9
D. 补助金及类似收入	3.3

资料来源：Journal officiel, 28 décembre 2008 和 Adam F. Ferrand O. Rioux R. Finances Publiques [M]. 3rd éd. Presses de Sciences Po et Dalloz, 2010.

二、统一性原则

预算的统一性由《财政法组织法》第 6 条规定:"通过预算,对一年内国家的总收入和总开支预算做出描述"。这里涉及的只是作为法人的国家的收入和支出,而不涉及各种国家分支机构或地方团体的。但是,预算也会对国家与其他公共团体之间的大量资本流通(拨给地方团体、社会保险机构和各公共机构的津贴)做出描述。

统一性原则只适用于国家预算支出和收入范围,其列表在《财政法组织法》第 3 条和第 5 条中有详细说明(见表 3-4)。

表 3-4　　　　　　　　　　国家预算收入与支出的定义

支付或债务确认	性　　质
- 公共机构拨款	- 预算支出(条款 1)
- 人员支出	- 预算支出(条款 2)
- 运营支出	- 预算支出(条款 3)
- 国债支出(利息)	- 预算支出(条款 4)
- 投资支出	- 预算支出(条款 5)
- 干预支出	- 预算支出(条款 6)
- 财政交易支出(借款和预付款,固有资产捐赠,财务分担)	- 预算支出(条款 7)
- 借款的偿付	- 国库支出
- 国家流动资金安置	- 国库支出
- 由"国库"负责人提出的付款	- 国库支出
- 在贬值、存在风险或负债时做出的分期偿还金或储备金的预算额	- 计入国家总核算的交易,既不属于预算支出,也不属于国库交易
入库或收益确认	性　　质
- 各种性质的税收	- 预算收入
- 工商业活动、地产和财务分担的日常收入	- 预算收入
- 补助金	- 预算收入
- 各类日常收入	- 预算收入
- 借款和预付款的偿还	- 预算收入
- 财务分担和其他资产的收益	- 预算收入

续表

入库或收益确认	性　质
－各类特殊收益	－预算收入
－借款收入	－国库收入
－国库专业员的存款	－国库收入
－分期偿还金或储备金的收回	－计入国家总核算的交易，既不属于预算收入，也不属于国库交易

注：附设的预算特殊情况不在此处讨论范围内。
资料来源：Adam F. Ferrand O. Rioux R. Finances Publiques [M]. 3rd éd. Presses de Sciences Po et Dalloz, 2010.

有一些财政业务并不属于预算业务，但也被列入了总核算之中。比如通过国库资本流通，即"现金业务"进行的非预算性业务：借款收入、借款本金的偿还（借款的利息属于预算支出）、与现金投资或者国库专业员业务相关的活动；或者不通过国库资本流通进行的非预算性业务：在国家总核算范围内的支出和"估算"收益（分期偿还金或储备金的预算额和收回、需要支付的债务、需要接受的收益等）。

预算业务的范围建立在《财政法组织法》的定义之上。它与商业核算意义上的费用和收益原则有着明显不同（《商法》和《一般会计科目表》）：一方面，如上所述，估算的支出和收益并不是预算性的；另一方面，国家预算包括一些"计划"业务（借款、预付款，尤其是财务分担）。在地方团体的预算中，预算业务的范围更广，因为它将进款和预付款的偿付，以及分期偿还金或储备金的预算额和收回额囊括在内。

三、普遍性原则

普遍性原则与统一性原则有一定联系，由《财政法组织法》第6条和第16条给出。普遍性原则指的是，国家预算（即中央预算）[①]应该包括所有收入和支出的整体，并且应该清楚，以便于议会监控。

（一）不规定收入用于支出的规则

为了避免某项收入专门抵偿某项支出。这规则显示出，国家预算由多个独立的部分组成，排除所有集中和协调管理。国家的收入与支出为两个独立的主体。但同

[①] 地方行政区域预算的机制离《财政法组织法》有些远。地方政府预算具有其特殊性（特殊性原则），地方政府预算必须以章节和条目的形式呈现，根据情况，按性质和运营功能分层，通常由设备业务或（仅仅针对条目）由补贴受益者构成，这些分层由国家法规条例决定。这也就说拨款就是由章节拨出：如果理事会决定，也可能通过条目拨出。一些区域，例如，巴黎、里昂和马赛省，对一些管理进行了与《财政法组织法》一致的调整，遵守任务和计划的这种结构，以及经费的替换性。必要的时候，还进行绩效评价。但是，这项调整却不在地方政府预算体系内。详见第十一章。

时，这项原则有一些特例是属于一般预算之外的，它们是专项账户、附设预算，以及三项特殊拨款程序。

专项账户和附设预算区别于一般预算，它们是属于国家预算的项目，对确定种类的收入和支出做出记录。

1. 专项账户。《组织法》将其分为四类（第19条）：专项拨款账户、"财政资助"账户、商业账户和现金交易账户。每个账户即是一个单独管理的预算部分。

专项拨款账户用于记录通过专项收入进行的财政预算交易，从性质上讲，这些收入与相关费用有着直接的联系。《财政法组织法》第21条规定必须要设立属于该类别的两类账户：一类是"国家财务分担"账户，它将私营化的收益和国家财务分担的转让记录为收入，将拨付给国有企业的资金记录为支出；另一类是"退休金"账户，由此可以对国家公务员退休制度下的支出和收入（从工资中扣除的退休金，以及由国家支付、代表资方分担费用的一般预算中的分担额）进行单独管理。此外还设立了其他四项专项拨款账户。

"财政资助"账户用于记录国家批准的借款和预付款。《财政法组织法》规定每个借债种类都要设立一个单独的账户，因此在2009年的预算中出现了7个账户，涉及各类交易：某些公共机构的财政贷款、发展援助计划内给其他国家的借款、公务员借款等。数额最大的账户为地方行政区预付款账户，该账户是按照地方税征收的具体规定设立的：其支出数额即地方直接税的收益额，由国家按照理论数额（由评议会投票决定的基数和比例）支付给地方团体；收入数额即实际向纳税人征收的数额以及一般预算的付款额，后者由国家承担，用于抵偿减免税。

商业账户记录由国家服务部门以附属项目名义进行的工商交易，例如，预算部房产部门进行的不动产转让交易。一般来说，设立商业账户不是必需的，但《组织法》规定对于所有的国债管理交易，必须要以这种形式（在专项账户中对债务和国库进行管理）进行管理；而一些常规交易（短期、中期、长期债务利息的支付）和资产管理交易（利率调节、退休金等）也要采取这种形式。为处理债务费用，专项账户将由总预算承担的付款记录为收入。

现金交易账户汇集了所有"使用现金的收入和支出"：法国与国际货币基金组织（Fonds Monétaire International，FMI）之间的交易、国家获得的货币兑换盈利及承担的损失、金属货币的发行等。

2. 附设预算。附设预算记录国家服务部门的预算业务，主要是生产产品或服务的活动，这些活动会产生商业行为，或产生费用支付。附设预算的编制与总预算有着明显不同，且有两个项目的划分：日常业务项目，其收入为经营收入，支出为生产成本；资本运营项目，用于记录投资费用和负债变动（将新借款记录为收入、将资本偿付记录为支出）。这一点是附设预算特有的，因为通常情况下这些业务不计入预算。

一般来说，尽管涉及的财政经费数额大，但支撑与附设预算和专项账户相关的组织法规定的论据在逻辑上依旧存在限制：正如前述，这些规定只限于某些业务种类，数目有限，而且存在例外，除财政资助账户、现金业务账户、商业账户（债务资产管理）和两个专项拨款账户（退休金、国家财务分担管理）之外，其他账户的设立都不是必须的；立法机构对此保留监督权，因为专项账户或附设账户的设立，或者将一项新的收入划拨入这两个账户，都必须要通过立法渠道才能进行（通过财政法进行，其中详细规定了运作的条件）。

一般预算以及附设预算和专项账户是无法严格区分的，恰恰相反，其内部的财务联系非常多。因此，国家对地方税的减免被计入了一般预算的支出和地方行政区预付款账户的收入。"债务管理和国库"商业账户同样也由一般预算拨款，相反的，某些专项账目需要拿出费用支付给总预算，"不动产管理"商业账户便是属于这种情况。

3. 特殊核算程序。通过三项"特殊核算程序"（《财政法组织法》第16条）同样可以进行拨款。其目标比附设预算和专项账户更加明确，即延续多年的常设机关（除非财政法律明确规定取消）。

（1）补助金程序。补助金程序的使用十分普遍，涉及"法人或自然人为了增加公共利益费用而政府的非税收性资金"。因此在支付该款项时便规定了将其划归为某项确定的业务，这也就解释了其机制。更为常见的情况是，当国家出于地方利益考虑而进行投资业务时，地方团体需分担费用。欧盟以结构资金名义支付的款项（详见第十一章）在预算中也被视为补助金，享有该款项的主要是农业预算和就业预算（欧洲社会基金）。

补助金收入（2009年《财政法》预计为33亿欧元，是一笔不可忽视的资金，分配给近300项不同的补助金）会根据国家预算的整体情况，尤其是《财政法》平衡表进行估价。相应的支出与收入数额保持一致，同样也要逐个计划进行估价和分配。收入和支出分开编制，按照《财政法初始案》的规定，承诺许可和拨付经费不计入预算总额。实际上，在这些特殊情况下，《财政法》不会给出确定的预算限额，即按照《财政法组织法》的规定，《财政法初始案》来源于财政部的一项法令，该法令规定在会计年度内，在征收需要拨付的补助金后，会按照相应的数额增加相应计划的预算额。

（2）收入划拨程序。收入划拨程序用于促使一些国家服务部门关注从其活动中获得的附属收入，而不是将其计入总预算整体收入中。该程序适用于"从国家服务部门有规律地提供的补助性薪酬中取得的收入"。对于每种相关收入类型，都要制定一项具体的法令。该程序的预算处理方法与补助金相同（《财政法》规定的收入和支出的估价、财政年度内公布的法令相关计划的补充预算额的公布）。

（3）经费恢复程序。通过预算恢复程序，可以将不正当支付的款项（例如补助领取过多）收回，或者将动产和不动产内部转让（国家服务部门内部）后获得的收入划拨为某一部门的预算。

（二）收入和支出不缩合原则

这项原则指的是，收入和支出分两笔操作记录，例如，收入10万欧元用于抵偿2万欧元的开支，那么这两项业务应当分开登记为收入和支出，而不应该只记录一笔数额为 8 万欧元的账（成为"缩合"数额）。这也是为了使各项业务更加完整和细致，使公共财务的管理更加透明。

由于统一性和普遍性体现出一定的相似性，有时候很难区分，法国通常将这两项原则统称为"全体性原则"。

四、特殊原则

特殊原则指的是预算支出可通过几种方式被详细说明。

（一）根据经费收益或支出责任的人员或者组织

预算包括给各部门履行其权责内任务的经费。这一组织方面的原则明确了关于支出使用最起码要曝光的信息。

（二）根据授权支出的经济性质（运营支出、人员薪酬支出、投资支出等）

特殊原则的这一方式也是被大部分经合组织成员的政府预算所使用的。所以自从 1959 年的法令所规定的法国预算明细表以来，就由条款（titres）和类别（chapitres）来规定各部门的允许的支出使用。

2001 年《财政法组织法》并没有取消按照性质划分预算额的方法，因为使用这种分类方法，可以保证在执行预算时，可以追踪某些重要的数额（人事支出、日常运营支出等），按照"不对等替换"原则严格控制人事支出，并维持财政费用核算与国家总核算之间的联系，因为后者就是按照性质来追踪支出的。

因此预算支出被划分为七大条款（条款可以再划分为不同的种类）：条款 1：公共机构拨款；条款 2：人员支出；条款 3：运营支出；条款 4：国债支出（利息）；条款 5：投资支出（有形和无形固定资产的购买）；条款 6：干预支出（运营和投资补助）；条款 7：财政业务支出（借款和预付款，财务分担）。

每个任务还可能含有附属于不同条款的支出。在实践中，一切都依据其目的而定。因此，"公共机构拨款"这一任务含有条款 1 的支出，"国家财政承诺"这一任务包含条款 4 的支出。大部分的总预算任务含有条款 2、条款 3、条款 5 和条款 6 的支出。只有某些专项账户含有条款 7 的支出。

（三）根据支出的目的或作用

这一方式是近来才出现的，根据经费被使用的公共政策目的，对其进行分类。这一方式是 2001 年《财政法组织法》规定的。

根据 2001 年《财政法组织法》第 7 条规定，在一般预算以及每项附设预算和专项预算（商业账户和现金业务账户除外）中，预算额划分为不同的任务，任务再划分为不同的计划。该预算结构是 2001 年《财政法组织法》的主要创新之一，于 2006 年取代了 1959 年 1 月 2 日法令中规定的结构。整体的改革方向是优先根据其目的（某项公共政策）进行分配，其次再按照性质（运营支出、干预支出、投资支出等）进行分配。

1. 任务分配。一般预算划分为不同的任务，每个任务又包含"致力于推动某项确定政策的一系列规划"。在这一几乎没有限制性定义的基础上，当年的财政法制定出各项任务的清单及范围，在实践中，稳定性很强，很少修改。在实行2001年《财政法组织法》的第一年，也就是2006年，共制定了34项任务。2010年共有33项，2009年为32项。

《财政法组织法》一项有意义的革新是将任务划分为部门任务（由一个部门管理的预算额）和跨部门任务（由多个部门管理），以便在必要时促进预算的横向管理。例如，2009年总预算中共有8项预算是跨部门级的。

按照《财政法组织法》的规定，每项附设预算、每项专项拨款账户和每项财政资助账户也是一个任务（也就是说，在2009年一般预算的32项任务之外，还有另外15项任务）。相反，商业账户和现金业务账户则实行自主管理，从严格意义上讲不属于任务。

2. 将任务划分为计划。每项任务再划分为不同的计划，规划整合了"属于同一部门，用于落实某一行动或者一系列统一行动的预算"。立法者需要在《财政法》许可的范围内，按照各部门的职责范围制定计划列表。跨部门任务则需要划分为多个计划，计划的数目不少于参与该预算执行的部门数目（见表3-5）。

表3-5　　　　　　　　　　2009年一般预算任务与计划

任务名称	计划数量（个）	涉及部门（2009年部门结构）	2009年财政法律设立的拨付经费（10亿欧元）
国家海外行为	3	外交部	2.5
国家中央与地方行政	4	内政、海外、地方领土部	2.6
农业、渔业、粮食、森林和农村事务	4	农业和渔业部	3.4
公共发展援助	3	经济、工业和就业部，外交部，移民与融入部	3.2
原参战人员，与联合国的回忆与联络	4	国防部，总理处	3.5
国家建议与监督	3	总理处	0.6
文化	3	文化部	2.8
国防	4	国防部	37.9
政府行为指导	3	总理处	0.5
生态，可持续发展与规划	9	生态、能源与可持续发展部	10.1

法国政府预算制度

续表

任务名称	计划数量（个）	涉及部门（2009年部门结构）	2009年财政法律设立的拨付经费（10亿欧元）
经济	4	经济、工业和就业部	1.9
国家财政承诺	4	经济、工业和就业部	46
学校教育	6	教育部，农业部	60
公共财政和人力资源管理	7	预算与公共审计部	11.4
移民、收容和融入	2	移民和融入部	0.5
司法	6	司法部	6.7
传媒	4	文化部，总理处	1.9
海外	2	内政部	0.4
国土政策	2	生态、能源与可持续发展部，总理处	1
公共机构	8	无	
准备金	2	预算与公共审计部	0.2
研究和高等教育	12	高等教育与研究部，生态、能源与可持续发展部，农业和渔业部，经济部，国防部，文化部	24.2
社会和退休制度	3	生态、能源与可持续发展部，预算与公共审计部	5.2
与地方行政区的关系	4	内政部	2.3
清偿与减免	2	预算与公共审计部	89.9
健康	3	健康与运动部	1.2
安全	2	内政部	16.2
国内安全	2	内政部	0.4
互助、融入与机会平等	5	劳动与社会关系部、总理处	11.2
运动、青年与共同生活	3	健康与运动部	0.8
劳动与就业	4	劳动与社会关系部	11.8
城市与住房	4	住房部	7.6
附设预算：2项预算，对应2个任务	6	生态、能源与可持续发展部，总理处	2.1

续表

任务名称	计划数量（个）	涉及部门（2009年部门结构）	2009年财政法律设立的拨付经费（10亿欧元）
专项拨款账户：6个账户，对应6个任务	13	预算与公共审计部，农业部，内政部，生态、能源与可持续发展部	57.6
财政援助账户：7个账户，对应7个任务	21	预算与公共审计部，经济部，生态、能源与可持续发展部	99.3

总计：47个任务。此外在该年度内还通过一项财政法修正法案设立了一个"经济复苏计划"任务。商业账户和现金业务账户不被视为任务，因此不在此处列出。

资料来源：Projet de loi de finances（PLF）2009 和 Adam F. Ferrand O. Rioux R. Finances Publiques [M]. 3rd éd. Presses de Sciences Po et Dalloz, 2010.

标注部门职责范围的目的是明确管理职责，但也可能会给未来造成困难。法国与其他一些发达国家不同，在组建新的政府时，各个部门可能会根据各自的职权规定，发生职能变化。如果同一个预算计划资助的政策由两个部门来完成，就会很难获得（尤其是在该年度内）预算结构中预期的结果。附设预算、专项拨款账户和财政资助账户所对应的账户也同样被划分为不同的计划，划分原则与一般预算相同。出于预算跟踪需要，计划还会被划分为不同的"行动"，尽管《财政法组织法》并没有对该层次做出明确规定。

这三种方式互相并不具有排他性，可以相互结合使用。第一种方式，即组织方面的原则是预算明细表建构的第一步，必须使用，明确经费的负责人。第二种方式的强制性随着时代的改变有所变化。支出结构的第三种表述方式，即按目的和作用表述，是最近发展起来的，也是经合组织成员普遍使用的方式。法国于2001年开始使用。但是，虽然支出的结构从此被分为任务、计划与行动这三层，2001年《财政法组织法》并且完全放弃第二种表述方式，即按经费的经济性质分类。现在，这一被保留的方式被简化为条款，与第三种按目的与作用分类的方式同时使用。

于是，计划预算资金具有双向描述的特征，这也是为了更好地确认公共资金的使用。2001年《财政法组织法》设计了每个计划资金的双重描述：目的（即行动）和支出性质（如人员、运行、投资、公共干预等）。在每一个"计划"中，支出性质被归为各项条款。在各条款中，又分不同的类别。资金的分配是指示性的，除了人员的经费是有上限的。也就是说，经费在各个"行动"之间可以双向地调整，这被称为对称可替换性。经费在各款之间也可以进行调整，但是人员的经费可以用于其他款，而其他款的经费不可用于人员，这被称为不对称可替换性（见图3-1）。

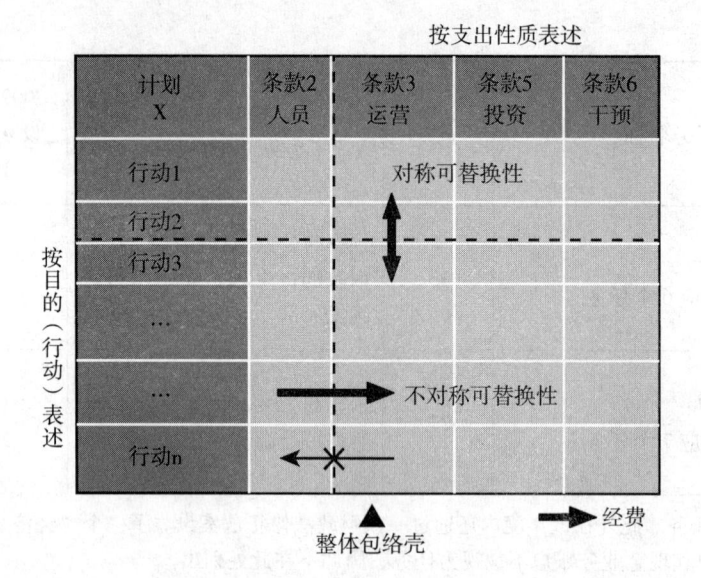

图 3-1 计划经费表述与可替换性

资料来源：Guide pratique de la LOLF-Comprendre le Budget de l'État [R]. http：//www. performance-ublique. budget. gouv. fr/sites/performance_publique/files/files/documents/performance/lolf/guidelolf2012. pdf.

第二节 预算的编制

一、编制的时间节点

按照2001年《财政法组织法》的规定，法国的预算循环遵循以下原则：首先，最迟于每年10月的第一个星期二，政府要向议会提交有关下一年度的《财政法（草案）》及附属文件；《财政法（草案）》不可以在议会未对上一年的《决算法（草案）》进行审视之前被议会进行讨论；有关下一年的《财政法初始案》最迟于这一年12月31日被颁布和公布；《决算法（草案）》应于下一年执行之后的6月1日之前提交；议会对《财政法（草案）》有最迟70天的审查时间。① 每年6月底举行的公共财政方向辩论旨在确定接下来的《财政法（草案）》编制的政策方向，并对预算目录及目标与指标清单进行讨论。而在5月底提交的上一年度执行的《决算法（草案）》所提供的数据丰富了6月底的辩论。从10月开始，对下一年度《财政法（草案）》附件中的目标、指标和行动手段进行审查。最迟在12月底要公布《财政法初始案》（见图3-2）。

---

① Guide pratique de la LOLF-Comprendre le Budget de l'État [R]. Ministère de l'économie et des finances，http：//www. performance-ublique. budget. gouv. fr/sites/performance_publique/files/files/documents/performance/lolf/guidelolf2012. pdf.

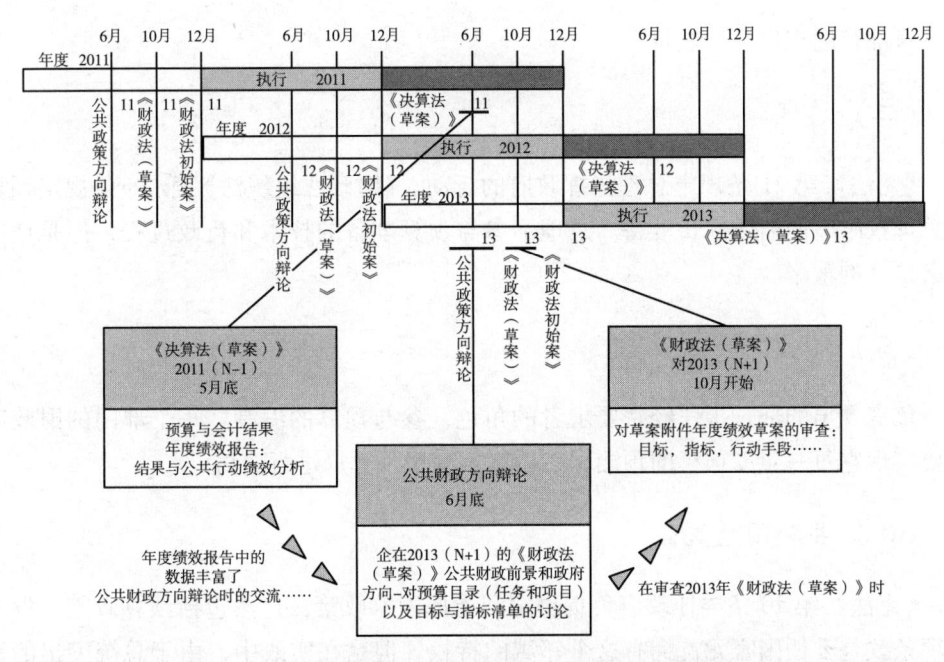

图 3-2　新《财政法组织法》下的国家预算循环

资料来源：Guide pratique de la LOLF-Comprendre le Budget de l'État [R]. Ministère de l'économie et des finances, http://www.performance-ublique.budget.gouv.fr/sites/performance_publique/files/files/documents/performance/lolf/guidelolf2012.pdf.

二、预算编制的主导者

预算的起草属于执行权的专属管辖权：预算是政府政策的体现，所以由政府负责预算的起草比较合理。另外，只有政府具有落实预算工作必要的技术和人员资源。预算准备是一个超过 8 个月的长期过程。法国的《财政法（草案）》就是预算草案。

（一）财政部长

《财政法组织法》第 38 条规定，在总理的管辖下，财政部长负责准备《财政法（草案）》的准备工作，并由部长委员会审议。根据政府，预算的准备可以由财政部长或者某个被委托的部长或国家秘书去做。

财政部长的优势主要来自下放到其自身的预算准备和预算执行的行政功能。财政部具有一个特殊的行政部门，发动各个局围绕预算编制进行工作。而预算局是预算准备的枢纽。按照《2007 年 3 月 27 日编号 2007-447 关于预算局的法令》和《2007 年 3 月 27 日关于预算局的组织的决定》的构建，这个特殊行政部门层次上分了副局和专门办公室（负责预算政策，负责公共支出绩效等）。这样的指挥保证了有关预算的所有行政程序的操作。

当预算被执行的时候，财政部长的权力体现在所有有关财政的规章文件的会签上。他可支配特殊人员，财政监控员（les contrôleurs financiers），分别配合每一个部长，对部长的支出进行监督。

（二）总理

《宪法》第 21 条规定总理指挥政府的行动。《财政法组织法》第 38 条规定预算由总理权限下的财政部长准备。总理不参与预算准备的技术和行政过程，但是他要定义预算的策略。

（三）部长

负责支出的部长担任经费要求者的角色，参与预算的编制。每个部门的财政工作要实现它每一年度预算的预测，然后将其交于预算局进行商讨。

（四）共和国总统

《宪法》第 20 条委任政府负责决定和指挥国家政策，自然包括预算政策，没有一项条款是委任国家元首拥有这个邻域的特权。但是在实践中，由于总统突出的地位，他在预算政策上也有一定的影响。

三、预算的准备

预算的准备工作在一年的前 9 个月，被分割为几个阶段：这个准备纯粹是行政内部的工作，这期间有预算局和部长的讨论和商议。从 1996 年开始，由政府提议，议会可以协助编制和提出建议。1997 年 6 月的阿姆斯特丹峰会采纳的《稳定与发展公约》提出了多年预算规划。国家每年要在欧洲委员会前明确其公共财政的中期目标。在法国，这项外部义务对内部预算的准备产生了影响，要引入一个前期阶段的形成对每个部门三年支出变化影响的程序。这一新纲在 2000 年预算的准备中被首次实行。（关于法国政府预算的多年规划，详见第五章）本章主要介绍年度预算的准备程序。

（一）范围规划（cadrage）

1 月底，总理和财政部长在政府中阐述所有与公共财政有关的策略。这一研讨会总结国家财政和特殊账户状况。此后，总理向部长传达范围规划信函，规定公共支出的方向和规范。

（二）审查预算前景（perspective）

1. 技术会议。2～3 月进行的是对预算前景、改革草案以及相关经济的联合审查阶段。财政部长与每个部长召开"结构性经济会议"（réunions d'économies structurelles），目的在于审查各个公共政策的改革草案并得出与经费、人员和招聘有关的结论。负责预算的部长和负责国家改革的部长在部门改革策略上联合指挥一项有关国家运行的工作,旨在得出能使生产效率增加的措施。

2. 预算会议。预算局和部门的工作通过预算会议来预审将纳入范围规划信函（lettre de cadrage）中规定的经费要求。对于每个部门来说,对税式支出（避税）的估计、所有通过第一欧元表述的经费以及招聘目标都要被审查。这些会议也是在最细致的层面上,使预算科目表生效的机会。

（三）修改阶段

1. 预算提案的评估。4月的时候,财政部长向首相告知过去进行的联合预审中比较突出和明显的要素。接着,为了和部长们审查将被实行的结构性经济（économie structurelles）和对照整体框架对预算提案进行评估,总理召开修改会议。绩效大会时将会针对刚刚过去的执行年的执行结果准备《年度绩效报告》。

2. 上限信函。这一系列会议之后,总理将传达给每一个部长关于经费上限的信函（从任务的目录开始）以及人员上限,并且确定要实行的结构性改革。这些信函会被递交到议会两院财政委员会。

3. 计划的经费分配。5月,部门和预算局之间要进行一系列会议,旨在进行计划间上限经费的分配。这些会议要对经费的分配有一个结论,使6月底第一次仲裁之前,资金的分配可以确定下来。

（四）预算大会

在部门和预算局会议以后（其中他们主持的税务会议主要旨在审查税式支出的减少）,财政与预算部长与各部门组织预算大会,其目的在于最终决定《财政法（草案）》的目标和指标清单并确定要达到的结果目标。

（五）议会的信息

政府可以协助议会参与预算起草的过程,这对政府来说并不是某种义务,在此期间告知议会在这个领域接下来的方向。这个程序始于1997年预算准备的时候：1996年5月6日,政府向议会传达了有关预算方向的报告,定义了预算政策优先考虑的方向。这时,议会议员所获得的信息,也有从审计法院得到的关于上一年度预算执行情况分析的补充信息。议会议员每年6月或7月进行预算方向的辩论。

预算方向辩论的制度化由2001年《财政法组织法》第48条规定,于2003年开始实行,但不是必需的。现在,政府必须阐述一项报告：关于国家经济波动,对比欧洲来说法国经济与预算政策的大方向描述,国家收入来源的中期评价,以及对一年度的《财政法（草案）》中在大的功能上的支出分配、任务、计划和与每个计划有关的绩效指标目录。这个报告可能会引起国民议会和参议院的辩论。2012~2017年的《公共财政规划法》规定,规划的资产负债表也要被进行大方向上的辩论。

（六）最终定稿

7月和8月要对将交予议会的文件进行最终定稿，尤其是对经费的论证和对整体年度绩效报告的阐述。对多年规划的评价也在这一期间阐述。

（七）部长理事会的采纳

《宪法》第29条规定，像所有的草案一样，在法国最高行政法院（Conseil d'État）的意见之后，在提交给国民议会之前，《财政法（草案）》应交与部长理事会审议。

法国最高行政法院对文件草案进行司法审查，改善行文，引起政府对可能的不规范内容的注意。为了减少审查所延迟的时间，总理经常让法国最高行政法院紧急审查，也就是直接找法国最高行政法院的常任委员会，审查紧急草案。接受了法国最高行政法院的意见之后，草案于9月底在部长理事会阐述和公布，之后，根据《宪法》第39条规定的，提交给国民议会。

四、预算的估计

（一）宏观经济和公共财政预测

国库总局（la Direction Générale du Trésor）为部长和政府进行法国及其商业合作伙伴的宏观经济预测，包括短期和中期的。公共财政预测基于这些宏观经济预测之上。国库总局负责跟踪经济形势以及法国经济和国际环境间的对话。宏观环境决定了税收收入和社会性收入的自发变化，也就决定了下一年度的社会补助。这些元素和不与经济环境直接相关的国家会计意义上的公共支出和收入（总薪酬和公共投资、干预支出、非税收入、自主决定的措施等）的变化分析一起，实现了对所有公共行政部门赤字和债务的预测（国家中央行政、地方行政区域和社会保障行政）。提交给欧盟委员会的关于本年度赤字和债务的通告，对增长的预测，《财政法（草案）》《社会保障筹资法（草案）》《公共财政多年规划法》和《稳定规划》中公共财政的轨迹，都是基于这些预测之上构建的。

国库总局参与有关报告的编写，尤其是《社会经济与财政报告》《关于公共支出的报告》和《关于强制性扣除额的报告》，这三份报告附属于《财政法（草案）》和《稳定规划》。

（二）预测工具

Opale 模型被国库总局用于对未来 1~2 年的经济预测。价格—收入循环（modélisation de la boucle prix-salaires）建模工具被用于进行分析和对未来两年以内通货膨胀的预测。这项工具与对经济整体进行预测的 Opale 模型很好地衔接。Mésange 模型（Modèle Économétrique de Simulation et d'ANalyse Générale de l'Économie,

模拟和经济总体分析计量经济学模型）是国库总局和国家统计与经济研究所（INSEE）共同研发出来的一个宏观计量法国季度经济模型，并被这两个机构共同使用。此外，国库总局还编写名为《国库—经济》（trésor-éco）的 4~8 页的电子版小册子，就重要的经济主题进行总结。

1. Opale 预测模型。从 2005 年开始，国库总局利用其建立的小经济规模宏观计量模型，即 Opale 模型，进行短期宏观经济预测。建立在国家统计与经济研究所公布的季度账目上，Opale 模型的建立是为了回应对未来 1~2 年期限预测工具的需求。相对于更加复杂的 Mésange 模型来说，这一模型使用起来更加袖珍和灵活。

2007 年 5 月之前，宏观经济变量的数量大小是基于某个固定年份的价格来计算的。2007 年 5 月，由于方法论上进行了区分季度账目数量和价格的改变，Opale 模型在保持基本设定不变的状态下，不同的行为方程随着季度账目数据的修正重新估计。除了这些比较小的改变之外，家庭消费的估计较大程度地受到 2006 年 5 月对收入数据以 2000 年为基年向后追溯探查的影响。从 2007 年 5 月开始，Opale 模型比较重要的更新，是将变量数量大小的预测基于前一年价格的链式测量。同时，这一方法上的改变也导致了对行为方程设计上理论方面的重新思考：在经济模型中，具有各种可以相互替代的商品，并且它们的价格变化不同。值得指出的是，这一思考导致了考虑到投资的相对价格时，对于企业投资方程在长期中的新设计。但总的来说，模型的结构和隐藏的经济学逻辑并没有什么变化，仍然以国民经济为中心，围绕商品与服务均衡的决定，包括数量和价格，以及收入循环和相比于 Mésange 模型简化了的供给模块。

模型的结构如下：基于前一年链式价格计算的数量账目，Opale 模型模仿商品与服务的均衡，包括数量和价格。一旦数据满足长期静态同质性这一限制，行为的建模就基于错误修正机制之上。如果数据满足静态同质性（对长期关系系数的限制），方程的长期性就与均衡增长路径相兼容，也就是说，所有实际变量以同样速度增长的情况，同样包括所有平减指数，以及所有名义变量。也有可能加入第二个条件，即动态同质性（对于短期动态系数的限制）：它保证了长期的关系在均衡增长路径上被确认，也就是说，独立于均衡变量的增长节奏（Klein and Simon，2010）。

模型分为五个制度性领域：家庭（M）、服务于家庭的非营利性机构（ISBLSM）、非金融企业（ENF）、金融公司（SF）和公共行政（APU）。对于一些领域，如家庭和非金融企业，它们的主要行为（消费和投资）都被明确地进行了建模，消费行为相对于 Opale 模型 2005 年的版本有所更新。对于公共行政，消费和投资作为外生行为在模型外设定。对于 ISBLSM 和 SF 的消费与投资行为，模型在适当的变量上运用技术系数。经济体的其他部分被设定为外生的，如对法国商品的国外需求、国外价格、汇率、石油价格等，以及金融变量，如利率、巴黎 CAC40 指数①的变化、房地产价格等。

2. 宏观领域角度的法国价格—收入循环模型。法国国库总局建立了宏观领域角

---

① CAC 40（Cotation Assistée en Continu）指数是一个法国股市基准指数。

度的法国价格—收入循环模型，用来提供过去的通货膨胀分析，并对未来两年的通货膨胀进行预测。这个模型与 Opale 模型连接紧密，使通货膨胀和实际经济活动的预期保持高度的一致性和可靠性。相对于更加分解的微观领域视角对通货膨胀的预测，宏观领域角度是一个很好的补充。

国库总局对通货膨胀的预测基于国家统计与经济研究所的一个消费价格指数分解模型。基础原则是一项一项地预测价格指数的变化，各项的加总则是总体层面的价格指数水平。这项预测可以运用不同的方法：

——计量经济学方法：估计方程将价格的变化与其决定因素相联系，被用于预测工业产品、石油产品和其他服务。

——政府或其他组织（如电子通信和邮电局管理规制权力机关）发布的经济政策措施影响的评估：这一方法主要关系到公共部门（或近似公共部门）价格的变化，也关系到其他价格，比如非新鲜食品领域，其变化来自关于分配的规章制度的变化（sarkozy 协定，galland 法的改革）。

——微观领域鉴定：这种方法可以区别于价格的趋势性变化，而考虑到特殊的信息，例如气象事件、手机电话业务商之间或航空公司之间的竞争，以及农产食品加工业生产价格引起的非新鲜食品价格的短期变化趋势等。

3. Mésange 模型（Modèle Économétrique de Simulation et d'ANalyse Générale de l'Économie，模拟和经济总体分析计量经济学模型）。Mésange 模型是国库和经济政策总局[①]、国家统计与经济研究所共同发展出来的一个宏观计量季度经济模型，用于法国经济的三个领域，规模中等，包括大约 500 个方程，其中 40 多个描述了计量经济估计的行为。这个模型的特征是凯恩斯短期动态和长期均衡由供给侧因素决定。按通常的做法，在这种模型中，法国经济被假设成一个开放经济下的小型经济，国际环境是外生的。利率、本国货币相对于外国货币的汇率、公共部门需求、劳动力人口和技术进步的变化构成了模型中其他主要的外生变量。

Mésange 模型一方面被用来模拟和评估经济政策措施；另一方面被用来进行形势的分析工作，尤其是预测和各行政领域贡献的分析。

模型最初的版本是以 1995 年为基年。2006 年公布了以 2000 年不变价格计算的国家账目长期的季度数据，标志着模型的行为方程要全部重新估计。此外，从 2007 年开始，季度账目数据以链式价格公布，即将数量大小基于前一年价格的链式方式。所以，模型对于形势的分析要根据账目数据的改变而更新，并且在数据基础上进行计量方程的重新估计。但由于链式价格计算数量引起会计上的问题，模型对此更改不适用于经济政策的模拟和评估。

于是，上述两项发布导致了模型的两个更新版本的编制：一个不变价格计算数量的版本，用于经济政策的模拟与评估；一个链式价格计算数量的版本，被 INSEE 用于形势的分析工作。

---

① 国库总局于 2004 年 11 月 15 日以国库与经济政策总局（Direction Générale du Trésor et de la Politique Economique，DGTPE）的名义建立，2010 年 3 月更名。

(三) 预算经费的估计

国家预算经费的估计，大体上对于支出是政治制约，而对于收入是经济上的制约。技术层面上，规划和信息建模的发展，包括了各种参数（价格、工资、公共价格、对外贸易、失业等），使对支出的估计更加细致，因为对于一些税收收入，特别是最重要的一种——增值税（TVA），与经济形势紧密相连，不太可能一个公式就预测它的准确收益。

1. 支出的估计。

（1）已表决事务的取消。1959年的《财政法组织法》规定的已投票事务指的是，上一年被议会批准的、政府认为要执行公共事务的最低储备。2001年《财政法组织法》第45条沿用了这个定义但规定了这项被允许的事务储备不可以超过上一部《财政法》中拨用的经费。这一项被允许的事务储备的延续是为了解决当《财政法》没有在规定期间被投票表决的情况下，唯一紧急拨用的救助程序。这个行政运行必需的最低储备在上一年度的预算中被规定（《财政法》，也可能是各《财政法修正案》），是在经过通货膨胀调整之后的。

这项不可被压缩的支出大约占了预算总支出的95%。2001年《财政法组织法》在这个概念上进行了区分：分为承诺许可和拨付经费；所以不再有对整体被允许服务储备的投票，而改成对每一个任务的投票。

（2）支出的限制性特征。支出估计的准确性是强制性的，正如2001年《财政法组织法》第9条阐明的，经费是有限制性的，支出只能在拨款的限制之内被承诺或被命令安排，除了一些例外。

①限制性特征的例外。《财政法组织法》第10条规定，估计的经费可以将支出列入拨款经费之外。这些经费是有关国家债务的费用、还债、减免税的归还，或者是国家提供和执行的保障金。它们被拨给具有有限性经费的计划。除此之外，有利于国外的和中央银行的通过国际货币协议与法国有关的财务账户，也具有估计经费。

财政部应该告知议会的财政委员会，超额的原因和年底的执行远景。超出的估计经费将成为属于这一年的下一个《财政法》中经费拨款的提议。

②限制性特例。2001年《财政法组织法》阐明了两个限制性的特例：紧急时，在听取法国最高行政法院和议会财政委员会的意见后，颁布事先法令。这些法令可以在不影响《财政法》规定的预算均衡的情况下拨用额外经费。为此，这些法令要求取消经费或者指出额外收入。这些累积的拨用经费不可以超过《财政法》规定拨款的1%。两院议会的财政委员会在最迟7天之内将自己的意见告知总理，法令的签署必须在收到委员会意见时才可以进行，如果没有意见要在7天后进行。上一部《财政法》中对拨款修改的批准要在年度下一部《财政法》中向议会提出。

在紧急的、事关国家利益的迫切情况下，额外经费的要求同样可以通过部长理事会在听取了法国最高行政法院意见和议会财政委员会信息后颁布事先法令（décret d'avance）。具有有关经费批准的《财政法（草案）》必须被立即提交或者在下一次议会会议期间提交。

2. 收入的估计。

(1) 估计方法。在 19 世纪，收入的估计将上一已执行年度（上上年）计算的结果作为基础，即"倒数第二年"的法则。但因为持续增长的不准确性，这个方法在第三共和国尾声时被废除。

目前，财政部对收入的估计通过一种直接的方式：公共财政总局、海关税和间接税总局基于国库总局提供的经济数据模拟税收。大于 90% 的国家预算总收入是税收收入，其中四种税收（两种直接税：收入税、公司税；两种间接税：增值税、能源产品消费）是主要收入。如果直接税的估计因为税务行政部门在编制时已经收到报税并已经记录而比较容易实现，那么间接税就不那么容易了，尤其是增值税，代表了国家税收收入的大约 45%，与经济状况紧密相连：因为预算局协调和集中其他部门的预测工作得基于预测局对经济的假设。

(2) 估计的难处。这样的安排很可能在执行年中被司法的变化所打乱。例如，预期取消的增值税最高税率 22%，在 1992 年 4 月被还原到共同的税率 18.6%，或者共同的税率下降 1% 的增值税 2000 年 4 月被还原到 19.6%。也有可能被没有被预测到的事情所打乱，比如石油危机或经济形势。

议会会员找出对增长预测不真实的地方，2003 年对收入的预测基于此。考虑进去固有的风险和 2003 年经济波动的不确定性，宪法委员会认为不会再出现对收入预测的严重错误了。如果是在执行年当中，财政法的大线条偏离了预测，那么理事会就会指出并由政府向议会提交《财政法修正案》（对于 2003 年《财政法》，2002 年 12 月 27 日的编号 2002-464 的决定）。

这些经济预测的重大变动，自动地对税收的预测造成影响。这些影响通常被一些相关部门机构察觉的时候，考虑到《宪法》强制性的对文件提交程序时间的延迟，实际上是已经不可能修改《财政法》的经济财务状况了。只有《财政法修正案》可以在执行年中或年末进行必要的修改。当某种税的收入高于预测，对于这些额外收入，《2005 年 7 月 12 日编号 2005-779 修改 2001 年 8 月 1 日编号 2001-692 的〈财政法组织法〉的组织法》第 1 条对 2001 年《财政法组织法》修改为：每一部《财政法》都要确定可能的额外税收收入的使用。也可能出现税收收入低于预测的情况。各部门机构通过各种信息、参数和指数（全球需求、汇率、投资等）将主要的经济假设，在附属于《财政法（草案）》的经济、社会与财政报告中对议会进行阐述。

第三节　预算的审批

一、2001 年《财政法组织法》的规定

2001 年《财政法组织法》第 38 条规定，在总理的管制下，财政部长准备的

《财政法(草案)》,由部长理事会审议。

《财政法组织法》第 39 条规定,年度的《财政法(草案)》包括第 50、第 51 条规定的文件,最迟要在执行之前每年 10 月第一个星期二之前提交和分发给议会。接着很快被送去负责财政的委员会进行审阅。而且,每个总附录要在国民议会第一次审阅其所相关的收入与开支经费前最少 5 天内提交到议会办公室。

《财政法组织法》第 40 条规定,国民议会第一次审阅应于《财政法(草案)》提交后 40 天表示意见。参议院第一次审阅应于提交后 20 天表示意见。

如果国民议会没有在第一段规定的时间内对整体草案第一次审阅投票表决,政府将把原始文件交由参议院,适当的情况下用修正案的方式修改并由国民议会投票采纳。参议院得在提交文件后 20 天之内表示意见。

如果参议院没有在第一段规定的时间内对整体草案在第一次审阅投票表决,政府将重新把文件交由国民议会,适当的情况下用修正案的方式修改并由参议院投票采纳。预算草案接着按照《宪法》第 45 条规定的紧急程序被审阅。

如果议会没有在草案提交后 70 天之内表达意见,草案的条款将以法令的形式生效。

《财政法组织法》第 41 条规定,年度的《财政法(草案)》不能在上一年度的决算草案未被议会投票表决时就进行讨论。

《财政法组织法》第 42 条规定,《财政法(草案)》的第二部分和可能的《财政法修正案(草案)》不可以在《财政法(草案)》第一部分未被采纳的情况下在任一院议会前讨论。

《财政法组织法》第 43 条规定,对收入的评价构成对一般预算、附设预算和特殊账户预算的总体投票,对资源和国库开支的评价构成唯一的投票,对于一般预算经费的讨论构成对每项任务的投票,投票是对于承诺许可和拨付经费的。职位许可上限构成唯一的一项投票,附设预算经费或者特殊账户盈余或透支是根据每一个附设预算和特殊账户投票。

《财政法组织法》第 44 条规定,一旦一年的《财政法(草案)》或修正案或者按《宪法》第 47 条规定的法令被颁布,政府颁布以下方面的政令:(1)对于每项任务,附设预算或特殊账户中每个计划或赠款经费的划分;(2)对于每个计划,确定人员费用条款下的经费;这些政令按照第 51、第 53 条条款补充解释的附录划分和规定经费,适当情况下被议会投票修改;通过政令确定的经费分配只能在《财政法组织法》规定的条件下被修改。

《财政法组织法》第 45 条规定,按照《宪法》第 47 条第 4 段规定的,政府具有以下两种措施:(1)在每年 12 月 11 日财政被执行年之前,政府可以向国民议会请求对于年度《财政法》的整个第一部分发起另外的投票。这部分的草案将根据紧急性交由参议院;(2)如果在(1)中的情况未被追踪或进行,在国民议会前,政府具有在 12 月 19 日下一执行年开始之前的一项特殊法案,使得他可以继续征收已存在的税收,直到《财政法(草案)》被投票表决。这项草案通过紧急程序被讨论。

当通过发布年度《财政法(草案)》第一部分或通过特殊法案颁布,被允许继续征收税收时，政府颁布已投票表决事务经费拨发的政令。

这些政令的公布并不阻挡对年度《财政法（草案）》的讨论，讨论按照《宪法》第 45 条和第 47 条和《组织法》第 40、第 42、第 43 和第 47 条规定的实行。《宪法》第 47 条第 4 段落规定的已表决事务，代表了政府认为要执行任务必需的最低经费，这是在上一年度议会投票允许的情况下的。这些经费不能超过上一份《财政法》所规定的数额。

二、《财政法初始案》的票选

（一）议会日程表

为了避免发生与前几届共和国产生的分歧，并能够在公历年开始之前系统地采纳其预算，第五共和国《宪法》针对《财政法》设立了比对普通法律更加严格的规定。为此，其第 39 条规定，《财政法（草案）》要首先递交到国民议会。特别需要指出的是，其第 47 条规定，对《财政法（草案）》的审核总体期限为 70 天。若在该期限结束之时，议会未能做出决定的，政府有可能通过颁布法令将该草案付诸实施。

该票选的总体期限分为几个内部期限，内部期限则决定了议会程序的日程表：首先，国民议会有 40 天时间对草案进行表决；其次，参议院最多有 20 天时间；最后，两院议院还有 10 天时间完成该法案的审核，这是根据"加速"程序的要求来执行的，该程序完全适用于《财政法（草案）》。若草案交付给一院议会之后，发生该议会不遵守规定期限的情况，政府可将其草案提交给另一院议会；政府还有权在向参议院第一次宣读法案之后召开对等混合委员会会议。①

除了 1963 年和 1980 年两次讨论之外，预算讨论的严谨框架是非常可靠的。在实践中，该日程的严密性甚至可以变得更灵活并且不造成损害，因为通过政府与议会主席之间的共同协议，以及宪法委员会的协议要求，每年都会采取措施，以便这 70 天的全部审核时间能在 12 月结束之时到期，如此一来，可以在必要的情况下有额外的几天可以支配。此外，自 1960 年以来，《财政法初始案（草案）》一直都是在 9 月递交，通常是在 9 月 15 日之前，此安排使议员们可以在 10 月的第一个星期二之前开始仔细研究。

尽管定期会遭到指责，尤其是对某些调查表答复延迟的指责——根据《财政法组织法》第 49 条的规定，今后不允许出现答复延迟的情况——但议会议员们最初的担忧得到了缓解，所以《财政法组织法》又重新采纳了与《1959 年 1 月 2 日编号 59－2 关于〈财政法组织法〉的法令》相同的日程，这对议会在预算程序中权利的

---

① 对等混合委员会由 7 个国民议会议员和 7 个参议员组成，在两院议会对某个草案或法律议案。有长期的不一致时，针对法律议案，可以由首相发起，或者，从 2008 年起由两院主席联合发起会议。这个委员会的目的在于调解两院议会以使它们达成一致。

巩固起到了积极作用。

(二) 不同的票选

用 70 天时间完成秋季"预算马拉松"的连续步骤是非常必要的。尽管《财政法组织法》已经引入了简化程序,但直到今天,议会辩论的形式没有多少改变,而且采纳的《财政法初始案》,仍需进行大量的会议和票选。

《财政法(草案)》首先要通过相关的议会委员会,尤其是两院议会的财政委员会。对《财政法(草案)》所有条款要展开为期将近一个月的漫长辩论,两院议会的财政委员会将做出决定。一个月的辩论将引导两个委员会继续开展其工作,通过公共会议进行的审查工作亦已开始,这与其他法律草案的审查工作有所不同。财政委员会的总报告人对此审查工作起着至关重要的作用:该总报告人负责《财政法(草案)》几乎全部的条款,除了涉及拨放经费的条款,以及某些注明根据财政委员会主席的决定"附属"于某部委权能的条款。由此,形成了一个按照议会多数票机制运行的基本部门,该部门保证了预算部长与总理之间的联系。任务与计划的经费条款以及所谓的"附属"条款,都由特殊报告员在一个财政委员会会议中进行检查,该财政委员会将邀请部长一起参与。受邀的部长同样要经过对预算提供相关意见的其他议会委员会试审,该议会委员会提供意见的预算都是经过报告人说明的。有时候还会扩大委员会的召开规模。

尽管有时间的限制,以及存在偶尔发生委员会内辩论冗赘的问题,但对政府以及议员们而言,公共会议的辩论才是最重要的时刻。公共会议的辩论是以政府出具的文件为基础而进行的,其程序如下:第一个星期辩论的内容为讨论财政法第一部分。第一部分的讨论一直都以预算部长的开场介绍为开头,预算部长将介绍预算政策的大体定向,随后是财政委员会总报告人的发言,必要时,财政委员会主席随后也会发言。接下来为一般讨论,在一般讨论过程中,不同议员组的辩论人可以相继发言。一般讨论结束后,议会开始第一部分条款的讨论。此时,需要对支付给欧盟的收入扣款进行检查,自 1992 年以来这成为一项专门的条款。与此同时,还将进行政府税收政策的讨论,该讨论会导致很多议会修正案的产生。对每一条款进行检查后,众议员对整个财政法的第一部分,尤其是平衡条款进行票选。该辩论后进行的是财政法第二部分的讨论,其投票单位为任务(第 43 条)。该阶段是周期最长且最具争议的阶段,主要因为委员会会提前几天重复地提出论据。经过对最后分卷的讨论,议会开始检查非附属性的条款,以及摘要性条款,并重新递交添加条款到《财政法(草案)》的附加清单中。至此,辩论结束。可以对整体的《财政法(草案)》进行票选。

总之,即使议会程序的适应性调整工作可能并未完成,但从现在起,《财政法组织法》已足以使议会辩论更加严密,以及更加快速的进行。选票的总数因此变为最少 52 票①（在 2009 年），而非先前财政程序超过 3 倍的数量。此后，辩论重点可以集中在最敏感的问题，尤其是就业问题、平衡问题、国家财政问题，或某些享有优先权的公共政策问题。议会还应更简便地建立其监察活动的结果与原始经费票选之间的联系。

《财政法（草案）》经过了第一次向参议院宣读后，无须政府申报即可根据加速程序进行检查，对等混合委员会经常为《财政法（草案）》召开会议，该对等混合委员会负责对参议院引入文件的条款以及其未与国民议会票选一致的条款进行检查。若混合委员会未成功（通常混合委员会都不会成功），国民议会将对《财政法（草案）》重新进行宣读。所以，国民议会将检查先由其宣读但被参议院拒绝了的文件，或者检查被参议院采纳的文件。这次重新宣读后要产生一份报告，该报告由预算总报告人提供。此时被采纳的文件将被转交到参议院，而参议院在同样的情况下，总是将其驳回。在政府的申请下，最终的决定权回归到国民议会，国民议会将进行最后一次宣读，进而实际地采纳其推选的最终文件。

（三）议员们修正条款的权利

根据 1958 年《宪法》（第 40 条）以及 1959 年 1 月 2 日法令（第 42 条），长久以来，议员们修正条款的权利有着严格的限制规定。然而，实践与《财政法组织法》的订立已经明显地使该制度灵活化。

宪法委员会首先对"预算骑士"进行监督，"预算骑士"即未在《财政法》内的条款，在必要的情况下，宪法委员会将强行对其进行弹劾。这一潜在的弹劾使议员们，特别是使政府可以避免将《财政法》当作运输工具来使用，即通过修正条款加入对其完全陌生的条款，该条款因此将享用加速程序，因为加速程序适用于《财政法》。

需特别指出的是，《宪法》的第 40 条规定，若采用了"由议会成员提出的建议与修正案"可能会导致公共资源减少、造成公共负担或者加重公共负担，则该建议与修正案将不被予以受理。从表面上看，这一条款的范围十分有限，然而随着宪法法律原则对其逐步地梳理，按照其针对资源或者开支的不同立法创议权，其范围也大不相同。

有关财政收入方面，其法规相对灵活，因为第 40 条款规定，若创造了同等的收入作为"保证"，议员可以提出减收的建议。该权利非常便于使用，因其适用于所有的公共资源，并且修正案的发起人无须精确地评估由其提议的立法所导致收入损失，即只要提到另一项"由合理竞争"而增加的收入，就足以使其文件被接受。该项权能可能在我国税务支出兴盛时就已不陌生。然而，该保证不可以包含任何支出。此外，正如宪法委员会所指明的，用于补偿减少公共资源的资源必须真实并且其受益者必须是与被削减收入来源相同的团体或者组织，并且其补偿行为必须立即被

---

① 总体的 1 票对于收入的评价，32 票对于一般预算的任务层面经费，15 票对于一般预算以外的任务，1 票对于国家允许的岗位上限，1 票对国家的流动资金，最后，2 票对于收入的扣除。

落实。

另外，宪法委员会坚持对议会立法创议最有益的法律参考基础：若政府在《财政法（草案）》中提议减少现有的某项税收，或者提议增加某项支出，议员们可拒绝或对其提议进行限制，其参考即为需要讨论的法律文件；反之，若政府希望增加税收或者削减支出，立法者同样可以提出反对意见或者对范围进行限制，而此时的参考则为现有的法律。

然而，涉及公共支出方面时，其法则更加严格，严格到不批准任何补偿。实际上，对于宪法委员会而言，第40条款"对所有旨在加重负担的立法创议"都是障碍，不论其通过减少另一项支出或是通过增加某项公共资源进行补偿。由此，对议会的立法创议权采取措施的余地是极其微小的，只是对公共支出的削减提议。

然而，这一规则的减弱也存在：

——从收入中提取款项的方法，使递交试图增加提款额的修正案成为可能，《宪法》评审员认为从收入中提取款项是对国家收入的一种行为。考虑到该机制在本地集体财政中的重要性，这一项权利非常受议员们的重视。

——同样地，税务的清偿和减免度亦是可以增加的，但需有担保，并且清偿和减免的受益人为本地集体。此后，税务的清偿和减免将在一个总预算代表团内汇总，该代表团拥有评估权。

——内政部预算中有一部分被称作"议会储备金"，每年在预算讨论结束之后将会分配到100万欧元左右金额作为储备金，用于本地集体所受益的投资支出，前述的本地集体通常是指位于申请津贴的议会区域内的集体。

——若在议会辩论中未提出不可接受的修正案（出于政治原因，此类情况时有发生），经过《财政法》票选后，宪法委员会不可再认为其修正案不可接受。

最后且最重要的是，《财政法组织法》开创了一个对于议会创议权而言的全新领域，因为其第47条款规定：按照《宪法》第34和第40条款的规定，有关适用于经费的修正案，任务决定了开支。这意味着，今后的议会修正案可以变更同一任务下不同项目所占的经费分配。《财政法组织法》中，执行权力机构保留了控制创立"任务"的权力。

宪法委员会自1976年赋予国民议会在财政方面的"优先权"，该优先权于2006年达到新的规模。此后，在《财政法》或者《社会保障筹资法》的框架内，政府修正案引入参议院的新措施被认为是不符合《宪法》规定的，鉴于《财政法》是在特殊的紧急条件下检查的，如此可避免过于仓促地决策。直到2005年，若将法律草案的平衡表与最终被议会采纳的《财政法》平衡表进行比较，可看出议会对国家预算的影响大为减小。在行使修正案权力时，除了有法律上的障碍之外，实际上还增加了强权政治的障碍：《财政法（草案）》是一个政府所领导的政治最完善也是最综合的表述，而如果议会大多数人对政府持支持态度，那么让议会对该政府的政治表达进行严肃的质疑是很困难的。

然而，自2006年以来，经费的修正经历了一些复兴。例如，2006年在国民议会进行《财政法（草案）》讨论时，该修正导致了11.3亿欧元的转移，若将该数字与政府的修正联系起来,该情况是不可忽视的,而且在同一届预算辩论中政府修正案将该金额提高到了 19.7 亿欧元。尤其要了解的是,考虑到众多支出的刚性结构,政府变更其《财政法(草案)》通常只有缩减的余地。

总而言之,鉴于大众媒体对辩论的反应,以及议员们在订立《财政法组织法》税制方面的参与,若政府保留对预算票选的控制权,那么,对于某些敏感的预算(农业、交通、对本地集体的赠与等),预算的票选行为就不能被当作一种程序。

三、《财政法初始案》的生效

(一) 宪法委员会的决议

在颁布之前,《财政法》基本被系统地递交到宪法委员会以待评定。自 1976 年以来,其受理程序条件经过改革之后,除了几个例外情况之外(尤其是 2007 年、2008 年和 2009 年),宪法委员会实际上对所有的《财政法初始案》发表了意见。

从 1960 年宪法委员会的决议中,产生了一项关于预算法方针非常重要的宪法法律原则,该决议将《1959 年编号 59-2 关于财政法的组织法令》整合进"合宪性整体。"的相关基本法令。宪法委员会确保通过弹劾"预算骑士"来维护《财政法》的保留领域。这使某些程序被灵活化,以便保护议会的权利。宪法委员会还对许多概念进行了澄清,并提出了重新被纳入《财政法组织法》的预算可靠性方针。同时宪法委员会还宣读了《财政法组织法》的文件,这更加巩固了此次改革的合法性。

(二) 官方报纸的刊登以及经费的分配

在宪法委员会做出决议之后,最迟于 12 月 31 日之前《财政法》将被刊登到官方报纸上,以免在税务征收方面产生法律断层,因为该决议授权自 1 月 1 日起开始征税。

该法律的刊登还需要搭配刊登"分配法令",而且《财政法组织法》第 44 条款明确规定了政府在此处执行一种关联职能,该职能包括在这个阶段重启"预算蓝图"中出现的经费分配工作,以及整合议会所采纳的所有修正案。

第四节 预算编制中的重要法律控制

一、收入方面:单纯的估测预算

从收入方面看,国家预算是处于发展中的,即实际收入可能高于或低于《财政法》律中登记的预计。这种或高或低的可能性当然是置于不同类型的法律或制度条文范围内的。从税收角度看,所得税的税率是由国家制定的。在该年度内,如果超过了《财政法》规定的总数额,就意味着在税率不变的情况下(除非《税收总法典》做出修订,这种情况极为少见),税基(收入)被低估了。初始的预算估测并不能对管理产生具体的影响。因此,为了改善预算差额,政府有时候会倾向于按照最理想的估测情况(也就是说估计过高)介绍收入情况,这并不奇怪,但有时会产生违反预算真实性原则的风险。

二、支出方面:有限制的上限

在支出方面,预算限额是有限的,也就是说预算中登记的经费就是上限,在预算执行过程中不得超过该限制,除非通过一项修正性财政法律,或者在《组织法》规定的情况下通过规章性文件,对初始的财政法律做出修改。这种普遍性规则适用的条件相当复杂:(1)它既适用于承诺许可又适用于拨付经费。(2)它适用于各种性质(一般预算、附设预算、专项账户)的支出。但是,与债务费用(利息)、由国家所作的担保使用造成的费用和退税、减免税相关的经费只是一个估价(承诺许可和拨付经费)。在前两种情况中,需要确保遵守由国家做出的多年度承诺。在最后一种情况中,认为退税和减免税是由税制立法单独设立的法律引起的,因此纳税人在获得退税和减免税时不应当收到费用上限的限制。这些经费应当单独置于特定的计划中:商业账户和现金业务账户的支出预计只是指示性的;通过国际货币协议,为其他国家或与法国相关的中央银行设立的财政资助账户需要有相应的预计经费。(3)经费的限制性表现在两个层次上:一般预算、附设预算以及以计划形式组织的专项账户(专项拨款账户及财政资助账户)所设立的经费总数额都是上限(除非上述特殊情况),承诺许可和拨付经费也是。即使是为了补偿其他经费不足的计划,包括在同一任务之内,都不允许超过每个计划设立的经费额度。因此计划就是对经费的限制性进行评估的基本单位。在每个计划中,条款2(人员支出)所设立的经费总额(承诺许可和拨付经费)都是上限。

综合这两项规则,就会在同一计划内出现"不对称替换":条款2的经费可以用于补充其他项目,反之则不行(否则就会超过条款2的上限)。其他条款的经费可以相互替换。

为了保证不超过上限,预算执行核算是以任务、计划和行动为单位进行的,但同时也是以条款为单位进行的,分别设立承诺许可和拨付经费。

三、预算额和支出义务

设立了预算经费,并不意味着就必须要做出承诺或支付费用,也不意味着第三方因此便获得了任何权利,行政法官所作的判例便证实了这一点。设立了预算经费就需要支付费用,但仅有预算经费还不够。事实上,支付费用不仅要遵守财政法的规定,每个特殊的领域还会制定法律或特殊规章对费用进行约束,例如,采购

[《公共合同法》（droit des marchés publics）]、薪酬 [《公共职务法》（droit de la fonction publique）] 或地方团体拨款等领域均有相关规定。

能够保证预算许可固定在某一确定水平，从而保证国家在法律上的强制性支出的机制并不存在。这些支出可能产生于合同（在执行完公共合同后向供应商付款，债务利息）、规章性决议（招聘公务人员需在其完成工作后支付报酬，决定拨付津贴）或法律义务 [例如，根据《地方行政区域总法典》（le Code Général des Collectivités Territoriales, CGCT）规定向其拨款]。但是，作为债权人的国家在必要时可以使用司法工具，使具有裁判权的法官（根据债务的性质，可能是行政或司法的）做出支付判决。因此政府和议会在审查财政法律时，有责任确保已通过的预算能够支付强制性支出。这个目标在某些领域一直是可以实现的：人员支出和地方行政区拨款，因为其主体在政治上较敏感；债务利息和退税、减免税，因为估测经费机制有相关规定。相反，对于支付给供应商的款项和享有津贴的机构，在拨付经费不足的时候，国家可能无法及时履行其义务。

总之，支配不同开支类型的预算法律和财政规章的联系是双重的：一方面，只有在有预算许可的时候才能订立支出契约，并不是自动的；另一方面，预算许可应当固定在一个确定的水平，从而可以保证法律上的强制性支出。

四、额外限制：各部门上限

为了确保更好地控制作为国家支出改革重要因素的人员支出，《财政法组织法》规定除了上述财政限制（每个规划的条款2 经费有限制）之外，还有岗位数量上限。根据"全额工时"计算的由国家支付薪金的公务员的数量，无论其地位如何（官员或合同工），不得超过上限，这个上限是由各个部门规定的，而不是按照各个计划规定的，这就是组织法的巧妙之处所在。根据对法律文件保留的解释权，以年为单位评估是否遵守这一上限，而不是时时刻刻都遵守。

当然，每个部门设立的人员经费的总额（该部门管理的所有计划的条款2 总金额）以及岗位的上限并不是独立的。但除此之外还要考虑其他参量，主要是岗位结构和工资政策，这也就解释了为什么根据同一个财政总量支付薪金的岗位数量会出现变化。此外，相对于公务员聘用的岗位数量，多年度招聘的岗位数量更具有代表性。

五、商业账户和现金交易业务的特殊情况

这些账户的支出（与收入）只是一个估计数额，无预算上限。相反，存在一个通过限制性的"透支限额"对收支平衡进行控制的特殊机制。这一术语来自银行界，指的是账户的"累积余额"：自设立账户以来，支出超出收入部门的累积余额不应当超过透支限额。换句话说，一年或之后几年的正余额，要能够弥补当年的亏空，不能超过透支限额。但这一灵活机制无法直接控制某一确定年度的预算余额。

第四章

法国政府预算执行

■ 本章导读

《宪法》和2001年《财政法组织法》规定了预算的编制和投票表决。财政法草案投票表决之后，议会给予政府预算许可，相当于一种支出权力的给予。国家预算执行遵循一定数量的法规，《2012年11月7日编号2012-1246关于预算和公共会计管理的法令》则规制了预算的执行，旨在保证预算执行以最接近议会意愿的方式实现，同时给予管理人员一定的弹性。本章介绍了法国预算的执行机关、执行主体、原则、程序、预测跟踪、预算执行中的调整、绩效管理，以及决算。

在议会最终通过了《财政法》之后，该《财政法》被提交给宪法委员会审议，宪法委员会宣布符合《宪法》规定后，在下一年度的财政预算开始执行前，即12月30日或31日，该《财政法》正式生效。自此，由行政和财政部门执行《财政法》。具体地说，由政府部门来保障其实施。这一原则要求政府不折不扣地执行议会通过表决做出的决议，而且议会议员不得插手预算的执行。在收入方面，尤其是财政收入，基于税收合法性原则，由此产生的执行义务，对于政府来说，是非常严格的。对于财政支出则是另外一回事，因为出于政府并不完全自由的原则，存在的众多例外情况赋予其在议会批准经费的预算执行过程中很大的自由裁量权力，这也正是《财政法组织法》希望在预算执行过程中强化议员知情权的原因。因此，行政和财政部门执行《财政法》，意味着根据特定的规定和程序，从财政收入和财政支出两个方面，对财政法批准的许可进行实施。至于这一阶段的参与者，《1962年12月29日编号62-1587关于公共会计总规章的法令》第3条规定，实施财政预算的财政业务和会计业务，落在国家预算拨款审核人（les ordonnateurs）和国家会计（les comptables publics）身上。

在财政收入，尤其是税收收入方面，"授权"同时意味着义务。政府操作的自主权，从理论上来说，比在开支方面要小得多，因为在这一方面，根据《宪法》第34条，立法者的权限应该得到充分行使，这将行政权力置于一个关联职权的境地。而实际上有时，政府会获取一部分自主权。在各种例外情况下，政府可以通过规章、自主提出（财税减免等），或是应议会的要求，提出财税措施。这一手段一般不会引起什么反应，除了某些单个但特别关注政府行为的议员的注意，他们会提醒税收需要得到议会批准的原则。

在财政开支方面，"授权"的影响是不同的，它意味着许可。而从理论上来说，部长没有用掉预算拨款的义务。因此，《财政法》只是开支授权的预测文书，在财政年度实施过程中，可以根据《财政法初始案》（LFI）的规定进行调整。《财政法修正案》（LFR）重新赋予了立法机构修改预算法案的可能性，《财政法组织法》同样赋予了行政机构以例外情况的名义，调整议会通过的预算授权的可能性。

第一节　预算执行的主体

行政和财务部门执行《财政法》，需要截然不同的两大重要主体介入。首先，拨款审核人有权限决定公共服务部门正常运行所必需的公共经费使用；其次，公共会计，他们负责对拨款审核人做出的决策确认其正式合法性后，收纳和支出公共经费。会计执行程序根据公共会计法的主要原则实施：拨款审核人和公共会计相分离的原则。

这一原则由来已久，是任务分解在会计方面的反映，而且1822年9月14日法令和9月17日法令表明了这一原则，如今通过《1962年12月29日编号62-1587关于公共会计总规章的法令》第20条对此进行了再次确认，该法令规定"拨款审核人职务和公共会计职务不得兼任"。

对拨款审核人和公共会计分离原则的研究,需要事先区分两者各自的角色,以便更好地论证这一原则。

一、拨款审核人

根据1962年12月29日法令第6条第1款的规定,拨款审核人有主要拨款审核人和次要拨款审核人之分。他们可以在缺席或无法行使职权的情况下,将他们的权力进行委派或由他人代理。

第63条规定的主要拨款审核人,是总理、部长以及具有附设预算的部门主任。这一类别不仅包括了拥有独立预算的公共机构负责人,还包括了宪法委员会主席、国民议会及参议院的总务主任。

第64条规定的次要拨款审核人,出于实践操作的考虑,自其通过部委决定任命起,享有主要拨款审核人的部分授权(大学区区长、省长等)。

此外,还要加上经授权的拨款审核人(部委办公室成员、高级官员),第63条和第64条对此做了规定,以及代理拨款审核人(他们可在主要拨款审核人及次要拨款审核人无法行使职权或缺席的情况下代理他们的职务),他们拥有的只是单纯的签名授权,而没有权力授予。

第5条对拨款审核人的角色做了规定:"拨款审核人固定收入和开支的具体执行……他们确认税费、结算收入、指派和结算支出费用",该法令的第65条和第66条同样也明确了这个角色。拨款审核人在开支方面有提议决定权,可以自由决定支出的使用时间,以保证公共服务的正常运行。对于支出的主要科目,如人员费用开支(条款2)以及债务开支,这种自主权已经消失了。拨款审核人的决策自主权因此表现为非义务支出费用,或是将支出确定为稍低于财政法允许限度的可能性;这随后带来了对责任体系的影响,这一体系比公共会计制度更为灵活。

二、公共会计

公共会计是隶属于财政部的公务员,根据1962年法令第16条的规定,他们按等级顺序服从于财政部长。公共会计中存在各种不同的会计。第14条区分了主要会计和次要会计,主要会计是那些"可以直接将账户送交给审计法院法官的人",次要会计是那些"其负责的账户被归并到一个总账户的会计"。第67条区分了职责各不相同的不同类别的会计。

根据第68条规定,国库的直接会计是公法会计,他们负责的是一般预算及特殊账户的各类收入、支出、流动资金等各类操作。他们隶属于公共财政总局(DG-FiP),该总局是由税收总局(Direction Générale des Impôts,DGI)以及公共会计总局(Direction Générale de la Comptabilité Publique,DGCP)合并而成的。

根据法令第69条规定,财政类行政机关的会计专门负责的是某些赋税的征收

(增值税、间接税、印花税等)：也就是财税机关或海关部门的税务员。根据第70条的规定，特别会计执行特别类型收入和开支的操作，比如国库向军队的付款人。根据法令第71条，附设预算的会计进行这些预算收入和开支的所有各类操作。

三、原则的论证

拨款审核人和公共会计相分离的原则来源于两大担忧。

一方面，是公共资金管理的安全问题：对两者进行分离的主要目标是对收入和开支进行合规性监管，以防公款盗用和欺诈。拨款审核人和公共会计相分离，只是鉴于出于安全的考虑而将专业的且不同的公职人员委派从事复杂工作的必要性。此外，职务的分开保证了会计在从事其监管过程中所必需的独立性，以保证在其个人资金监管职责下，其所负责账户的真实可靠和准确。

另一方面，对工作进行合理划分：拨款审核人和公共会计相分离的原则，导致了根据经费操作执行的不同阶段对各部门职能进行划分。因此，在开支方面，拨款审核人负责开支的立项、结算和签发付款通知，而会计负责实施和支付。

这一原则应用的范畴很广，但有某些假设除外。在开支方面，当开支呈现出机制性特征（比如公务员待遇的支付）时，或是其金额得到计量工具确认（燃气、供电、电话等）时，就是这样的情况。在收入方面，间接税（增值税）或是由纳税人本人直接缴纳的直接税（公司税），也是同样的情况。在职权范围之内，行政机关被授权允许征收收入或是支付开支，不需要公共会计的介入。

四、拨款审核人和公共会计在职能和结构上的接近

这种拨款审核人和公共会计之间的分离，在波旁王朝复辟时期就得到了确认，以应对严重的财政混乱，这种分离的原则多年来饱受争议，看起来在方式上以公共管理现代化的名义得到了发展，以适应如今经历重大变化了的环境。为此，《财政法组织法》允许将一个预算账户，也就是"现金账户"转到权责发生的一般账户，即"会计年度"账户，类似于私营企业的账户。这种会计原则坚持权利和义务自其产生就应被确认，而无关乎付款日期，这对公共开支不同使用者的任务并不会产生影响，因为这种会计要求自权力或义务产生就必须进行账目登记。

因此，实施一般会计登记，结束了会计在账目等级方面的垄断权利，从此他必须与拨款审核人一起分享这一职权。拨款审核人位于财会账目的源头，因为他在发出付款通知（权力下放的机构）或是结算文件（中央部门）时就建立了财会账目。在财会职能扩大化的背景下，预算和财会环节的所有参与方，从法律参与到账目建立，都影响到会计账目质量。这两者在职能上的接近，通过一个创新组织得到了强化，这是拨款审核人与会计在物理上接近的成果。

这个新成立的会计组织，从三个层面得到了强调。在公共财政总局内部，国家会计部门负责行使国家会计功能的所有参与方在国家层面的领导、组织和协调，它

同样负责国家总账目的起草和质量。在每个部委内部，根据《2005 年 11 月 18 日第 2005-1429 号关于部门预算及会计监控部任务、组织和职位的法令》，追求所有参与者、拨款审核人以及会计之间最大限度的合作，具体表现为成立了一个部门预算及会计监控部（CBCM）。各部委会计司的目标有三个：参与实施会计年度会计账目（对已提供的服务进行总结、需要支付的支出等），进行内部财会控制以及对程序进行最优化。在权力下放机构层面，由各个省公共财政局局长在其所在省份行使财会职能：他从省级层面建立国家账目，并保证账目质量。相反，这种紧密合作限定在账目登记，而不是在支出的实际执行层面。

五、2001 年《财政法组织法》中预算执行的新角色

2001 年《财政法组织法》规定了预算执行工作当中新增的三名人员：计划负责人、计划下可操作型预算（Budget Opérationnel de Programme，BOP）负责人和可操作型预算单位（Unités Opérationnelles，UO）负责人。

计划负责人在全国范畴保证其计划的实施和绩效，由部长任命。他并不是所有计划经费的拨款审核人，这项使命被授予"计划下可操作预算负责人"和"可操作预算单位负责人"。大部分的计划负责人管理一个预算管理小组，一个人力资源管理小组，和一个监管小组。计划下可操作型预算负责人拥有经费的总预算，对可操作的目标进行承诺。计划下可操作型预算负责人又将自己掌管的资金分配成可操作型预算单位，负责落实计划下可操作型预算制定的工作内容，执行支出。"可操作型预算单位负责人"也具有拨款审核人的职能。

2001 年《财政法组织法》对于计划下可操作型预算的组织和可操作型预算单位的组织形式和地域分布并未完善。它们数量过多，使得经费分散，责任分散。准备工作复杂而时间有限。各个参与人员提出的预算退款请求（财务监督人、计划负责人、部委的金融事务局长、省长）数量众多，内容也完全不同。由于承诺书越来越多，相关的管理工作也因而十分复杂。如果规章制度不能保证计划负责人的自主性和职能，会导致法律上的不确定性。

六、财政监控员（les contrôleurs financiers）角色的转变

财政监控员这一角色源于《1922 年 8 月 10 日关于承诺支出监控的组织的法律》，规定预算部长在中央的各个部门派出一名财政监控员，作为其代表，接受其监督，财政监控员同时由多人协助。直至 2005 年，该法律被废除，财政监控员仍是主要负责监督支出承诺的人士：每个法律承诺书[①]必须由拨款审核人向其递交获得预先许可。财政监控员审查经费的可支配情况，以及支出的确切分配情况，同时也

---

① 承诺书的形式：公共合同（un marché public）的合同草案，如果是补助，则采取决策草案的形式，或者是采取聘用公务员决定意向书的形式。

审查法律法规关于财务的规定执行情况和提出的办法措施对公共财政可能造成的影响。他们监督的领域十分广泛（比公共支出会计的权限要广），甚至可以在某些情况下将法规放置一边，对支出进行突击性抽查。

随着《财政法组织法》的实施，财政监控员从职责的定义到组织规划都被《2005 年 1 月 27 日编号 2005－54 关于国家行政部门中财政监控的法令》彻底改变。实际上，《财政法组织法》希望管理人也担负起相关责任，允许管理人行使不对称的可互换性职责，因为要对财政监控局（Autorité Chargée du Contrôle Financier，ACCF）进行改革，减轻根据经济变化针对承诺进行的监督。所以财政监控局的新职责主要成为避免和控制金融风险。因此，财政监控局参与财政法执行的监控，包括经费和人员的监督，同时帮助鉴别和预防金融风险，乃至分析公共行政开支和成本的解释性因素。

预算规划中，财政监控局的职责在于保证计划负责人提交的经费使用和支出预期内容属实并对每位部长必须制定的年度预算文件进行签认，还需要在必要时，建立经费储备金，用于防止预算平衡情况恶化，并落实组织法的第 14 条内容。财政监控局同时对计划下可操作型预算的管理人提交的管理计划性文件提出初步意见。

2005 年 1 月的法令引用了两个概念：初步预算规划（Programmation Budgétaire Initiale，PBI），此项工作就计划的不同行动对经费进行分摊，主要是依据会计名录和不同的计划下可操作型预算进行，实现计划管理；以及根据计划下可操作性预算进行调整的管理计划性文件。

关于预算执行的跟踪工作，财政监控局应对所有降低人员开支经费的计划提出初步意见（法令的第 10 条）。这项规定旨在降低滥用不对称可替换性这一权利。但是如果财政监控局提出反对意见，也不能阻挠管理人的工作。

从组织的角度，财政监督的改革伴随的是部门预算及会计监控部（CBCM）的成立，依据的是《2005 年 11 月 18 日编号 2005－1429 关于部门预算及会计监控部的任务、组织和职位的法令》，总计有 15 个部门，由预算部长管理，设立在政府的一个或者多个拨款主要审核人部门里。

部门预算及会计监控部兼具公共会计和财务监管部门的职能，管理部门预算及会计监控部的工作，该部（CBCM）旗下设立了两个部门：一个是预算监督，另一个是会计的审查。两个部门通力合作，分析各个部委的财务情况，管控金融风险，评估支出计划的真实性。同时，将两项工作共同设立在部门预算及会计监控部（CBCM）部门名下也有利于精简机构。

部门预算及会计监控部作为财政监管部门，行使《2005 年 1 月 27 日编号 2005－54 关于国家行政部门中财政监控的法令》规定的权力，帮助拨款主审核人对政府机构实施财务监督。作为公共会计，协助政府管理和编制账目，按照《财政法组织法》的第 31 条规定，确保会计入账的真实性，保证遵守会计工作程序。作为一个咨询部门，部门预算及会计监控部也负责帮助管理部门实行《财政法》当中有关《组织法》章节中的会计工作内容。

第二节　预算执行的程序

受公共会计法的管辖，收入、支出程序围绕拨款审核人和会计相分离的原则实施，可分为拨款审核人单独参与的行政阶段以及隶属于公共会计的会计阶段。

一、收入的执行

在公共收入方面，尤其是财税收入方面，拨款审核人只能确认并结算这些收入。财税收入征收需要以多个阶段相互衔接为前提。在直接税收（所得税等）方面，根据权责发生体系的规定，实行拨款审核人和会计互相分离的原则。因此，这就有可能做出行政阶段和会计阶段的区分。

在隶属于公共财政总局［DGFiP，即以前的税务总局（DGI）］官员负责的行政阶段，包括规定税收税基（以应税方式确定，符合基于纳税人资源申报的监管申报制度规定），随后是税收结算（以应税方式适用税率计算税收，同时还要考虑到税收减免及可能的税收费用），最后发出征税单（记名的应执行文件，并指明纳税人应税金额及税收缴纳的最后日期）。

会计阶段由国库会计负责，包括税收征收（纳税人可以采用不同的缴纳方式来支付税款）。在间接税（增值税等）方面，根据所说的现款征收制度，间接税成了拨款审核人和会计分离原则的一个例外情况：同样的机构（比如海关和间接税总署）同时负责行政阶段和会计阶段，因为纳税人本人缴纳税款，并在申报时直接缴纳给会计。在非税收入方面，拨款审核人确定提供给用户的服务，对此计算金额，然后发出收款通知：这是国家预算拨款手续。随后，公共会计负责执行这一收款通知，通常由欠税人自动缴纳。

二、支出的执行

预算经费批拨给各个部委后，公共支出要进行五项操作。[①]

（一）经费的分配

第一步是由各个计划的负责人对经费进行分配，分配给计划下可操作型预算负责人，然后再由 BOP 的负责人分配给可操作型预算单位负责人，负责支出的执行。

[①] Chouvel F. Finances Publiques 2015［M］. 18th éd. Gualino éditeur, Lextenso éditions, 2015. Adam F. Ferrand O. Rioux R. Finances Publiques［M］. 3rd éd. Presses de Sciences Po et Dalloz, 2010.

（二）承诺

第二步是承诺。《2012 年 11 月 7 日编号 2012-1246 关于预算管理和公共会计的法令》第 30 条规定了承诺是一个机构建立和指出将产生开支的职责。承诺是一种会产生支出的法律行为，公共机构根据此事实创建或者认定一项产生支出的义务。政府通过自愿的行为：如签署订单、合同、补助分配、官员任命等；或者非自愿的，如被司法部门判决要对一损失进行补救。承诺在会计方面被诠释为用于支付支出的必需经费的分配。只有负责预算支出记账的拨款审核人可以进行承诺。

（三）清算

第三步是清算。《2012 年 11 月 7 日编号 2012-1246 关于预算管理和公共会计的法令》第 31 条明细了清算任务是为了检验债务的真实性，确定支出的总额。拨款审核人要保证服务的进行（工程的实现，订单的发出等），通常通过一个证明文件来见证拨款的实现。

（四）拨款通知

第四步是拨款手续。一般的规定是，结算之后要立刻发放拨款通知，就是支付公共机构债务的命令，由拨款审核人向会计发出该指令。拨款手续如行政文件，按照清算的结果，对债务进行付款。这个交给付款会计的法令，是通过主要拨款审核人的拨款命令来诠释的。拨款命令要伴有财政监控员的检验之后，才能交给会计。

为了尽快审核账目和避免债务的堆积，《1968 年 12 月 31 日编号 68-1250 关于国家、省和公共机构债权的规定的法律》规定：由于时效而解除所有未在费用发生的第二年的第一天开始计算的四年内付清的债权。

（五）支付操作

第五步是会计的支付操作。收到支付指令或者付款单后，公共机构通过支付这项工作解除债务，如果支出被认定是合法的，会计将进行严格意义上的支付工作，也就是通过转账、通过国库支票、现金或者其他途径完成此项工作。《2012 年 11 月 7 日编号 2012-1246 关于预算和公共会计管理的法令》第 33 条规定付款是机构清偿债务的法律行为。

会计同时对拨款审核人的工作进行监督：拨款审核人及其授权人的资质、拨款审核人经费的可使用性、支出的准确记入和权责的确认，债权的有效性以及支付的解除义务特点。这实际是对拨款审核人所做决定合法性进行的完整审查。2004 年以来依照的是《支出的分级监督》。接着它要确认拨款法令没有司法障碍。公共会计根据付款人顺序分层次的控制计划，对经过所有检验和监督不同种类的支出进行区分。会计履行的监督可以与拨款审核人合作减轻，形式上采取抽样监督和事后监督。

公共会计在执行任务时具有完全的独立性。他们由预算部长任命。会计的职责同拨款审核人的工作没有重合点，不接受拨款审核人的管理。他们向财政司法部门宣誓就职。在执行特殊的任务时，会计应当遵守《公共职务法》当中规定的服从义务，包括服从预算部长。

第三节　预算执行的预测跟踪

随着《财政法初始案》的表决，议会给予政府的更像是一种支出的权利，而不是义务。国家预算的执行要在遵循议会意愿的前提下提供给预算管理人员更大灵活性。

预算局负责横向跟踪和引导国家支出执行，监督预算管理的规则性、公共支出的可持续性以及是否符合对议会的承诺，尤其是对"零数值"支出标准的遵守（见专栏4-1）。这项职责从每年的一开始建立预防储备金开始，这是调节预算的主要工具，以面对执行过程中支出的风险。

专栏4-1

支出的双重标准

支出的双重标准指的是：

- 以当时欧元为标准，除债务开支和国家公务员退休金以外，预算经费和提前预扣的利于欧盟和地方领土集合体的资金的稳定（"零数值"标准）。
- 包括债务开支和国家公务员退休金，每年经费的增长最多不超过通货膨胀率（"零体积"标准）

债务和退休金之外的"零数值"标准的加入尤其对未来具有良好的效力。实际上，这一规则是为了保证在规划期内实施的2010年退休改革在公务员退休金支出上节约出来的经费，不被循环到其他支出上，从而保证了这些节约的经费完全用于促进公共财政结构上的加强。同样的，任何相对于本期间的规划趋势来说，从债务开支上取得的哪怕一点点进步，没有循环到预算结构中的其他国家支出上。

这是之前预算所没有的尝试和努力。2006~2010年的《财政法初始案》中，一般预算的经费和提前扣除每年上涨大约29亿欧元，由于"零数值"标准，这些金额将趋于稳定。这项追求平稳的尝试需要很大程度的节约，因为这些支出会自发性上涨。其实大部分这些要遵循"零数值"标准的支出都有自发性上涨的趋势。所以，为了补充自发变化的那部分支出，节约出新的经费来为优先领域筹资，并且保证整体经费的平稳，是必不可少的。

资料来源：Programme de stabilite de la France 2011-2014 [R]. https://ec.europa.eu/info/sites/info/files/file_import/sp_france_fr_0.pdf.

为了了解和预见国家支出经费的变化趋势，预算局对执行的责任体现在预算管理过程中进行的一项长期的分析。

《财政法》是基于一定宏观经济与财政假设编制的，预算管理要面对执行过程中的风险：例如自然灾害、没有预见到的需求等。预算局要在这一年过程中预测年末的支出。当预测偏离了《财政法初始案》金额支出标准时，预算局要提出修正的对策。支出标准是"零数值"，是政府管理公共财政的主要工具。《财政法》被提交以后，政府要根据支出标准控制国家支出，目的在于使政府面对议会更加清楚国家的开支（透明度）。

"零数值"标准包括了所有国家可控的支出，但是排除债务和国家对公务人员退休金的融资，因为公务人员退休金这项支出是刚性的，所以很难控制。2011年引入的"零数值"标准是为了避免债务支出执行和退休金改革中可能的盈余循环到其他支出上。"零数值"标准是一项专业和保证良性循环的工具，使国家对预算执行的情况更加明了。2014年开始，相对于上一年，可控支出不但没有上涨反而下降。

"零数值"标准需要对国家预算跟踪的严谨性和透明性。为了帮助国家进行决策，这一标准在一年过程中要在具体背景和环境下进行支出预测，从预算最细的环节，一个岗位一个岗位地、一个计划一个计划地、一个部门一个部门地分析国家开支。

一年中执行预测由多项工作组成。从最细的预算目录开始，到计划层面，再到任务层面，预算局周期性对支出的执行进行一项分析工作。分析工作利用上一年执行数据，对当期的执行预测相对于《财政法初始案》编制中的假设进行更新。这项分析对支出的数据进行更新，例如国家提供补助的受益者数目，以及更宏观地来讲，将任何导致支出偏离《财政法初始案》的因素和风险考虑进来。为了测量支出自发变化的水平，预算局与相关部门进行沟通交换信息。这些信息会被与过去几年统计的信息以及各领域关键信息和经济形势进行对照。

除了与各部门沟通交流以外，预算局利用部门预算与会计监控员的专业文件准备工作。部门预算与会计监控员安插在每一个部门里，与部门管理人员接触，对部门的日常有专业性的认识和了解。在下半年会议和管理工作中期汇报中，这些信息被正式汇报，为辨别执行的困难之处提供了可能的机会，以便分析对《财政法初始案》的偏离。预算局以此来建立国家支出自发变化的趋势并且提出修正意见。

预算局的这项预测当然也涉及人员经费的支出。为此，预算局和各部门配合对于法定措施和人员补贴紧密跟踪。预算局具有副署对财政有直接或间接影响的公共运营和公务员有关法规文件的权限。对于这些支出，无论是职位还是总工资，预算局要保证部门职位规划的基础，也就是说，离职或雇用需求，有关于职位的规划，到年底要被遵守、保持一致并被证实。对于总工资，预算局要保证条款2人员经费这一项的支出得到正确评价，必要的时候，还要尽可能细致地为非部委工作人员支出偏差所需经费提供途径和担保方式。

年底时，预测作为对政府工作的诊断，帮助决定可能的纠正措施，以保证年底时，支出遵循议会的意愿，以及与面对欧盟的预算文件中的多年目标轨迹相一致

（公共财政多年规划、《财政法初始案》《稳定规划》等）。

执行权利具有一些活动余地，使它们在面对具体情况变化时有最大的活动性。除了《财政法组织法》规定经费的非对称可替换性，第12条还规定了多种变动方式，如同一部门内的划账法令和支出目标一致的转移法令，以调整议会在《财政法初始案》投票决定的经费分配。另外，在取消同等数目的没有具体目标经费的条件下，政府有权在紧急时候使用预先法令来使用资金。而且政府除了要向两院议会的财政委员会申请进行此项法令并征求他们的意见外，政府还要在本年度接下来的财政法案中进行此项法令的批准工作。

第四节 预算执行中的调整[①]

法国《财政法组织法》对预算的执行影响很大。政府在执行年的预算执行期间，通常需要根据公共财政的实际情况对预算的许可进行调整和修改，但必须遵循其合法性，保证遵守议会的许可，保证财政透明合法，目的是提高公共财政管理的绩效和质量。预算经费一旦投票通过，并向部长拨放[②]后，将在计划负责人之间进行分配。但是在预算执行过程中，很多人都表示，一项预算不进行修改是无法执行的，公共财政的控制本身是一个政治目的，政府可以根据所掌握的预算执行相关信息，对预算经费进行修改或取消，预算许可的修改可修改经费的总额和分配情况。

一、经费总额的修改

经费总额的修改可以通过多个程序进行修改，在各个程序都必须遵循《财政法组织法》相关规定。

（一）经费结转

首先，经由预算部部长的决议，各个部委的管理人员可以在进行经费管理之初，获得上一年未能消费的经费结转，《财政法组织法》第15条对此过程有如下规定：在一定情况下，针对某一年已经批拨的经费和已经确定的使用上限，不形成下一年的任何权利。但是经费结转的情况例外。《财政法组织法》还对管理人员提出了极高的预见性要求，要求每年公布上一年经费结转决议的日期不得晚于3月31日，在上一年年末会对承诺限额或者拨付经费的剩余情况进行认定。其实在以前，经费结

[①] 参见2001年《财政法组织法》和 Adam F. Ferrand O. Rioux R. Finances Publiques [M]. 3rd éd. Presses de Sciences Po et Dalloz, 2010.

[②] 国家预算结构分为三个层级：任务、计划、行动。一个任务可由政府提出，可以是一个部门的或者部际间的。议会对每一个任务进行投票，并可以对同一个任务下的不同计划间进行资金分配调整。于是，预算经费一旦投票通过，并向部长拨放后，将在计划负责人之间进行分配。

转是一项预算调节的手段。在第17条第Ⅳ章中，也规定了政府部门可以享有经费恢复的权利，主要是针对不恰当的或者临时支出的资金，以及收归国库的资金，或者是政府各部门之间转让的资金。

（二）援助资金

在预算执行过程中，《财政法组织法》第17条规定，可以通过财政部部长颁发决议，将经费作为援助资金，从而提高经费数额。这些资金属于法人或者自然人支付的非税务性质资金，用于帮助公共利益性质的支出，以及向政府的捐赠，所以这些经费允许结转。

（三）提供经常性服务所获的报酬

同样，《财政法组织法》第17条规定，根据财政部部长报告中引用的法令，政府某部门提供经常性服务所获的报酬可以纳入收入分配程序。此项规定在《财政法组织法》颁布之前就沿用援助资金的程序，曾于2005年获得修改，以便将此类酬劳中的部分内容直接纳入一般预算的收入中。

（四）预先法令

得益于预先法令，对于两种情况可以通过法规的途径拨放《财政法初始案》中没有涉及的经费。《财政法组织法》第13条规定，可以以法国最高行政法院法令针对紧急情况拨放和追加经费，同时保证最新颁布《财政法》规定的财政平衡不受影响。这样来说，实际上就要求同时取消一部分经费，取消经费的数额与预先法令当中拨放的经费数额相同。经费的拨放要向议会申请批准，并体现在下一部《财政法》当中（经常是算在年终的追加预算额当中）。另一种情况，《财政法组织法》第13条规定，如果遇到紧急情况和国家利益的迫切需求，可以由部长理事会经国家理事会许可后，通过预先法令拨放和追加经费，必要时，可影响原《财政法》的资金平衡。随后，立刻将新的《财政法（草案）》（其中包含此项经费的批准）提交议会，或者等待议会下一次会议召开时提交。《财政法组织法》在此程序（很少使用）当中增加了预先告知国民议会财政委员会的要求。

若对经费需要取消，《财政法组织法》的第14条中规定，为了避免破坏当年颁布的《财政法》预算平衡，可以由财政部部长出具报告，通过法令取消一笔经费。没有计划的经费可以以同样的方式通过法令撤销。根据此条款和第13条规定，一年当中通过法令取消的经费累计总额不能超过当年颁布的《财政法》规定经费总额的1.5%。

二、经费的修改

关于经费的修改可以采取三种形式：准备金、经费转移和转账法令。

（一）准备金

《财政法》当中有关于准备金的规定，这种准备金在相关经费拨放初期并不进行拨付，但是在必要的时候可以用于支付在制定《财政法初始案》时无法预见的支出。这种准备金往往有两种拨付形式：第一种拨付针对"意外支出和不可预见的支出"，比如，应对法国和国外的自然灾害，或者是因为国外发生的事件。第二种拨付被称作"公共酬劳准备金"，主要"用于酬劳方面的一般措施"，如有必要，由预算部长通过决议进行分配。

（二）经费转移

经费转移是政府对负责执行支出工作的部门的决定进行修改，但是不改变支出的性质。《财政法组织法》在第12条中将此项机制保留在不同部委的计划之间进行。所以，此项资金转移由法令决定，并首先通知国民议会和参议院负责财政的委员会以及其他相关委员会，而不是简单通过一项决议确定。

（三）转账法令

《财政法组织法》还规定了转账法令，此项转账只能在同一部委的不同计划之间进行，在同一年内，累积转账的总额不能超过当年《财政法》规定每个计划经费的2%。

三、法律的修改和预算调控

（一）法律的修改

如果当年《财政法》划定的经济和财政平衡大纲领受到影响，则政府必须根据宪法委员会[①]的判例，提交一份《财政法修正案（草案）》。其中，预先法令批拨经费，改变预算平衡的时候，也需要以同样的程序进行获得批准。

（二）预算的调控

除了修改议会许可的法律和法规文件，同时制定了不同的行政办法，帮助政府控制当年国家的财政情况，这种做法被称作预算调控，会随时做出调整和改变。但是，这种预算调控的做法长期以来都是法国的议会、部委、政府合作伙伴以及审计法院批评的对象。因此，在某些部委，这种预算调控的后果可能是全部或者部分取消12月份国民议会投票通过的新举措，这样就像是对预算进行了两次协商：一次是在制定《财政法（草案）》时，另一次是在执行预算过程中。

---

① 《1991年7月24日编号第91-298 DC号决议》。

预算调控曾经以非正式的形式进行，主要是通过冻结经费①或者指导年底未支出经费数额，以便到次年结转。执行年末的时候，管理人总是发现在预算部门的要求下，他们的资金拨款审核人会将财政拨款冻结。根据预算情况，冻结的资金将会被结转至次年，或者会被取消。这种做法最后会造成不良的资金后果。1999～2002年，预算部长和其他部长就"管理合同"进行协商，共同确定了经费的总数，按照这个总数额，可以执行规章制度，并确定每个执行年每个计划下不能消费的经费数额。但是预算法规规定的经费管理程序常常被用于减缓支出。迟迟不能颁发的经费结转决议，或者不能及时将经费划归垫支资金，常常导致在执行预算结束前禁止使用经费的情况。因此自2006年执行年起，根据《2005年7月12日编号2005－779修改2001年8月1日编号2001－692关于〈财政法组织法〉的组织法》，将经费化为储备金的做法被纳入《财政法组织法》的第51－4条，此举规范了预算调控的做法和手段。《财政法组织法》第51－4条规定，预先制定措施，保证在执行预算当中，遵守议会投票通过的、关于一般预算中支出上限的规定。尤其是使用限制经费的计划，要保证遵守人员费用支出经费用于储备金的比率和其他经费用于储备金的比率规定。这些举措可以更好规范预算调控，同时通过限制经费取消的总额，规定所有涉及预算的规章必须由总理签字，而不是预算部长签字，保证了充分告知国民议会的效果。②

第五节　预算执行的绩效管理

2001年《财政法组织法》不仅对预算准备、预算表决、预算执行与监控进行了改革，同时也对公共管理进行了以绩效与结果为导向的深入改革，赋予各个行政管理人员职责。随着2001年《财政法组织法》的诞生，产生了一些财政预算中的新角色，尤其是计划负责人，计划下可操作型预算负责人和可操作性预算单位负责人。从方式到结果，绩效的改革使得每一欧元的花费都要合法和有效率。

预算结构中，每个"任务"代表国家宏观政策的大方向。议会首先要对"任务"进行投票表决，确定支出的大方向。"任务"下的每个"计划"是一个拨款单元，议会对其之间资金进行调配批准以限定政策实施的责任。最后，计划负责人将"计划"进行在"行动"上的细化。三层管理构建的预算草案，使得层次分明，目标明确，资金流动分配明确，预算草案更具有可读性。在以结果和绩效为导向的2001年《财政法组织法》的规定下，每个"计划"中都定义了策略、目标、指标和预期要达到的效果。议会还要对预算支出的协调一致性和目标的优先性进行评价。

---

①　并不需要明确的取消，一些经费被预算部转为储备金，所以管理人员不能使用这部分经费，各部委的财政监督人保证资金冻结。

②　尤其是关于"不管何种性质的行为、目的或者结果导致经费不可用"（第14条）。

一、绩效管理的效用及目的

绩效,也就是达到预定结果的能力,成为新预算框架的核心。议会的讨论,无论是对预算还是对执行审查,不仅要针对资金及其合法性,同时也要针对公共政策的策略与目标。[1]绩效管理使各类财政预算中的参与者和公民得到不同的效用。对议会来说,绩效手段使预算文件更具可读性,预算执行更加透明。对纳税人,绩效管理使纳税人明确所纳税使用以及是否被有效率使用。对于公共管理人员,绩效手段使他们对接到的任务有更加明确的目标,同时宽限了他们的权责。

二、《财政法组织法》预算绩效管理内容

《财政法组织法》并不是法国第一次尝试实现公共管理现代化,增强政府执行财政责任和绩效。从20世纪80年代开始,政府开展了一项经费实施的分权行动,提高拨款次级审核人负责的经费。1989年开始实施公共部门革新的政策,减少了预算的细项,对政府部门运营经费进行了"统筹"。1996年实现的财政监督初步改革进一步推进公共管理现代化,让各个部门受益。2001年1月,实现了省政府级别的经费统筹试点,推广了管理文化,让政府实现更大的财政自由,成为《财政法组织法》的重要雏形。

2001年《财政法组织法》在"合宪性整体"中加入了政府绩效管理的必要性。在法律的第一条中就规定,从2006年起,"《财政法》考虑到明确定义的经济均衡,以及《财政法》所确立的计划的目标和绩效"。[2] 同样,计划也制定了详细的目标,根据大众利益的目的和希望取得的效果制定,同时会对计划进行评估。《财政法(草案)》附上每个部委的解释性附件,解释性附件就每个计划补充(第51-5条)《年度绩效草案》,详细说明行动内容、相关成本、追求的目标和未来几年期待的成果,并提出详细的参数,说明为什么选择这些参数。同样,第54条规定,《年度绩效报告》应附在《决算法(草案)》下,按照计划说明目的,预期结果和实际结果,以及相关的指数和成本。法律规定政府部门必须设立一个分类账目成本进行估算和分析。

三、绩效管理的技巧

对于每一个"计划",都配有相关策略、数量的绩效目标和指标。这些要素被写在预算草案的附件、《年度绩效草案》中。每一个计划都有一个《年度绩效草案》。对每年的预算草案,每一个指标都有一个数值,并且都有一个中期目标。在相

---

[1] Guide pratique de la LOLF-Comprendre le Budget de l'État [R]. Ministère de l'économie et des finances.
[2] http://www.performance-ublique.budget.gouv.fr/sites/performance_publique/files/files/documents/performance/lolf/guidelolf2012.pdf.

关部门的权责下,计划负责人对以上要求负责。在向议会提交《年度绩效报告》的文件中,他们要汇报对账户结算法案审查的结果和管理报告。例如,在2011年预算草案中,总共有51项任务,179个计划。每个计划有1~5个目标。每个目标有1~6个指标。一共有587个目标和1008个指标。

从2006年开始,根据《财政法组织法》第51条,《年度绩效草案》作为n-1年《财政法(草案)》的附件之一,对于每一个计划描述了策略,向议会要求的经费合法性,公共政策的目标、指标和要达到的目标。同样,根据《财政法组织法》,《年度绩效报告》作为n+1年6月的《决算法(草案)》的附件之一,对于每一个计划,介绍了被写在n-1年预算草案的附件《年度绩效草案》中的执行情况。它表述和解释了在一个任务中所有资源的聚集和分配给公共政策带来的实际结果,也因此能够用以评价公共政策管理的质量。

四、绩效的度量

通过建立任务、计划和行动,国家预算开始反映国家的宏观政策。为了引导、度量和提高公共政策的实施效率,每一个任务都被定义了策略、目标及绩效指标。这些元素出现在附属于预算草案的对应每一个计划的附件中。在《财政法(草案)》的框架下,面对议会,计划负责人要对下一年的数量目标负责。他们要在《决算法(草案)》的附件,即《年度绩效报告》中,介绍现实结果与预计之间的差距。这个差距体现了上一年度预算执行的状况。计划的策略,策略性目标以及计划的绩效指标的具体定义方式如下。[①]

首先,在与相关部门的部长进行协商后,计划负责人要对他负责的计划的策略进行为期几年内的定义。这个策略体现的是整个计划的总体利益,计划的环境(尤其是同一个任务中的其他计划),以及表述出来的预计目标和使用手段。策略在《年度绩效草案》的导言部分被总结性地描述出来,并且要具有明确的方向和具体的目标。

其次,策略性目标,即出现在年度预算草案中的目标体现了公共行动的优先策略。对这些目标的期望通过绩效指标来度量。这些指标要标示出其过去实现的状况,对下一年的预测,以及对多年度预算的最后一年的目标数值。为了回应所有人包括公民、纳税人的预期,行政部门将目标分为三大类。每个任务具有有限的目标(平均每个任务三个目标),以使得公共行动依旧具有可读性,同时也使得时间精力和经费保持不太分散。为了确保公共行动的可操作性并使所有人员都围绕在以绩效为原则的周围,国家的各个目标都体现在国家的每项公共服务中。失业率、工业风险、违法犯罪、青年就业等,在地区间差异很大。计划的绩效目标在计划操作预算中的体现使公共政策能够适应各地区特殊的需要。它使绩效管理在人员的日常事务中处于中心位置。

---

① Stratégie, objectifs et indicateurs de performance, http://www.performance-publique.budget.gouv.fr/finances-publiques/lolf-cadre-organique-performance-publique/essentiel/s-informer/strategie-objectifs-indicateurs-performance#.VhjqF8OS2M9.

计划绩效指标以数量的形式表示，它以最客观的方式度量目标的实现。一个指标必须切中主题、有效、固定和真实。与目标一样，指标的数量也是有限的（平均每个目标配有两个指标）。对于每一个指标，在预算草案中都有一个数值，并且对正在进行中的多年预算的最后一年有一个数值目标。

在《年度绩效草案》中，部长和计划负责人不仅要阐述各"计划"的策略和绩效指标，同时，计划负责人还要解释计划的策略和必要的实施手段。每个计划的优先性策略体现在以下三类目标中，[1] 用以评价绩效：社会与经济有效性策略反映了公共政策对公民和国家集体的福利效用；对服务使用者的公共服务质量目标；效率目标向纳税人表明行政管理的质量和资金资源的使用。

一个文件中各种财政元素的联合要以能够改善公共财政支出的效率为目标。表4-1举例说明了计划的目标和绩效指标。例如，在大学高等教育这个计划中，回应对高级资格人员的需求就属于追求社会与经济效率这一类目标。其中一个指标是初等教育毕业3年以上后只有文凭的青年职业就业率。在地理信息与制图技术这个计划中，最优化搜寻与培训机构设置就属于对纳税人来言的行政管理效率这一类目标。其中一个指标为每位学员的培训成本。

表4-1　　　　　　　　　　计划的目标和绩效指标

目标的种类	计划	目标	指标
对于公民： 社会与经济效率	大学高等教育与研究	回应对高级资格人员的需求	初等教育毕业三年以后持有文凭的青年职业就业率
对于服务使用者： 服务质量	有利于脆弱家庭的行动	与对脆弱人群施行虐待事件的斗争	相关接待处关于虐待儿童事件的报警率
对于纳税人： 行政管理效率	基础建设与交通服务	最优化计划交通服务的成本和交通网络的有效现代化	每千米铁路建设的成本
对于公民： 社会与经济效率	国家警察	加强对道路危险性的斗争	事故死亡率和受伤率
对于服务使用者： 服务质量	国土行政管理	改善证券发放的条件	证券发放的平均延迟时间
对于纳税人： 行政管理效率	地理信息与制图技术	最优化搜寻与培训机构配置	每位学员的培训成本

资料来源：Guide pratique de la LOLF-Comprendre le Budget de l'État［R］. Ministère de l'économie et des finances, http：//www. performance-ublique. budget. gouv. fr/sites/performance_publique/files/files/documents/performance/lolf/guidelolf2012. pdf.

---

[1] Guide pratique de la LOLF-Comprendre le Budget de l'État［R］. Ministère de l'économie et des finances, http：//www. performance-ublique. budget. gouv. fr/sites/performance_publique/files/files/documents/performance/lolf/guidelolf2012. pdf.

第六节 决　　算

《决算法》，即《账目决算和审批法案》，以前被称作《决算法和管理报告》。根据议会的要求，此《决算法》被2001年《财政法组织法》归类于《财政法》中，但实际上，它与其他《财政法》很不相同。

一、《决算法》的目的

《决算法》的主要目的在于确认发生过的执行操作，包括：预算的收入和支出最终金额以及由此得出的相关结果、国家会计（而不是预算）执行年度的盈余/赤字表（le compte de résultat）。因此《决算法》的作用类似一份评定文书，展现《财政法初始案》与《财政法修正案》中包含的预计及批准之间的重大差异，以及最终结算结果。

《决算法》还包括资金的来源和开支［融资表（Tableau de financement）］、实现年度财务平衡的现金流资源以及债务的最终金额，在相应的财务报表中展现。2001年《财政法组织法》第25条中定义了现金流的资源与债务（主要涉及公债的发行以及偿还），第26条中定义了相关的各项业务（流动资产安排、换算、借款管理等）。

《决算法》还包括国家的资产负债表（le bilan），核准年度结算账户（包括一般预算业务、特殊账户以及现金流业务管理的差额），根据已证实的资源以及债务建立资产负债表，将财务盈亏分配到资产负债表中并核准该资产负债表。

《决算法》可批准《财政法初始案》票选期间未授权的业务（超支、预先法令新拨放的经费等）。另外，《决算法》可以包含那些对议会针对公共财政管理、国家会计账目，以及公共部门人员罚金责任制的信息通报与监控相关的所有条文。

所有步骤操作的第一质量要求便是"客观"真实性。审计法院从2006年开始便对其进行鉴定。这区别于预算预测的"主观"真实性。

二、法案附带文件

2001年《财政法组织法》规定，对于某些需细化的部分，《决算法（草案）》应自带附件；例如《年度绩效报告》。公共财政高级委员会针对该法案发表公开意见，该意见将被附加到文本。必要时，该委员会会对《公共财政规划法》中定义的多年方针结构性差额政策的实施结果进行对比并识别其中的重大差异。2013年5月23日高级理事会第一次反馈的意见中，2012年0.3%的差异未被认定为"重大"。但是在2014年5月23日反馈的意见中，2013年1.5%的差异被认定为"重大"，并强制采取纠正措施。

（一）《年度绩效报告》

《财政法初始案》是伴随着《年度绩效草案》一起的。《决算法》所附的《年度绩效报告》通过每一个计划，使大家了解达成的结果与最初预计的目标之间的差距、相关指标和成本以及使用许可管理，以及与上一本①《决算法》中实现情况的差距。为了衡量公共行动的绩效，进度表上的成果指标通过以下三点来衡量：为公民服务的效力、为使用者服务的质量、为纳税人服务的效率。每年的《财政法（草案）》附属的《年度绩效（草案）》中，每一个计划都要展示和说明其实用性目标。这些结果也会在《决算法》附属的《年度绩效报告》中阐述和分析。

（二）说明性附件

法律草案应该有逐渐展开的说明性附件，尤其是每个计划或是每笔资金、拨款和可证明开支的最后总额，并由此来显示按照条款拨放的经费和修改后要求的经费之间的差距；同时，这些附件也通过每个规划或每笔资金来展开说明每个附设预算和每个特殊账目的进款总额，可证明开支、拨放经费，以及允许的透支金额、经费调整和要求透支金额。

（三）附件

《2012年12月17日编号2012－1403关于公共财政规划和管理组织法》规定，《决算法（草案）》中应附带政府的长期租约以及合作合同清单，并标明金额以及到期时间，例如税式支出金额。《2013年10月11日编号2013－906关于公共生活透明度的组织法》中，议会提案中以"议会储备金"名义提出的补助金被增补到该清单。

（四）审计法院报告

根据《宪法》第47－2条，审计法院将协助议会和政府对《财政法》的实施进行审查：其作用主要是在理事会法庭审议结束后，针对《财政法》执行情况，为预算最终结算生成报告。该报告构成议会审议的主要部分，且作为法案讨论过程中，众议员及参议院寻找论据的主要来源。该报告将对已实施的各项预算操作进行详细分析，指出某些不合规定的做法并对某些做法加以谴责。

（五）账户认证

《宪法》第47－2条规定公共行政机构的账户应该是具备合法性以及可靠性，并能够真实地反映其管理及财富结果和财务状况。2001年《财政法组织法》第58－5条款规定了审计法院要针对政府账户的合法性、真实性以及可靠性进行认证。认证结果作为附件加入《决算法（草案）》，并附带已完成的审核纪要。2007年，当

---

① 即上一执行年度的。

审计法院对 2006 年账户进行认证时，首次应用了这些规定，赋予了审计法院政府账户审计职能。

三、司法制度

（一）期限

1. 发放期限。《决算法》的司法制度来自它的目的。《决算法（草案）》只能在它所要确认的年度的预算执行之后才能被建立。2001 年《财政法组织法》规定这一期限是 6 月 1 日（对于 2001～2004 年是 6 月 30 日）。6 月 1 日前应提交并下发《决算法（草案）》以及草案附带文件。此外，第 41 条明确规定了在议会对前一个财政年度的《决算法（草案）》首次议案阅读前不得在议会上讨论当年的《财政法（草案）》。通过从近期预算实施中得到的经验教训，可以更明确了解《财政法（草案）》的预期数据。

2. 采纳期限。如果 2001《财政法组织法》赋予了《决算法》《财政法》的特性，那么编写《财政法》的相关规则，尤其是《宪法》第 47 条以及组织法第 40 条规定的检验期限和采纳期限（议案首读议会 40 天，参议院 20 天，共计 70 天）并不适用于《决算法》。事实上宪法委员会已经对这些期限做过评估，并对逾期未执行情况给予处罚，其目的在于在有效的时间内采取必要的财政措施来保证国家日常的连续性。2001 年《财政法组织法》第 41 条，已经规定在关于上一年的决算法草案首读期间，议会票选前，不得在议会讨论《财政法（草案）》。该规定的作用是为了加速《决算法》的票选过程：例如《2014 年 7 月 31 日编号 2014-855 的 2013 年预算决算和账目审批的法律》，2013 年预算根据此法案结算。

（二）采纳程序

各类《财政法》中的《决算法》，其独特化也体现在与其采纳程序相关的司法特殊性。曾经，宪法委员会声明 1983 年预算的《决算法》不符合《宪法》，该法案的采纳因程序问题被判无效（1985 年 7 月 24 日编号 85-190 DC 决议，1983 年预算最终决算法案）。考虑到政府的利益，当时通用的 1959 年《财政法组织法》第 39 条设立了一个特别的财政法（法规应急）采纳紧急立法程序，2001 年《财政法组织法》第 40 条重新采用该规定。《宪法》第 45 条规定了一个用于其他法案采纳的通用法定应急程序（政府紧急申明）。政府对《组织法》第 39 条中规定的程序进行了跟踪，但是宪法委员会估计该条法规并不适用于《决算法》，《决算法》只能通过《宪法》第 45 条中的通用规定来管理。因此，使用未申明的应急程序而不是已申明的应急程序会因程序问题导致文件采纳无效。政府提交的新版《决算法（草案）》通过《1986 年 1 月 20 日编号 86-94 关于 1983 年预算最终决算的法律》被采纳。

（三）合宪性审查的意义

当宪法委员会彻查结算法规时，在文档中按照不同的性质将规定分成了两大类，并由此确定了其审查的意义。第一类是关系到对收款和拨款操作的验证以及对收益账户建立的相关验证的规定。宪法委员会认为这些规定是服务于主管司法机构以及权力机构的审查的（审计法院）而不能服务于宪法委员会自己的审查，与该法令内容相关的部分除外（该委员会核实该草案附带必要的文件：说明性附件，审计法院报告，符合性一般申明）。第二类是引发经费调整并允许收益转移到现金账户的规定。合宪性审查不能与预算实施操作合法性审查混淆。

四、政治作用

《决算法》的政治作用在历史上是一个逐渐恢复的过程。1817~1818 年"账目法"建立以来，起到了不可忽略的作用。因为其在预算年度 2~3 年后就被采纳，在议会制刚刚诞生的时期，使那时的议院对行政权的控制加强。但是，当议会取得了政治和财政的权力后，就完全忽略了《决算法》，经常很迟才通过（有长达 10 年或 20 年才清算的）。第五共和国限制了决算法拖延的期限和议院的权力。1974 年以后，议院又逐渐争取了这项控制的一些权利。

2001 年《财政法组织法》的实行，加强了《决算法》的作用。一方面，《决算法》的审阅要被安排在预算方向辩论会之前，使过去照亮未来；另一方面，经费按计划配置，于是逻辑上，就应该给予计划更多的关注。一方面是对于部门的可靠性，因为以后还将继续对其拨放经费；另一方面是经费使用成果的度量，因为无论是对公众权力，还是国家的和欧洲的权力，都要求一种"结果导向文化"。

《2012 年 12 月 17 日编号 2012-1403 关于公共财政规划和管理组织法》又加强了《决算法》的作用。现在，正如其他财政法规文件一样，《决算法》也要有一份决算草案。在这份草案中，要分析用于计算结构性差额①的假设。在《决算法（草案）》被提交给国民议会办公室之前，公共财政高级理事会要对于执行结果和相关规划法（参见第五章）中规定的方向之间较大的差异给出意见。这份意见要连同草案一起公布于众。这项程序意在引导政府在两院议会前解释差异原因，并且提出纠正措施。

---

① 通常用的结构性差额这一指标便用来纠正实际公共差额受到的周期波动的影响。

第五章

法国多年规划及其三年预算制度

■ 本章导读

　　法国公共财政多年规划是以至少三年为一个期限的，而多年规划中包含了未来三年的预算，这个预算以三年为一个滚动周期。例如，2013年1月1日公布的公共财政多年规划覆盖了2013~2017年五年的财政和赤字状况预测。同时，对于这一期间，又制定了更为详细的三年预算（2013~2015年），明确分配给国家每一项任务的经费。《公共财政规划法》不仅要定义公共财政的总体方向，而且要描述所有公共行政管理支出赤字在规划期内多年间的轨迹。多年预算的准备和起草从根本上改变了预算的编制，为每一年的《财政法（草案）》提供了一个框架，明确了财政资金优先被使用的领域和方向。本章首先介绍了法国多年规划及其三年预算的实施背景及法律依据，其次介绍了法国多年规划及三年预算的参与机制、编制、实施和监督，最后小结了法国多年规划及三年预算的成效及经验借鉴。

法国公共财政多年规划及其中三年预算的正式形成是在 2008 年 7 月 23 日由议会通过的对《宪法》复审中实现的。从那时起，法国《宪法》① 第 34 条在真正意义上确定了国家财政规划法为一种新的法规，即《公共财政规划法》，意在缩减公共行政管理赤字。《2012 年 12 月 17 日关于的公共财政规划和管理组织法》② 加强了它的重要性。这部组织法规定《公共财政多年规划法》不仅要定义公共财政的总体方向，而且要描述所有公共行政管理支出的赤字在规划期内多年间的轨迹。

第一节 法国多年规划及其三年预算的实施背景及法律依据

一、实施背景

像大部分其他国家一样，年度性原则是法国预算的一项传统性原则。2001 年《财政法组织法》第 1 条就规定，《财政法》③ 规定了一年中国家收入与支出的性质分类、数额和分配，并明确了这一年指的是一个民用年。④ 在法国，预算年与民用年一致。无论是涉及承诺许可还是涉及拨付经费的预算额，都只在该年度内有效。根据《财政法组织法》第 15 条规定，预算额在"以后的年度内不具有任何效力"。在适用财政法律的财政年度结束后，未使用的预算额将会失效，或者更确切地说，将在接下来的财政法律中做出新承诺。

在法国，原来的年度预算就曾包含有多年预算的因素，多年度交易的管理没有被完全排除在外，不过仅限于在年度预算中列明较大的、需要多年投资才能完成的建设项目的投资总额。通过承诺许可具体需要在几年内完成的，就需要在连续几年的预算法律中记录拨付经费。例如，一个部门可以在 2009 年承诺许可的基础上，订立一个需要在 2010～2013 年进行施工的房产建设合约，这样就会按照 2010～2013 年财政法律的规定支付经费，在 2010～2013 年进行付款。

虽然这项原则根植于法国预算编制与执行的操作中，但是由于经济与社会形势的改变，一直以来受到各方面很多争论和批评。因为其实只有很少国家公共支出是在一年内的。更多的项目和计划是持续性和多年支出。国家的持续性，从根本上使

---

① 第五共和国《宪法》，即 1958 年 10 月 4 日《宪法》，为了结束议会的过度权利而设计，在第四共和国无法对抗反殖民地的危机中诞生的，为最高准则。

② 正如《财政法组织法》是年度的财政法的管理组织法一样，"2012 年 12 月 17 日编号 2012－1403 关于公共财政规划和管理组织法（Loi organique n° 2012－1403 du 17 décembre 2012 relative à la programmation et à la gouvernance des finances publiques）"，是补充修订的公共财政规划法的管理组织法。这里年度的财政法指的是每年编制的年度预算法规。

③ 这里财政法是年度的财政法，指的是每年编制的年度预算法规。

④ 民用年，从 1 月 1 日到 12 月 31 日。

得各方对年度性原则产生质疑。

总的来说，法国多年预算实施的背景主要有以下几个方面。

（一）经济危机与财政赤字

20世纪80年代末法国经济危机，经济衰退导致财政状况恶化，财政赤字占GDP的比重迅速上升。为此，法国政府采取了以增税为核心的一系列措施，使财政状况逐步好转。但与此同时，由于税收负担加重，导致经济复苏缓慢。经过反思，法国政府认为，如果通过多年财政预算形式可以提前对收入和支出进行合理安排，避免税收增加过多，可能会使经济较早走出困境。①

（二）公务员队伍年龄结构老化和公务人员精简

公务员队伍年龄结构的逐步老化，加上法国前总统萨科奇在2007年当选法国总统时，将减少公共部门的工作人员数量和增加公务人员的工资水平作为其主要政策主张之一，这之后的公务员工资与社会保险支出占财政支出的比重较大，增长较快。为及早预测，调整支出结构，既保证能到期足额支付工资和退休金，又不致使财政陷入被动，也是法国编制中期财政规划的重要出发点之一。②

（三）管理层面对年度性原则技术上的批评

公共行政管理人员认为年度性原则造成了管理上的中断，使这一年度到下一年度预算操作的过渡产生困难。明显的问题比如，从这一年11月到下一年的2月，由于年度性原则规定上一年度的余额在下一年度不可以继续使用，各部门都在年末加紧使用剩余的可用经费，使下一年度的经费实施延期较长。这个问题主要来自于预算管理时间上的不连续。

（四）年度性原则对国家长远政策的限制性

公共行政管理人员和政界认为年度性原则使国家在长远和宏观的政策上畏首畏尾。只有通过承诺许可做出需要在几年内完成预算的措施，才能允许行政部门实施与政治上相一致的计划和政策。为此，2001年《财政法组织法》中，多年度交易的管理没有被完全排除在外。

对于某一确定的规划，承诺许可的数额高于拨付经费，意味着要对承诺支出的增加进行跟踪，并在接下来的几年内增加拨付经费，以完成预算。从平均情况来看，拨付经费的累计数额等同于设立的承诺许可和增加的实际承诺数额之和。对每个计划的人员经费来说，《财政法组织法》规定承诺许可要等于拨付经费，以便更好地管理该类费用，防止一些受聘员工无法获得拨付经费。

事实上，在公共权力进行巨大的投资计划时期，年度性原则的批判可能是中肯

---

①② 张晋武：《欧美发达国家的多年期预算及其借鉴》，载于《财政研究》2001年第10期，第74～78页。

的，并且对于所拨给的预算财资，给予其巨大投资计划的可见性是明智的。行业中的规划也已经继承这种逻辑。从此以后，这种逻辑也触及公共管理，以及国家公共管理融资需要的中期目标。那么就非常有必要对局势演变做出的年度反应加以约束——年度性原则在这种情况下也得以加强。①

（五）欧盟对中长期预算的要求

1997年6月，阿姆斯特丹峰会采纳的《稳定与增长公约》② 促进了欧盟每一个国家多年财政预算规划的形成。《稳定与增长公约》的"稳定与趋同规划"规定如下。③ 每年4月份，每个成员国被要求起草未来3年本国的财税蓝图。这项工作基于《稳定与增长公约》的"经济治理规则"，目标是防止财税困难的出现和加剧。欧元地区成员国在《稳定规划》中撰写这项任务，非欧元地区成员国在《趋同规划》中撰写并且要添加有关货币政策的信息。这意味着每个成员国每年要在欧盟委员会前明确其公共财政的中期目标。在法国，这项对外义务对内部预算的准备产生影响，这意味着要引入一个在前阶段形成的对每个部门3年支出变化的规划。这一新纲要在2000年预算的准备中被首次实行。2000年1月，法国政府向布鲁塞尔传递了2001~2003年公共财政多年预算规划。

基于规划中国家各大行政账户的结构平衡分析和支出标准，欧盟委员会和财政部长评价、考核成员国是否正在趋向他们中期预算目标的轨道上。支出标准是一项包括政府支出增长率是否低于国家中期潜在经济增长率的规则，除非超出部分被收入方面的额外增加所弥补。

《稳定规划》与《趋同规划》包含：中期目标：每一个成员国要定一个本国的结构性预算目标。成员国还必须为每年定一个为达到中期目标而设计的轨迹，并且预测他们国家的债务/GDP比例的期望途径；列出增长、就业、通货膨胀和其他重要经济变量的假设；一个关于如何达到规划目标的政策措施的描述和评价；关于主要经济假设的改变会如何影响预算和债务情况的分析；提供包括（前）一年预算执行、目前的预算年和未来三年的信息；如果可能的话，提供对为什么目标还没有实现的解释。

《趋同规划》要基于合理的财税方案。

欧元成员国上交的《稳定规划》要基于独立机构进行的宏观预测。这些预测会与欧盟委员会的预测或者独立于欧盟委员会的机构预测进行对比。对于两者之间任何大的分歧，成员国都要进行解释。

作为欧盟年度经济治理循环的一部分，相关委员会要对《稳定规划》与《趋同规划》在实施之前和之后进行评价。这使得委员会能在违背规划的风险发生之前将

---

① Adam F. Ferrand O. Rioux R. Finances Publiques [M]. 3rd éd. Presses de Sciences Po et Dalloz, 2010.
② 《稳定与增长公约》是一系列规则，在于保证欧盟国家追求合理的公共财政并且协调它们的税收政策。
③ http://ec.europa.eu/economy_finance/economic_governance/sgp/convergence/index_en.htm.

其辨别并进行讨论,并且辨别出需最终进行处罚的违规事件。除了《稳定规划》之外,欧盟成员国每年还要上交预算计划草书。

二、法律依据

20 世纪末期至 21 世纪初期,除了几个欧洲国家和美国以外,法国是为数不多的一个没有中期分析工具的国家,没有关于连续的预算法律预案。这种情况在《1994 年 1 月 24 日编号 94 – 66 关于掌控公共财政五年方向的方针法》①中表现出初步的进展,这一方针法的期限为五年,且与公共财政的控制相关。然而中期分析却仍处于十分含糊的状态,因为该方针法仅限于国家收支,以及预算赤字相关的整体目标上。一直以来,各行政领域的规划是经过表决通过的,但是这些所规定的预算契约因为年度性原则以及因宏观经济限制导致政治上享有优先权的一些部门存在,而不能被系统地坚持执行。

于 1997 年以欧共体标准达成的《稳定与增长公约》构成了发展的决定性因素:自 1999 年以来,法国必须向欧洲委员会递交一份描述公共管理整体中期预算战略的《稳定规划》。从此,便有了一项正式的多年规划,即使其实施的工具还不完善,尤其对于社会保障行政和地方公共行政。

2001 年 8 月 1 日《财政法组织法》于第 48 条规定,为了议会对《财政法(草案)》的审阅和投票,政府需提交一个关于国家经济形势和公共财政方向的报告,其中要包括关于国家收入和按各大功能分配支出的中期评价。第 50 条规定了报告的具体内容:作为年度《财政法(草案)》附属文件,报告要阐述国家经济、社会与财政形势。它包括年度《财政法(草案)》的假设、方法和预计成果。并且要对未来至少 4 年阐述收入、支出和各大公共行政账户的差额变化形势。此法规的修正版本还提到,这项报告要包括《2012 年 12 月 17 日编号为 2012 – 1403 关于公共财政规划和管理组织法》②里,第 9 条所规定的元素:2001 年 8 月 1 日《财政法组织法》于第 50 条规定的年度《财政法(草案)》附属报告要对草案规划的那一年,对于所有的公共行政管理,要对每一公共行政管理领域阐述结构性努力③和实际差额(也叫做实际公共差额)的预测评估,包括那些使得结构性努力和结构性差额(见专栏 5 – 1)建立联系的要素。

---

① 《1994 年 1 月 24 日编号 94 – 66 关于掌控公共财政五年方向的方针法》(Loi n° 94 – 66 du 24 janvier 1994 d'orientation quinquennale relative à la maîtrise des finances publiques)。目的在于根据多年规划减少国家预算赤字。

② 《2012 年 12 月 17 日编号 2012 – 1403 关于公共财政规划和管理组织法》(LOI organique n° 2012 – 1403 du 17 décembre 2012 relative à la programmation et à la gouvernance des finances publiques)。

③ 结构性努力的定义是收入新措施的影响和支出在结构性差额变化中的贡献。

第五章 法国多年规划及其三年预算制度

专栏 5-1

结构性差额的定义

公共行政管理的差额，或者叫赤字，受到经济周期波动的影响。所以，当国民生产总值低于其潜在水平时，我们观测到收入的不足和支出的过剩（尤其是对于失业保险补偿金的支付）；相反，当国民生产总值高于其潜在水平时，会观测到收入的盈余和支出的不足。在这样的情况下，单独这项公共差额，也就是实际公共差额，或者叫公共赤字，不是一个反映政府预算政策方向的好指标，因为它受到形势波动的影响而变得模糊不清。因此，通常用的结构性差额这一指标便用来纠正实际公共差额受到周期波动的影响。纠正了经济周期影响的差额是基于潜在国内生产总值，它代表一个经济体在没有通货膨胀推动下所能持续性保持提供的生产量。我们称实际国内生产总值和潜在国内生产总值之间的差距为生产差距或产出差距，单位为多少潜在国内生产总值点。这个指标体现了经济在周期中的位置。结构性收入通过纠正实际收入中受到的周期性影响而得到，方法是借助于主要税收对于生产量的弹性（OECD）。支出方面，只有失业补助和最低安置补助（RMI）支出是受形势影响的（其他支出按推理来说并不直接与周期相连），而收入这方面，所有强制性征收都被假定是周期性的。

资料来源：Rapport sur la Programmation des Finances Publiques pour la Période 2009 à 2012 Annexé à L'Article 3 [R]。

多年规划及其三年预算的正式形成是在 2008 年 7 月 23 日由议会通过和采纳的对《宪法》的复审中实现的。法国《宪法》第 34 条从那时起在真正意义上确定了国家财政规划法为一种新的法规,[1] 即《公共财政规划法》，通过在国家法方面说明以欧共体标准建立的契约，来补充这一方面的法律。2008 年之前的《宪法》第 34 条这样规定：有关国家计划的法律确定国家的经济和社会活动的目标。2008 年开始，这一条中"有关国家计划的法律"被替换成更为普遍的《规划法》：《规划法》决定了国家行为的目标。并且规定："国家财政多年规划方向由《规划法》来定义。其目的在于公共行政账户的均衡"。[2]这项法律涵盖了国家层面、社会保障和地方行政集合体，规划了三年内经费大方向上的变化。其中，最详细的是前两年的国家支出。因为三年规划只对前两年是硬性的，而第三年只是被作为下一个三年规划的基础。

《公共财政规划法》包含了未来三年的预算。与年度的《财政法》和《社会保

---

[1] Guide pratique de la LOLF-Comprendre le Budget de l'État [R]. Ministère de l'économie et des finances, http://www.performance-ublique.budget.gouv.fr/sites/performance_publique/files/files/documents/performance/lolf/guidelolf2012.pdf.

[2] Loi constitutionnelle n° 2008-724 du 23 juillet 2008 de modernisation des institutions de la Ve République (1).

障筹资法》不同的是,《公共财政规划法》没有受到形式上和频率上的规定,尤其对于规划的年数,没有特殊的规定。《2012 年 12 月 17 日编号 2012 – 1403 关于公共财政规划和管理组织法》规定了这个规划为至少 3 年的中期规划,而《规划法》里包含了未来三年的预算,预估国家在未来三年的支出规划。第一部《公共财政规划法》在 2009 年 2 月 9 日被颁布,它包括了从 2009~2012 年这一期间。第二部《公共财政规划法》在 2010 年 12 月 28 日被采纳,包括了 2011~2014 年。2012 年 12 月 31 日的《公共财政规划法》是对 2012~2017 年的规划。

《2012 年 12 月 17 日编号 2012 – 1403 关于公共财政规划和管理组织法》第 1 条指出:在《宪法》第 34 条规定的,在公共行政账户均衡的目标下,《公共财政规划法》要确定在 2012 年 3 月 2 日布鲁塞尔签署的《欧洲经济货币联盟稳定、协调和治理公约》第 3 条中规定的公共行政中期目标。为了实现中期目标以及公约所规定的条款,公共财政规划法要决定在国家会计意义上的公共行政账户结构性差额和实际差额在未来几年的轨迹,以及从本年到下一年的计算情况说明、公共债务的变化。结构性差额是在某时间点上临时性地纠正了经济形势变化后的差额。《公共财政规划法》决定了规划期间每年度的结构性努力。结构性努力的定义是收入新措施的影响和支出在结构性差额变化中的贡献。《公共财政规划法》要阐述每年实际差额在公共行政各领域的分解。《2012 年 12 月 17 日编号 2012 – 1403 关于公共财政规划和管理组织法》第 3 条规定:《公共财政规划法》对于每一个它要定义的多年规划方向,要明确所涵盖的期限。这个期限的长度为至少三个日历年。

自《稳定与增长公约》以来,法国面对欧盟承诺进行公共行政赤字和债务的管理,对于社会保障行政管理的对公共财政管理目标的影响当然也是必需的。于是,法国的《社会保障筹资法》也考虑到了公共财政的多年规划,在上交议会的筹资法附录中,要规划未来四年的收入预测和支出目标。于是议会具有从上一年到这一年再到未来四年这六年的整体视野,来把握社会保障财政均衡的情况。

第二节 多年规划及其三年预算的参与机制

有关《财政法(草案)》的编制是政府的专属权利。由于年度《财政法(草案)》的编制程序受到《公共财政规划法》编制的影响,一次会议上的参与人员常常要进行很多项讨论,包括多年预算的准备,并且两项法案(如果编制了多年规划的情况下)也同时被提交,为了描述的完整性,这一节将多年规划和年度《财政法》编制的参与机制汇编如下。

预算政策的决策层面包括共和国总统、总理、各部门部长及财政事务领导。经济与财政部下的预算局是预算编制的枢纽,与各部门一起,进行预算编制。配合人员及部门有各部门的计划负责人、部门预算和会计监控员、议会两院财政委员会、①法国最高行政法院、审计法院，和由七个国民议会议员和七个参议员组成混合委员会。此外，负责预测和监督预测的部门有国库总局和公共财政高级理事会。国库总局制定经济预测。两院议会②在编制过程中也起到关键作用。《2012年12月17日编号2012-1403关于公共财政规划和管理组织法》创立的公共财政高级理事会，监督财政回归平衡的轨迹与法国对欧盟承诺的一致性，评价政府宏观预测的现实性并对财政文件如年度《财政法（草案）》《财政法修正案（草案）》等中的年度目标与多年公共财政的目标是否一致提出意见。

一、财政部长

《财政法组织法》第38条规定，在总理的管辖下，财政部长负责准备《财政法（草案）》的准备工作，并由部长委员会审议。根据政府，预算的准备可以由财政部长或者某个被委托的部长或国家秘书去做。

财政部长的优势主要来自于下放到其自身的预算准备和预算执行的行政功能。财政部具有一个特殊的行政部门，发动各个局围绕预算编制进行工作。而预算局是预算准备的枢纽。按照2007年3月27日法令和决定③的构建，这个特殊行政部门层次上分了副局和专门办公室（负责预算政策、公共支出绩效等）。这样的指挥保证了有关预算的所有行政程序的操作。

当预算被执行的时候，财政部长的权利体现在所有有关财政规章文件的会签上。他可支配特殊人员，财政监控员，分别配合每一个部长，对部长的支出进行监督。

二、总理

《宪法》第21条规定总理指挥政府的行动。《财政法组织法》第38条规定预算由总理权限下的财政部长准备。总理不参与预算准备的技术和行政过程，但是他要定义预算的策略。

三、部长

负责支出的部长担任经费要求者的角色，参与预算的编制。每个部门的财政工作要实现它每一年度预算的预测，然后将其交与预算局进行商讨。

---

① 议会两院财政委员会分别为：国民议会的财政、总体经济与预算监控委员会（常设立法委员会）和参议院财政委员会（负责审阅财政法，参议院财政委员会的工作活动范围非常广，涉及所有部门。它的职责是处理立法中税务和财政方面的事务，并且在预算监控方面享有特权）。
② 议会是法国的立法机关。
③ 具体法律名称见第三章。

四、共和国总统

《宪法》第 20 条委任政府负责决定和指挥国家政策，自然包括预算政策，没有一项条款是委任国家元首拥有这个邻域的特权。但是在实践中，由于总统突出的地位，他在预算政策上也有一定的影响。

五、议会

议会在预算编制中也起到关键作用。按照 2001 年 8 月 1 日《财政法组织法》第 48 条所规定的，为了议会对《财政法（草案）》的审阅和投票，政府每年需向国民议会和参议院提交一个关于国家经济形势和公共财政方向的报告，其中要包括关于国家收入和按各大功能分配支出的中期评价。议会将就这项报告进行辩论：公共财政方向辩论。这项报告要对经济各个方面做出小结，明确政府公共财政的策略，阐述恢复公共账户均衡的工具。偶数年时，这项报告还要补充陈述新的国家三年预算。《财政法组织法》规定，这项报告还包含对下一个《财政法（草案）》里预期的国家预算任务、计划的目录，以及每个计划的绩效目标和指标的阐述。这时，议会议员所获得的信息，也有从审计法院那里得到的关于上一年度预算执行情况分析的补充信息。接着，两院议会举行预算方向辩论（2008 年后更名为公共财政方向辩论）。议会议员一方面得知政府的策略，另一方面对其进行议论、评论或批评。1998 年开始，议会议员每年 6 月或 7 月份时要进行预算方向辩论。从 2003 年开始实行的 2001 年《财政法组织法》第 48 条，使预算方向辩论制度化，但未使其成为强制性的辩论。[1]

六、枢纽：预算局

法国的预算局于 1919 年成立。1789 年前的旧制度王朝并没有中央会计，国家收入和支出可委托给私营管理人员。1791 年，成立了一间会计的中央级办公室。那时候，税务是由法律规定的，但是却没有一个真正预算意义上的对支出与收入的授权。1919 年之前，预算行政被安排在公共会计总局[2]下的一间简单的办公室里。直到第一次世界大战以后，1919 年，才成立了预算与财政监控局，[3] 1922 年，实施了对承诺支出的监控，这样才使得对公共支出的承诺监控真正落实。这样的重组和安

---

[1] Chouvel F. Finances Publiques 2015 [M]. 18th éd. Gualino éditeur, Lextenso éditions, 2015.
[2] 公共会计总局（DGCP）是法国过去的一个旧行政管理机构，隶属于预算、公共账目和公共运营部。公共会计总局在 2008 年被废除，和税务总局一起，被并入公共财政总局。
[3] 资料中没有说明，但笔者认为这可能是预算局在成立时的名称。

第五章　法国多年规划及其三年预算制度

排使公共会计总局的职责重新聚焦到它的主要职责——会计上。

预算局自 1919 年成立以来，在预算过程及全年公共财政控制中起到了核心作用。其仅仅有 270 名公务人员，其中 2/3 以上为设计人员，即 A 类公务人员。①

预算局的总体任务是提供一个可持续的公共财政战略，以及为此而开展相关工作。为此，预算局负责公共财政的政策，确保财政法的编制及监督其实施，负责发现政府重点投资的利润。熟悉所有文本和改革项目，并在对公共财政产生影响之前做出决定。与公务人员事务总局和管理部一起，参与公务人员政策的实施。通常，预算局还和国库总局一起，按照相应的比例，负责确保许多公共组织、企业和机构的财务监管。最后，为公共管理的现代化和《财政法组织法》的实施提供帮助，特别是在目标商讨和绩效指标的监控方面提供专业知识支持，这些都是必须开展的工作。因此预算局是政府内部唯一的综合性机构，鉴于其经常与总理府各部门有直接联系，在预算和财务方面，它还一直保持信息透明化。

为了完成这些任务，预算局下设 8 个分局和 29 个办公室，使其任务与《财政法组织法》的预算结构方案保持一致，其中第一分局负责公共财政政策、预算政策的定义、其执行、收入的预测和财政法的协调，其职责与多年财政规划紧密相关。

在履行其职责时，预算局与财政部其他局（国库总局、公共财政总局、国家统计与经济研究所总局等）及各部门财政局保持着紧密联系。

预算局主要有八大任务。② 其中两大任务与多年预算规划紧密相连：对政策实施的多年规划并且公共政策变化要与规划相符合；跟踪与欧盟政策相关工作的预算，其多年的变化，欧盟的筹资形式，以及共同体年度预算的编制和执行。

预算局的专业任务和工作在逐渐向对公共财政策略的定义发展，关系到整个公共行政的策略，并且诠释法国对欧洲组织的承诺。这项任务通过多年视角的《公共财政规划法》来诠释，确定公共财政轨迹且制定国家的三年预算。预算局要定义中期财政轨迹并提出结构性改革。

为了编制国家三年预算，预算局在 2014 年进行了一项中期规划（PMT）工作。中期规划是三年预算的基石。这项两年一次的工作是为了精确在至少三年的评价支出、可能实现的节约和为达到目标必要的改革，并在多年期间量化。中期规划通过预算政策办公室组织所有部门办公室对政策进行细致分析。这项总结是三年预算的基础，在每项任务和每个计划层面阐述了国家预算的多年规划，区分主要的支出类型。

---

① 法国公务员分为三大类：国家公务员、地方领土公务员和医疗服务公务员。A 类公务员，即国家公务员。其中的一部分服务于各部门，基本在巴黎，负责设计和协调国家层面的行动。另一部分负责国家行动在地区和各省层面的实施（警察局、大学校长职务、省级领导机关）。很多公务员在教育机构和隶属于各部门的公共行政机构工作。

② Rapport d'activité 2013－2014 [R]. Direction du Budget, Ministère des finances et des comptes publics, http：//www. performance-publique. budget. gouv. fr/ressources-documentaires/publications-direction-budget/supports-communication/rapports-d-activite-direction-budget#. Vn_YW8OS2M8.

七、预测部门：国库总局（la Direction Générale du Trésor）

国库总局 2010 年 3 月将预测局合并入总局之下，提供多年宏观经济的假设，特别是评估由经济波动引起的税收收入的自发变化。国库总局服务于各部门，向它们提议并在其授权下引导法国经济与财政政策行动，在欧洲与世界范围内为这些政策行动辩护。为此，国库总局制定经济预测，向各部门关于经济政策与金融、社会和各领域的公共政策提供建议。①

八、监督预测部门：公共财政高级理事会（le Haut Conseil des Finances Publiques，HCFP）

（一）公共财政高级理事会的权责

《2012 年 12 月 17 日编号 2012-1403 关于公共财政规划和管理组织法》创立了公共财政高级理事会，明确政府和议会的选择，监督财政回归平衡的轨迹与法国对欧盟承诺的一致性。具体法律规定如下。

《2012 年 12 月 17 日编号 2012-1403 关于公共财政规划和管理组织法》第 13 条规定：政府向公共财政高级理事会提交宏观经济预测和潜在的国内生产总值测量。《公共财政规划法》是基于这些预测来写的。最迟在《公共财政规划法（草案）》被提交给法国最高行政法院②前一周，政府要向高级理事会递送这项草案，以及其他所有可以让公共财政高级理事会评价预计的规划是否与中期目标和法国对欧盟承诺一致的文件。

第 14 条规定：政府向公共财政高级理事会提交宏观经济预测。年度《财政法（草案）》和年度《社会保障筹资法（草案）》是基于这些预测来写的。

第 17 条规定：政府向公共财政高级理事会提交宏观经济预测。为了协调欧盟成员国经济政策的《稳定规划（草案）》是基于这些预测来写的。最迟在《稳定规划》递交给欧盟理事会和欧洲委员会两周前，公共财政高级理事会要公布它的意见。这些意见与稳定规划一起被递交。

公共财政高级理事会评价政府宏观预测的现实性，确认是否和法国在欧盟面前对公共财政恢复平衡轨迹的承诺相一致，对财政文件如年度《财政法（草案）》《财政法修正草案》等中的年度目标与多年公共财政的目标是否提出意见。很多决定公共财政的文件都会被送来咨询公共财政高级理事会的意见。例如，《公共财政多年

---

① 国库总局的历史和职能参见第二章。
② 法国最高行政法院（Conseil d'État）是政府关于准备法律草案、政令和一些法令的顾问。同时对意见的征求进行处理，并进行政府要求的或机构本身发起的研究。自从 2008 年 7 月 23 日《宪法》改革以后，国民议会或参议院主席也可以向法国最高行政法院提交议会议员编制的法律提议。

规划法（草案）》、年度《财政法（草案）》《社会保障筹资法（草案）》《财政法修正案（草案）》和《稳定规划（草案）》。

（二）公共财政高级理事会的构成

公共财政高级理事会是一个独立于政府和议会的组织机构，安插在审计法院附近，由其首席主席领导。公共财政高级理事会是一个由多个权力相等的领导成员组成集体负责制机构，这些成员是经济与公共财政专家，包括审计法院法官、国家统计与经济研究所（INSEE）总所长，以及一些高级人员。公共财政高级理事会作为一个唯一的负责人，所有意见均由集体负责的方式发布。

公共财政高级理事会团体由审计法院首席主席领导，由法院4位法官、5位资格人员和国家统计与经济研究所总所长10名成员组成。常设总秘书处有总报告人和两个副总报告员，协助理事会完成任务。

4位法院法官由首席主席任命，男女数量相当。5位资格人员分别由以下领导任命：国民议会主席，参议院主席，国民议会财政、总体经济与预算监督委员会主席，参议院财政委员会主席和经济、社会与环境理事会主席。议会权力机关任命的资格人员中要包括同等数量的男性和女性，由抽签决定他所要任命人员的性别。公共财政高级委员会成员的任期为5年。法院法官可以续任一次。资格人员不可以续任。整个团队每30个月更新一次。它的成员任期5年，不可被撤职。他们不能行使公共选举职权，不能申请或接受政府或任何其他公共职务人员或私人的指示。

九、其他参与者

其他参与者或合作者①还包括预算政策办公室下的事务所、部门办公室专家、负责社会和医疗健康账户的专家、地方集合体、工资政策和法定章程的专家。2014～2019年《公共财政规划法》于2014年12月30日发布，规划节约500亿欧元：2015年节约210亿欧元，2016～2017年每年再节约145亿欧元。该规划法由预算局起草，并与预算政策办公室下的事务所、部门办公室专家、负责社会和医疗健康账户的专家、地方集合体、工资政策和法定章程的专家合作。起草之前涉及的是数据和有关建议，起草之后涉及的是跟踪和措施的实施。

第三节 法国多年规划及其三年预算的编制

在法国，多年规划一般在每年6月的公共财政方向辩论时被陈述，并且在10月

---

① Rapport d'activité 2013 – 2014 [R]. Direction du Budget, Ministère des finances et des comptes publics, http：//www. performance-publique. budget. gouv. fr/ressources-documentaires/publications-direction-budget/supports-communication/rapports-d-activite-direction-budget#. Vn_YW8OS2M8.

纳入被议会审查的《公共财政规划法》中。这部规划法使这段时期内的公共财政有所保证，控制三年内国家的支出。三年预算框架构成了政府的一项集体负责的承诺，通过硬性的支出规划表现出来。第一部在2009年与当年的年度《财政法（草案）》一起被讨论和采纳。它规定了三年各项任务经费的上限。除了附录里规定的调整与修改方式以外，经费上限对于前两年来说必须被遵守，而第三年可以调整。《公共财政规划法》的收入方面主要是预测国家收入的变化，包括税收净收入和非税收入的变化，及其背后宏观经济、一系列新措施或者金融市场状况的反射造成的变化原因分析。税收制度同时也被作为实现公共财政规划目标的策略之一。

从12月开始，每个预算局办公室的负责人要对部门负责的预算未来三年内的预期进行思考。包括对部门邻域的总结，用简化的术语描述的支出（分为10项功能：一般公共服务、国防、公共秩序和安全、经济事务、环境保护、房屋与城市发展、健康医疗、文化娱乐和宗教、教育和社会保护）。收入方面，预算局协调和集中财政部其他局提供的信息。为了评估由经济波动引起的税收收入的自发变化，国库总局提供多年宏观经济的假设。税收政策构成一项特殊的研究并对与公共财政总局有关的新措施进行提议。[①] 对于国家财政支出，《公共财政规划法》定义了三年内总预算中各"任务"经费的上限。支出的预测与收入的评估相对照，使预算局具有一幅以未来三年为限的多年草图。公共财政多年规划为每一年的《财政法（草案）》提供了一个框架，明确了财政资金优先被使用的领域和方向。具体表现为对财政发展情况进行考察的报告性文件。其主要目的是试图对政府今后若干年的财政支出和收入做出预测，并纳入预算过程，作为编制年度预算的重要参考和依据。[②]

一、三年预算循环

法国以三年为一个多年预算循环。多年预算的准备和起草从根本上改变了预算的编制。

从2008年开始编制的第一个三年预算（2009~2011年），现在形成一种新的预算程序，三年的最后一年是下一个三年预算的起点。对于三年规划中的每一年，年度财政法草案的编制要遵守多年预算中规定的经费上限。根据这一年是偶数年（准备三年预算）还是奇数年（只是更新三年预算的第二期），预算编制程序有所不同。

除了《公共财政规划法》附录里明确的调整方式以外，经费的上限对于前两年来说是强制性的。第三年是可以被调整的。对于三年中的第一年（如2009年和2011年），预算强制性的规定了任务层面的支出上限和在计划之间的分配。对于三年中的第二年（如2010年和2012年），任务的支出上限是不可修改的（强制性的），但是在3年预算编制时预测经费在计划之间的分配，反而可以在遵守任务经费上限的情况下修改。任务经费的上限可以在几个特殊情况下修改。如果假设的通

[①] Chouvel F. Finances Publiques 2015 [M]. 18th éd. Gualino éditeur, Lextenso éditions, 2015.
[②] 张晋武：《欧美发达国家的多年期预算及其借鉴》，载于《财政研究》2001年第10期，第74~78页。

货膨胀与预算编制时有很大不同并且需要调整或者有大变动时，比如国际事件，或者没有预测到的事件，规划中没有考虑到的宏观和微观经济的不确定性和不可预测性。第三年（如 2011 年和 2013 年），任务层面的经费可以做补充调整，这一年构成下一个三年预算的起点。

图 5-1 描述了三年滚动预算循环。以 2009~2011 年这三年预算为例。在 2008 年、2009~2011 年这三年预算包括确定性的规划元素（不可更改）和指示性的规划元素（可以修改）。三年的预算循环具体来说，就是隔一年要进行一次任务层面经费上限在计划间的分配。2009~2011 年三年预算的最后一年构成 2011~2013 年规划的基底。2008 年进行的 2009~2011 年三年预算，每一年都有一个整体的支出上限。2009 年，任务层面和计划层面的规定都是决定性的数目。对于 2010 年，任务层面的上限是决定性的，而计划层面是指示性的数目。也就是上面所说的，到了对 2010 年预算进行编制时，在三年预算编制时预测的经费在计划之间的分配，可以在遵守任务经费上限的情况下修改。对于 2011 年，任务层面和计划层面都是指示性的数目。任务层面的经费也可以做补充调整。在 2009 年进行的对于 2010 年年度的预算编制，要遵循之前三年预算对于任务上限的规定。在 2010 年，对 2011 年年度预算编制、任务和计划的上限进行规定，但要遵循对这一年度的整体经费上限。同时，

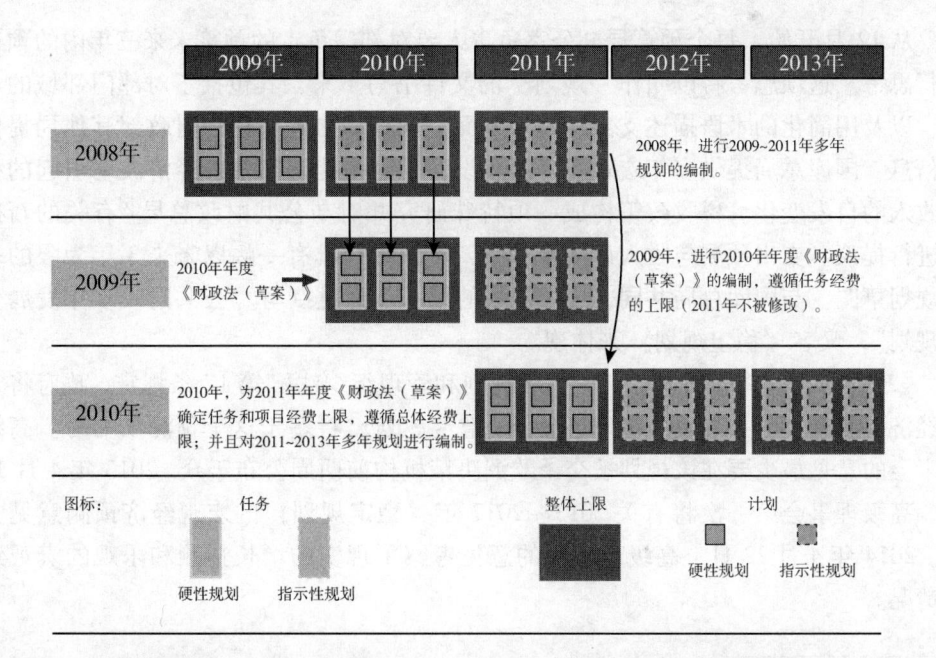

图 5-1 多年规划程序：以 2009~2011 年三年预算为例

资料来源：Guide pratique de la LOLF-Comprendre le Budget de l'État [R]. Ministère de l'économie et des finances，http：//www.performance-ublique.budget.gouv.fr/sites/performance_publique/files/files/documents/performance/lolf/guidelolf2012.pdf.

要进行 2011~2013 年的预算规划。

二、多年规划以及三年预算编制程序

法国的《公共财政规划法》是以至少三年为一个期限的,而《公共财政规划法》中包含了未来三年的预算,这个预算以三年为一个滚动周期。于是,《公共财政规划法》包括其针对国家三年预算的部分,与上交到欧盟委员会的《稳定规划》一起,构成了公共财政多年规划的主要工具。

《公共财政规划法》是以公共行政账户均衡为目的。这部法规通过议会的投票来定义公共财政的国家策略,接着,政府起草要交予欧洲决策机构的规划。《宪法》第 70 条,以及 2008 年 7 月 23 日《宪法》法规规定,经济、社会和环境委员会是这部规划的顾问,定义公共财政的多年方向。

法国多年预算的规划包括对外和对内的义务。对外的义务来自于欧盟《稳定与发展公约》的要求。每个欧盟国家要对欧盟提交多年财政计划,称为《稳定规划》,这部规划是对于未来的 3~4 年期的财政规划。而对内的义务,或者说对法国公民的义务,则伴随着每年的年度财政预算编制,以三年为一个周期,进行三年滚动预算编制。

(一) 对外的义务:《稳定规划》[①]

从 12 月开始,每个预算局办公室负责人要对部门负责的预算未来三年内的预期进行思考。这项思考将以叫作"规划"的文件书写下来,其包括了对部门邻域的总结,以及用简化的术语描述支出。收入方面,预算局协调和集中财政部其他局提供的信息。国库总局提供多年宏观经济的假设,特别是能够评估由经济波动引起的税收收入的自发变化。税收政策构成一项特殊研究并对与公共财政总局[②]有关的新措施进行提议。支出预测与收入评估相对照,使预算局具有一幅以未来 3 年为限的多年规划草图。与国库总局共同,这个规划的第一步通过撰写"公共财政多年发展变化规划",又名《稳定规划》来体现。

《2012 年 12 月 17 日关于公共财政规划和管理组织法》第 17 条规定,政府将宏观经济预测交由公共财政高级理事会,《稳定规划》将基于这个预测来书写。高级理事会的意见最少要在该规划被交予欧洲决策机构前两周公布于众。2013 年 4 月 15 日,高级理事会第一次将有关 2013~2017 年《稳定规划》的宏观经济预测意见上交。2014 年 4 月 22 日,高级理事会的意见考察了现实的增长预测和乐观的宏观经济情况。

[①] Chouvel F. Finances Publiques 2015 [M]. 18th éd. Gualino éditeur, Lextenso éditions, 2015.

[②] 公共财政总局是成立于 2008 年 4 月的管理系统,负责统一管理分散于整个国土内的国家收支部门(地区和省公共财政局、国库和税务局)。在其内部,税收立法局具有特殊地位,附属于经济部部长但可以为预算部部长提供业务。

（二）对内的义务：《公共财政规划法》的编制流程①

对于对内的预算编制，多年规划及其三年预算的实施改变了每一年的预算程序。偶数年与奇数年的程序有所不同。由于年度《财政法（草案）》的编制程序受到《公共财政规划法》编制的影响，同一个会议上，参与人员常常要进行很多项讨论，包括多年预算的准备，并且两项法案（如果编制了多年规划的情况下）也同时被提交，为了描述的完整性，现将多年规划和年度《财政法》的编制程序汇编如下。

各参与部门和人员的具体工作以及他们在编制流程中发挥的作用如下。

1. 范围规划。1月底，总理和财政部长在政府中阐述所有与公共财政有关的策略。这一周是总结国家财政和特殊账户状况的时候。此后，总理向各部长传达范围规划信函，规定公共支出的方向和规范。

2. 技术会议。2月，预算局邀请各部门财政事务领导以及预算任务下面计划的负责人和部门预算和会计监控员，进行技术会议。这一阶段是对预算前景、改革草案以及相关经济的联合审查阶段。财政部长与每个部长召开"结构性经济会议"（réunions d'économies structurelles），目的在于审查各个公共政策的改革草案并得出与经费、人员和招聘有关的结论。负责预算的部长和负责国家改革的部长在部门改革策略上联合指挥一项有关国家运行的工作，旨在得出能使生产效率增加的措施。在偶数年，也就是要进行三年预算编制的年度，这项技术会议要决定支出的趋势。预算局在此基础上进行中期规划。

3. 绩效大会。接下来，每年三四月都要进行绩效大会，准备《年度绩效报告》的撰写，意在总结上一年预算执行的绩效情况。《年度绩效报告》数据丰富了6月底议会要进行的公共财政方向辩论。

4. 预算大会和分配大会。在偶数年（要进行三年预算编制的年份）的5月，要进行预算大会。预算大会上，鉴于预算局在准备三年预算时编写中期规划中的提议，各部门和预算局审阅未来这三年各部门对于经费和职位数目的需求。预算局的中期规划工作在技术会议与预算大会期间进行。为了6月底公共财政方向辩论和《财政法（草案）》的起草，预算大会要为规划中的每一年确定国家任务的经费上限（承诺许可和拨付经费）、部门职位的上限。

而在奇数年的5月中旬至6月中旬，进行的是分配大会。因为每项任务的经费上限已经在三年预算中限制，奇数年的预算程序负荷便明显减轻。分配大会汇集预算局和每个部门继续准备下一年的《财政法（草案）》，② 这是三年预算的第二年。分配大会上，在遵守三年预算任务支出上限的条件下，要进行计划间经费的分配，用以监督曾经提出分配方案的可持续性。分配大会上，还要进行人员职位数目在计划间的分配，以及确定其他一些为国家服务机构职位的上限。同时，在特殊情况下，

---

① Chouvel F. Finances Publiques 2015 [M]. 18th éd. Gualino éditeur, Lextenso éditions, 2015, http://www.performance-publique.budget.gouv.fr/sites/performance_publique/files/files/flash/calendrier/calendrierminefi.htm.

② 法国的年度《财政法（草案）》就是年度的《预算草案》。

对部门任务经费上限进行调整。

这样的安排符合编制多年预算的那一年要进行未来3年的规划，而对中间一年预算可对计划间的经费进行再分配。比如在2008年进行三年预算时，2009年的总体上限、任务层面上限和计划经费上限都是确定性的，而2010年的计划层面上限是指示性的。那么，在2009年对2010年编制预算时，就要确定每一个任务下计划之间经费的分配。

5. 仲裁会议。预算局与各部门之间的预算大会之后，或者奇数年的分配大会之后，进行预算局与各个部门单独的会议。这次会议要理出达成一致的点。没有达成一致的点要由总理进行仲裁。这一期间就是仲裁期间。这一系列会议之后，总理将传达给每一位部长关于经费上限的信函（从任务的目录开始）以及编制人数上限，并且确定要实行的结构性改革。这些信函会被递交到议会两院财政委员会。

6. 上限信函。未来三年经费的整体水平和下一年的职位上限将在这封"上限信函"中反映出来。在偶数年，这些信函确定了三年预算中每项任务、任务下每个计划的支出授权，以及下一年每个部门的职位上限。在奇数年，上限信函明确每个计划层面经费的上限，因为在之前的三年规划编制时，计划层面的经费只是指示性的。这些计划经费数额要遵守每项任务的经费上限，任务的经费上限是在三年预算编制时已被确定的。同时，上限信函还确定了下一年的职位上限。

7. 议会的参与。无论对政府来说什么职责，政府被允许协助议会参与预算起草的过程，在此期间告知其在这个领域的大方向。这个程序始于1997年预算准备时期：1996年5月6日，政府向议会传达有关预算方向的报告，定义预算政策优先考虑的方向。议会议员还会获得有从审计法院得到关于上一年度预算执行情况分析的有关信息补充。议会议员每年6月或7月进行预算方向的辩论。

预算方向辩论的制度化由2001年《财政法组织法》第48条规定，于2003年开始实行，但不是必需的。目前，政府必须阐述一项报告：关于国家经济波动，对比欧洲来说法国经济与预算政策的大方向描述，国家收入来源的中期评价，以及对一年度的财政法草案中支出在大的功能上分配、任务、计划和与每个计划有关的绩效指标目录。这个报告可能会引起国民议会和参议院的辩论。2012～2017年的《公共财政规划》规定，该规划的资产负债表也要被进行大方向上的辩论。

8. 对分配的仲裁。在偶数年的7月初将再进行分配大会和对分配的仲裁，而奇数年的这个时候则不需要再进行分配大会和仲裁，直接进入下一个环节，也就是预算文件的起草。偶数年的7月初，各部门在遵守上限通告相关规定的情况下，决定经费和职位在各计划—行动之间的最优分配方案。这项分配意在达到指派给各个计划负责人的绩效目标。这项会议召集每一个部门和预算局，保证部门提出的分配方案可持续性，也就是说，强制性和不可避免的支出可以得到保证。预算局和各部门没有达成一致的地方，无论是经费的分配、职位的分配甚至预算计划和行动的目录，将被递交给预算部长，在必要的情况下，将由总理来仲裁。

9. 预算文件的起草。预算准备行政阶段的最后一步，是预算文件的起草，以及最终定稿，尤其是对于经费论证和对整体《年度绩效报告》的阐述。对多年规划的评价也在这一期间阐述。这项工作在偶数年时，在8~9月进行；奇数年时，在7~9月中旬进行，由各部门和预算局联合进行。

10. 部长理事会审议和法国最高行政法院的审查。《宪法》第29条规定，像所有的草案一样，在法国最高行政法院的意见之后，在提交给国民议会之前，《财政法（草案）》应交与部长理事会审议。

法国最高行政法院对文件草案进行司法审查，完善行文，引起政府对可能存在不规范内容的注意，对预算各项措施的合法性提出意见。为了减少审查所延迟的时间，首相经常让法国最高行政法院紧急审查，也就是直接找法国最高行政法院的常任委员会，审查紧急草案。接受了法国最高行政法院的意见之后，草案于9月底在部长理事会阐述和公布，之后，根据《宪法》第39条规定，被提交到国民议会。

11. 《财政法（草案）》和《公共财政规划法（草案）》的提交。9月底，政府要向议会提交年度的《财政法（草案）》和可能有的《公共财政规划法（草案）》。正如《宪法》所规定的，政府最迟要在10月的第一个星期二向议会递交《财政法（草案）》和其附属文件。《财政法初始案》最迟要在12月31日颁布。

例如，在2008年和2010年，《公共财政规划法（草案）》和《财政法（草案）》被一起提交。与《财政法》和《社会保障筹资法》不同的是，《公共财政规划法》没有受到形式上规定和特殊的程序，尤其对于规划的年数，没有特殊的规定。①《公共财政规划法》的频率，也没有特殊的规定，所以不能排除在奇数年也有该法被提交的情况。

10月中旬，是《社会保障筹资法（草案）》的提交。《宪法》规定，最迟在10月15日，《社会保障筹资法（草案）》和其附属文件，在部长理事会被采纳之后，要被提交给国民议会。《社会保障筹资法（草案）》的编制工作在4月中旬至10中旬进行。这些工作由预算、医疗和劳动部门来领导，尤其是社会保障局与预算局在《财政法（草案）》和《社会保障筹资法（草案）》的协调与一致性方面紧密合作。

12. 议会的审阅。10~12月底，议会对年度草案进行审阅、讨论和投票。第一部《公共财政规划法》是适用于2009~2011年的，于2008年秋天提交，和传统的2009年年度《财政法（草案）》同时被议会讨论、采纳。同样，第二部《公共财政规划法》（覆盖2011~2014年）和2011年的年度《财政法（草案）》同时于2010年秋天被议会投票表决。虽然《公共财政规划法》还只有指示性的作用，它使经费变化的中期情况更加清楚，也使政府至少在任务层面受到约束，遵守自己定的规划。

按《宪法》第39条规定，《财政法（草案）》首先被提交给国民议会，它首先审阅、修改和通过法律。接着，法律草案被递交参议院，参议院再进行审阅。当被

---

① 除了《2012年12月17日编号2012~1403关于公共财政规划和管理组织法》第3条规定的，公共财政规划法对于每一个它要定义的多年规划方向，要明确所涵盖的期限。这个期限的长度为至少三个日历年。

参议院通过的版本与被国民议会通过的版本不同时，一个由双方代表人数相等的混合委员会（7个国民议会议员和7个参议员）组成，集体讨论达成一份意见统一的文件将被两院议会重新申阅通过的文件。如果两院不能达成一致，根据《宪法》的规定，国民议会的意见优胜。在《财政法》被颁布之前，根据共和国总统、总理、国民议会主席、参议院主席或者最少60个国民议会议员或最少60个参议员的要求，《财政法》可被递交宪法委员会审阅。宪法委员会对《财政法》与《宪法》和各项《组织法》的一致性提出意见，尤其是与《财政法组织法》的一致性。

13. 法律的颁布。法律草案的最终通过是以法律的颁布来表现的。最终文件要由共和国总统签字，总统具有颁布法律的权能，也就是赋予法律被执行的权力。共和国总统有15天的延期时间颁布法律。法律将在法兰西共和国官方报纸（*Journal Officiel de la République Française*）上发布。

图5-2绘制了以上描述的偶数年和奇数年预算流程。

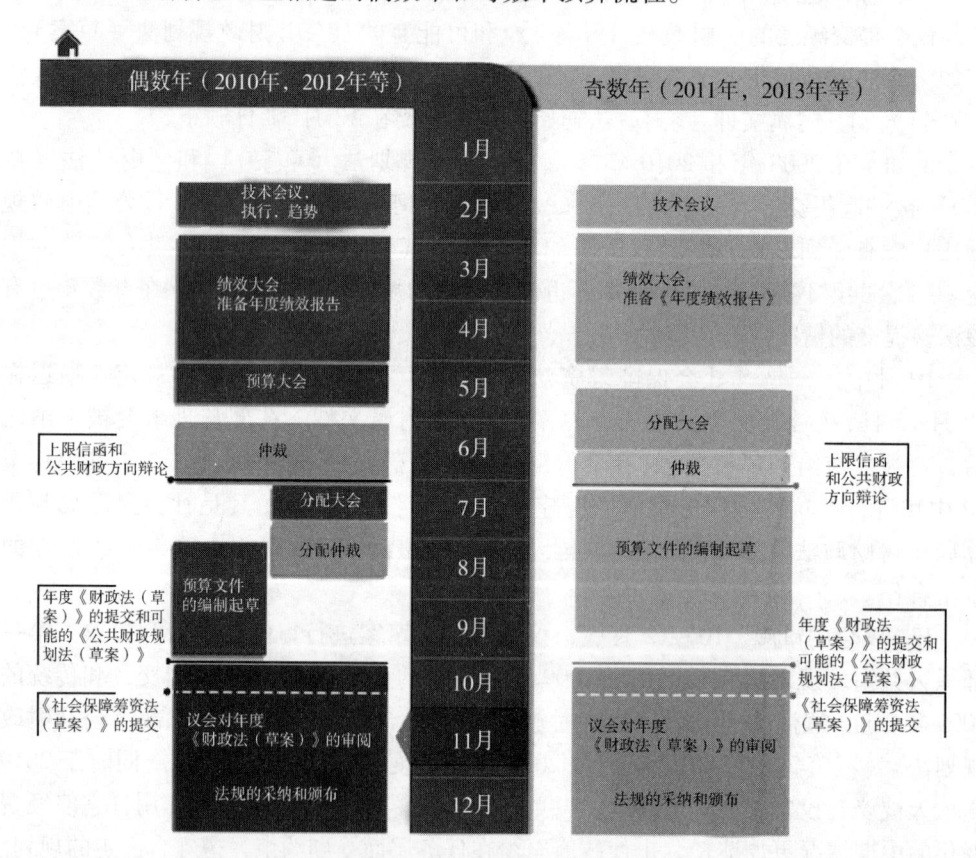

图 5-2 预算程序日历

资料来源：http：//www. performance-publique. budget. gouv. fr/sites/performance _ publique/files/files/flash/calendrier/calendrierminefi. htm.

第四节　多年规划及其三年预算的实施与监督

一、多年预算的约束力

2008年7月23日，由议会通过和采纳的对《宪法》复审中多年预算正式形成，多年预算就以法律的形式固定下来，成为正式预算过程的必要组成部分，并且与年度预算收支的安排紧密结合，对年度预算确定具有较强的约束力。年度预算是正式的法律文件，经议会表决批准后执行。多年财政规划或三年预算中的远期预测虽不具有正式的法律效力，但也要经议会通过。由于编制年度预算时需要参考远期预测的估计结果，因此其对年度预算确定也具有直接和相当的控制作用。①

二、多年预算的调整②

多年规划主要是在任务层面的，时间范围是三年。规划包括国家总支出的上限和每项任务的经费支出上限。多年规划运行的主要原则是部门要负责每项任务在多年规划期内的经费上限。一方面，除了特殊情况，任务层面的上限一般不在接下来的年度预算中修改；另一方面，在每年中限制所有可能影响任务经费上限的活动。当然，它并不阻止一些零散的调整。在多年预算中，可能的修改条件如下。

（一）考虑到通货膨胀的变化

三年预算的预测是建立在宏观经济中通货膨胀来进行的，除了第一年年度预算编制与其用的是同一个通货膨胀率以外，接下来的年度预算可能采取的通货膨胀率与三年预算时期的有所不同。

（二）求助于预算储备金

多年预算的整体支出上限包含了一项编入预算的储备金，不被分配到各项任务中，用于后两年（如2010年和2011年）特殊情况下上限的扩充。这部分经费被包括在任务"准备金"内。它是为了预防规划中的风险，如规划中没有考虑到宏观经济和微观经济的不确定性和不可预测性。每年在编制年度预算时，这项储备金通常被优先用于国家的以下几项支出：债务利息、国家对于特殊养老金账户的支持、有益于欧盟的收入提前扣除。

---

① 张晋武：《欧美发达国家的多年期预算及其借鉴》，载于《财政研究》2001年第10期，第74~78页。
② Rapport sur la Programmation des Finances Publiques pour la Période 2009 à 2012 Annexé à L'Article 3 [R]. Ministère du budget, des comptes publics et de la fonction publique.

那部分没有被用于这些支出的储备金将用来调整每项任务的年度上限。但是，责任原则要求严格限制这部分的调整。基于以下几个条件可做调整。（1）小额的使用这部分储备金（2010年小于0.3%的经费）限于一些大趋势和事件，这些事件有不可抗拒、外来和不可预见性，并且可能使预算经费需要大大超出任务经费上限的情况下。（2）使用储备金来弥补经费超出的，必须在上限之内且无法为支出融资的情况下才可以。对储备金的要求必须详细证明和阐述。（3）此证明由所在部门部长直接向预算部门部长提出。对于此要求的考虑由预算部门部长决定。（4）用储备金扩大经费只能是暂时和零散的，不可涉及规划的其他年度。

没有被用于扩充年度《财政法（草案）》中任务经费上限的准备金将被用于：对付管理上的偶然性，对预防性储备（在一定条件下用于本年度内管理上的风险及偶然性）进行补充；或者为了控制支出而被取消。

前两项条件是可以修改经费支出上限的唯一途径，但是对于承诺许可的调整有其特殊性。它主要为了保持预算编制对各项公共需求的中立性，例如，在原始规划中没有被考虑到其外延性。这时，可以提高年度法律承诺已被具体化的承诺许可水平，并降低接下来各年度的承诺许可水平。

在向议会汇报年度《财政法（草案）》时，必要的情况下，政府阐明相对于多年预算中规定的上限的调整，不论是关于支出的整体上限还是每项任务的上限，并区分是有关考虑了通货膨胀新假设的调整还是有关预算储备金使用的调整。

三、多年规划及其三年预算的监督机制

（一）预算局对预算执行的预报和跟踪[①]

一旦《财政法》被投票表决，预算局就负责保证预算执行的预报和跟踪工作，保证支出的上限不被超过。由于受到不可预测的情况影响，为了预见国家的支出变化，这项责任需要根据发展进行长期分析，以在必要的时候，提出改正的措施。执行预报工作中，预算局还要根据年度预算允许和《公共财政规划法》的规定，保证预算执行的可持续性。为此，预算局进行阶段性的预报。这项工作对于重新规划公共支出方向，使其最接近于《财政法初始案》是非常重要的。这项诊断构成一项控制支出的重要工具（规制、取消或者经费的推迟等），以及任何新的经费使用，所有可能要记入《财政法修正案》或者提前法令中的条款。为了度量支出的变化，预算局与各对应部门沟通，借助于每个部门配有的预算与部门预算和会计监控员（CBCM），他们具有技术文件操作方面的知识。预算与部门会计监控员主要目标在于部门管理报告。5月和秋季，一年两次，预算与部门会计监控员向预算局传递部门预算执行细致和有依据

---

① Rapport d'activité 2013 – 2014 [R]. Direction du Budget, Ministère des finances et des comptes publics, http://www.performance-publique.budget.gouv.fr/ressources-documentaires/publications-direction-budget/supports-communication/rapports-d-activite-direction-budget#.Vn_YW8OS2M8.

第五章 法国多年规划及其三年预算制度

的分析文件。图 5-3、图 5-4 分别绘制了在《公共财政规划法》策略框架下的预算程序图、执行预报的时间和程序图。

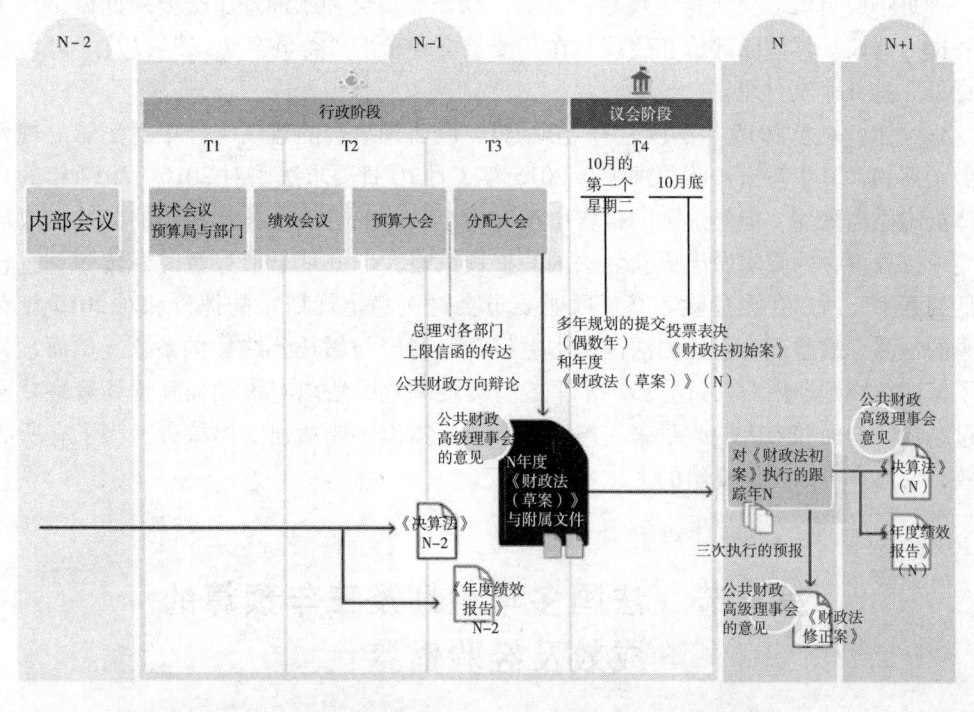

图 5-3 公共财政多年规划法策略框架下的预算程序

资料来源：Rapport d'activité 2013-2014［R］. Direction du Budget, Ministère des finances et des comptes publics, http://www.performance-publique.budget.gouv.fr/ressources-documentaires/publications-direction-budget/supports-communication/rapports-d-activite-direction-budget#.Vn_YW8OS2M8.

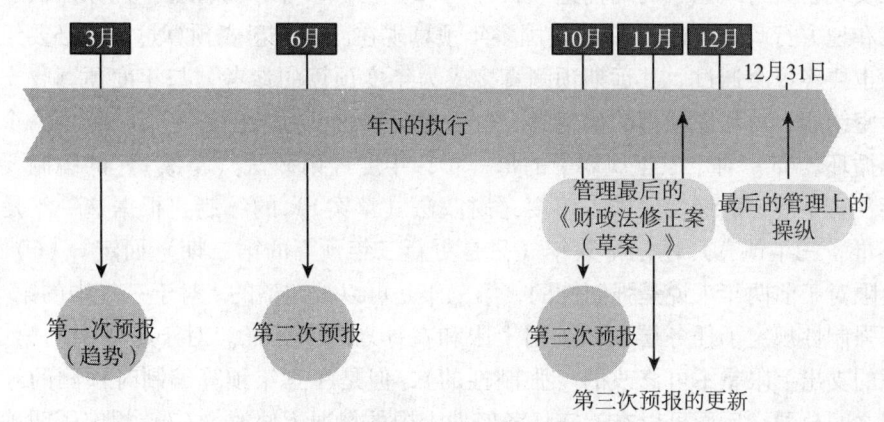

图 5-4 预算局的执行预报工作

资料来源：Rapport d'activité 2013-2014［R］. Direction du Budget, Ministère des finances et des comptes publics, http://www.performance-publique.budget.gouv.fr/ressources-documentaires/publications-direction-budget/supports-communication/rapports-d-activite-direction-budget#.Vn_YW8OS2M8.

（二）来自欧盟的监督

每年成员国上交《稳定规划》之后，欧盟委员会和欧洲理事会要对此做出评价并提出建议。具体的评价和建议写在"委员会评价""委员会建议"以及"理事会意见"这几个文件里。

例如，对于 2015 年法国《稳定规划》，欧盟理事会的建议文件中对法国的规划做了评判，其中写道：欧盟理事会 2015 年 3 月 10 日要求法国对 2016～2017 年的具体措施做出陈述，但是法国的报告中没有指出具体的行动。并且法国的公共财政规划未按理事会的要求做出更新。法国的整顿策略大部分基于形势暂时好转和一直较低的利率，所以存在危险。基于欧盟委员会对《稳定规划》的评价和对 2015 年春季的预测，欧盟理事会估测法国基本上符合《稳定与增长公约》的条款。然而，为了保证在拖延期内对其过分赤字水平的持续性调整，法国应该加强其预算策略并通过结构性全面和宏大的改革来支撑。理事会还指出，要加强支出核查。为了有所成效，要盘点可以压缩支出的大领域等。①

第五节　法国多年规划及三年预算的成效及经验借鉴

一、法国多年预算的特点

法国多年预算的特点可归纳如下：（1）法国多年预算围绕缩小公共行政管理赤字、实现公共行政账户的均衡这一目标。（2）法国多年预算涵盖了国家层面、社会保障和地方行政集合体。（3）法国多年预算现在已成为正式预算过程的必要组成部分，也要经议会通过。其远期预测直接成为年度预算的参考，与年度预算收支的安排紧密结合，对年度预算的确定具有较强控制和约束力。（4）它以三年为一个多年预算循环。（5）对于三年规划中的每一年，年度《财政法（草案）》的编制要遵守多年预算中规定的经费上限。年度《财政法（草案）》的编制要根据这一年是偶数年（准备三年预算）还是奇数年（只是更新三年预算的第二期）而定。（6）经费的上限对于前两年来说是强制性的，第三年是可以被调整的。对于三年中的第一年，预算强制性规定了任务层面的支出上限和在计划之间分配。对于三年中的第二年，任务的支出上限是不可修改的（强制性的），但是在三年预算编制时预测的经费在计划之间分配，反而可以在遵守任务经费上限的情况下修改。（7）规定了明确的修改条件。（8）预算局进行阶段性的预报。根据年度预算的允许和《公共财政规划

---

① Recommandation du Conseil du 14 juillet 2015 concernant le programme national de réforme de la France pour 2015 et portant avis du Conseil sur le programme de stabilité de la France pour 2015 [R].

法》的规定，这项工作保证预算执行的可持续性，控制支出的强制性，构成一项控制支出的重要工具。

二、法国实施多年规划的成效

法国自2008年第一次开始正式编制3年预算，第一期为2009～2011年，相对于世界上其他编制多年预算的国家来说，经历的时间比较短。但是，从国家统计与经济研究所的数据来看，从第一个三年预算编制的第三年开始，到2015年为止，公共财政的健康状况确实得到了有效地控制。表5-1所示的数据来自于国家统计与经济研究所（INSEE）。2011年的财政赤字为国内生产总值的5.1%，接下来的几年内从4.8%降至4.0%，并且于2015年达到了国内生产总值的3.5%。

表5-1　　　2011～2015年法国公共财政收入、支出和赤字占
国内生产总值的百分点

单位：%

年份	2011	2012	2013	2014	2015
支出	55.9	56.8	57.0	57.3	56.8
收入	50.8	52.0	52.9	53.4	53.2
赤字	-5.1	-4.8	-4.0	-4.0	-3.5

资料来源：国家统计与经济研究所（INSEE）。

如图5-5所示，相对于更早的年份，目前法国的财政赤字在不断缩减。2008～2010年的赤字之所以增加较大，原因来自2007年夏季美国次贷危机的金融危机在2008年逐步演变为全球化实体经济危机。法国的金融和银行业也危机四伏，多家大型金融机构陷入财务危机。而后金融危机又发展到了金融危机加经济危机的状态，实体经济部门也受到影响，财政工具成为阻止不可逆后果的不利链接反应的重要工具。法国政府推出了多项应对措施和经济重振计划，主要包括一项总额高达3600亿欧元帮助银行业摆脱融资难的困境救助计划，总额265亿欧元的扩大公共投资以及对房地产和汽车行业提供资助的重振经济计划。[①] 但是，通过对公共财政稳定目标的持续追求，到2012年赤字已经开始缩减，并且在接下来的年份中不断缩减，直至2015年，财政赤字实现了更大的缩减，恢复到了2008年的水平。

如图5-6所示，国家债务的增加从2009年开始趋于稳定。2007～2012年上涨了25个百分点，而2012～2015年只上涨6个百分点，并且总体上涨的趋势趋于平缓。

---

① 中国国际贸易促进委员会驻法国代表处：《2008年至2009年法国经济形势回顾与展望》，2009，http://www.ccpit.org/Contents/Channel_3902/2009/0213/536305/content_536305.htm。

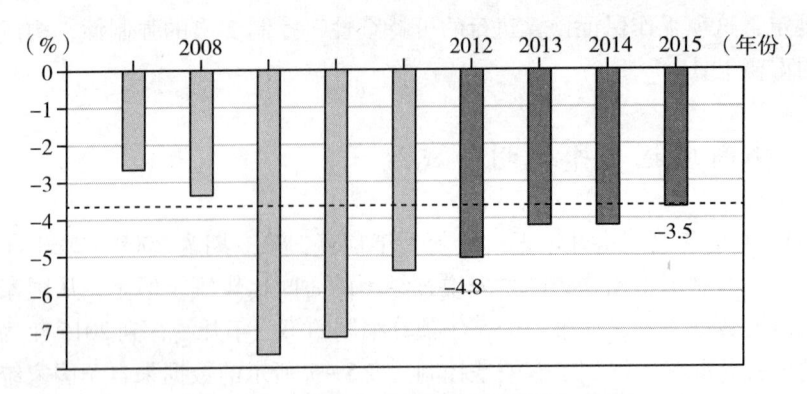

图5-5　财政赤字恢复到2008年水平

资料来源：Publication des résultats du déficit public 2015 [R]. ministère de l'économie et des finances（法国经济与财政部）。

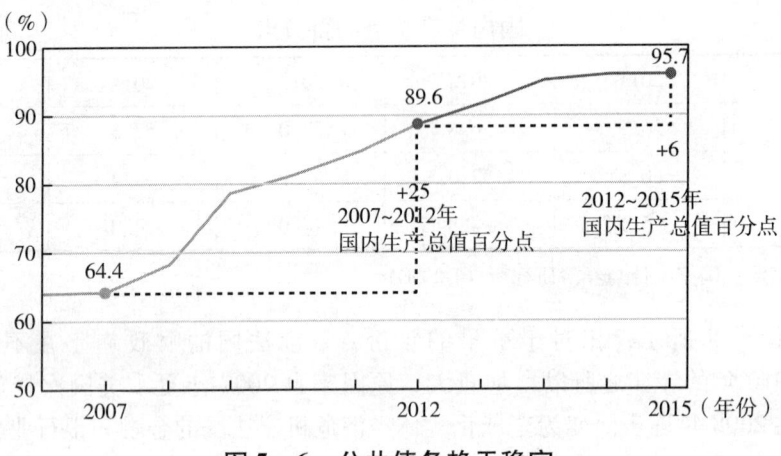

图5-6　公共债务趋于稳定

资料来源：Publication des résultats du déficit public 2015 [R]. ministère de l'économie et des finances（法国经济与财政部）。

三、多年规划工作的困难和局限性

无论是对于欧盟还是对于国内，多年规划在每年的经验积累下，逐步完善，文件也逐渐详细。但是，根据形势变化，每一项公共财政规划都是一项辣手的工作。2009~2012年，《公共财政规划法（草案）》与《财政法（草案）》一样，在世界证券与金融危机的时候被提交和议论，使其中很多评价和目标出现问题。很快就发现2009年2月9日颁布的规划法包含的数字与现实不符。如2009年，法规规定了公共财政赤字相对于国内生产总值的4.4%的目标以及国家债务70%的目标，但是这些数字事实上是7.7%和86%。2010年12月28日覆盖了2011~2014年的《规划法》，对之前的数据进行下降的修订。2014年12月29日对于2014~2019年的《规划法》：公共财政高级理事会估计规划对增长的预计是可以被接受的，但是认为宏观经济的情况是基于过于有利的假设，并且认为公共财政的轨迹与《稳定规划》里的承诺并不协调一致。①

四、多年规划的最新发展动向

欧盟理事会在就《稳定规划》提出的建议中要求法国加强支出核查，这项工作是为了最优化预算程序、分析公共支出。为了遵循公共财政轨迹而进行的改革提供资料和依据，2014~2019年《公共财政规划法》建立了支出核查这项工作，针对整个公共支出和税式支出，目标在于细化公共支出的分析和更好组织和连接预算程序、决策，以及鉴别新的可节约经费层面并且实施措施对其进行开发。支出核查委托给监察机关进行审计，并且对关键问题提出操作性建议。结果将在来年2月底出来。最早的支出审核在2014年进行并且纳入2015年预算程序，丰富了预算局和有关部门间的讨论。结果也作为2015年财政预算草案的附录，以丰富提供给议会会员的信息元素。

近来，管理上也有所革新。比如，基于预算局的分析和依据，《公共财政规划法》鉴别出缩减支出的可能来源，并且建立必要的程序和工具将其实施。例如，对医院、国家机构、地方共同体公私合作模式的安全检查行动，控制并缩减公私合作模式下可节约的开支。这可以通过国家对复杂工具知识掌握和使用的专业化来实现。再例如，对地方支出框架的改善。可以通过建立地方公共支出变化趋势的指示性目标，来补充已存在的机构支出与医疗保险支出的标准。这项工具起到教育和帮助决策的作用，在遵循地方共同体自主行政的原则下，激励其协助国家将公共账目回归均衡。②

附件一　法国的《稳定规划》

欧盟成员国向欧盟有关委员会编报《稳定规划》始于1998年。近20年来，法国的《稳定规划》越来越具体详细。下面以2008年为例具体阐述《稳定规划》的内容。③

2008年的特殊之处在于，起始于2007年夏季美国次贷危机的金融危机在2008年已逐步演变为全球化的实体经济危机。法国的金融和银行业也危机四伏，多家大型金融机构陷入财务危机。而后金融危机又发展到了金融危机加经济危机的状态，

---

① Chouvel F. Finances Publiques 2015 [M]. 18th éd. Gualino éditeur, Lextenso éditions, 2015.
② Rapport d'activité 2013 – 2014 [R]. Direction du Budget, Ministère des finances et des comptes publics, http://www.performance-publique.budget.gouv.fr/ressources-documentaires/publications-direction-budget/supports-communication/rapports-d-activite-direction-budget#.Vn_YW8OS2M8.
③ Programme de Stabilité de la France 2009 – 2012 [R]. http://ec.europa.eu/economy_finance/economic_governance/sgp/convergence/programmes/index_en.htm.

实体经济部门也受到影响。财政工具成为了阻止不可逆后果的不利链接反应的重要工具。11月26日，欧洲委员会宣布了一个欧洲经济复苏计划。它提供了一个欧盟的行动框架以及每一个成员国在其特殊情况下采取的措施，包括一些促进经济的优先行动。12月4日，法国在欧洲委员会宣布的欧洲经济复苏计划这一方针下采取了自己的恢复计划。为了应对金融和实体经济危机，法国政府推出了多项应对措施和经济重振计划。主要包括一项总额高达3 600亿欧元帮助银行业摆脱融资难的困境救助计划，总额265亿欧元的扩大公共投资以及对房地产和汽车行业提供资助的重振经济计划。[①]

所以，法国的《稳定规划》目标在于快速回应历史危机和遵从法国中期财政稳定承诺的衔接。

2008年《稳定规划》的内容包括宏观经济预测、政府收支平衡和债务、与之前规划的对比、政府支出与收入的变化、公共财政的可持续性和公共财政管理等。附录包括统计表、法国"恢复计划"的概括。

宏观经济预测部分包括当前形势、短期和中期的展望。当前和短期的范围指的是2008～2009年这一年。从2007年的状况，到2008年前三个季度的状况，再对第四季度进行预测，最后再对2009年进行预测。短期的预测主要围绕2008年的金融危机和法国政府因此做出的恢复计划进行的。这些宏观经济的预测量化到GDP的多少个百分点。例如，在对2009年的宏观经济预测中，《稳定规划》阐述了由于金融危机，2009年法国和欧元区的增长仍然要受到影响。12月4日政府宣布的恢复计划应该会吸收那些不利影响，并且对增长有稍稍的调整作用。《稳定规划》对"恢复计划"对经济增长的相关影响也做了预测。接着，规划对宏观经济各个元素进行了预测，包括需求、资本支出、投资、出口、石油价格和政府政策对通货膨胀、消费的影响。这些预测考虑到2008年一些新出台的法案，例如：2008年1月3日促进消费者为中心的《竞争法案》和8月4日《经济现代化法案》。家庭收入将受到2007年8月21日《劳动力就业和购买力法案》以及12月4日恢复计划中一些条款的支持。于是，总的来说2009年的增长大约在0.2%～0.5%。当然，规划也指出，经济增长受到很多不稳定因素的影响，主要来自于危机。

中期的范围指的是2010～2012年。首先，规划书对中期范围的宏观经济增长做了预测。接下来的内容便是对这个增长背后的因素进行分析。包括国际形势和国内政策。表1是对2010～2012年各宏观指标的预测。对2010年有一个预测数，对2011～2012年是一个平均数。例如，经济形势的多年预测假设2010年2%的增长和2011年以后2.5%的增长。国际经济形势和政府的结构性改革共同对增长产生影响。接下来，规划书阐述了对劳动力市场的结构性改革、政府的一系列制度实行，例如，合理职业供给，具体的、全国性的老年人职业计划等。此外，政府还成立了帮助劳动力供求匹配的就业机构。潜在增长还受到劳动就业方面新法规的影响，如《劳动

---

① 中国国际贸易促进委员会驻法国代表处：《2008年至2009年法国经济形势回顾与展望》，2009，http://www.ccpit.org/Contents/Channel_3902/2009/0213/536305/content_536305.htm。

力就业和购买力法案》和现代化社会民主和工作时间改革法案。最后，规划书还解释了2012年之前的潜在增长部分为现代化经济法案以及其他一些税收筹划安排对生产要素生产率的促进。

表1　　　　　　　2010～2012年宏观经济形势　　　　　　单位:%

项　　目	2010年	平均值 2011～2012年
国内生产总值	2.0	2.5
国内需求	2.0	2.4
家庭消费支出	2.5	2.8
公共行政消费支出	0.5	0.5
固定资产形成（毛）	2.4	3.2
其中：企业（非金融公司和个体企业）	6.0	4.9
存货的价值贡献	0.1	0.1
国外的贡献	0.0	0.0
出口	5.0	6.5
进口	4.6	6.1
国内生产总值紧缩指数	1.75	1.75
消费价格指数	1.75	1.75
私营领域工资	4.0	4.6
私营领域人均名义工资	3.7	3.7
私营领域工薪人数	0.3	0.9

资料来源：Programme de Stabilité de la France 2009 – 2012 [R]. http://ec.europa.eu/economy_finance/economic_governance/sgp/convergence/programmes/index_en.htm.

其次，对政府收支平衡和债务的分析，包括公共财政目标和整体策略，其中又分为结构性平衡、公共债务轨迹和领域总体管理公共财政轨迹；还包括在欧洲经济复苏计划框架下的法国政府行为，其中包括暂时和有目的的预算回应、对恢复计划和达到中期目标的保证和应对金融危机没有预算成本的紧急措施。在公共财政目标和整体策略中，规划书阐述了政府的中期目标及其实现方式，即通过控制公共支出和稳定税收负担审慎相结合的方式在2012年之前重建公共账户的结构性均衡。这一总体策略是对法国经济面临长期挑战的回应。应对金融危机"恢复计划"采取的措施对公共财政产生短期成本，而不能对公共账户的稳定目标造成影响。这一点是12月4日法国总统"恢复计划"背后的基本精神。理由是，国家的一些措施只影响公共债务总额而不影响净债务或者公共赤字，而且多数作为"恢复计划"投资的措施是暂时性的。

由于经济形势相对于10月底有较快和较深入下滑和12月4日针对危机"恢复计划"的宣布,规划书对增长率预测相对于10月初交给欧盟委员会的最初预算计划做了调整,同时也对2008年和2009年的赤字预测做调整。接着是对结构性平衡和公共债务预测的轨迹分析。表2描述了结构性赤字①和债务占国内生产产值百分比的预测轨迹(2007年不是预测)。"恢复计划"只对2009年预算影响较大(大于3%)。支出控制的中期目标仍然会被保持。预计2010年赤字水平将会恢复到GDP的2.7个百分点,结合经济增长向潜在增长的回归,预计2012年名义赤字将回归到GDP的1.1个百分点。

表2　　　　　公共财政多年轨迹

年　份	2007	2008	2009	2010	2011	2012
公共差额/赤字(%国内生产总值)	-2.7	-2.9	-3.9	-2.7	-1.9	-1.1
公共债务(%国内生产总值)	63.9	66.7	69.1	69.4	68.5	66.8
结构性差额(%潜在国内生产总值)	-2.7	-2.4	-2.7	-1.4	-0.7	0.0
其中恢复计划的影响	0.0	0.0	-0.8	-0.05	0.0	0.1
结构性差额的变化(%潜在国内生产总值)	-0.2	0.3	-0.3	1.3	0.6	0.7
恢复计划之外的结构性差额的变化	-0.2	0.3	0.5	0.6	0.6	0.6

资料来源:Programme de Stabilité de la France 2009 - 2012 [R]. http://ec.europa.eu/economy_finance/economic_governance/sgp/convergence/programmes/index_en.htm.

表3是总体和各行政领域公共财政赤字预测轨迹(2007年不是预测)。公共行政领域包括中央公共行政、地方公共行政和社会保障行政。

表3　　公共财政筹资能力(+)/需要(-)　　　　单位:%国内生产总值

年　份	2007	2008	2009	2010	2011	2012
公共行政	-2.7	-2.9	-3.9	-2.7	-1.9	-1.1
中央公共行政	-2.2	-2.5	-3.3	-2.3	-1.8	-1.2
其中:国家	-2.1	-2.5	-3.5	-2.5	-2.1	-1.5
其中:各种中央行政机构组织	-0.1	0.0	0.2	0.1	0.2	0.3
地方公共行政	-0.4	-0.3	-0.3	-0.2	-0.1	0.0
社会保障行政	-0.1	0.0	-0.3	-0.2	0.0	0.1

资料来源:Programme de Stabilité de la France 2009 - 2012 [R]. http://ec.europa.eu/economy_finance/economic_governance/sgp/convergence/programmes/index_en.htm.

---

① 结构性赤字:公共行政赤字受到经济周期波动的影响。所以,我们观测到的公共赤字不是一个政府预算政策方向的好指标。因此,通常使用的指标是基于潜在国内生产总值的结构性赤字。

这一部分接下来的内容较详细介绍法国政府在欧盟经济复苏的框架下采取的具体措施，分为有针对性的、快速的、暂时的财政预算措施，保证复苏计划的执行和对中期目标的遵从，以及其他非财政预算措施，使中小型企业仍然能够筹到资金。

第三部分与之前规划的对比中，分析了对外部假设的明感度和与之前规划的比较。对外部环境明感度考虑了法国面对世界范围需求的微小增长、原油价格的下降、没有政策行动情况下欧元相对于其他货币的升值以及欧元区利率下降。于之前规划的对比主要分析了2007年和2008年对未来几年经济增长、财政赤字、结构性赤字和公共债务的不同预期值。重新规划使政府重新对实现公共账户平衡的中期目标进行再确定，但是又考虑到新的一年所遭受的经济形势。

第四部分详细阐述政府支出与收入的变化。其内容包括政府总支出（国家支出、中央政府机构支出、社会保障基金支出和地方政府支出），其中包含了2009~2012年多年预算对国家支出、社会保障行政支出的变化预测；还包括政府总收入（政府税收策略、2008~2012年税收负担的总体稳定和各行政领域的收入变化）。

第五部分公共财政的可持续性，其内容包括结构性改革的延续和对预算稳固的促进作用。

第六部分公共财政管理包括公共财政多年计划、三年国家预算和统计管理。这一部分概括介绍了国内公共财政多年规划法和其中三年预算的运行原则。最后讲到国家统计方面的管理，主要由全国统计及经济研究所负责。最后，附件包括统计表和法国"恢复计划"概况。

《稳定规划》面对欧盟委员会，将法国放在世界和欧洲的大环境下，结合法国自身的特殊情况，进行对中期财政平衡目标的筹划。接下来的部分，将以2008年编制的2009~2012年《公共财政规划法》为例，对法国自身对内的多年规划法案及其三年预算做一个详细介绍。

附件二　法国的《公共财政规划法》各法案及其三年预算

2008年之前，法国只起草对欧盟的中期多年规划。《稳定规划》由政府在欧盟要求的框架下起草后直接上交欧盟有关组织，不用经过议会的议论和表决，也与年度的《财政法（草案）》和《社会保障筹资法（草案）》无关。2008年由《宪法》修改后的第34条的规定弥补了以上两个问题。

公共财政多年规划包括了社会保障财政以及其他的社会行政组织和地方共同体。多年规划决定了细致的三年国家支出的变化，并将公共政策预测的改革和现今公共行动的现代化考虑进去。

《组织法》第1、第2条关于公共财政规划和管理规定多年规划要定义结构差额

(或称结构赤字)的中期目标、实现目标的途径、国债的变化、国家的支出上限或者社会系统的支出目标。

公共账户曾经是一个抽象的、由并列而分开的各项元素组成。而规划法案则定义了公共财政总体的一个一致的轨迹,并且用谨慎的假设证明且推导出明确的改革与政策。一旦被议会投票表决,《规划法》将作为每一时期稳定规划的基础。

《规划法》的各项条款规定了公共财政的目标、实现均衡的轨迹和实现公共账户均衡恢复的策略。

对支出的把握是策略的重点环节。例如,2008年《规划法》的目标是实现公共支出每年增长率的一半,也就是1%左右。这个目标,在预期2008年实现的过程中,与过去10年实际观察到的相去甚远(2.25%每年)。

同时,《规划法》还有保证公共收入和稳定必须提取部分的目标。这些收入的提高没有被预测。相反,这些收入的降低将在国家实现账户均衡后成为政府的目标。因此,《规划法》定义了保证国家收入的规则,主要为了保证规划法中要求的水平以及限制税式支出和niches sociales①的发展。

以第一部《规划法》为例,2008年制定的《规划法》目标是在2012年实现账户均衡。政府的策略就是为了实现目标而做出必要努力。其他中央行政机构和组织,包括社会保障和地方共同体都要在保证其履行任务、有一定余地和保证其自主运行管理的条件下,贡献于对财政支出的把握。

这个策略通过对国家未来三年支出进行具体规划来体现,让管理者从中获知过去预算的持续增长以及对未来改革的可视性。

对内多年规划主要由这样几份文件构成:《公共财政规划法(草案)》《公共财政规划法附属报告》和《公共财政规划法》。②

《公共财政规划法(草案)》

《公共财政规划法(草案)》包括四大章节(以2009~2012年《公共财政规划法》为例)。第一章定义公共财政的总体目标以及公共账户实现平衡复原以及对国债的目标。第二章陈述国家财政支出和社会保障支出的把握。其中第5条包括了国家一般预算在2009年、2010年和2011年每一项任务承诺许可与拨付经费的规划。第三章是关于对收入的把握和加强政府整体策略,尤其是为了把握税式支出和niches sociales发展的政府行为准则实施。第四章是关于这部法律的实施方案并且尤

---

① Les niches sociales,广义上说,指所有社会分担额和分摊金(contributions et cotisations sociales)基数的减免、减少和削减措施。Les niches fiscales指的是对标准征税例外减轻的特殊条款。Les niches sociales和Les niches fiscales分别是这两类意义的通俗叫法或专门称呼,笔者将法文原文直接放入正文,将其代表的意义在这里标注。

② 法案及附属报告内容参见Projet de Loi de Programmation des Finances Publiques pour la Période 2009 - 2012、Loin。2009 - 135 du 9 février 2009 de programmation des finances publiques pour les années 2009 à 2012 (1),以及Rapport sur la Programmation des Finances Publiques pour la Période 2009 à 2012 Annexé à L'Article 3 [R]. Ministère du budget, des comptes publics et de la fonction publique.

其是预测将在这一时期结束公共财政方向辩论时要陈述的年度资产负债表。

多年规划草案附有一份附属报告，用于证实草案第3条。这份报告用于阐明宏观经济环境和有关假设、对于每一个领域公共行政整体追求的目标，以及《规划法》实现的条件。报告尤其确定了三年预算的运行规定，这些规定由对国家一般预算任务层面支出的规划构成。

《公共财政规划法》

多年规划法于第二年（规划期的第一年）年初发布，例如，2009～2012年的《规划法》于2009年2月11日发布，2012～2017年的《规划法》于2013年1月1日发布。多年规划草案的附属报告在《规划法》中作为附录一起发布。2009～2012年的《规划法》各文件中可以看出，其中的一些预测数据在多年规划草案、上交欧盟的"稳定规划"和多年《规划法》中分别有略微调整。因为起草的时间不同，于是各份文件包括了在间隔时间段中对于情况变化做出预测目标的略微调整。2008年面对金融危机、第四季度实体经济和宏观经济的下滑和政府为复苏经济而出台的一系列财政政策等，使《稳定规划》和之后的正式多年规划法中预测目标有所调整。

以近期的2012～2017年《公共财政规划法》为例，法案分为四大部分：2012～2017年多年规划、常规规定、其他规定和附录。第一部分多年规划和第四部分附录所占篇幅最大。第一部分2012～2017年多年规划中，第一章为公共财政总体目标；第二章为2012～2017年公共支出的变化；第三章为未来三年2013～2015年国家公共支出的变化，这一章是更为详细的三年预算（2013～2015年），要明确分配给国家每一项任务的经费；第四章为公共收入的变化；第五章为对收入余额的分配；第六章为Les niches fiscales et sociales①时长的限制。

《公共财政规划法附属报告》（即《公共财政规划法》附录部分）

《公共财政多年规划法附属报告》是较为具体的一份报告，用来阐明规划的宏观假设、预期目标、措施假设和可行性。通俗地讲，就是一份重要的《规划法》背后的形势分析和理由陈述报告。报告由五个部分组成。第一部分陈述短期内（这一年到下一年度）的宏观经济环境以及为起草之后多年公共财政规划而考虑到的假设。还包括整体所有公共行政收支策略。并明确每个分组在其中所起的作用。第二部分是关于中央行政机构（主要是国家以及各中央行政机构的操作员）对国家公共账户实现平衡复原的贡献。第三部分具体化国家支出三年规划。它陈述了《规划法》第5条出现的支出上限的动态和相关改革，以及多年预算运行制度与规则。第四部分阐述了行政账户实现均衡复原的策略，尤其是社会保障。第五部分是关于地方公

---

① Les niches sociales，广义上说，指所有社会分担额和分摊金（contributions et cotisations sociales）基数的减免、减少和削减措施。Les niches fiscales指的是对标准征税例外减轻的特殊条款。Les niches sociales和Les niches fiscales分别是这两类意义的通俗叫法或专门称呼，笔者将法文原文直接放入正文，将其代表的意义在这里标注。

共行政的变化趋势。

以 2009~2011 年三年规划为例,详细介绍《规划法》背后的形势分析和理由陈述报告。

第一部分为宏观经济环境与整体策略。首先,报告阐述了宏观经济环境与假设。短期状况为 2008~2009 年。主要影响因素是石油价格和欧元。国内各项有利于消费者的有关发展与竞争的政策稳定了价格的增长,以帮助消费者。对中期范围 2010~2012 年的预测,考虑到国际环境的影响和 2007 年以来法国政府实行的结构性改革,尤其是现代化经济法案的实施,促进了竞争、研究与开发。针对劳动力市场的一系列结构性改革目的在于使经济逐渐恢复充分就业。

其次,报告分别从公共支出、税收策略和收入管理规则三个方面阐述整体策略。在支出方面,报告首先描述了近年来支出的增长趋势,接着说明了结构性差额到 2012 年的目标,并且表明原来就应该在 2008 年和 2009 年达到的对支出控制(增长速度减半)的目标因为公共财政恢复的持久性而推迟到 2012 年(见图1)。

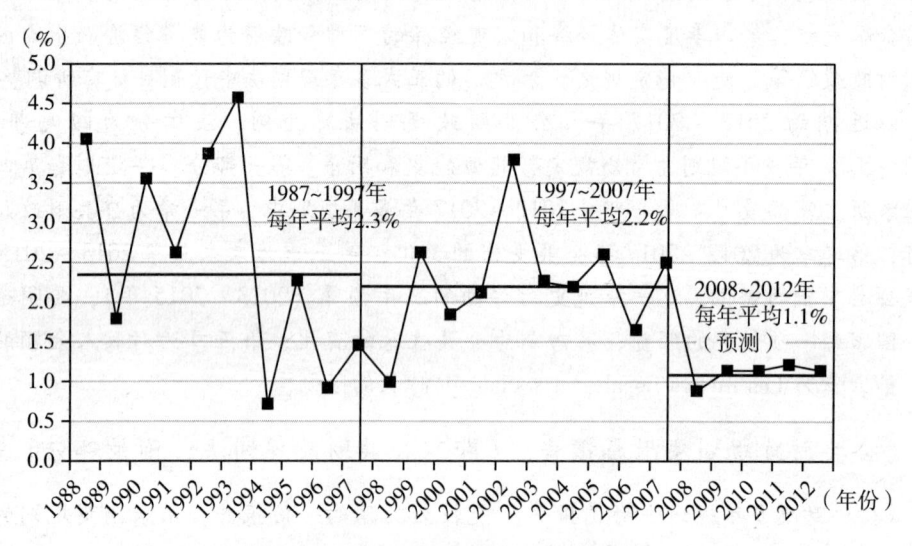

图1 长期中公共支出的变化趋势

资料来源:Rapport sur la Programmation des Finances Publiques pour la Période 2009 à 2012 Annexé à L'Article 3 [R]. Ministère du budget, des comptes publics et de la fonction publique.

最后,报告描述了各大行政领域对支出控制各自的贡献。

税收策略中,报告首先阐述了整体策略。在近期已经实施的策略上,对未来几年,强调新的原则和措施。接着是在规划期间稳定强制性扣除额,并且也将 2007 年以来的新措施纳入考虑范围之内,得出在 2010~2012 年强制性扣除率的减轻所占国内生产总值 0.1~0.2 个百分点。在对于收入的管理规则上,报告指出,由于收入对于大形势较为敏感并且不是所有公共行政机构的收入都由国家决定,虽然对于收入政府可以做出的行动较支出有限得多,对于那些国家可以管辖的收入,并不妨碍一些管理规则的预测,例如,《财政法》和《社会保障筹资法》中被投票表决的收入。报告接下来对收入的管理阐述了总规则,以及如何控制避税和避费成本的两个原则:

第五章　法国多年规划及其三年预算制度

对成本的框定和对这些优惠效率的系统化追求。

在第一部分的最后，报告描述了各个公共行政机构的财政轨迹。首先是结构性差额（或称结构性赤字）的变化趋势。整体公共财政的规划体现了各个行政领域财政需求的变化。其次描述的是债务的变化轨迹。（图2描绘了公共差额、结构性差额和公共债务轨迹。）

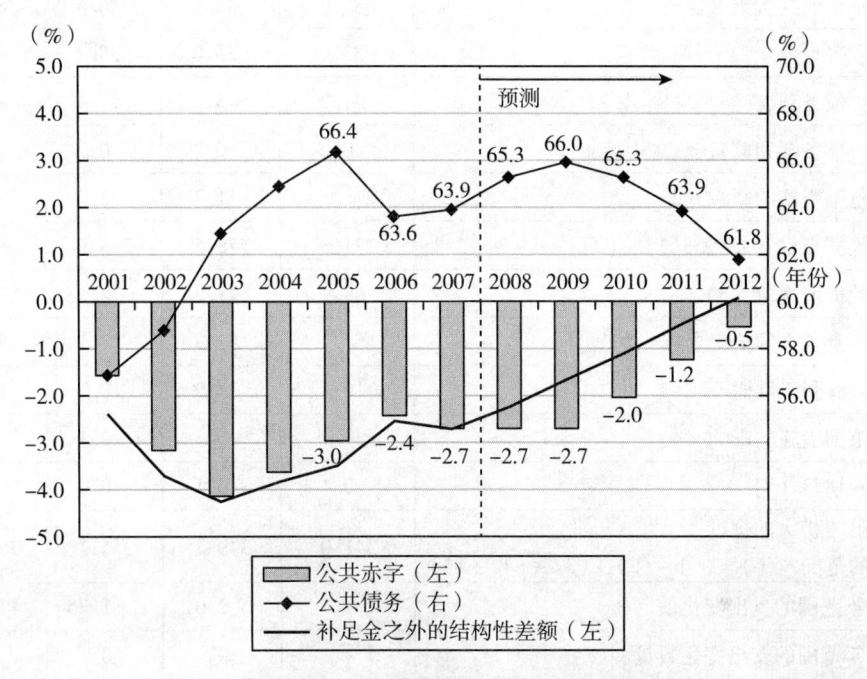

图2　公共差额、结构性差额和公共债务轨迹

资料来源：Rapport sur la Programmation des Finances Publiques pour la Période 2009 à 2012 Annexé à L'Article 3 [R]. Ministère du budget, des comptes publics et de la fonction publique.

在陈述完整体经济与财政的现状、目标及策略后，第二部分是阐述中央行政对此目标及策略的贡献。第一块描述了中央行政机构对支出的控制。国家支出的变化预测价值2009年为2%，2010年、2011年和2012年为1.75%。2008年以来对支出的控制范围扩大，不仅包括国家一般预算的经费，而且包括有益于地方行政共同体和欧盟的收入提前扣除。这构成了一项相对于以往来说比较重要的改变。而且，现在支出的变化趋势较过去更加有活力，增加了国家在其中的回旋余地。

表1展示了2009～2011年国家支出的变化趋势。从2008年领域范围到通常范围的变化来自于外围范围变化的一系列措施。对于2009～2011年来说，这些措施有以下几个方面。传统的措施一般是关于对地方分权、对一般预算干预范围以及操纵机构和附属预算的调整、与税制变化相关的提高或降低技术性调整和租金预算的转移支付。比较零散的措施包括2009年两次债务的恢复、有益于地方行政共同体的收入提前扣除提高劳动收入团结一致措施等。

表1　　　　2009～2011年多年预算：国家支出变化趋势

单位：10亿欧元	LFI 2008年	2009年	2010年	2011年
一般预算支出（2008年范围）（1）	271.3	276.8	281.9	286.8
其中：运行、干预和投资	110.5	110.5	110.6	110.6
其中：工资（养老金除外）	85.8	86.1	86.5	86.6
其中：养老金	33.6	36.0	38.7	41.1
其中：债务开支	41.2	43.9	45.4	47.4
其中：准备金和储备金	0.2	0.2	0.7	1.2
外围范围措施的影响（2）		1.7	2.0	2.2
一般预算支出（趋势=（1）+（2））	271.3	278.5	283.9	289.0
收入的提前提取（3）	69.9	71.2	72.1	73.4
其中：有利于领土集合体	51.2	52.3	53.2	54.1
其中：有利于欧盟	18.4	18.9	18.9	19.3
外围范围措施的影响（4）		0.1	0.1	0.1
收入的划归（5）	0.1	-0.1	0.0	0.0
总支出"扩大的标准"趋势的范围：（6）=（1）+（2）+（3）+（4）+（5）	341.0	349.7	356.1	362.5
2008年范围的支出变化值（%）		2.0	1.75	1.75
2008年范围的支出变化数量（%）		0	0	0
通货膨胀预测（%）		2.0	1.75	1.75

资料来源：Rapport sur la Programmation des Finances Publiques pour la Période 2009 à 2012 Annexé à L'Article 3 [R]. Ministère du budget, des comptes publics et de la fonction publique.

这一部分的第二块描述了国家收入的变化。首先是税收净收入。在2009年相对于2008年会上涨39亿欧元及其背后宏观经济和一系列新措施的原因分析。从2010年开始，增长的回归将使税收净收入上涨4.5%。对于非税收入的变化主要源于金融市场状况的反射。接着在简短地阐述了特殊账户差额的变化以后，报告展示了国家财政差额（赤字）的变化情况。总体变化呈现出2009年财政赤字的加剧和2010年以后状况的改善。接下来是各大行政组对财政轨迹变化的贡献。比如，各中央行政组织机构的财政差额变化从过去到未来预测见表2、表3。

表2　　　　1996～2006年各中央行政机构组织财政差额

年份	1996	1997	1998	1999	2000	2001	2002	2003	2004	2005	2006
单位：10亿欧元	0.8	9.3	2.1	3.8	4.5	4.5	9.1	4.8	9.5	7.1	10.5
单位：%国内生产总值	0.1	0.7	0.2	0.3	0.3	0.3	0.6	0.3	0.6	0.4	0.6

资料来源：Rapport sur la Programmation des Finances Publiques pour la Période 2009 à 2012 Annexé à L'Article 3 [R]. Ministère du budget, des comptes publics et de la fonction publique.

表3　　2008～2012年各中央行政机构组织财政差额编年　　单位：10亿欧元

年　　份	2008	2009	2010	2011	2012
收入—国家会计	66.9	75.0	76.9	79.6	82.3
支出—国家会计	67.4	71.8	73.7	74.2	74.4
各中央行政机构组织财政差额—国家会计	-0.5	3.2	3.2	5.4	7.9
%国内生产总值	0.0	0.2	0.2	0.2	0.3

资料来源：Rapport sur la Programmation des Finances Publiques pour la Période 2009 à 2012 Annexé à L'Article 3 [R]. Ministère du budget, des comptes publics et de la fonction publique.

接下来报告阐述了各中央行政机构对支出的控制所做的贡献。总体中央公共行政账户（国家和各中央行政组织机构）的变化趋势见表4。

表4　　　　　　　　　　中央公共行政账户

年　　份	2008	2009	2010	2011	2012
收入—国家会计	372.0	382.3	396.9	415.8	434.9
支出—国家会计	419.8	427.4	436.3	446.1	454.1
中央公共行政差额—国家会计	-47.8	-45.1	-39.5	-30.3	-19.3
%国内生产总值	-2.4	-2.2	-1.9	-1.4	-0.8

资料来源：Rapport sur la Programmation des Finances Publiques pour la Période 2009 à 2012 Annexé à L'Article 3 [R]. Ministère du budget, des comptes publics et de la fonction publique.

在陈述完中央行政对经济与财政的现状、目标及策略的贡献后，报告的第三部分回到国家支出三年规划上，解释其规则以及专有名词含义，并且具体化其在各个领域和政策的经费上限。在描述了多年规划的目标后，报告具体阐述了多年预算的结构，包括其编制范围（国家一般预算的整体经费、有益于地方和欧盟的收入提前提取和收入分配）。其后，考虑到各年支出的连续性和各种支出范围变化的规则，报告严格定义了有关支出的范围措施和国家可以决定的收入分配。

三年经费上限分为一般预算支出、收入提前扣除和每一项任务（公共政策）的上限。对于2009年，任务层面的经费上限和计划之间的资金分配对应于2009年度的财政法案。对于2010年，任务层面的经费上限被限定，而计划间的分配只是指示性的。这些上限是不可修改的，除非预测的价格变化、预算准备金的限制性扩大规定和承诺许可调整相关规定。对于2011年，任务层面的经费可以在总体支出上限之下和整体规划经济条件下做补充性调整。

多年预算与年度财政预算的关联与衔接。对于每一年的规划，提交给议会的年度财政预算草案要遵循多年预算中的经费上限。规划的第一年为2009年这一年提供了框架，要对每一项支出性质和目的进行一一评估。规划的第二年在2010年度财政预算的框架下对计划、行动和子行动、条款、类别等层面进行同样的评估。最后，规划的第三年（2011年）成为新的三年规划的起点，即新三年规划的第一年（2011～

2013年）。在遵循最初即目前这三年规划的总体支出的情况下，任务之间经费分配的调整对于新规划的第一年来说是允许的（即目前规划的第三年）。

接下来，报告对每项公共政策（任务）的三年规划（包括2008年《财政法初始案》中的经费、2009~2011年经费变化趋势和经费被用于的政策目标和理由）做了陈述，这其中尤其体现了国家政策的优先方向。这些任务如下。

有关国家干预的公共政策

任务"研究与高等教育"（2008年《财政法初始案》234亿欧元），用于这项任务经费遵循2007年开始的承诺，每年上涨18亿欧元。

"环境Grenelle"政策比"生态、发展和可持续治理"任务（2008年《财政法初始案》90亿欧元）范围要大得多，净经费从2008~2011年上涨2.1%。

拨给任务"公共发展资助"（2008年《财政法初始案》31亿欧元）在2008~2011年大约上涨5%。主要使法国遵循国际上的承诺，为各个优先领域融资。比如，医疗健康——法国对SIDA世界基金的贡献3 000亿欧元；又如，应对气候变化（气候世界基金）；再如食物问题，法国在食物资助与在农业发展世界基金的贡献都有增长。

任务"城市与住房"（2008年《财政法初始案》81.4亿欧元）经费的下降源于公共政策现代化会议的一些决定。

任务"劳动与就业"（2008年《财政法初始案》125亿欧元）经费的下降反映了面对事业较低但是却比较持久状况下对这一邻域的改革政策。

"海外"任务（2008年《财政法初始案》17亿欧元）经费上涨幅度很大（三年内+17%），对应于财政预算草案中对海外经济发展的方向要求。

用于"文化"任务的预算额外费用（2008年《财政法初始案》17亿欧元）略微上涨。这被用于为大型项目机会筹资，例如，凡尔赛，Pierrefitte-sur-Seine国家档案中心或者巴黎交响乐团。也被用于关于修缮历史建筑物的承诺，对此，历史建筑行业放开竞争和对作品的把握应该会使修缮基于更低的成本并保持同样的供给质量。

"农业、渔业、食物、森林和乡村事业"（2008年《财政法初始案》34亿欧元）经费的变化反映了渔业可持续性和责任性政策，以及部门的深度重组以及其操纵机构和农业扶持政策方向的调整。

"国家财政承诺"这一项干预条款（负债之外2008年《财政法初始案》16亿欧元）在规划期内经费有所下降。

关乎社会团结的政策

"团结、就业和机会平等"任务（2008年《财政法初始案》105亿欧元，范围一致的情况下在未来三年内上涨10%）反映了对成年残疾人补助25%的升值，这项改革目的在于促进有能力工作的受益人就业。

"健康"任务（2008年《财政法初始案》11亿欧元）经费未来三年内在医学职业培养的推动效果与对医学生最高限额和实习的发展以及对国家医疗的补助提升下

将上涨10%。

任务"社会与退休制度"（2008年《财政法初始案》53亿欧元）为各种特殊的退休体制和一些职业筹资，取决于人口的变化趋势，也因为一些计划的停止而有所遏制。总体来说这项任务的经费在规划期内会上涨约9%。

"老战士、名誉纪念和与国家的联系"任务（2008年《财政法初始案》38亿欧元——三年内下降大约10%）主要取决于领抚恤金人数的下降和为老战士服务的行政机构合理化。

国家任务

在2009~2011年，国家教育改革企在改善法国教育系统的效果。这与"学校教学"任务经费基本与可持续的上涨相一致（2008年《财政法初始案》590亿欧元，2008~2011年在范围保持不变的情况下增长7%，包括对养老金的缴款）。

任务"司法"（2008年《财政法初始案》65亿欧元）经费预计在2008~2001年上涨约9%。这主要用于司法领域改革的实施和增加监狱中位置数目设施项目的竣工。

"国防"任务经费变化反映了国防和国家安全方面的工作。整体经费上涨与通货膨胀的速度一致。

2009~2011年，任务"国家安全"（2008年《财政法初始案》159亿欧元）的公安和武警经费和"公民安全"（2008年《财政法初始案》4亿欧元）在保证国内安全绩效上按《规划法》规定的方向变化。

任务"国家对外行动"（2008年《财政法初始案》24亿欧元）略微上涨的原因之一是由于根据实际需求对于维护和平的强制性贡献被纳入预算之中。

公共服务管理类任务

"公共财政与人力资源管理"（2008年《财政法初始案》112亿欧元）经费和人员数反映了由于信息化带来的效率提升。经费的变化趋势继续追求国家支出与支付过程中的现代化管理程序，使效率能持久提高。

任务"国家领土总行政管理"（2008年《财政法初始案》26亿欧元）经费由于各项改革将有所下降。

其他任务

对于其他任务（经费在2008年《财政法初始案》中5 000亿欧元或以下的任务），其经费几乎保持价值不变（媒体），或者略有下降（移民、避难和社会融入、政府行动管理处、领土政策）。任务"体育运动、青年组织和社团活动"的经费考虑到多项干预方式政策的重新确定。

"国家顾问和监督"任务经费的大幅上涨来自行政司法的加强。任务"公共权力"（2008年《财政法初始案》10亿欧元）的经费预测与通货膨胀一致。由于议会的自主经费原则，这项任务没有明确的计划。

首先，报告陈述了在新人力资源政策框架下人员工资的控制。

公共政策的重新审视明确了要对公务员人员进行深入改革。要考虑未来四年人口的变化趋势，从而对公共邻域的运行进行现代化改革。

其次，阐述了公共财政对于人员改革的主要问题，以及具体措施。主要问题是国家预算中公务员养老金的上涨，指出公务员聘用节奏对国家支出造成的影响。这样，预测一名公务员对于国家的成本是 1 欧元。那么，退休人员中 1/2 不被新人代替在财政上相当于减少 1 500 亿欧元的负债，虽然这样的变化在短期内财政收益比较小。

图 3 展示了财政法中人员数的变化。2009 年，由于改革改善了公共服务的效率，30 600 名退休人员将不被新人替代。这是比较远大的目标，比 2008 年高出很多（22 900 名退休人员没有被新人替代），而 2008 年这一数字也比 2007 年多很多。工作效率上的努力将在 2010 年和 2011 年继续。国家操纵机构的人员也将有所精简：人员将在 2009 年减少等价于全职职位的数量①1 100 个左右。

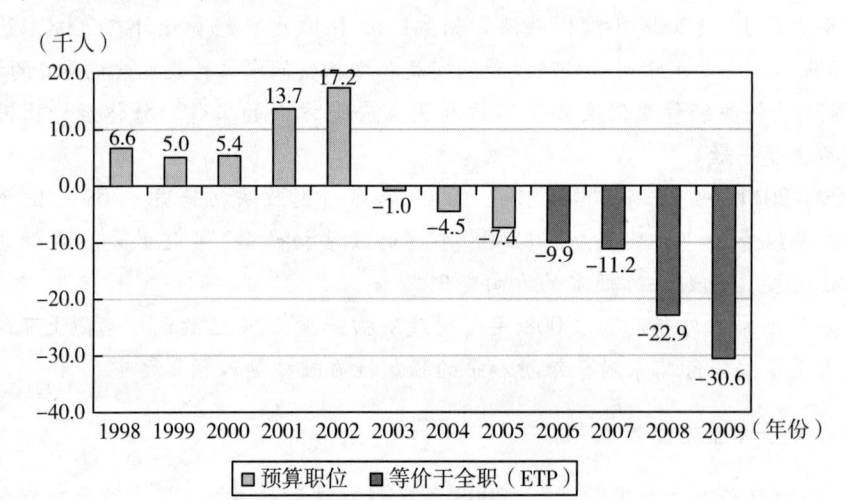

图 3　财政法中的公务人员数变化

资料来源：Rapport sur la Programmation des Finances Publiques pour la Période 2009 à 2012 Annexé à L'Article 3 ［R］. Ministère du budget, des comptes publics et de la fonction publique.

效率方面的努力使多年规划的第一年就大约能达到退休人员 2 人中有 1 人不被替代这个目标。最终，除了司法部门，其他部门都将会达到人员精简的状态，虽然对于不同部门这样的努力程度有所不同。对于国民教育、高等教育和研究部门这样的努力程度比较低，而对于预算部、公共账户和公共行政职能、农业渔业部门、国防部门、生态能源和可持续发展部门以及领土管理部门，通过提高效率精简人员而进行的努力比较大。

通过遵循退休人员 2 人中有 1 人不被替代这个目标和一些削减职位有关的政策相结合，法国可以稳定规划期内公务员总工资的增长，从 2008 年《财政法初始案》的 858 亿欧元到 2011 年的 866 亿欧元，即三年内每年平均上涨 0.3%。

---

① 法文原文：Équivalents temps plein（ETP）。

第五章　法国多年规划及其三年预算制度

国家对地方政府共同体的救助将保持和国家支出相同的增长率及通货膨胀率。预测2009年通货膨胀率2%，总体国家资助550亿欧元，比之前上涨11亿欧元，2009~2011年每年上涨10亿欧元。"一般预算与地方领土共同体的关系"（2008年《财政法初始案》23.5亿欧元）这项任务便是用于这一领域。

这一部分最后一个板块回到多年预算的运行原则上，具体阐述了其运行及调整原则。

报告的第四部分是关于社会保障行政在总预算支出中的部分。为了面对人口老龄化的挑战而做出结构性努力，社会保障行政作为受到人口老龄化挑战的第一线组织，在支出中所占比重很大。

"婴儿潮"对总体退休制度影响首先是对于养老金的变化。在规划期内，应该保持达到领取养老金年龄的人员稳定在80万人，但是人口的变化如果没有措施的话，将使老龄化领域在规划期内出现系统的每年15亿欧元的赤字差额。政府为养老采取了措施，比如小型养老金。对于有依赖性需要照顾的群体，面对在短期和中期增长的需求，一方面在资金上保存余地，另一方面设计新的措施和手段用来回应未来15年可预测的支出增加。

之后，报告分析了其过程的可行性。这些结构性目标很宏大。如果加强近年来追求这些目标的努力，这些目标是可以实现的。

逐渐加强的管理工具（2004年建立的警报委员会，2008年《社会保障筹资法》中的支出稳定机制）使法国在不缩小支出联合性覆盖范围的情况下有效地控制了医疗健康方面的支出。1995~2005年，医疗健康支出每年增长国内生产总值的0.7个百分点。这一数值与经济合作与发展组织国家的平均水平相差1.5个百分点。

对于起点比较高的支出水平，这样的改变并没有带来对治疗质量的影响。同时，被社会保障覆的医疗物品消费比例保持平稳，1995年为78.2%，2007年为78%。相对于2000年一开始记录的增长率来说，医疗保险支出全国性目标（ONDAM）这一邻域支出的减速在2004年很显著。

政府在社会保障邻域的策略主要基于三项杠杆：在不同领域如健康、养老和家庭等继续追求支出控制并且提高效率；保存社会资源，考虑到不同领域对老龄化的不同影响，根据社会需要适当调配；从2009年起，为了使规划期有一个好的开始为基础做出努力。

第五部分阐述地方公共行政对于支出控制的贡献作用。首先，对地方行政支出和收入的变化做一个回顾原因分析。其次，陈述规划对于控制地方行政支出的目标和假设。2000~2007年地方支出的增长略快于国内生产总值，而收入与国内总产值增长速度一样，所以地方财政赤字在最近几年加剧，地方的自主筹资能力降低，加上投资的逐渐加大，使地方行政债务从1999年开始增加。规划的主要假设是使支出与收入的增长相接近。使用税收工具如提高税率对于一些地方来说是一个优先的选择，虽然这不是规划的优先假设。在这些假设下，地方公共行政的平均增长在2009~2012年将以低于收入的节奏进行。这样，地方公共行政账户的均衡将逐渐于2012年重新达到均衡。规划期间，很多地方行政应该利用各种要素来控制支出。地方行政长官的参与尤为重要。这些要素包括控制支出增长的各要素，如机构运行、社会支出（削减福利救济的人数）和投资支出；政府对地方行政支出控制的参与，具体措施如地方共同体已经纳入削减公务人员的计划中；通过从明确职能分配来寻找节约，可以找到一些余地。

  报告的最后，是对这一期规划法的简要小结。规划法标志法国对公共财政的重新思考。在建立了《社会保障筹资法（草案)》、预算方向辩论会（后来成为公共财政方向辩论）、2001年《财政法组织法》的编制和《社会保障筹资法组织法》后，这一规划法补充公共财政被全国引导、接受和适应的过程。法国政府也希望在欧盟各合作成员和法国公民面前遵从对公共财政恢复均衡的承诺。

第六章

法国社会保障预算

■ **本章导读**

　　法国社会保障财政已经是公共财政的一部分，在强制性扣除额中考虑到了社会保障的筹资，社会保障财政的支出和国家财政一样受到不同机构的监督。法国社会保障的机构和组织众多，财政关系复杂，财政均衡十分艰难。本章首先介绍了法国社会保障系统中的不同制度及组织机构，其次介绍了法国《社会保障筹资法》及其《组织法》《社会保障筹资法》内容与结构的特殊性、《社会保障筹资法》的准备和编制和它与《财政法（草案）》的关系、《社会保障筹资法》的提交和汇报、社会保障收入与支出，以及社会保障预算的绩效管理。

法国社会保障系统的建立基于两份重要的文件：1945年10月4日法令①和1948年《人权宣言》。② 在法国，社会保障系统由国家抵抗委员会③在第二次世界大战结束后定义。根据1945年10月4日法令，第一条便指出：要建立一种社会保障机构，来保障劳动人民和他们家庭对抗各种可能减少其收入能力的风险，补偿其承担的生育和家庭支出。1948年12月10日的《人权宣言》第22条指出：所有人，作为社会的成员，有权利享受社会保障；依靠国家的努力和国际合作，考虑到每个国家的组织和资源，它为维护社会成员的尊严必不可少的经济、社会和文化权利以及人格的自由发展而建立，是加入联合国组织成员的重要作用之一。

第一节　法国社会保障制度

与国家不同，社会保障并不是由唯一法人组成，而是集合了不同的制度和机构，这些机构均具备独立法人资格，因而管理自己的账目。这就是对社会保障收支的控制在技术和政策上都存在难度的主要原因之一。实际上，国家需要面对很多的对话者。

一、法国社会保障的构成

（一）风险的分类

法国社会保障系统由很多制度和机构共同组成，这些不同制度的作用在于对处在不同情况下的、有一定社会风险的人提供保护。法国社会保障系统将风险分为四类，构成了社会保障的四个分支：医疗分支（疾病、生育、伤残、死亡）、家庭分支（残疾和住房等）、工伤和职业病、退休（老龄化和独居）。

（二）包含的机构

就机构来说，社会保障包括：社会保险金管理机构。它属于各个不同的制度（总体制度、农业制度、独立制度）。它为不同风险提供资金的协助（疾病、家庭、退休、工伤/职业病）。根据法国最高行政法院（Conseil d'État），社会保障机构具有私法（le droit privé）中的机构地位，负责公共服务任务。监督机构。国家对社会保障组织的管理具有监督权。社会保障局④担任监督工作。它从属于社会与健康事务

---

① Ordonnance n° 45-255° du 4 octobre 1945 portant organisation de la sécurité sociale,《1945年10月4日编号45-225°关于社会保障组织的法令》。
② la Déclaration universelle des droits de l'homme (1948).
③ le Conseil national de la Résistance.
④ la Direction de la Sécurité Sociale (DSS).

部及经济、财政和对外贸易部。它设计有关社会保障的政策并实施。它的主要任务是保证社会保障补助和人民需求相符，同时监督财政资源的均衡。它引导《社会保障筹资法》的提案，每年确定支出目标，准备和跟踪决定社会保障每个制度或分支的目标与管理协定（COG）。① 社会保障局有好几个协作机构，特别是：社会保障账目委员会（Commission des Comptes de la Sécurité Sociale, CCSS），其任务是每年分析社会保障账目；社会保障评价与监督任务（Mission d'Evaluation et de Contrôle de la Sécurité Sociale, MECSS），其在各机构关于预算的支出或补助中起到重要作用，因为《社会保障筹资法》对每个预算年度都规定了支出目标；疾病保险支出变化趋势警戒委员会（Comité d'Alerte sur l'évolution des Dépenses d'Assurance Maladie, CADAM），由2004年8月13日关于医疗保险改革的法律建立，负责在医疗保险支出的变化与议会投票表决的国家目标不相一致的时候，对议会、政府和国家各医疗保险局提出警告。在需要的情况下，每年最迟于6月1日，警戒委员会对这一年是否遵守了国家医疗保险支出目标（Objectif National des Dépenses d'Assurance-Maladie, ONDAM）给出意见，特别是对医疗保险支出的常规措施、形势与结构决定因素的影响做出分析。如果预测的超额幅度大于一个界限的时候，超额风险被认为是严重的。这个界限被相关法令决定，不能超过1%。2011年为0.7%，2012年为0.6%。警戒委员会隶属于社会保障账目委员会，由社会保障账目委员会总秘书、国家统计与经济研究所总所长，以及由经济与社会委员会（conseil économique et social）主席任命的有资格人员；医疗保险的未来高级委员会（Haut Conseil pour l'Avenir de l'Assurance Maladie, HCAAM）；国家反欺诈委员会（Comité National de Lutte contre les Fraudes, CNLF）；退休方向委员会（Conseil d'Orientation des Retraites, COR）；家庭高级委员会（Haut Conseil de la Famille, HCF）；社会保护筹资高级委员会（le Haut Conseil de Financement de la Protection Sociale, HCFi – PS）。

二、法国社会保障制度

（一）总体制度（le régime général）

社会保障的总体制度是参照制度。其主要负责工业和商业领域的雇用劳动者。从法律上讲，其在国家层面由四大国家行政机构组成：国家雇用劳动者医疗保险局（Caisse Nationale de l'Assurance-Maladie des Travailleurs Salariés, CNAMTS）、国家养老保险局（Caisse Nationle d'Assurance-Vieillesse, CNAV）、国家家庭补助局（Caisse

---

① 目标与管理协定（les Conventions d'Objectifs et de Gestion, COG）颁布于1996年4月24日，在国家和国家主要社会保障制度的社会保险金管理机构之间定夺，不同的分支制度，有不同的目标与管理协定，构成了社会保障现代化和绩效提高的一项工具，具体体现在一份规定委托给管理机构的社会保障公共服务管理的合约文件中。这些协定一旦由相关保险金管理机构和监督部门签订，便维持四年。接着再被安排到国家保险金机构和地方保险金机构之间的管理多年合约（Contrats Pluriannuels de Gestion, CPG）中。每年，《社会保障筹资法》附录2要明确目标与管理协定中的目标与方法。

Nationale des Allocations Familiales, CNAF) 和法国社会保险机构中央管理处（Agence Centrale des Organismes de Securité Sociale, ACOSS），在地方层面存在超过 350 个机构，均具备独立的法律地位。总体制度管理着社会保障所支付补助金的 2/3 以上。从受益者角度来看，医疗保险方面明显具有优势，而养老保险方面优势最小。国家医疗保险局处有 500 万名以上的受益者，占医疗保险受益者总人数的 85%。而国家养老保险局处的受益者人数仅 2 000 万人（义务性补充制度之外），在总人数中占 50% 以上。国家家庭补助局管理整个家庭补助金分支。国家社会保险机构中央管理处以及社会保险征收机构网络有助于减弱各局分离的影响，并保证高效征收社会分摊金以及总体制度中财政状况的统一性。

(二) 基础义务性制度 (le régimes obligatoires de base)

法国社会保障制度对于不属于总体制度管辖的职业设立了其他基础义务性制度补充，其中的每一种制度都由一个或多个社会保障机构来管理。养老保险管理机构被分割的程度最严重，有 21 个不同机构，另外还有 4 种义务性补充制度。医疗保险受 12 个机构管理，工伤保险也是相同的情况。只有家庭补助分支是统一的，即使有多个机构受到管理委托，国家家庭补助局整体管理这个分支。某些机构同时管理两三项保险，其他机构则只管理一项。我们将这一整体机制分为农业机制（农业雇用劳动者和经营者）、非农业雇用劳动者机制（独立职业、非自由职业等）以及所谓的特殊机制，该机制涉及大约 550 万名公职人员（国家民事公务员和军事公务员机制、地方行政机构公职人员机制、电力和煤气行业机制、国营铁路公司机制、巴黎大众运输公司机制、法国中央银行机制、宗教信仰者机制等）。

社会保障的结构在很大程度上取决于不同职业类型。从而，缴纳分摊金的就业人口与受益人口之间的比率根据职业类别和机制不同而存在很大差异。如此，医疗保险中该比率在 0.1~0.6。至于养老保险，法国律师退休金基金的数据显示 4.3 名分摊金缴纳人员对应 1 名退休人员，只有国家公共高等教育机构社会保障独立基金（Caisse Autonome Nationale de Securité Sociale dans les Mines, CANSSM）数据中的该比率是 0.1。

由于这种机构上的复杂性和人口分布的不平衡性，从 1963 年开始实行的补偿机制实属必要，这有助于为最薄弱的机制重建收支平衡。首先是所谓"内部"补偿，这种补偿在同一机制的不同分支间进行，2009 年的补偿总额是 69 亿欧元，最主要的是国家家庭补助局（CNAF）对国家养老保险局（CNAV）的补偿，这种补偿是居家父母养老保险（Assurance-Vieillesse des Parents au Foyer, AVPF）。在医疗保险和养老保险方面，雇用劳动者机制之间，以及雇用劳动者机制和非雇用劳动者机制之间也存在一个总体的补偿机制。总体制度的医疗保险分支中也存在特定补偿和双边补偿机制，从 1986 年开始在养老保险分支中有了这种特定补偿机制。简而言之，养老保险分支从而明显变得受益颇多：其收到近 60% 的补偿金，但只发放 1/3。这是由于其（在 2008 年）收到了养老团结基金（Fonds de Solidarité Vieillesse, FSV）偿付的 140 亿欧元。相反，家庭补贴分支仅偿付了近 1/4 的补偿金，尤其是因为其支付了家庭亲属养老保险的分摊金、产假保险金和部分补助金增加额。总体机制支付了比其收到的补偿金更多的款额，尤其负担大部分人口补偿金。地方行政机构公职人员退休金基金（la Caisse Nationale de Retraite des Agents des Collectivités Locales, CNRACL）以及国家公务员机制是其他主要支付机构。相反，农业机制是主要的受益者：其收到25%的补偿金，但只偿付3%。这些补偿金总额达500亿欧元，尤其增加了社会保障财政分析的复杂度。

表6-1　2012~2018年社会保障筹资法收入与支出目标　单位：10亿欧元

年份		2012	2013	2014（p）	2015（p）	2016（p）	2017（p）	2018（p）
总体制度								
医疗	支出	160.9	164.8	168.8	173.6	178.3	182.7	186.4
	收入	155.0	158.0	161.4	166.7	172.5	179.0	185.1
	余额	-5.9**	-6.8	-7.3	-6.9	-5.8	-3.7	-1.4
工伤和职业病	支出	11.7	11.3	11.8	12.1	12.3	12.4	12.6
	收入	11.5	12.0	12.0	12.3	12.7	13.2	13.8
	余额	-0.2	0.6	0.2	0.2	0.4	0.8	1.2
家庭	支出	56.3	57.8	59.1	54.6	55.1	56.2	57.8
	收入	53.8	54.6	56.2	52.4	53.7	55.3	57.1
	余额	-2.5**	-3.2	-2.9	-2.3	-1.4	-0.9	-0.7
老龄化	支出	110.2	114.6	116.7	120.9	124.7	128.5	133.7
	收入	105.5	111.4	115.1	119.4	124.2	129.0	133.2
	余额	-4.8**	-3.1*	-1.6*	-1.5*	-0.5*	0.4	-0.5*
所有分支合并	支出	327.5	336.5	344.3	348.6	357.4	366.6	376.9
	收入	314.2	324.0	332.7	338.1	350.2	363.3	375.6
	余额	-13.3	-12.5	-11.7	-10.5	-7.2	-3.3	-1.3
基础义务性制度								
医疗	支出	184.8	189.1	193.8	198.0	202.2	206.0	210.2
	收入	178.9	182.2	186.4	191.0	196.4	202.3	208.8
	余额	-5.9	-6.9	-7.4	-7.0	-5.8	-3.7	-1.4
工伤和职业病	支出	13.7	12.8	13.2	13.5	13.6	13.8	14.0
	收入	13.1	13.5	13.5	13.7	14.1	14.7	15.3
	余额	-0.6	0.7	0.3	0.3	0.5	0.9	1.3

续表

年份		2012	2013	2014（p）	2015（p）	2016（p）	2017（p）	2018（p）
家庭	支出	56.6	58.2	59.1	54.6	55.1	56.2	57.8
	收入	54.1	54.9	56.2	52.4	53.7	55.3	57.1
	余额	-2.5	-3.3	-2.9	-2.3	-1.4	-0.9	-0.7
老龄化	支出	209.5	215.8	219.9	224.0	229.9	236.5	245.0
	收入	203.4	212.2	218.1	222.7	229.5	236.5	243.4
	余额	-6.1	-3.6	-1.7	-1.3	-0.4	0.0	-1.6
所有分支合并	支出	451.6	462.9	472.9	476.6	486.8	498.3	512.4
	收入	436.5	449.8	461.2	466.2	479.6	494.5	510.0
	余额	-15.1	-13.1	-11.7	-10.3	-7.2	-3.7	-2.4
养老团结基金								
养老团结基金	支出	18.8	19.7	20.6	19.8	19.8	19.7	19.5
	收入	14.7	16.8	16.9	16.6	16.8	17.3	17.9
	余额	-4.1*	-2.9*	-3.7*	-2.9*	-3*	-2.4*	-1.6*

注：表格中（p）表示预测值。*表示根据 2011 年社会保障筹资法的条款中，这些赤字由社会债务偿还基金会每年弥补。**表示除了补充老龄化分支的赤字修正，2014 年社会保障筹资法规定社会债务偿还基金会修正总体制度中疾病分支和家庭分支的赤字。所以在 2014 年，2012 年总体制度中疾病分支的一部分赤字被弥补，共 40 亿欧元。在 2015 年，当时预计将会弥补 2012 年疾病分支剩下的那部分赤字（19 亿欧元）、2013 年（3 亿欧元）和 2012 年（25 亿欧元）家庭分支的赤字。

社会债务偿还基金会（la Caisse d'Amortissement de la Dette Sociale，CADES）由《1996 年 1 月 24 日编号 96-50 关于社会债务偿还的法令》宣布成立。《2004 年 8 月 13 日编号 2004-810 关于医疗保险的法律》对其修改，融入法国社会保护改革框架中。于是，社会债务偿还基金会是法国实现社会保障账目均衡不可分割的一分力量。

资料来源：Loi de financement de la sécurité sociale 2015 en chiffres [R]. Ministère des finances et des comptes publics, Ministère des affaires sociales, de la santé et des droits des femmes.

（三）为社会保障提供财政支持、具有法人资格的机构或基金

为社会保障提供财政支持、具有法人资格的机构或基金以维护国家团结的名义日益发展起来。它们保证根据社会保障政策或就业政策规定有优先权的分摊金或补助金的支付。主要基金如下。

1. 养老团结基金（FSV）。养老团结基金，1993 年创建的公共机构，其保证社会保障养老保险机制支付的非税收资金：最低养老保险金额、儿童及相关补助金的增加额、基础机制允许免除的分摊金（国家服务、失业、提前退休等），从 2001 年起增加的受国家补偿的提前退休和失业期间的补充退休分摊金（职工补充养老金基金和管理人员补偿养老金基金）。2009 年，其承担金额为 162 亿欧元，资金来源中

包括分配到的税收收入，其中有部分普通社会保险捐税（或称社会普摊税）（Contribution sociale généralisée，CSG），2005年起为1.03%。然而，如果说到2001年为止养老团结基金的累计结余总是正数，那么从2002年起，其年度结算就一直呈赤字状态，2009年年末其结余为-32亿欧元，这是因为经济危机和2009年社会保障筹资法所规定措施的双重影响，经济危机增加了其开支负担，社会保障筹资法则大大削减了其收入。在这些条件下，养老团结基金难以负担其责任范围内的开支而且其赤字严重影响了国家养老保险局的财政情况，该局是养老团结基金资助的主要机构。这种状况与《社会保障法典》（Code de la Sécurité Sociale）第135-3条的规定相反，这一条中规定养老团结基金的收支应该保持平衡。

2. 退休金基金（Fonds de Réserve pour les Retraites，FRR）。退休金基金通过1999年《社会保障筹资法》成立，从2002年1月1日起获准为独立机构。退休金基金的职责是管理分配到的资金，从而形成一定的财政储备，这些储备将从2020年起被逐渐用于退休制度。另外，2005年的《社会保障筹资法》赋予了退休金基金新的职责。该基金在2020年之前为国家养老保险局（CNAV）管理由国家电力与煤气工业局（Industries Electroniques et Gazières，IEG）于2005年6月向总体制度支付的补足金的40%（30亿欧元），这部分补足金是作为其依靠总体制度的补偿。信托局（la Caisse des Dépôt et Consignations，CDC）通过由3名成员组成的董事会对该基金进行行政管理，董事会会长由信托局局长担任。截至2009年年末，该基金的主要资金来源是按2.3%的税率征收的资本收入税。

3. 国家老年人自立团结基金（la Caisse Naitonales de Solidarité pour l'Autonomie，CNSA）。国家老年人自立团结基金通过2004年6月30日通过的法律创立，其职责是将国家层面上可动用的资金集中到一处，用于承担丧失自立能力老人的相关补助费用以及老年人和残疾人的部分护理开支。2005年2月11日通过的有关权利与机会平等、残疾人参与权与公民资格的法律规定了该基金的固定职责，那就是从2006年1月1日起，尤其应负责在全国范围内平等分配社会医疗服务机构——接待老年人和残疾人，由养老保险提供资金的开支。国家老年人自立团结基金同样负责将国家财政资助资金分配至各部门用作个人化自理补助金（l'Allocation Personnalisée d'Autonomie，APA）以及残疾补偿津贴（la Prestation de Compensation du Handicap，PCH）的资金，也用作单亲家庭残障儿童教育补助金（l'Allocation d'Education de l'Enfant Handicape，AEEH）增加的额度。其同样起到对有关丧失自理能力的评估和赡养的问题进行鉴定的作用，并与负有相关责任的地方议会一起主持省级残疾人之家网络的工作。从2006年开始，所有的社会医疗保障开支都已经被作为属于国家医疗保险开支目标范围的捐赠资金计入国家老年人自立团结基金的账目：每年都制定授权到国家老年人自立团结基金的总体开支目标（Objectif Global de Dépenses，OGD）。其资金来源是从医疗保险转入国家医疗保险开支目标的款项以及国家老年人自立团结基金自身的投资。

2009年，国家老年人自立团结基金出现了自2004年创建以来的第一次赤字，赤字50亿欧元，其中收入为177亿欧元[主要是属于国家医疗保险开支目标的140

亿欧元以及自理团结税（Contribution de Solidarité pour l'Autonomie，CSA）20亿欧元，该税税率为0.3%，一方面针对雇用劳动收入征收，作为取消一天假日的抵偿；另一方面针对遗产收入和投资收入征收］，开支为182亿欧元（主要是向医疗保险制度提供152亿欧元，即与医疗保险相关的部门和机构发放的补助金）。

4. 更小型的基金。还有其他更小型的基金，尤其是全民医疗覆盖资助基金（fonds de financement de la converture médicale universelle），以及其他两个为负担石棉工伤者的费用而创建的基金，即石棉工作者工作中断基金（Fonds Cessation Anticipee d'Activité des Travailleurs de l'Amiante，FCAATA）以及石棉工伤者赔偿基金（Fonds d'Indemnisation des Victimes de l'Amiante，FIVA）。

总之，社会保障的组织过于分散化，不断遭到批判。

第二节　《社会保障筹资法》及其《组织法》

1996年2月22日《宪法》的修订[1]对国家在社会保障中的引导作用做出了规定，这使得议会在社会保障财政方面的权限大大增加，该法案规定，根据《宪法》新条款47-1，每年投票确定一部《社会保障财政法》，该法律规定"财政收支平衡的总体条件，并且根据收入预测确定其开支目标"（《宪法》第34条）。

此项改革通过《1996年7月22日编号96-646关于社会保障筹资法的组织法》（被纳入《社会保障法典》中）得到了补充，其显示了希望加强议会对社会保障财政状况监管力度的政治意愿。这种监管被扩大到了不同的基础强制性制度。从1996年开始，对《筹资法（草案）》的辩论就成为议会的一项重要工作，对政府来说，准备、编写、向议会的汇报和筹资法的实施也成为有关社会保障政策的主要工作。最后，在1996年，作为法案的延续，还引入了"目标—结果"这一措施，确定了目标和管理协议，联系国家和社会保险金管理机构。《筹资法》附属文件要对每一个分支阐述社会保障政策的质量与效率计划，包括情况的阐明、指标的呈现以及达到效果所使用的措施和方法。

1996年改革之后，议会每年都要就《社会保障筹资法》进行投票。这定义了对疾病保险支出全国性的目标。议会就社会保障收入预测和支出目标提出意见，这是高于国家预算的财政部分。《宪法》第34条规定《社会保障筹资法》在《组织法》规定的条件和意见下，决定了社会保障财政平衡的总体条件，在考虑到收入预测的同时，确定支出目标。《社会保障筹资法》的内容、结构和表述由《组织法》的特殊条款规定，并于2005年8月2日修改。

于是，9个财年之后，《2005年8月2日编号2005-881的与〈社会保障筹资

---

[1] Loi constitutionnelle n° 96-138 du 22 février 1996 instituant les lois de financement de la sécurité sociale，《1996年2月22日编号96-138设立社会保障筹资法的宪法法律》。

法〉相关的组织法》①（LOLFSS）大体上改变了1996年的《组织法》，从而对《社会保障筹资法》的内容和形式做出重新定义，并在医疗保险改革延伸中加强整体社会保障公共政策的引导作用以及与财政法相关的组织法对国家预算的引导作用。为了使社会保障筹资法更加透明、更多信誉和更可理解，《社会保障筹资法组织法》对社会财政管理的现代化改革是疾病保险改革和被采纳的2001年《财政法组织法》的延续。《社会保障筹资法组织法》还要求《社会保障筹资法》对未来多年的社会保障财政进行预测。每一部筹资法都要确定社会保障收入和支出在未来四年的情况。这项改革同时使《筹资法》对于社会保障每一个分支的财政均衡的讨论、国家医疗保险支出目标（ondam）的不同构成以及国家疾病保险目标更加透明。

《社会保障筹资法》的编制程序，直到最后草案被交于议会，之间的时间段从4月中旬到10月中旬。法律草案和附属文件在被部门理事会采纳之后，要在10月15日之前被提交到国民议会，这是符合《宪法》要求的延迟时间。这些工作是与多方面组织机构合作进行的，在《财政法（草案）》和《社会保障筹资法》的协调方面，与预算局有着紧密的合作，与卫生部门和就业部门各局合作，与社会保障机构组织合作，传达的提议并且提供专业技术。对《社会保障筹资法》的评价和监控长期跟踪《社会保障筹资法》的实施。审计法院协助议会和政府对《社会保障筹资法》进行评价和监控，每年9月初发布一份社会保障的报告。这份报告分析所有社会保障机构的账目，阐述上一年筹资法执行的状况以及法院进行的一些主题调查的结果。

第三节　从《社会保障筹资法》的准备到上交国民议会

《社会保障筹资法》是一份比较特殊的文件，虽然有些特征与《财政法》相似。它的各个条款是由2005年重新修订的《社会保障筹资法组织法》规定的。政府在《筹资法》的准备过程中占有主导地位，议会议员的作用比较有限。一旦草案被交与国民议会的办公室，将立即被相关委员会审阅。

一、《社会保障筹资法》的特殊性

无论是在内容上还是结构上，相对于财政法而言，《社会保障筹资法》具有其特殊性。

---

① la Loi organique n° 2005 – 881 du 2 août 2005 relative aux Lois de Financement de la Sécurité Sociale（LOLFSS），《2005年8月2日编号2005 – 881 关于社会保障筹资法组织法》。

（一） 内容上相对于财政法来说的特殊性

《社会保障筹资法》的标准化在1996年2月22日《宪法》的修订过程中被激烈争论过。

每年《筹资法》的投票要求《筹资法》具有预算的框架，也就是说，要预先根据经济和财政总体形势，以及国家在医疗卫生和社会保障领域的优先政策，决定预算均衡。

《社会保障筹资法》并不像财政法一样要严格地决定预算均衡。社会保障筹资法确定社会保障财政均衡的大致条件。这意味着，对于每一个社会保障分支，筹资法要在考虑到收入预测的同时确定支出目标。自《2005年8月2日编号2005-881关于社会保障筹资法的组织法》以来，在收支均衡表中，收入预测和支出目标的对照使得议会对每一领域的差额有比较确切的把握。

关于收入的特殊性，《社会保障筹资法》的法律影响范围与《财政法》非常不同。《社会保障筹资法》只是总结和概述社会保障收入的预测，但它并不授权征收这些预测收入。也就是说，其只对收入进行评估，而不具备批准权，这与财政法不同，《财政法》在宏观上允许各种性质的征税，可以批准分配给国家、地方行政机构或任何其他法人的税收征收，包括分配给社会保障的税收，尤其是社会普摊税（CSG）[1] 和社会债务偿还捐税（CRDS）[2]。社会保障财政主要由社会分摊金（la cotisation sociale）组成，其原则通过法律进行规定，其税率通过规章来规定。至于分配给社会保障的税收收入，其每年的征收在《财政法》中，而不是在《社会保障筹资法》中得到批准。对社会财政情况产生影响的税收规定可以无区分地加入《财政法》提案（就像任何税收规定）、《社会保障筹资法》（根据其对社会保障财政开支平衡的影响）或其他法律文本中。

《社会保障筹资法》对收入的预测和国家预算中的收入预测一样具有指示性，它们是基于相同的经济假设的。自从《2005年8月2日编号2005-881关于社会保障筹资法的组织法》以来，社会保障在收入方面具有更大的掌控权，因为该《组织法》规定只有《筹资法》可以修改社会资源的用途，或者分摊费的免除。

至于开支，《社会保障筹资法》包含其目标额，而不是最高额，还包含每个分支的支出。议会对《财政法》中国家预算经费进行投票，也就是支出授权，而议会只对《社会保障筹资法》的支出目标进行投票。这些目标可被看做是预测性经费，也就是应该付给受益人的社会补助金。《社会保障筹资法》不授权社会保障支出，考虑到现有的规制手段，它是社会保障财政支出的预测和引导工具。其中，国家医疗保险支出目标是一项特殊的支出目标，该目标额涵盖了基础强制性制度的整体，

---

[1] la Contribution Sociale Généralisee (CSG)，其于1991年设立，目前约占税收分配总额的2/3（2013年接近850亿欧元）。

[2] la Contribution pour le Remboursement de la Dette Sociale (CRDS). 社会债务偿还捐税（CRDS）在1996年被创立，用作偿还社会债务的资金。

描述了用于补助医疗的社会保障支出的整体目标。这是医疗卫生政策的主要规制和引导工具。

相反，社会保障机构可以运用的现金垫款最高额确实有一定的限制性，在需要的情况下，可以通过社会保障财政法以后所批准的法令来记录。

（二）特殊的结构与形式

从形式上来讲，《社会保障筹资法》一般分为两大模块来呈现，自2005年修订之后，还包含收支平衡表，该表可以对社会保障不同分支的收入预测值与其所确定开支目标额度进行对比。

第一模块包括有关上一财年账目的条款，对当下财年的更正条款，以及下一财年与收入相关的条款、财政收支平衡条件以及收支平衡表，还有资金借入许可条款；第二模块包括开支目标和开支限度以及国家医疗保险开支目标。由此，可将该筹资法细分为四个部分，每一部分都要被议会投票表决。该《筹资法》组合了在财政法领域分三份文件准备的内容：《年度财政法》《财政法修正案》和《决算法》。这四个部分分别为（将第n年作为当年年份来看）：第一部分：上一年度（第n−1年）账目的确认，以及余额的使用和赤字的弥补，相当于《决算法》；第二部分：对这一年度（第n年）收入预测和支出目标的修正，相当于《财政法》在年底的修正案；第三部分：确定下一年度（第n+1年）的收入预测、资金预先上限和均衡表，相当于年度《财政法》的第一部分；第四部分：确定下一年度（第n+1年）的支出目标，尤其是国家医疗保险支出目标，相当于年度《财政法》的第二部分。

由于该《筹资法》包括了对这一年（第n年）收入预测和支出目标的修正，避免了《社会保障筹资法修正案》的编写，这是由《组织法》规定的。

自颁布《稳定与增长公约》以来，法国面对欧盟承诺进行公共行政赤字和债务的管理，所以，社会保障行政管理对公共财政管理目标的影响当然也是必须考虑的。于是，法国的《社会保障筹资法》也考虑了公共财政的多年规划，在上交议会的《筹资法》附录中，要规划未来4年的收入预测和支出目标。议会具有从上一年到这一年再到未来4年这6年的整体视野，来把握社会保障财政均衡的情况。

最后，从2006年起，《社会保障筹资法（草案）》的附录内容和形式得到了复审以加强其合理性。自此，新的《社会保障筹资法（草案）》质量很高，尤其是包含了法国的卫生状况和社会状况、社会保障机构的目标和方法、社会保障制度不同类型和分支的收入、不同制度的资金需求以及新措施对账目的影响。另外，每院议会中，负责该《筹资法（草案）》审查的委员会拥有对文件和地位的控制权，并且肩负对《社会保障筹资法》进行评估和控制的任务，该类委员会于2005年在每院议会内部创立。

二、《社会保障筹资法》的准备和编制以及它与《财政法（草案）》的关系

《宪法》第39条规定，正如《财政法（草案）》一样，《社会保障筹资法》的

准备工作完全由政府负责,具体地说,由总理领导下的负责社会保障账目的部长负责。由社会保障局和各个不同的社会保障机构紧密配合,也由其他相关部门协助,如农业部、海外部等。

《财政法》和《社会保障筹资法》之间的协调性在逐渐改进。这两个文本是针对部际程序拟定的,考虑到了共同的财政调整,并且以相同的宏观经济假设为基础,与《公共财政规划法》一致。于2001年8月1日通过的《财政法组织法》第52条规定,对《财政法》提案和《社会保障筹资法》提案进行审查时,政府应在一般会议开始时给出一份报告,该报告应叙述强制性扣除额①整体情况及其变化。该报告可能会"引起议会的争论",首次递交是2002年秋天。其构成了对国家和社会保障之间的财务关系进行必要说明的重要步骤。最后,为了加强议会的信息来源,在一般会议的最后1/4的时间内应呈交一份有关社会保障财政方向的报告,并且可以就预算方向产生的争论进行讨论。《社会保障筹资法》准备程序的时间跨度覆盖一整年,取决于社会保险金管理机构(les caisses de sécurité sociale)对会计和统计信息的可获得性。为了保证《社会保障筹资法》与《财政法》的一致性,需要做很多权衡。事实上,由于国家与社会保障之间有很多财政上的联系,这两部法律紧密相连。2007年以后,这两份文件由同一个部门准备,为了加强它们之间的一致性。

接下来,有一些在《财政法》中投票表决,并且要进行传统的预算仲裁的经费,为《社会保障筹资法》的收入:国家对多个存在财政失衡的社会保障制度的均衡补助,社会分担费免除的弥补,以及国家预算负责的一些分担费和社会补助。另外,国家作为雇主,分担的补助金既是《财政法》中的预算经费,又是《社会保障筹资法》的收入。最后,国家通过"养老金"这个特设账户直接管理国家公务员的退休制度。这个账目的收入和支出同样也重新登记在社会保障筹资法中,因为这也属于社会保障制度范畴。

议会需要知晓《社会保障筹资法》和《财政法》的联系。宪法委员会明确指出《财政法(草案)》附属文件,尤其是经济、社会和财政报告,应使议会在审阅《财政法(草案)》的同时,考虑到《社会保障筹资法》中一些措施的经济和税收影响。2001年《财政法组织法》第52条要求书写的关于强制性扣除额变化趋势的报告,也是为了给议会一个关于公共财政的宏观视角。这项报告的作用是作为两项法律审阅的共同基本文件。在实际中,这项报告是在《社会保障筹资法(草案)》之前就被公布了,使得它的内容和价值在财政法草案辩论中优先被确定。最后,所有国家和社会保障之间的联系都在预算信息的"黄色"文件中被描述。

从《2005年8月2日编号2005-811关于社会保障筹资法组织法》实施以来,议会就正式参与《社会保障筹资法》的准备工作,通过社会财政方向辩论会,一般针对政府提供的报告,在第三季度组织这项会议。第一年组织这项会议的时候,是于2006年6月22日与预算方向辩论会一同进行的。2007年没有进行。无论是部长还是议会议

---

① 强制性扣除额(les Prélèvements Obligatoires, PO)是所有被公共行政和欧洲机构预先扣除的税收和社会分摊金。

员的干预，都比较笼统，主要是在年中根据6月1日的"警戒委员会（CADAM）关于疾病保险支出变化趋势的意见"对社会账目进行小结。大部分主要的议会议员非正式地参与主要的仲裁，特别是9月对于国家医疗保险支出目标增长率的确定。

议会也参与到《社会保障筹资法（草案）》的编制中。6月和7月，由总理主持的全国家庭大会，确定家庭政策的大方向，这些方向将在筹资法中再提及。由相关负责部长主持的社会保障账目委员会（commission des comptes de la sécurité sociale）9月的会议上，会向社会各领域所有人士和媒体阐述社会保障各不同制度账目的变化趋势预测，以及政府在《社会保障筹资法预备草案》（l'avant-projet de loi de financement）中考虑的措施。

这项会议之后，文件被送往国家社会保险金主要管理机构行政理事会（conseils d'administration des principales caisses nationales de sécurité sociale）审阅，一般不超过一周就给出意见。由于时间上的短暂，这项工作只是形式上的，并不会对草案的内容产生影响。在审阅的同时，筹资法预备草案被交于法国最高行政法院（Conseil d'État）审阅。接着由部长理事会（conseil des ministres）采纳。

三、《社会保障筹资法》的提交和汇报

（一）《社会保障筹资法》优先提交给国民议会

根据《宪法》第39规定，《社会保障筹资法（草案）》要先被提交给国民议会审阅，而不是参议院。与《财政法（草案）》一样，《社会保障筹资法（草案）》会被在议会面前汇报。这个汇报会由文化、家庭和社会事务委员会和财政委员会共同听证。但是，这第一步对于社会保障政策方向的对话只是笼统的，因为草案的最终文件还没有被发放给各议会议员。

（二）草案及其附属文件的提交

《社会保障筹资法（草案）》在被部门理事会采纳的那一天被登记在国民议会主席处。这与其他的法律草案一样。但是《社会保障筹资法（草案）》有很多附属文件，要给议会提供相关信息。这些文件最迟应于10月15日提交给国民议会。如果有延迟，宪法委员会会提醒延迟不宜过长，因为国民议会会员有权利在审阅《社会保障筹资法（草案）》的时候掌握这些信息，用以对《筹资法（草案）》提出意见。和年度《财政法（草案）》一样，《社会保障筹资法（草案）》的附属文件由政府打印提交并发放给国民议会会员。

2005年《组织法》规定的附属文件有：（1）与每一个分支中支出和收入相关的"质量和效率计划"（Programmes de Qualité et d'Efficience，PQE），相当于《财政法（草案）》的《年度绩效草案》和《决算法》的《年度绩效报告》；（2）社会保障运营机构管理和经费的多年目标；（3）目前这一年《社会保障筹资法》条款的实施；（4）对于每一分类和每一分支，《社会保障筹资法》有关领域各机构的收入汇

报；(5) 社会捐助费的免除措施和对社会保障的财政弥补；(6) 社会保障、国家和其他公共团体各自干预领域的变化趋势；(7) 国家医疗保险支出目标变化趋势的论证和国家健康支出；(8) 社会保障筹资基金账目（FSV，FFIPSA，① CADES，FRR，CNSA，FMESPP，② FIVA，ONIAM③ 等）；(9) 制度的资金需求以及筹资法草案规定的新措施的财政影响；(10) 每三年，社会保障强制基础性制度目录的汇报。

由于《组织法》的规定，附属文件的定义是有限制的。这是为什么宪法委员会认为议会不可以向政府要求其他没有被《组织法》规定的附录。

第四节 社会保障收入与支出

一、社会保障收入

被纳入《社会保障筹资法》的收入主要由所谓的"有效性"社会分摊金（cotisations sociales）构成：从工资总额里进行了提取和征取；雇主直接向雇员提供的"虚拟的"分摊金（主要是对于国家公务员）；分派的捐税和税费中增长的部分；以及公共贡献，也就是国家预算对个别社会保障制度的预算资助，弥补赤字或者对某些非纳税类的负担的财政补助。总的来说，在2010年的时候，强制性扣除额划拨给社会保险机构的部分，约占国内生产总值22%的比重（见表6-2）。

表6-2　　2001年《社会保障筹资法》对收入的预期　　单位：10亿欧元

项目	增长
有效分摊金	2 101
虚拟分摊金	415
公共贡献	125
税务（CSG）	1 153
其他资源	242
总量	4 037

资料来源：Adam F. Ferrand O. Rioux R. Finances Publiques [M]. 3rd éd. Presses de Sciences Po et Dalloz，2010.

---

① 非工薪农业人员社会补助筹资基金（Fonds de Financement des Prestations Sociales des non salariés Agricoles，FFIPSA）。

② 公立或私立医疗机构现代化医疗保险金（Fonds pour la Modernisation des Établissements de Santé Publics er Privés，FMESPP）。

③ 国立医疗事故补偿局（Office National d'Indemnisation des Accidents Médicaux，ONIAM）。

二、社会保障支出

(一) 国家医疗保险支出目标

国家医疗保险支出目标创立于1996年，是主要的医疗保障支出规制工具，由六个目标构成：城市健康支出将总体的医疗支出进行分类，从而细化到全科医疗支出、牙医支出、专科医疗支出、辅助医疗支出、生物学支出、医疗运输花费等。两个关于医疗机构的二级目标：按业务定价的医疗机构的支出，包括总体利益和合约协助任务捐赠资金（Mission d'Intérêt Général et d'Aide à la Contactualisation，MIGAC）；医疗事务支出，包括所有医疗机构的药物、手术和产科（Objectif de Dépenses relatives aux activités de Médicine，Chirurgie，Obstétrique，ODMCO），既包括私立医疗机构，也包括公立医院，但不包括地方医院；有关医疗机构的其他支出，包括疾病保险支出中，属于公立或私立的后续治疗、机能重新适应和心理治疗机构的支出、地方医院、长期治疗支出、公立或私立医疗机构现代化医疗保险金（FMESPP）以及其他特殊支出。两个关于社会医疗机构的二级目标：医疗保险对老年人服务机构的投入；医疗保险对残疾人服务机构的投入。最后一个二级目标：其他方面的支出，包括在国外的法国侨民的医疗支出、用于不包括在国家自治团结金（CNSA）内的医疗网络和社会医疗支出（见表6-3、表6-4）。

表6-3　　　　2015年国家医疗保险支出目标二级目标的
建立及其从创立以来的变化　　　　　单位：10亿欧元

项　　目	结　　构		
2015年综合	2014年执行预测 （2015年的范围）	2015年 二级目标	变化率 （%）
国家医疗保险支出目标总体	178.5	182.3	2.1
城市健康	81.2	83.0	2.2
医疗机构	75.4	76.8	2.0
社会医疗机构与服务	17.5	17.9	2.2
医疗保险对老年人服务机构的投入	8.5	8.7	2.1
医疗保险对残疾人服务机构的投入	9.0	9.2	2.2
有关地区性干预资金的支出	3.0	3.1	2.1
其他方面的支出	1.5	1.6	5.2

资料来源：Loi de financement de la sécurité sociale 2015 en chiffres [R]. Ministère des finances et des comptes publics, Ministère des affaires sociales, de la santé et des droits des femmes.

表6-4　　　　　　　　1999~2009年国家医疗保险支出目标　　　　　　　单位:%

项　目	1999/1998年	2000/1999年	2001/2000年	2002/2001年	2003/2002年	2004/2003年
投入额度	1	2.9	2.6	4	5.3	4.5
实际额度	2.6	5.6	5.6	7.2	6.2	5
其中：城市医疗投入额度	-0.9	2.1	1.5	3	6.1	4.4
其中：城市医疗实际额度	3.3	8	7.6	7.9	7.3	4.7

项　目	2005/2004年	2006/2005年	2007/2006年	2008/2007年	2009/2008年
投入额度	3.5	4.3	2.9	5	3.7
实际额度	3.9	5	4.2	3.5	3.6
其中：城市医疗投入额度	2.1	7.9	-4.5	10.8	3.8
其中：城市医疗实际额度	3.1	7.2	4.5	2.4	2.8

资料来源：社保局设计委员会；Adam F. Ferrand O. Rioux R. Finances Publiques [M]. 3rd éd. Presses de Sciences Po et Dalloz, 2010.

（二）退休金

尽管2003年进行了第一次改革，但未来退休金的情况同样尤其令人担忧。尽管由于提前退休的人数减少，2009~2010年的涨幅略小，但由唯一的养老保险总局所支付的补助金额度依然很高。2005年以来，该局记录中的赤字出现增长，2010年赤字超过了90亿欧元。另外，保证养老福利非税收资金来源的法国养老互助基金（FSV）自2001年以来便经常出现赤字，该基金属于国家互助机构。

退休改革咨询委员会（Conseil d'Orientation des Retraites，COR）就展望2050年退休制度的平衡提出的最后提案于2010年4月公布，该提案显示，在所有考虑到的假设中，2020~2050年，高额度的资金需求仍不能被覆盖，这就要求采取减少开支或提高收入的措施。

退休改革咨询委员会提出的新假设是基于三种交替出现的经济状况（失业、增长、生产力），同时考虑到了自2008年以来以经济活动萎靡为表现的经济和金融危机，并且该假设的出发点是，依据2007年公布的基础状况分析，短期到中期内，预测经济发展会更加衰微。直到2050年，退休人数都会快速增加，2008年时为1 500万人，2050年将增长至2 290万人。在生育高峰时期出生人口到达退休年龄这一原因的影响，2035年时，退休人数的增长将尤为迅速。总之，分摊费用的人数与退休人数之间的比率将比2007年提案中的这一比率下降更快，这是由于受经济危机影响，分摊费用的人数减少，长期内，该比率将低于1.2:1。

退休改革咨询委员会建议对三大杠杆进行调节，这三大杠杆分别是平均退休金净额和平均劳动收入净额之间的比率、收入水平以及退休人员平均年龄。否则，到 2050 年，若想实现年度收支平衡，需要将提取率提高 9.8 个百分点，将退休金与劳动收入净额之间的比率降低 36%，将退休人员平均年龄相比 2008 年提高近 10 岁。

2010 年 6 月，政府提出新的退休改革方案，根据该方案，到 2018 年，退休年龄将从 60 岁推后至 62 岁，也就是按照出生年龄每年推后 4 个月。因此，65 岁可以享受全额退休金的这一规定也被推后两年，即推后至 67 岁。所宣布的这些年龄措施同样涉及公务员的退休制度以及特殊制度，到 2018 年，这些措施将可以使赤字额降低 50%。

（三）"家庭"和"工伤和职业病"

"家庭"和"工伤和职业病"两个方面开支近来出现更不利的变化。1999～2003 年，整体制度中家庭方面的账目超支，从 2004 年开始赤字出现增长，一直到该时期结束时赤字仍在加重，2009 年赤字额 18 亿欧元，2010 年达到了 38 亿欧元，原因在于出生率提高以及退休金支出额大幅提高，尤其是残疾相关的补助金和婴儿出生津贴（Prestation d'Accueil du Jeune Enfant，PAJE）。同时，"工伤和职业病"方面长期处于严重超支状态，2008 年重新回到了收支平衡状态，2009 年又出现了 7 000 万欧元的赤字，这是由于工伤事故和未得到赔偿的职业病持续增加，尤其是为石棉受害者承担相关费用的规定，以及该方面的收入受整体经济状况变化的影响很大。

（四）社会保障行政机构结余

总体而言，自 1992 年以来，社会保障行政机构（ASSO）只有 3 年（1999～2001 年）表现出了一定的财政能力。由于保持了很好的收入并且社会保障开支得到了控制，2008 年的结余情况有了好转，在此之后，社会保障行政机构的账目再次显示需要增加财政支持——从 2009 年的国民生产总值的 1.2 个百分点增加到 2010 年的 2.3 个百分点。在对开支变化做出不断努力的背景下，结余的减少反映了社会保障系统面对经济减退的自动稳定机制。但在 2008～2010 年，基本制度的赤字额增加了 2 倍以上，30 年来社会保障频繁出现结构性赤字——"空洞"的问题一直存在于法国。

第五节 社会保障预算的绩效管理

在《社会保障筹资法》的框架下，"质量和效率计划"每年都列出定位卫生健康政策和社会保护"目标—成果"的指标。

"质量和效率计划"是一项来源于《财政法组织法》并实施于社会保障政策的"目标—成果"措施。政策的引领和评价构成了公共行动现代化的中心，每年的投入约达到国家财富的 1/4。社会保障政策的效率需要更特殊的关注。为此，在 2005 年对社会保障筹资法进行改革时，立法者希望补充一项附录 1，阐述社会保障政策的大目标和要实现目标的措施。例如，2014 年社会保障的政策就具有六项"质量与效率计划"：疾病保险；家庭政策；退休；对工伤和职业病的补偿；社会保障筹资；伤残、残疾与有依赖性人群的支持和承担。

2014 年《社会保障筹资法（草案）》附属的"质量与效率计划"体现了卫生和社会保护政策在四大方面的挑战：怎样使法国人民具有更加平等的接受治疗和社会补助的机会；怎样改善卫生与社会支持的质量；怎样使医疗供给和社会补助提供更有效率；怎样保证社会保障账户长久的平衡。

这项规划将附属于《财政法（草案）》和《年度绩效报告》中"目标—结果"的逻辑转换到社会的层面。这项措施对社会保障来说并不陌生，它补充了从 1996 年开始有关对使用者的管理和服务中由国家和主要社会保障机构规定的成果目标与指标。这构成《社会保障筹资法》的附录 2。

"质量与效率计划"作为一项决定目标和分析社会保障政策绩效的机构性工具，陈述策略以及六个领域社会保障政策的不同目标并且概述主要结果，以及政府和社会保障系统人员为追求或靠近这些结果而实施的行动。目标的进步由一系列指标来细化。定位指标在经济、卫生、社会与财政的背景下评估《社会保障筹资法》或草案中各项措施的必要性。正由于它们提供的信息的质量，"质量和效率计划"便于各个人员之间的交流，对定义和实施社会保障政策产生很大作用。政府、议会和社会合作者通过此规划来辨认社会保障系统的进步以及可能是想进步的手段和行动。行政负责人，无论是国家中央行政的或是全国社会保障行政的负责人，此规划帮助他们提高工作的效率。"质量和效率计划"的目标在于全面加强理解社会保障政策对法国人民生活条件的影响。这项行动属于年度绩效草案的一部分，但遵循社会保障政策的特殊性，即社会保障政策支出是具有估测性质的，并且社会保障政策由多个角色共同来实施，所以很难分辨各个角色对政策结果的贡献。

第七章

法国国库管理制度

■ 本章导读

　　法国国库总局由国外事务与国际发展部部长、经济与财政部长共同领导。国库总局建立经济预测并向各部长针对经济政策和公共政策提出建议，涉及财政、社会和各领域。国库总局还监督保险、银行和金融市场投资邻域经济和机构的融资和规制，并通过法国国库署管理国库现金和国家债务。法国国库总局在国家公共经济政策及整个国家政策的制定和实施中起着经济分析的作用，确保资产的管理以及国家债务分配，参与年度《财政法（草案）》和《稳定与增长计划》的实施，在国际事务中还具有广泛的职能。本章介绍了法国国库发展历程、管理制度、国库管理重要机构和国库现金管理。

第一节　法国国库管理概述

一、法国国库发展历程

国库的历史与国家经济的发展密不可分。大革命以前，国家财政的管理分散在各大农场主之间。直到1806年，当时的国库部长莫利昂伯爵（le comte Mollien）主持设立服务银行（Caisse de service），才实现了国家银行的统一，将地方官员的资金账目统一起来，归他管辖。1814年，财政部长路易斯男爵（le baron Louis）发起"资金总体情况局"，即如今国库的前身，以管理上述中央银行，保证所有地方银行间资金流动地域间清算工作正常进行。

1857年，国家将运作和集中资金的具体责任赋予了法兰西银行（la Banque de France）①，撤销服务银行，将资金转到由法兰西银行负责管理的国库的独立流动账目。随着时间推移，地域间清算问题逐步消失，代表货币发展起来，法兰西银行的分支银行数目不断增加，尤其是法国邮政（La Poste），将国家的地方会计与国库的流动账目相连接。1940年，资金总体情况局由国库局（la direction du Trésor）取代。

伴随着当代经济的发展，国库的职责逐渐超出了国家财政机关的范围。首先，公共机关当局意识到国家在经济发展（经济增长、资金构成、货币产生、兑换管理等）中扮演的重要角色，遂将规范经济活动的重任也托付给国库。其次，经济干涉主义和国有化同时发展，国库的使命是代表国家（股东）管理公共股份。最后，随着欧洲经济共同体的不断强大，以及法国经济开放程度的不断加强，国家的行动范围扩大到国际框架中来，1956年，与外部财政局（la Direction des finances extérieures）挂钩之后，国库又开始从事国际财政关系事务。

2004年11月15日，国库总局以国库与经济政策总局（Direction Générale du Trésor et de la Politique Economique，DGTPE）的名义建立，2010年3月更名，其合并了财政局、预测局、对外经济关系局。在国家公共经济政策及整个国家政策的制定和实施中起着经济分析的作用。确保资产的管理以及国家债务分配。参与年度财政法草案和稳定与增长计划的实施。在国际事务中还具有广泛的职能，如G20、G7、世界货币基金组织（FMI）、开发银行、世界贸易组织（OMC）、经济合作与发展组织（OECD）、巴黎俱乐部、法郎区等，并由此确保国外经济业务系统的流向控制。

---

① 法国中央银行。

二、法国国库单一账户管理制度

法国的财权高度集中，中央财政居主体地位，是一个有着十分浓厚的中央集权传统的国家，它的中央集权也体现在其国库资金管理之中。法国是世界上最早建立国库单一账户体系的国家之一，其国库单一账户体系可以追溯到拿破仑执政时期。在 18 世纪末，建立国库单一账户体系的初衷，是为了把各地分散的财政资金统一起来，以维持战争开销。1857 年 6 月，法兰西第二帝国通过立法决定，国库单一账户体系必须开立在法国央行，① 全部预算单位（包括中央预算单位、地方政府以及地方预算单位）均需在国库主账户下开立分账户，但不能在商业银行开立账户。

1962 年，法国颁布的法律明确规定——所有国库资金必须存放在法兰西银行。随着欧洲经济与货币一体化的进行，1993 年颁布的《法兰西银行地位法》明确了两条原则：一是国库资金存放在法兰西银行；二是法兰西银行不能给予国库透支便利。目前，法国国库单一账户管理体系完全基于这两条原则运转。前期法国央行免费处理国库资金收支，当政府需要时为其提供资金融通。经过 100 多年的发展，法国国库单一账户体系已日趋完善，但法国央行已不再向政府提供融资。

《2012 年 11 月 7 日编号 2012 - 1246 关于预算与公共会计管理的法令》重申了各公共机构均有义务将其资金存入国库账户的原则。该法令于 2014 年 6 月 30 日正式推行。截至 2014 年 12 月 31 日，存入国库的金额共为 1 349 亿欧元，构成了国家流动资金的稳定来源。②

截至 2014 年 12 月 31 日，共计有 6 678 个交易账户③。国家财政资金交易由 5 000 名国家会计师负责执行，每位会计师负责一个或若干个交易账户。根据货币和金融法典第 L.141 - 8 条的规定，各交易账户的进出流动由作为国家账户持有人的法兰西银行实时汇总。国库相关方的资金流量占国库单一账户每日流量的一半以上。2014 年，法兰西银行国库单一账户对中央政府和权力下放服务机构占每日资金流量的 47.7%、国家公共机构 22.4%、地方政府及其地方公共机构 29.4% 以及其他组织机构 5% 的资金进行实时集中管理④，如图 7 - 1 所示。地方政府并不单独开展国库现金管理操作。

---

① 李俊、张炜：《德国、法国中央银行国库管理职能的比较与借鉴》，载于《国际金融》2013 年第 7 期，第 64~68 页。

②③④ 法国国库署：《2014 年度报告》，资料来自 http://www.aft.gouv.fr/。

国家公共机构，22.40%　　其他，0.50%

国家中央及权力下放服务机构，47.70%

地方政府及地方公共机构，29.40%

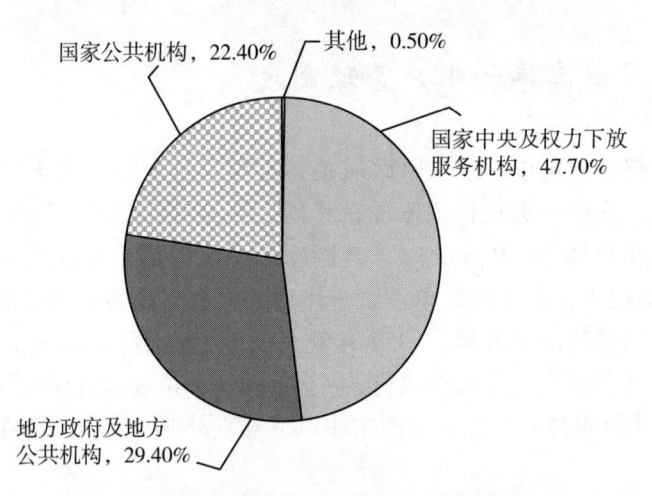

图7-1　2014年国库账户资金流动分配比例

资料来源：法国国库署，http://www.aft.gouv.fr/。

三、法国国库管理体制特点

（一）法国国库由法国央行、国库署、公共会计局共同管理

虽然法国国库署相对独立于公共会计局，但二者均受制于法国财政部。就各部门职责而言，公共会计局保证资金支付合乎规定，国库资金的管理与运营主要由国库署负责，法国央行则主要负责资金收支。虽然法国地方政府编制法国地方预算，但由公共会计局派驻在全国各部门及各地区属于公务员编制的5 000名公共会计师管理着地方收支账目。① 为保障各自权利、规定各方义务，法央行、国库署以及公共会计局签署协议。当法国财政部制定并提出预算后，由议会进行审批。公共会计局保障资金支付合乎规定，国库署对国库资金进行管理和运营。法央行复核国库署的指令保证国库资金支出合规，同时确保收款方直接接收每笔资金。最后审计署和议会预算委员会进行事后检查。

（二）法国国库资金收支均通过国库单一账户进行

依据国家批复的各年度预算项目和额度，预算单位进行资金支出，同时将支付指令交给公共会计师，若公共会计师审批无问题后，则支付指令将会交给国库署，国库署负责记账，同时要求法国央行将资金直接打入收款方账户（见图7-2）。法国央行要把所有分账户资金划转到主账户，并在每个工作日结束前完成。为了避免从央行融资，国库署要保证账户余额为正。根据国库署的统计，2014年该账户上的

---

① 李俊、张炜：《德国、法国中央银行国库管理职能的比较与借鉴》，载于《国际金融》2013年第7期，第64~68页。

每日平均资金流动额为 322 亿欧元。①

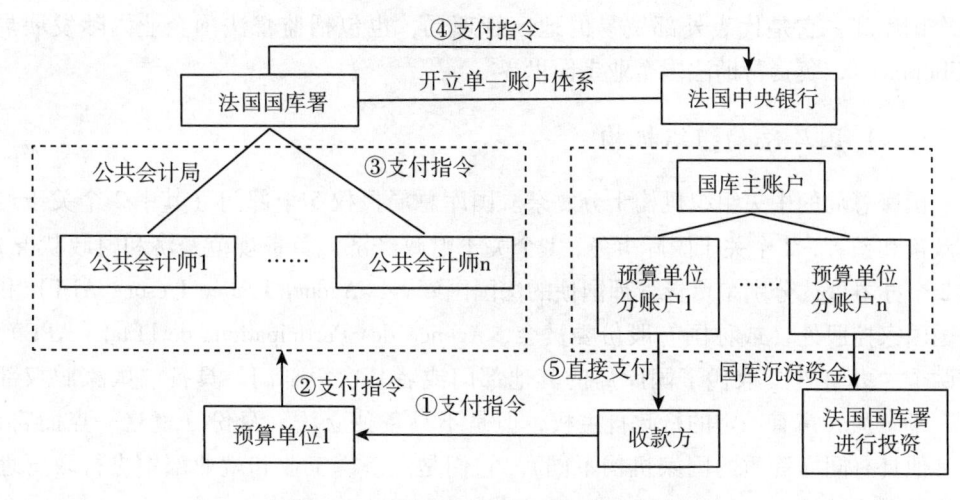

图 7-2　法国国库单一账户运行模式

资料来源：法国国库署，http://www.aft.gouv.fr/。

（三）法国国库署负责国库沉淀资金的流动性管理

根据规定，法国央行需对国库沉淀资金支付利息，同时还向国库署收取账户管理费。国库署根据流动性管理要求，在充分保障国库资金支付需求的基础上，对国库资金进行流动性管理。为确保投资不影响国库资金的正常支付，中央政府于 2004 年强制要求地方政府在支付高于 100 万欧元时，须履行向国库署提前通知的义务。此外，自 2003 年起，国库署将应急办公地点设在法央行，以应对突发事件。②

国库相关方账户的资金流动对单一账户会产生直接影响，为此，国库署每日监督国库相关方上报的资金流动信息，以便根据具体交割日及金额确定在国库账户所需拨付的资金额度。

第二节　国库管理重要机构

一、法国国库总局

（一）国库总局简介

国库总局首先是一个国家参谋部，负责出谋划策（出台政策、综合、动员、协

---

① 法国国库署：《2014 年度报告》，资料来自 http://www.aft.gouv.fr/。
② 李俊、张炜：《德国、法国中央银行国库管理职能的比较与借鉴》，载于《国际金融》2013 年第 7 期，第 64~68 页。

商)。但是，它也是涉外经济部门的一部分，涉外经济部组成经济部国际网。在150多个国家间，它是代表外部贸易的地区管理局，也包括监督法国企业国际发展局（Ubifrance），负责帮助法国企业走向世界。

（二）国库总局组织机构

国库总局的中央组织机构十分复杂。国库总局授权5个部门（其中2个关于经济政策和预算，2个关于国际事务，1个关于财政经济，负责规范经济和财政状况）和2个办事处，分别是负责管理国债的法国国库署（Agence France Trésor，AFT）和法国国家控股处（或称国有股份委员会，Agence des Participations de l'État，APE）。这两个"办事处"取代了国库局的其他部门或者其次级部门。具备"国家职权部门"的资质，享有一定的行政自主权，但是不具备独立法人身份（就这一点而言，与其他具有同样资质的国家机构不同）。它们是经济、工业和就业部中央行政管理体系不可或缺的一部分。

（三）国库总局的职能

1. 管理国家债务和国库。该职能是其固有职能，自"资金总体情况局"沿袭而来，自2001年起，隶属于法国国库署，该机构办事员将近35名。下设一个战略委员会，由来自各行各业的代表组成（银行和金融界人士、投资者、经济学家、学者），每年举行两次会议，针对国家的大政方针为法国国库署的工做出谋划策。从预算角度来看，法国国库署对贸易账目负责，该账目明晰了国家债务和财政状况相关的预算总体情况。

2. 参与国家经济政策管理。其职能处在预算政策（债务管理）、货币政策（维持与欧盟中央银行系统的关系）和外汇交易政策（为欧元区外汇交易政策的制定提供方向性指导）相交叉的位置上。此后，它负责经济预算（尤其是与财政法计划和国家稳定规划相关的项目）。它负责保证经济运行的资金，具体而言，它参与制定金融市场、银行业和社会保障行业条例。

3. 借助于国家控股处，国库总局参与监督国有企业财政状况，代表国家提供行政建议。另外，法国国家控股处（或称国有股份委员会，l'Agence de Participation de l'Etat，APE）负责公共行业的调整和国有化，自1986年以来，还包括私有化运作。

4. 在经济和商业活动方面，国库总局是法国参与国际舞台的代表。在欧洲范围内，它为欧盟（经济和财政理事会）以及欧元区（泛欧洲区）所有经济和财政部委组织会议，在技术方面专门代表法国（经济和财政委员会）。在国际范围内，国库总局代表法国，负责所有的多边合作（FMI、世界银行、BERD、BEI、OCDE、OMC）。它负责组织G8和G20峰会。在助推发展政策（提供公共援助，在巴黎俱乐部的框架下，重构公共债务，管理法郎区）和推动法国企业走向世界方面，国库肩负着财政和货币方面的责任，以促进出口事务和直接投资的发展。

二、法国国库署

(一) 国库署简介

法国国库署为具有全国职权范围的服务机构 (Service à Compétence Nationale, SCN),由法国财政和公共账目部长领导。鉴于金融市场的复杂性,需要与所有金融市场的各介入方保持密切的联系,为此国库署拥有履行其业务所需的能见度和手段。因隶属于法国财政部,国库署拥有宽广丰富的信息资源,以帮助其完成既定任务,这些任务往往与财政总局或部委的其他机构(如预算局和公共财政总局)紧密相连。

国库署的工作人员都是对国家财政运作熟悉的公务员及与国家签署合同的金融市场专业人员。他们肩负着不同的职能工作,包括运营(现金管理、市场操作、风险监控、计算机设备等),分析(建模、经济和法律)和交流宣传等。截至2014年年底,法国国库署员工总数为40名,其中女性18人,男性22人,合同工12名,公务员28名。国库署员工的专业出身及经历十分多样化,所有员工均要遵守严格的道德规范准则。①

(二) 国库署组织机构

法国国库署是一个具有全国职权范围的服务机构,受财政总署署长管辖,由一位署长和一名主任负责领导工作。其组织架构见图7-3。

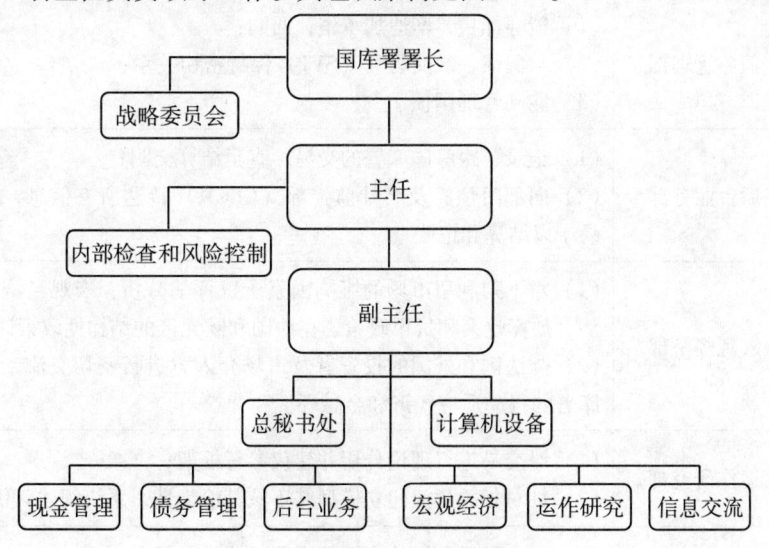

图7-3 法国国库署组织架构

资料来源:法国国库署,http://www.aft.gouv.fr/。

---

① 法国国库署:《2014年度报告》,http://www.aft.gouv.fr/。

1. 战略委员会。战略委员会是国库署的重要智囊,由具有不同专业背景的专家组成,其成员包括来自银行、金融、投资、经济和高等院校等不同领域的人士,主要提供对政府债券发行政策和国库管理原则方面的意见,表达操作建议,预期将来发展,指导确定发行原则和政策。战略委员会每年集会两次,根据经济状况和国库署工作开展情况进行研究和讨论,提出建议。

2. 内部检查与风险控制部。内部检查和风险控制部于 2014 年 4 月正式建立,通过增强业务以及对资源逐渐予以重新分配,保证过渡工作通畅无阻。① 该部门直接隶属国库署主任,负责内部检查和协调各类审计以及风险（包括法律风险）的监控工作,审核通过国库署的合同,并监督相关业务是否符合国库署所制定的道德规范。内部检查及风险控制部与各业务小组一道经常性地对国库署的业务总体框架予以更新,制定管理规则及组织和监控规则,随后提交财政总署署长兼国库署署长审批。国库署业务持续性计划的跟踪工作亦交由该部门负责。

3. 其他部门（见表 7-1）。

表 7-1　　　　　国库署部分部门职能简介

序号	部门	职　　　能
1	现金管理部	（1）建立现金收支预测； （2）以国库账户持有者的身份,与法兰西银行保持密切关系； （3）与国家拨款审批人及会计保持密切关系； （4）现金收支管理:借贷与存款,国家债券的正逆回购
2	债务管理部	（1）债券标售,辛迪加承销,回购； （2）与国债一级交易商（SVT）保持密切关系； （3）能动管理国债
3	后台业务部	（1）记录、跟踪国库署的交易,直至结算交割； （2）向部门预算及会计监控部（CBCM）转达所有信息,由其对交易予以结算和记账
4	宏观经济部	（1）对下列利率市场的影响因素予以评估分析:宏观经济和金融局势、预算政策和货币政策、在法国和欧元区的结构性政策讨论等； （2）与法国和外国的投资者及市场介入方进行密切交流,致力使国库署的行动适应经济和金融环境和背景
5	运作研究部	（1）对交易进行理论分析并建议参考框架； （2）针对相关建议建立模型并审核其恰当性,系统阐述其优化条件
6	信息交流部	（1）向金融界和媒体介绍国库署的业务与任务； （2）通过不同交流载体和渠道跟踪、收集和宣传相关信息

资料来源:法国国库署,http://www.aft.gouv.fr/。

---

① 法国国库署:《2014 年度报告》,http://www.aft.gouv.fr/。

第七章　法国国库管理制度

（三）国库署的职能

1. 管理国库现金。这一任务体现在全年和日常管理工作中：不断更新政府和国库相关方收纳和支拨预测；监督账户资金流动，以应对可能发生的临时现金需求。政府以及国库"相关方"（地方政府和公共机构）的所有资金流动，无论是收入或支出，均汇总到在法兰西银行开户的单一账户上，该账户的日常管理交由国库署负责。法国国库署妥善管理国家资金，以保证在国库单一账户上的金融交易能够在最安全的条件下完成。为此，国库署实时跟踪法兰西银行国库单一账目的收支流动。2014 年该账户上的每日平均资金流动额为 322 亿欧元。① 图 7-4 显示了 2014 年该单一账户的变化情况。

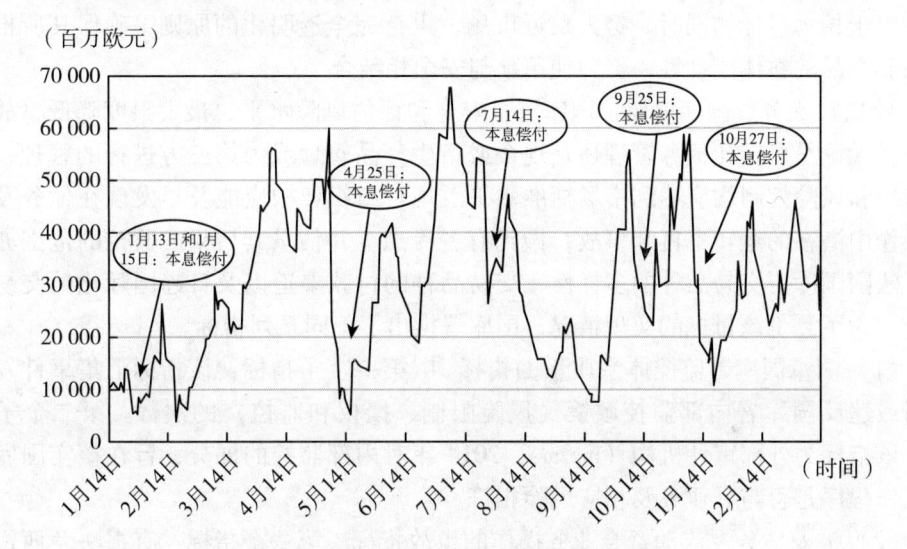

图 7-4　2014 年国库账户变化情况

资料来源：法国国库署，http：//www.aft.gouv.fr/。

国库账户资金流动包括：国家预算，包括税收及附加税收、运转开支或投资支出；国库相关方的交易，国库相关方是指须在国库存款的机构；法国国库署本身的交易（到期债务偿还、利息支付、投资、保证金追缴等）。国库署对流动资金的管理包括以下三个方面。

（1）确保国家金融持续性。法国国库署（AFT）的职责是提供国家财政所需，使政府能够在任何时候和任何情况下履行其所有财政承诺。这一任务也在《欧洲运行条约》（Treaty of the Functioning of the European Union / Traité sur le fonctionnement de l'Union Européenne，TFUE）第 123 条中明确列出，该条文严禁欧元区各国央行向公共机构拨付预付款。② 为此，法兰西银行的国库账户每晚收盘时必须存有盈余。

（2）监督公共现金收支的汇总。所谓国库相关方，是指出于法律法规义务或根据协议在国库开有账户的机构。国库相关方的存款构成国家稳定而可观的流动资金来源，从而避免其向外举债。国库署每日跟踪来自中央和地方服务机构以及相关方

---

①② 法国国库署：《2014 年度报告》，http：//www.aft.gouv.fr/。

在国库单一账户上的资金流动。

(3) 以纳税人利益为重,妥善利用政府和国库相关方的流动资金。为了以纳税人利益为重,优化流动资金管理,国库署继续推行将每日现金盈余投资于银行间市场的政策。投资的形式为无抵押贷款或国家债券回购。为了在最安全的条件下实行此类投资,国库署每日在交易前夜、清晨、午后和收盘前进行极为短期的预测。

国库署的现金管理绩效采用三个指标来衡量,将这三个指标的目标及结果每年均提请国民议会审议。三个指标分别为:每日收盘前法兰西银行国库账户余额、流动资金的投资收益以及国库相关方必须对其影响国库账户的交易预先予以信息通告。

2. 管理国家债务。国库署的任务是从纳税人的利益出发,妥善管理国家债务,在着眼于长远目标的同时,努力贴近市场,秉持完全透明化的原则,确保其所推出的债券产品的整体流动性,努力使革新与安全相结合。

3. 监控义务。国库署监控国库资金安全和评估风险水平,最大限度降低事故发生率。无论是可转让债务管理还是现金或衍生产品管理或为第三方进行的管理,内部监控和风险控制均应达到市场标准水平。现行组织架构应能及早发现在债务及现金操作中潜在的运转不良和事故,做到有备无患,并估量其后果。监控的范围亦取决于法国国库署交易品种的多样性、交易品种的付款渠道以及日趋国际化的交易对手方。为了测量该目标的实现情况,国库署推出了不同系列指标。

(1) 测量国库署监控体系质量的指标。[①] 第一个子指标:该指标汇集事件发生数目或违反国库署内部监控政策(风险限制、授权和监控)的次数。第二个子指标:该指标为外部审计机构(mazars)2014 年对内部监控的评分,旨在核实国库署的操作程序是否与其业务及相应风险相符。

(2) 涉及债务及流动资金业务操作的事故指标。第一个指标:有损法兰西银行账目水平的事件数目;第二个指标:对法兰西银行账户余额无不良影响或会改善其余额的事件数目;第三个指标:由于交易管理系统原因而产生的事件数目,包括合规不良事故以及违反内部操作模式等各类性质的事故。

第三节　法国国库现金管理

一、国库现金管理目标

2003 年 12 月 29 日,法国宪法委员会明确表示:国库现金管理应确保国库及时取得进行交易所需要的资金,并积极地运作政府部门和公共机构存入国库账户的资金,提高国库管理整体水平,以此促进公共资金的使用效率。此外,国库现金管理还应避免国库账户出现赤字。这从法律上明确规定了国库现金管理的两个主要目标:

---

① 法国国库署:《2014 年度报告》,http://www.aft.gouv.fr/。

保障财务连续性、积极管理可支配资金。①

从操作层面上看，法国国库现金管理具体目标是：保证国家在任何情况下都能正常履行财务义务，避免央行账户透支；临时闲置的国库现金采用最佳渠道投资，确保日终余额不超过1亿欧元。法国国库现金管理目标有两个显著特点：积极管理国库资金，但不追求比市场平均利润更高的收益；致力于提高资金管理的透明度，以此推进国家债务管理的发展。

二、国库现金管理的参与部门

法国国库现金管理涉及的部门主要包括法国国库署、法兰西银行和法国国债一级交易商（以下简称一级交易商），其中国库署承担主要的现金管理操作；法兰西银行侧重于完善金融市场，提供高效金融服务和信息系统支持；一级交易商是国库现金管理操作的对手方。下面主要介绍法兰西银行和一级交易商。

（一）法兰西银行

法兰西银行是法国的中央银行，成立于1800年。法兰西银行在与政府签署理财公约基础上，为政府管理、运行国库单一账户，即所有政府资金收支都由法兰西银行通过这唯一账户办理。除国库单一账户外，法兰西银行还为所有政府支出部门和机构开立分账户，负责所有预算资金的收付业务及其使用记录。国库单一账户不仅管理中央政府持有的现金，还管理地方政府和公共机构持有的现金。②

1994年，法国财政部与法兰西银行就业务代理以及经营中的财务关系签署了一个专门的账户管理协议，规定了国库在法兰西银行的账户运作办法及处理各项业务的时间和收费等，对国库账户实行类似于商业银行的规范化管理。管理和运作国库账户收取的费用约占每年向政府收取费用总额的1/3，相应地，法兰西银行也按照市场主导利率向国库单一账户资金余额支付利息（见表7-2）。根据欧洲央行的决定和方针政策，法兰西银行对该"合并"账户的每日结余予以利息补贴。欧洲央行通过2014年6月5日的2014/23决定③和2014/22方针④，为在各国央行存款的公共机构引入下列全新的付息方式：（1）在低于共同确定的界限时，存款利率采用隔夜无担保市场的利率（Euro Over Night Index Average，EONIA）；（2）在高于既定界限时，则采用年中任何日期的零利率。如果存款便利利率为负数，则该利率也适用于存款。

---

①② 李海：《法国国库现金管理框架及其对我国的启示》，载于《金融电子化》2009年第5期，第81~84页。

③ Decision of the European Central Bank of 5 June 2014 on the remuneration of deposits, balances and holdings of excess reserves (ECB/2014/23).

④ Guideline of the European Central Bank of 5 June 2014 amending Guideline ECB/2014/9 on domestic asset and liability management operations by the national central banks (ECB/2014/22).

表7-2　　　　　2014年法兰西银行账户上的利息收入　　　　单位：欧元

月份	支出	收入
1	—	61 620.57
2	—	58 331.31
3	—	63 409.95
4	—	55 109.83
5	—	53 476.44
6	768 021.46	50 813.02
7	783 515.44	39 027.83
8	346 129.22	37 016.71
9	3 027 875.02	20 000.19
10	5 503 396.68	12 916.67
11	2 487 921.52	1 181.79
12（盘存）	3 261 827.89	2 199.26
总计	16 178 687.23	455 103.57

资料来源：法国国库署，http://www.aft.gouv.fr/。

（二）一级交易商

国债一级交易商是法国国库署在金融市场业务的首选合作伙伴，它们针对发行政策和债务管理以及涉及市场运作的问题为国库署提供建议与支持。国债一级交易商每三年遴选一次，遴选决定由专门的评选委员会做出并上呈财政部长审批，评选委员会由包括国民议会议员的专业人士组成。国债一级交易商团队随着时间的推移已有所扩大，1987年1月其人数仅为13名，现已大幅扩充，汇集了活跃在法国政府借贷市场上的不同机构：大型网络银行、专业机构、法国及外国机构等。

直到2016年1月1日，一级交易商共有18个机构。其中有5家法国机构、6家欧洲机构、6家北美机构和一个日本机构，分别是：美国—美林、巴克莱银行、法国巴黎银行、法国农业信贷银行、花旗集团、德国商业银行、德意志银行、高盛、汇丰、JP摩根、摩根士丹利、那提西银行（法国Natixis银行）、野村证券、皇家银行苏格兰、西班牙桑坦德银行、加拿大丰业银行欧洲、法国兴业银行、瑞银（United Bank of Switzerland，UBS）的银行。它们都是国际债券市场的佼佼者，充分反映了法国债券市场的成熟与多元化。

国债一级交易商担负着参与国债竞价标售、对国库债券进行投资做市、确保二级市场流动性等职责。国库署与国债一级交易商保持密切联系，以妥善完成既定任务：(1) 确保一级发行的良好运作；(2) 确保国库券二级市场的最佳流动性，并保持其在欧元区最佳流动性债券的地位；(3) 推动国库券市场发展；(4) 为国库署就发行政策和债务管理、推销国债、规避国际金融危机、确保利率市场良好运作等问题持续提供高质量的建议。

上述任务列入国债一级交易商签署并承诺遵守的一项协议中。国债一级交易商同时还承诺在其业务活动中秉持符合债券市场最佳规范的职业操守。

三、法国国库现金管理内容

现金流管理、预测和余额管理是国库现金管理的主要内容，绩效指标是衡量国库工作的重要基准。

（一）国库现金流管理

法兰西银行积极推进信息化建设，为国库现金余额积极管理的实现提供了技术保障。法国个人所得税的缴纳70%采用的是这种直接支付的方式，增值税和公司所得税也可以通过该系统实现线上缴纳。2001年，法国启动了增值税及相关流转税在线申报及缴纳系统（teleTVA）改造，到2006年已实现69%的增值税及相关流转税在线支付。同时，为更好处理公司税、工资税、地方营业税和财产税缴纳业务，面向大企业专门用于营业税网上支付的在线支付系统（SATELIT）服务于2002年投入运行。法国大多数的公共支出也是通过银行系统完成的。①

在法兰西银行和国库署对接的电子网络中，国库署可以实现对国库现金流的实时监控，2014年该账户上的每日平均资金流动额为322亿欧元②；与此同时，相关方在法兰西银行的单一账户处理业务也纳入了监管范围，确保单一账户交易正常运转。

（二）国库现金流预测

现金管理需要对现金流展开预测，对现金流的预测影响国库署是否削减预备金额，盈余的流动性资金投资最佳条件的判断以及如何实施短期融资。公共会计总局于1999年设立了国库署公告系统，实现了国库现金交易信息的及时传输，大大降低了政府账户库存的现金总额，提高了资金的使用效率。

每年年初，法国国库署会对本年度每日将会产生的现金流进行预测，在实际交易过程中根据新情况对预测做出相应调整。税收收入预测基于对其他政府部门的数据，支票收入数据以及合理的统计方法做出，收入预测更新的周期是每月一次。根据规定，具体的支出部门需详细记录每日的现金流，现金管理部门据此进行支出预测，实现对支出情况的准确把握。

完善的协调机制是确保预测人员准确预测的保障，法国主要采取了如下措施来

---

① 李海：《法国国库现金管理框架及其对我国的启示》，载于《金融电子化》2009年第5期，第81～84页。

② 法国国库署：《2014年度报告》，http://www.aft.gouv.fr/。

保证信息的质量：（1）从2006年4月开始，法国政府有关国际捐助、国家参股、银行系统、国际转账、对欧盟拨款等国库资金流动计划一律告知预测部门。（2）成立了跨部委的协调委员会，加大公共行政部门流动资金管理协调力度，满足融资需求，尽可能减少公共部门举债。（3）调整国家对地方政府拨款制度，在固定或预定日期拨款。有效改善了地方政府资金管理可见度，增强了支出的可控性。

（三）国库现金余额管理

国库现金余额的投资形式包括银行存款、国库券逆回购或向与法国国库署签订流动资金交换协定的欧元区国家提供贷款。融资主要是按期进行无担保借款、回购交易或附带性向欧元区国家借款，必要时，根据需求用招标方式发行短期国库券。为了加强短期融资能力，法国设计了一种新型的超短期国库券，期限2~6周，按T+1结算。

2014年国库署报告显示，2013年银行间市场的整体条件较为有利，国库署全年间实现的每日投资额较高，平均额高达246亿欧元。通过精细的预测，国库署灵活调节相关投资措施，从而加长了其空白借贷和回购投资的期限①。通过对国库现金的能动管理，2014年所得毛收入为1 070万欧元，相应降低了国家债务的毛支出。未投资的资金仍存于法兰西银行的国库账户上，并按存款金额计算利息②。图7-5展示了2014年按资金投资类型划分的（不包括法兰西银行账户上的金额）国库盈余资金投资。

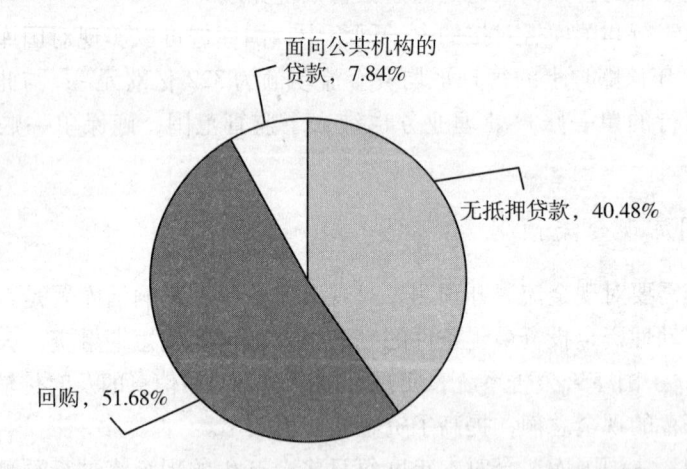

图7-5　2014年国库盈余资金投资-按资金投资类型划分
（不包括法兰西银行账户上的金额）

资料来源：法国国库署，http：//www.aft.gouv.fr/。

（四）国库现金管理绩效衡量指标

法国国库现金管理受议会直接监督，采用三个指标衡量国库现金管理绩效。

---

①② 法国国库署：《2014年度报告》，http：//www.aft.gouv.fr/。

（1）收益性。国库资金临时结余投资收益接近于市场平均利润率即为合理。（2）余额控制。政府在法兰西银行国库账户余额一般不超过1亿欧元；超过1亿欧元的部分将用于投资，投资场所主要是银行间市场，交易工具主要包括回购交易（占比48%）和无担保存款（占比52%）。（3）国库管理方面。推行了地方政府大额收支预先告知制度，国库署要求地方政府机构和公共机构对所有超过一百万欧元的交易均须在前一天16时之前予以公告。2014年地方政府机构及公共机构对高额交易的公告比例分别为98%和97%，略高于2014年财政法中规定的绩效目标。[1] 此外，自2011年起，国库署推出了"超审批"机制，拒绝执行金额高于100万欧元但未提前一天公告的出账。2014年，国库署共"超审批"497项交易，[2]该数目相对整体交易而言微乎其微，这表明各公告机构均致力严格遵守相关规定。

---

[1][2] 法国国库署：《2014年度报告》，http://www.aft.gouv.fr/。

第八章

法国政府会计管理

■ 本章导读

从 1998 年开始,法国实行政府会计改革,为了实现新的公共部门管理而建立一个有效的成本会计系统,以及走向完全的权责发生制财务会计模式。直到 2001 年,法国政府部门在财政部门完成了一项浩大的工程,确定了四个工作领域:会计规范的制定、会计组织和程序的革新、信息系统现代化和账目认证,改善了政府的财务报表质量。2006 年,《财政法组织法》立法人员又进行了大规模的会计改革,尤其是关于《国家账目》的规定,并详细规定了财务工作相关的制度。本章介绍了法国政府会计的改革、政府的会计工作、法国公共会计网络、公共部门会计准则委员会和法国政府会计准则。

第八章　法国政府会计管理

第一节　法国政府会计的改革

20世纪90年代以来，法国政府会计一直受到收付实现制和公共管理的困扰，改革面临诸多困难，最后出于以下两个方面的原因，财政部最终做出改革的决定：一方面是由于公共支出的持续增长，在90年代初已占到GDP的50%，需计算公共服务的成本来衡量其支出的效率；另一方面是来自于新西兰、瑞典、英国、美国等国家公共部门改革的实施，这些国家都试图在公共管理部门引入新的会计系统，这些经验也给了法国改革的动力。1998年，《值得质疑的中央政府财务系统：16项计划待启动》的报告成为一个转折点，正式拉开了政府会计改革的序幕。在该报告中，提到了改革的两大目标：(1) 为实现新的公共部门管理而建立一个有效的成本会计系统；(2) 走向完全的权责发生制财务会计模式。

此后，法国政府开始着手考虑改革，直到2001年，法国政府部门在财政部门完成了一项浩大的工程，确定了四个工作领域：会计规范的制定、会计组织和程序的革新、信息系统现代化和账目认证，改善了政府的财务报表质量。

一、政府会计规范的制定

财务改革首先需要制定一整套新的参考集，建立全新的政府会计准则，最终形成政府的会计计划。编制会计准则，要事先对政府账目不同于企业账目的特点进行审思。会计准则是由"公共会计准则委员会"根据2002年的《财政法初始案》第136条编制的。该委员会的成员有：政府代表、审计法院代表、国家财政委员会代表、会计专家和有资质的专业人士。该委员会就提交的规范草案提出意见。这些准则成为审计法院认证政府账目的唯一参考法规集。编制的会计准则需要涵盖政府账目的所有领域，这13条会计准则包括：编号1财务报表；编号2应支项；编号3政府收益；编号4运转、工作和资金收益；编号5无形固定资产；编号6有形固定资产；编号7金融固定资产；编号8存量，编号9流动资产债权；编号10资金业务；编号11金融债务；编号12风险和开支的准备金；编号13资产负债表外的承诺——附件内容。《2008年12月30日编号2008-1443的财政法修正案》成立了公共部门会计准则委员会取代公共会计标准委员会。这个新的委员会负责制定非市场活动的所有实体的会计准则。

二、会计组织和程序的改革

《财政法组织法》对财政拨款通知工作的责任进行了重新分配，并且对会计职能本身也有影响，拉近了拨款审核人和会计之间的距离，他们从此共同负责管理政府账目。实际上，拨款审核人、计划负责人、计划下可操作型预算负责人、经费管理人、财政监控人和会计将共同合作，对一般账目和预算账目下的事实进行登记，统计并评估资产（主要是不动产）、负债和资产负债表外的承诺，并进行盘点工作。拨款审核人及其派出管理部门都和会计工作紧密联系在一起。

这种种变化促使我们革新会计们对支出合法性的传统监控方式，引入一个新的方式：根据业务的重要性调节审查方式。所以，支出的分级监控原则根据风险和问题的实际情况进行调整，严格遵守公共财政管理制定的方法。从 2004 年起，这个灵活的原则得以推广。

公共账目管理总局（Direction Générale de la Comptabilité Publique，DGCP）[①]还开展了一项令人瞩目的工作：实现会计程序和资金程序的安全化，主要通过建立一整套的内部会计和审计体系，这些体系是根据会计风险图和一项联合行动计划制定的。公共账目管理总局希望能将以上工作推广到财务内部审查的所有环节，同时，逐步建立起跨部委内部审查参考集。最后，建立起一个内部审计团队，负责进行财务和资金审计，该团队接受国家审计委员会的领导和指挥。

三、信息体系的现代化改革

财务改革是否成功大部分取决于信息应用的有效使用，信息应用的功效符合现行的财务规范的需求——所有大型机构的财务部门得出的统一结论。但是，2006 年 1 月 1 日起，政府的信息系统却成为管理部门的一大障碍，因为该系统不符合《财政法组织法》提出提高灵活度的规定。事实上，政府预算和财会信息系统的一大特点就是各种设计不同、性质不同的软件同时运转，这严重阻碍了支出链的优化，影响了账目登记的质量。2004 年 3 月放弃了 2 号协议草案，该草案试图在实施《财政法组织法》的同时，对政府的预算和财务信息系统进行改造。当时一项名为《2006 级》的过渡解决方案问世，主要目的是从 2006 年起，在最低限度改造现有应用的基础上，能够对《财政法组织法》的主要内容进行应用，使得支出执行符合《财政法组织法》中的预算和会计目录，并引入让计划下可操作型预算负责人和可操作预算单位负责人参与进来的支出流转。但在具体实践当中，很多功能并未真正实现，所以管理人并没有管理经费的有效工具。

同时，预算部旗下的国家财政信息处（AIFE），承担起一个新型操作系统的开发工作，该系统叫作 Chorus，主要是能够长期一体化的解决政府预算和财务信息方面的需求。Chorus 将根据一个集成管理软件（PGI）进行开发，在一个应用下集成经费管理、支出管理、非税收收入管理的功能，同时完成《财政法组织法》中定义的三种账目。各个部委的应用，主要是针对特殊的操作需求，比如绩效考核等，将和 Chorus 连接。这项浩大的工程，取得的进步是不容置疑的，尽管有可能单凭这一个软件无法满足各种各样的需求——很多和 Chorus 对接的软件还将继续保留。

---

① 于 2008 年并入新的公共财政总局（Direction Générale des Finances Publiques，DGFiP）。

四、政府账目的认证

2001年起，审计法院就已经充分准备好进行此项认证工作，进行了多个财会验证工作，验证范围也逐步扩大，对验证方法也进行了清楚的解释说明。账目的认证是改革的磐石，此项认证主要是为了就某个机构的财务报表是否符合规定的财务参考集，出具书面意见并加以解释说明。认证工作主要包括账目的合法性，也就是说账目是否符合现行财务规范；账目的真实性，是否执行了现行的规定和程序；使各个账目机构负责人了解所登录业务的真实情况和重要性；使账目能够真实反映财务情况。

但是目前仍无法对政府的总账进行全面审查——公共账目要记录上百万个业务，分布在数个网站上——法院选择的是按照风险分类的做法，从而能够鉴别哪些领域需要进一步研究，尤其根据政府设置的财务内部监管机制和法院就工作当中一些非正常现象进行抽查分析来完成这项工作。认证主要是对财务报表进行分类，将相同的财务工作化分成相同的组别，被称作"审计周期"，并进一步细化为"审计分周期"，根据分周期定义会计程序，实现识别出风险，最终确定将要实施的审核工作内容。

当年审计工作完成后，会给出"审计观察意见"，通常会要求修改财务报表，这些观察意见提交给公共财政管理总局，主旨是为了改善财务信息的质量，最后根据答复情况和相应的修改（每年涉及的金额高达几百亿欧元），审计法院最后提出的意见（按照6月1日之前的决算法规定必须在5月31日之前强制提交），可以根据国际审计规范，采取以下形式：没有保留项的意见；当选择或者实施的财务规则和法令出现分歧，或者当进行审核时出现限制时，有保留项的意见；关于财务规则和法令出现分歧，导致法院认为整个账目的合法性、真实性和忠实性受到影响，此时法院提出带有否定结论的意见；当审核工作受到限制，法院不得不宣布无法就是否有重大违规发表意见，此时意见为"无法认证"；最后一种情况是拒绝认证：当遇到多个严重不确定情况，很可能严重影响接收审核的账目。

从认证实施的第一个执行年起（2006年），审计法院对政府账目进行了带保留项的认证，这可以被认为是一种折中的做法。选择进行认证，说明提交的财务报表具有一定的品质。但是，存在保留项，以及保留项的数量，其中不乏被定义为"严重"保留项的内容，证明账目工作亟待改进。这个观点在2007年、2008年、2009年几年得以延续，但是保留项的数量却在逐步减少。负责编制账目的部门（预算部）和认证部门之间似乎形成了良性循环，因为财务质量不断提升。

但是，关于2009年账目的意见仍有九项保留项，其中八项为"严重"保留项，涉及的内容也十分重大：财务信息系统的可审计性；账目的内部审核性；政府操作人员的关系（尤其是国家级的政府部门）；税收收入的入账；工作支出的负债；国防部的资产；和社会债务摊付基金。尽管从2001年起取得了令人瞩目的成就，政府财政改革仍需数年的努力才能宣告结束。

第二节　政府的会计工作

　　长期以来，因人们过于重视预算投票表决而常常忽视政府的会计工作。直到最近一段时间，人们仍旧是在财政法的预期基础上对预算政策进行分析，但是结果往往和现实情况相去甚远。20世纪90年代末，政府在该领域不仅落后于其他国家（欧盟、英国等），甚至落后于地方上的机构和社会保险机构，这个情况十分矛盾。《财政法组织法》将重点放在财务领域，详细规定了相关的制度，而在1959年的法令当中，这些制度是被划分为规章规范的范畴的。

一、《财政法组织法》出台之前，会计财务工作的不足

（一）设立多个账目，之间协调不足

　　《财政法组织法》出台之前，按照1962年12月29日法令：关于公共财务的规章，共设有多个账目，视情况由拨款审核人或国家会计管理，对相关数据进行合并，每年制成"财政管理总账目"（Compte Général de l'Administration des Finances，CGAF）：各部委和地方派出机构制出的预算实施账目简化，有助于拨款审核人及其所在的部门按照预算工作定义，对工作进行日常跟踪。这个账目长期以来是各个部委用各自的软件进行处理，目前实现了部分的统一，主要得益于在派出机构之间执行了"地方支出新办法"（Nouvelle Dépense Locale，NDL）；各个部委还根据他们各自的需求，开发了一系列的专业信息系统：财产管理、市场跟踪、人员管理和预算使用等。对分类账目的管理有助于加深了解政府机构的成本，但是目前这种做法仅局限于中央政府；与此同时，公共账目管理总局（Direction Générale de la Comptabilité Publique，DGCP）的会计网络还负责管理另一个预算执行账目——"支出的附属账目"，帮助公共会计执行规范中规定的审核工作，尤其是对经费的可用性和实际分配情况进行审核；政府收入的跟踪工作属于预算部的会计网络。"收入的附属账目"由公共账目管理总局管理，对账目进行总结；这几个不同的预算账目最终归入国家的总账目，由公共账目管理总局负责管理。总账目是对所有资金工作进行的描述（比如发放和偿还贷款等），按复式登录。

（二）不完整的会计规范

　　《财政法组织法》制定之前，没有任何一个总结性的文件对政府的会计规范进行总结。各种零散的规定相互交错，主要是源自1959年1月2日的法令和各种法规和规章。所有的预算工作都只是按照资金收入和支出的原则登录（所谓的现金账

目),这样可以选择将一部分的预算收入和支出进行分配,影响了政府账目的真实性。

按照政府财务计划进行的其他工作,吸取了企业执行一般财务计划的经验,此举有助于了解企业的资产和负债情况。这种账目称为"资产账目",主要是在对风险和资产的评估上漏洞很多。对不动产的统计本身就体现了政府的财务改革。这个账目也没有资产的自动折旧机制、资产贬值的资金注入机制以及风险机制。对政府账目外承诺的评估也不够充分。

二、《财政法组织法》旨在实现的会计目标

2006年,《财政法组织法》立法人员进行了大规模的会计改革,《财政法组织法》将一整个章节(章节5)用于关于《国家账目》的规定,并以革新乃至反传统的方式指出,国家总账目的适用规则与企业的适用规则并无差别,唯一的不同在于政府工作的特殊性(第30条)。所以,根据《财政法组织法》第27条,政府必须设立三个不同的账目。

(一)总账目

总账目,即在遵守财年账目的规则的情况下,对政府资产情况进行总结描述,也就是对于政府所拥有的一切(土地、房屋、债权),以及政府的债务(贷款、债务)进行总结描述。为此,政府总账目的原则是对权利和义务的认定。所有的工作以所发生执行年为单位进行记录,和支付以及入账的日期无关。总账目有助于每年编制一个资产负债表,其中包括政府的资产负债净值表、损益表(盈余/赤字表)和现金流量表,以及一个附件。实际上,这个账目是政府面临的未来支出情况的一个信号和指数。

(二)预算账目

预算账目,对预算支出进行描述,主要是在支出项获得支付时(就是经费被消费时),以及收入的实施进行描述。实际上,在《财政法组织法》被投票表决的时候,存在多方折中,最终的结果是在改革后的总账目里保留了预算工作账目,而预算工作账目主要体现为入账和出账。这个结果却令政府账目结构更加复杂,所以预算账目的管理从此以后按照其他规范进行,不同于一般账目,所以政府的年度收益更加不易理解。从2001年,审计法院就不断提出要求,希望将来在这一方面的工作有所改进,主要通过修改预算工作的入账事实,从而将债务认定划在支出一项(采购收货、服务费和补贴等),同时将债权认定划在收入项(发放收入凭证、销售交货)。这样一来,支出和收入的配比工作清楚明了,不受会计程序实施节奏的影响,同时也无须对预算账目进行"领导指挥"。预算账目也应当像总账目那样规范化和明晰化,但是现实情况却并非如此。

另外一个争议点在于补充会计时期是否有必要保留，此举违反了预算的年度性，将 N+1 财年初进行的工作划归在 N-1 财年的预算账目下。这个补充会计时期实际上在不断的缩短，最终将彻底消失。

（三）"旨在对规划框架下不同行动的成本进行分析的"账目

该账目主要是对议会信息进行补充：各个计划下行动内容落实所获得分配的预算。这个账目还处在萌芽阶段，旨在最终成为管理监督工具，帮助计划负责人实现决策。

同时《财政法组织法》也确认了新的政府账目真实原则（第 27 条：政府账目应当规律、真实，是对政府资产和资金情况的真实反映），此举是对预算真实性原则的补充。《决算法》根据第 37 条规定增加了会计内容，议会需要提供总结性财务报表，该报表是根据总账目制定的，议会还负责批复损益表（盈余/赤字表）、资产负债表以及相关的附件，做法类似一家企业的全体大会批复各个管理部门提交的账目。

第三节　法国公共会计网络

法国公共财政体制庞大，公共开支占国民收入的比重较大，因此对公共财政的管理需要一套完整的会计网络。法国公共财政的一大特点，在于执行收入和支出、管理账目的工作由财政部隶属的会计完成，而不是上述工作所服务的部委的会计来完成。这些会计大部分属于公共财政总局，创建于 2008 年，由公共账目管理总局和税务管理总局（la Direction Générale des Impôts, DGI）重组而成，旗下有 10 万多名职员。

总的来说，法国公共会计可以分为三个大类：第一大类是国库会计，这是公共会计最主要的部分，会计成员人数较多，政府预算在全国各地的项目都主要由他们来执行，在行政关系上直接由财政部领导；第二大类是税务和公共财经系统会计，包括税务、海关以及中央银行等部门会计；第三大类是特殊专业会计，主要是指公共事业单位会计，会计种类最复杂，人数最多，一般采用较灵活的管理方式。

从中央的层面而言，直到 2007 年只有两个主会计：国库中央会计（l'Agent Comptable Central du Trésor, ACCT），执行一般预算的一些支出，管理国库的特殊账目，在政府账目集中管理当中发挥主要作用；另一个是国库总支付人，负责中央层面总预算的所有支出工作。随着设立了部门预算及会计监控部（CBCM），该组织也发生了变化，因为部门预算及会计监控部同时兼任财政监控人和公共会计的职责：作为公共会计，他们负责各自部委在中央层面上进行支出的支付工作。经济部和预算部共享的部门预算及会计监控部还负责债务管理相关的支出和收入工作。另有专业人士负责特殊业务。

公共财政总局在地方层面的网络正在结构重组当中，希望借此创立公共财政大区管理局和省管理局（目前在 20 个省份当中已有设立）。2009 年年底，原有的组织形式以下方式延存：

——在每个省（前身属于公共账目管理总局的机构）设立一名主会计，一名国库主计官（le Trésorier-Payeur Général, TPG），主计官对该省的会计有等级管理权限，对他们的工作进行汇总，并每天将汇总工作提交至公共财政总局以便统一处理。国库主计官负责支付政府在地方层面的所有支出的支付工作，征收一些收入（家庭直接税、某些非税收收入）。主计官每年就所完成的所有工作编制一个"管理账目"，该账目提交给审计法院审核。隶属于国库主计官的 3 300 个会计职位只参与国家收入的收取工作（接受国库主计官的管理），同时负责（接受会计主管人的管理）地方政府预算的执行和地方机构预算的执行。在大区，主要财务官（Les trésoreries générales）履行额外的职责：地方财政监督、经济和财务审计工作，以及培训、监督和网络管理工作。

——在各个省（对于原来属于税务管理总局的机构），一些专业会计负责征收间接税（增值税、注册费）和企业直接税。海关税和间接税总局的 40 名税务员，相对于法国公共财政总局有自主独立性，负责收取关税、石油税或欧盟以外国家进口产品增值税。最后，一些国家或地方公共机构拥有专门会计人员，不从属于公共财政总局，而由预算部任命和掌控。

第四节　公共部门会计准则委员会

一、公共部门会计准则委员会简介

公共部门会计准则委员会（le Conseil de Normalisation des Comptes Publics, CNOCP）由《2008 年 12 月 30 日编号 2008－1443 的财政法修正案》取代公共会计标准委员会而成立。这个新的委员会负责制定非市场活动的所有实体的会计准则，并主要由公共基金资助，包括捐款。所有的中央政府和政府组织、属地政府和地方公共机构、社会保障机构都由公共部门会计准则委员会来进行管辖。扩大前的公共会计准则委员会的范围，只规范法国中央政府的会计准则，扩大后其管辖范围为整个法国公共行政部门，使公共财政有能力处理一个统一的会计政策。

该委员会是负责公共账目的部长管辖下的咨询机构，对其管辖范围内适用于任何实体的所有立法文本发表初步意见。在国家层面上，也可以对会计准则的规定提出新的创新性规定。它还积极参与公共会计的国际辩论。这些意见对公众是公开的。

该委员会是由负责公共账目部长任命的主席管理，有如下设置：1 个学院、3 个常设委员会、1 个政策咨询委员会。同时它设有 1 个总秘书处，并具有内部规章。

学院由委员会主席及 18 位成员组成：其中 9 位为法律专家，9 位具有相关资历的人士。学院以以下方式通过意见、建议及提议：如有 10 位成员出席，以多数出席成员同意通过。此外，学院制订工作计划并通过年度工作报告。3 个常设委员为：国家及国家隶属机构委员会、地方政府及地方公共机构委员会和社会保障及类似机构委员会。委员会负责学院的各项审议工作，每个下设委员会由 1 位学院成员担任主席，主席职位由委员会主席任命。各下设委员会的组成由委员会内部规章规定。每个下设委员会包括：法律专家和具有相关资历的人士。但是每个下设委员会成员不得超过 20 人。政策咨询委员会主席一职由委员会主席兼任。该委员会处理所有与会计标准化战略，尤其是与整合公共会计标准与企业会计标准性质及影响相关的所有事宜，并对委员会年度工作计划及年度工作报告进行审议。该下设委员会包括 21 位成员：其中 6 位成员来自于会计标准主管机构咨询委员会；6 位成员由会计师高级委员会及国家会计专员协会推荐，3 位成员来自大学，其余 6 位成员为公共财政领域的专家。

公共部门会计准则委员会负责公共账户概念框架的公众咨询。公共账户的概念框架用于公共部门会计准则委员会负责范围之内所有的政府单位。公共账户的概念框架本身不是一个标准，它的目的是尽可能制定一套统一的会计准则和标准，可由不同的政府单位协调应用。为了验证这一文件，公共账户部门委员会组织公众咨询，收集任何受法国会计准则制定影响的当事人的意见。反馈声明，公共部门会计准则委员会收到了关于政府账目概念框架草案 19 份答复。受访者大致同意概念框架的建立，认为这是一种改进。这也是对所有法国公共部门实体会计质量持续提高的积极贡献。该框架是增加公共账户的可理解性必不可少的，以便使民众得以行使公共政策执行的控制。它还有助于一套适用于公共部门实体标准的协调性和一致性。

二、公共部门会计准则委员会的发展由来

1946 年，法国政府成立了会计标准化委员会（1947 年改为会计高级委员会），其职责为提出整体一般会计科目表（Plan Comptable Général，PCG），并协调编制专业的会计科目表。1957 年，成立国家会计委员会（Conseil National de la Comptabilité，CNC），其主要职责为对必须建立账务的所有实体的各项适用会计规定做出事先的意见。1998 年，通过了对会计准则改革的法律，成立了会计准则委员会（le Comité de la Réglementation Comptable，CRC），其职责在于为必须建立账务的所有实体建立适用于它们的会计准则，公共会计准则管辖下的公法法人除外。会计准则委员会根据国家会计委员会的意见做出表态，后者有权限对公共会计准则做出事先意见。2001 年《财政法组织法》这项关于新的预算和会计系统的法案规定，国家拥有一个统一账户，针对该账户，由来自公共部门以及私营部门专家组成的委员会形成意见后采用新的标准。2002 年，根据 2002 年《财政法》成立公共会计标准委员会。2007 年，对国家会计委员会进行改革，标志着开始执行勒博帝（Lepetit）报

告，将国家会计委员会和会计准则委员会进行合并，成立新的会计准则主管机构（l'Autorité des Normes Comptables，ANC）。2008年，确认了国家会计委员会和会计准则委员会在会计准则委员会原有基础上进行合并，成立了会计准则主管机构，仅对私营部门会计账务具有管辖权之后，普拉达（Prada）报告主张成立公共部门会计准则委员会，以接替国家会计委员会的咨询权限，以及准则委员会在公共账务方面的权限。2008年7月米歇尔·普拉达（Michel Prada）先生起草的报告，建议成立公共部门会计准则委员会。

第五节　法国政府会计准则

一、法国政府会计准则的制定

2001年8月1日，《财政法组织法》得到通过，从2006年1月1日开始由中央政府实施，并要求成立一个公共部门会计准则委员会来为全国性的公共部门制定更为清晰、更有针对性的准则，其中第27条规定：中央政府应记录预算收入及支出账目以及所有其交易的通用账目，此外，中央政府应实施一种会计体系，旨在分析作为其计划的一部分而进行各种行动的成本。因此，《财政法组织法》规定，中央政府的会计规则应与企业会计规则相同，但中央政府活动的特定性质决定了差别时的情况除外。《财政法组织法》为法国政府制定新的会计准则指明了方向。

新的政府准则适用于中央政府的通用财务报表，并基于权责发生制会计原则，要求交易在交易相关的执行年期间确认，独立于支付或收入日期。企业财务报表所适用的法规中也采用相同的原则。权责发生制会计原则应用于中央政府的所有规则和准则，因此应引用适用于企业的规定进行阐述。这意味着，准则必须确定哪些企业会计规则可直接适用于中央政府，哪些规则需要进行调整，以适应其活动具体特征，以及需要创建哪些规则对《企业会计准则》未涉及的交易进行说明。在中央应通过政府概念框架，说明某些中央政府交易的规模和具体性质，对新规则中会计的范围、目的和限制的初步备注进行说明。

在会计准则中，首先制定了中央政府会计概念框架，它并不是一项制定作规则的标准，主要有三个作用：一是可以呈现适用于中央政府的会计准则基础假设；二是定义这些假设产生的主要概念；三是可以明确账目所提供的财务信息的范围和限制。但是概念框架也并不是解释账目所提供的财务信息的范围和限制，它可以帮助会计师和审计师理解、解释规则，同时还帮助会计信息的使用者更好理解其范围和限制。主要目的是为了给规则制作者、负责记账和拟定账目的会计师、负责证明的审计师和财务信息的使用者解释及理解会计准则提供帮助材料。这些解释可能对于现存规则未完全涉及的特别案例的处理或新的操作而言是必要的。概念框架也可能通过解释说明会计体系的最终目的对会计体系进行定义和技术组织提供帮助。概念框架同时还帮助会计信息的使用者更好地理解其范围和限制。

此信息主要用于公民及其代表。会计信息当然必须满足负责进行和管理中央政府任务及活动的人员的需要。此信息也用于国际公共机构、资本市场和债务证券投资者。使用信息的人员的多样性要求信息具有广泛性和综合性，囊括影响财务状况的所有因素。

二、法国政府公共会计账表简介

对于企业来说，财务报表的目的是为了真实、公允地反映一个企业的资产和负债、财务状况以及盈利或亏损状况。对于中央政府，企业财务报表法规中使用的关于企业财务报表的概念不再适用。更为根本的是，《财政法组织法》以确定与企业会计的主要不同开始，因为第27条规定：中央政府的财务报表必须合规并如实、真实、公允地反映其净值及其财务状况，而不提及盈利或亏损。

（一）净值、财务状况、净资产/权益、承诺

净值通常被定义为与一个人有关的权利和义务的总和。

财务状况是净值概念的财务和会计陈述。

为了真实、公允地反映净值和财务状况，需要定义这些权利和义务的范围。需要对这些权利和义务进行确定、计量并说明，以便使用资产和负债分类。如果是中央政府，在进行分类是应当考虑以下几点：中央政府权利和义务的多样性和数量是指我们只保留对其财务状况有重大影响的、意味着财务状况结构发生增加、减少或变更的因素；由于没有初始启动日期，没有编制期初资产负债表，因此没有初始资本数量；较长经济寿命的资产计量提出特殊问题；资产的概念，如企业会计中使用，并不充分说明中央政府的情形，资产包括主权这个非常特殊的"无形资产"及其推论、征税的权利；主权也具有关于负债概念的重大结果，有时需要超出传统负债如企业责任等常规责任记录以外的供中央政府使用的原始解决方案。

也就是说，中央政府的资产和负债的对比对于超时的会计记录的一致性和准确性以及对于中央政府财务状况的分析而言是必需的。但是，即使对比可能与重要原则（尤其是权责发生制会计）一致，但也不能像企业资产和负债的对比一样进行解释。因此为强调此差异，政府财务报表仍采用以净资产/权益表形式的资产负债表呈现。

（二）盈利或亏损、绩效

由于中央政府的特殊性和收入费用在权责发生制下存在的问题，在《财政法组织法》第27条并未提及盈利或亏损。在企业当中，盈利或亏损是基于权责发生制原则最普通的会计计量，使得费用与收入的匹配成为可能。如果是中央政府，收入基本上与因产生费用的活动产生的商品及服务的销售不相关。收入通常与费用不相关，而且原则上收入不被分配支付特定费用。

在企业会计当中，应计费用和收入可在两个阶段进行匹配。首先，我们可以记

录会计期间所消耗的资源相关的应计费用。这些费用能让我们对会计期间的企业生产进行计量。其次，为了计算盈利或亏损，我们需要计入以前期间存货并在考虑期间出售的生产相关费用。我们也需要扣除该期间产生的计入年末存货中的生产相关的费用。

至少在所消耗资源相关费用的情况下，第一种应计项目可转换成中央政府的财务报表。如果我们想通过计划或通过其他分类细化成本，这种转化是极其重要的。我们也可确立规则，要求在相关债务产生年度财务报表中记录政府转移性费用。然而，由于已经提及的原因，我们不能将权责发生制原则匹配费用转换成收入。

因此，我们不能像在商业企业的情况下那样解释盈利或亏损的等级。但是，只要确认费用和收入的规则已经确立并依照方法的一致性原则应用，多年的盈余或赤字变动就可提供财政政策影响相关的重要信息。

（三）与预算的联系、与管理及目标的关系、与国民账户的联系

预算作为一项授权法案拟定并通过。支出授权涵盖承诺和付款。预算授权的执行因此需要记录承诺和记录付款的会计体系。预算会计体系和通用会计体系之间的联系是一项重要目标。通用财务报表，应提供拟定预算和理解预算执行的有用信息。所采用的原则需要在概念上对不同的体系进行整合，且不同体系的结构须一致，以便在监测预算执行的各种体系之间实现联动关系。即使预算规则需要独一无二并遵循自身的逻辑，但预算账户之间应存在简单的联系。《财政法组织法》将这种联系定义为收入和支出记录，以及提供年度通用财务报表信息的会计记录。

《稳定与增长公约》下做出承诺的遵守情况在国民账户的基础上进行计量。国民账户体系有其自身的规则，这通过账目必须符合的特殊约束来证明。但体系的基础通用原则明确指权责发生制会计，以及主要概念相同。因此，中央政府财务报表的可理解性和可靠性取决于它们是否与国民账户数据一致。此等一致性需要在概念上和数量上实现。这意味着，两种体系下理应相同的会计概念和规则必须使用完全相同的定义，并产生相同的结果。同时这也意味着，概念和规则之间的差异需加以确定和说明。此外，年度结果上的任何差异都需要说明、计量，并在调节表中进行列报。

（四）计量成本和绩效

权责发生制会计是《财政法组织法》第 27 条条款下规定的行为成本分析会计体系的一个基本要素。一般概念在不同的会计体系中以相同的方式进行定义，以致管理单位之间可进行有意义的比较。完全成本的概念需从权责发生制会计概念上进行定义。此项要求并不意味着管理人员必定要追踪全部成本。而仅仅意味着从某种层面或在某一管理单位（性质上可能不同）追踪的成本对于这一普通概念而言应是可比较的。

这样，不同部门活动产生的费用或代表其他单位参与实施特定业务收入的匹配有助于计算净成本。这些成本可比作与所提供服务的质量或某些其他特征相关的非货币指标，或这些成本可用于设定目标。成本、目标以及结果的比较提供了管理绩效相关的有用信息。

三、政府会计的原则特征

《财政法组织法》第 27 条提到了一致性、忠实列报和真实、公允的反映的原则，这些被公认为会计原则，虽然真实、公允的反映有时被认为是一个原则，但其更是一个目标。在本条款以外，所有公认的会计原则应适用于中央政府。以下原则列表不一定详尽，涵盖了对于所有企业会计准则似乎共有的各项原则。一项原则未被提及的事实并不意味着这项原则不被视为适用于中央政府。

（一）一致性

这项原则规定，财务报表应与适用的规则和程序一致。

（二）忠实列报

这项原则规定，应用有效的原则和程序以便忠实列报负责拟订财务报表的人员对于报表中所记录事件的实质性和重要性的了解情况。

（三）真实、公允的反映

真实、公允的反映没有直接定义。法国和欧洲法规规定，当一项会计准则的应用不足以提供真实、公允的反映时，应在财务报表附注中提供进一步信息。此外，在例外情况下，如果一项规则的应用不提供真实、公允的反映，应放弃使用这项规则。附注中必须提及并说明该等放弃使用，提供该等放弃使用对财务报表影响的相关信息。

（四）权责发生制

此项原则与会计期间的概念相关联，会计期间通常为一年。权责发生制会计原则要求只对实际相关联的会计期间的费用和收入进行确认。

（五）持续经营

此项原则规定，中央政府应在可预见的未来期间持续开展其经营活动。所有资产在持续经营的基础上估价。

（六）方法的一致性

连续多年会计信息的一致性要求会计规则和程序一致。这对于比较年限、计量趋势和分析绩效而言是必要的。会计惯例和方法的变更应仅在有助于财务报表进行更真实、更公允的反映的情况下发生。对报表产生重大影响的任何变更必须在财务报表附注中进行说明。

（七）信息质量

此项原则规定，会计体系必须符合以下质量标准：

1. 可理解性。财务报表中提供的信息对于假定对会计信息有合理认识的使用者而言必须是直接可理解的。这并不排除复杂科目相关的信息，因为与决策目的有关，这些复杂科目信息必须计入财务报表中。

2. 相关性。当信息与分析的数据相关联时，而且能够让使用者对过去、现在和未来的事件做出更好评估时，那么信息就是相关的。信息的相关性受其性质和重要性影响：在某些情况下，信息的性质本身足以让信息具有相关性，且有益于评估实体所面临的风险和机会。但在其他情况下，我们需要对信息的性质和重要性进行评估；重要性描述的是财务报表中所含信息对于决策者的价值。如果一条信息或多条信息的遗漏、不披露或误述能够对使用者做出的决定产生影响，那么此等信息则被视为是重要的。

3. 可靠性。可靠的信息没有重大错误和偏见。此等信息如实呈现其意图、内容或能够合理预期的内容。要实现可靠性，信息必须满足其他标准：信息必须如实呈现其意图、交易及其他事件；信息需保持中立，含义无偏见；信息需保持审慎，合理评估情形，不夸大资产和收入，也不低估负债和费用；信息需完整。

四、预算与政府会计准则

预算会计的内容主要包括两个方面：根据预算决议，跟踪支出贷款和收入贷款的消耗情况；在预算目录的框架下，最大限度掌握收入和支出的情况。

为了更好地完成上述两项，会计建立了一个贷款消耗情况清单和一个收入支出实现情况清单，随附各类相关资料。清单按照预算款项确定，囊括所有收入和支出。

（一）贷款消耗情况清单

根据预算表决细则，涉及经表决同意的贷款，在任何时候，该清单上都必须出现可支配贷款的结钱结果。预算类或者款项的编号；预算类或者款项的名目；原始预算的预算许可；更改决议的预算许可；总预算许可；按预算类或款项开具的收入凭据和付款通知的总额；按预算类或款项取消的收入凭据和付款通知的总额；按预算类或预算款项统计的纯收入和纯支出；按预算类或款项区分预算许可和预算的实现情况。

（二）收入支出实现情况清单

该清单包含某会计年度内拨款审核人开具的所有收入凭据和支出付款通知，与贷款消耗情况清单相呼应。像预算的收入和支出情况一样，它按照预算款项进行细分，包括下列内容：预算类编号；预算款项编号；预算款项名目；自会计年度1月1日起开始开具的收入凭据和付款通知单总额；自会计年度1月1日起开始取消的收入凭据和付款通知单总额；自会计年度1月1日起开始合计的收入凭据和付款通知单总额。其中还包括按项目类统计的收入和支出总和以及所有项目类的收入和支出总和。

(三) 预算表

预算表按预算款项建立，包含每项业务的下述内容：业务日期；收入凭据或者支出付款通知单号；取消的收入和支出总额；按天统计的净收入和净支出；会计年度净收入和净支出合计。

(四) 向拨款审核人转交相关证明材料

根据双方约定的频率周期，由会计将贷款消耗情况清单和收入支出实现情况清单转交拨款审核人。对于大区、省和人口规模超过或者达到 500 人的市镇而言，频率为至少 1 个月 1 次。而对于人口规模小于 500 人的市镇则至少 1 个季度 1 次。

五、政府的财务报表

根据《财政法组织法》第 54 条规定，政府的总账目包括一个资产负债表，一个收益账，一个现金流量表，一个附件（200 多页）（见表 8-1、表 8-2、表 8-3），将详细说明会计方法，并对资产负债表外的承诺进行评估。这些财务报表由公共财政总局编制，由预算部长于 N+1 年的 5 月批准，并接受审计法院的认证程序。

预算账目所专属的财务报表（按照目前的法律情况不需要认证），包括以下内容：决算法当中规定的总结表（已经执行的收入和支出总表，每个计划和工作内容所消耗的承诺许可和拨付经费，预算收入的发展情况）；每个计划年度报告当中的详细数据。

表 8-1　　　　　　　　　净资产/权益表

项　目	第 N 年			第 N-1 年	第 N-2 年
	总额	折旧减值损失	净额	净额	净额
固定资产					
无形资产					
有形资产					
金融资产					
固定资产总计					
流动资产（现金除外）					
存货					
应收账款					
纳税人					

续表

项　目	第 N 年 总额	第 N 年 折旧减值损失	第 N 年 净额	第 N-1 年 净额	第 N-2 年 净额
客户					
其他应收款					
预付费用					
流动资产总计（现金除外）					
现金					
银行余额和库存现金					
在途存款					
其他现金项目					
现金等价物					
现金总计					
递延费用					
资产总计（Ⅰ）					
金融负债					
可转让证券					
不可转让证券					
金融负债和其他借款					
金融负债总计					
非金融负债（现金除外）					
运营负债					
干预负债					
预收收益					
其他非金融负债					
非金融负债总计					
风险和负债准备金					
风险准备金					
负债准备金					
风险和负债准备金总计					
其他负债（现金除外）					

续表

项 目	第 N 年 总额	第 N 年 折旧减值损失	第 N 年 净额	第 N-1 年 净额	第 N-2 年 净额
其他负债总计					
现金					
财政部代表和其他授权人士					
其他					
现金总计					
递延收入					
负债总计（净资产/权益除外）（Ⅱ）					
结转累计盈余/赤字					
重估和整合差额					
当期经营盈余/赤字					
净资产/权益（Ⅲ＝Ⅰ－Ⅱ）					

资料来源：法国中央政府会计准则，2013 年 2 月（Recueil des normes comptables de l'État, Fevrier 2013）。

表 8-2　期间净支出表、净政府收入表和净运营盈余/赤字表

	净支出表	第 N 年	第 N-1 年	第 N-2 年
净运营费用	员工费用			
	采购、存货变动和外部服务			
	折旧、准备金和减值损失分配			
	其他运营费用			
	直接运营费用总计（Ⅰ）			
	公共服务费用补贴			
	其他间接运营费用			
	间接运营费用总计（Ⅱ）			
	运营费用总计（Ⅲ＝Ⅰ＋Ⅱ）			
	商品和服务销售			
	成品、在制品和资本化产品库存增加			
	准备金和减值损失转回			
	其他运营收入			
	运营收入总计（Ⅳ）			

续表

净支出表		第 N 年	第 N-1 年	第 N-2 年
净运营费用总计（V = Ⅲ - Ⅳ）				
净干预费用	家庭拨款			
	企业拨款			
	地方政府拨款			
	其他实体拨款			
	政府担保产生的费用			
	准备金和减值损失分配			
	干预费用总计（Ⅵ）			
	第三方供款			
	准备金和减值损失转回			
	干预收入总计（Ⅶ）			
净干预费用总计（Ⅷ = Ⅵ - Ⅶ）				
净财务费用	利息			
	金融交易汇率损失			
	折旧、准备金和减值损失分配			
	其他财务费用			
	财务费用总计（Ⅸ）			
	金融资产收入			
	金融交易汇率收益			
	准备金和减值损失转回			
	其他利息和类似收入			
	财务收入总计（Ⅹ）			
净财务费用总计（Ⅺ = Ⅸ - Ⅹ）				
净费用总计（Ⅻ = V + Ⅷ + Ⅺ）				
净政府收入表		第 N 年	第 N-1 年	第 N-2 年
个人所得税				
企业所得税				
油税				
增值税				
印花税、其他缴税和间接税				
其他税费和类似收入				

续表

净政府收入表	第 N 年	第 N-1 年	第 N-2 年
净税收收入总计（XIII）			
罚金和其他罚款			
其他政府收入总计（XIV）			
基于国民总收入的欧盟自有资源			
基于增值税的欧盟自有资源			
基于国民总收入和增值税的欧盟自有资源（XV）			
净政府收入总计（XVI = XIII + XIV - XV）			
净运营盈余/赤字表	第 N 年	第 N-1 年	第 N-2 年
净运营费用（V）			
净干预费用（VIII）			
净财务费用（XI）			
净费用（XII）			
净税收收入（XIII）			
其他净政府收入（XIV）			
基于国民总收入和增值税的欧盟自有资源总计（XV）			
净政府收入（XVI）			
期间运营盈余/赤字（XVI - XII）			

资料来源：法国中央政府会计准则，2013 年 2 月（Recueil des normes comptables de l'État, Fevrier 2013）。

表 8-3　　　　　　　　　　现金流量表

	现金流量表	第 N 年	第 N-1 年	第 N-2 年
经营活动产生的现金流量	收入			
	商品和服务销售收入			
	其他运营收入			
	税收收入			
	其他政府收入			
	干预收入			
	利息和股息收入			
	其他收入			
	支出			
	员工开支			

续表

现金流量表	第 N 年	第 N-1 年	第 N-2 年
经营活动产生的现金流量			
采购和外部服务支出			
退税支出			
其他运营支出			
间接运营费用			
干预支出			
政府担保产生的支出			
已付利息			
其他支出			
经营活动产生的净现金流量（Ⅰ）			
投资活动产生的现金流量			
固定资产购置			
有形和无形资产			
金融资产			
固定资产处置			
有形和无形资产			
金融资产			
投资活动产生的净现金流量（Ⅱ）			
融资活动产生的现金流量			
债权证券发行			
长期国债（OAT）			
中期国债（BTAN）			
短期国债（BTF）			
债权证券赎回（短期国债除外）			
可转让证券			
长期国债（OAT）			
中期国债（BTAN）			
不可转让债权证券			
衍生金融工具产生的现金流量			
筹资活动产生的现金流量（Ⅲ）			
现金状况变动（Ⅳ = Ⅰ + Ⅱ + Ⅲ = Ⅵ - Ⅴ）			
期初现金状况（Ⅴ）			
期末现金状况（Ⅵ）			

资料来源：法国中央政府会计准则，2013 年 2 月（Recueil des normes comptables de l'État, Fevrier 2013）。

第九章

法国政府预算公开与透明度

■ **本章导读**

　　本章由财政预算透明度的国际标准开始,通过以下几个方面探讨了法国财政透明度:预算透明度的含义、预算透明度的国际标准、法国政府预算信息公开的法律依据、途径和方式、预算与账目透明度、行政监控透明度、透明度与公共政策评估,以及审计法院对促进公民对信息的掌握的作用。最后介绍国际预算伙伴关系的预算开放调查中2015年法国财政预算透明度的情况。

第九章 法国政府预算公开与透明度

公共财政国际基金会（FONDAFIP）主席米歇尔·布维耶（Michel Bouvier）在2012年摩洛哥拉巴特举办的第六届国际研讨会上的导入性报告中，定义了公共财政透明度是一项伦理的、政治的和科学的要求。他认为，公共财政透明度当然通过信息的发布来实现，但同时也是通过必要的破译和辨认，这需要研究人员具备相关的科学工具。财政透明的意愿，是政治规划，更是政治伦理，企在加强政策的可读性，提高与社会的联结，体现了一种科学的要求和一种政治上的要求。并且，公共财政透明度紧密地联系着政治权力的透明度。21世纪初的法国公共财政对于公民和公民代表来说具有更大的透明度。2001年《财政法组织法》就代表这样一种趋势的文化。在国际预算伙伴关系（International Budget Partnership，IBP）的公开预算调查（Open Budget Survey）排序中，法国位居前列。

第一节　预算透明度的国际标准：信息的发布

世界上大多数组织和人们认为，财政或者预算透明度对财政绩效有正面的影响。詹姆斯·艾尔特和戴维·德雷尔·拉森（James E. Alt and David Dreyer Lassen，2003）同时估算了债务和透明度，他们强烈证实了高度的财政透明度与较低公共债务和赤字相联系。国际性组织比如国际货币基金组织（International Monetary Fund，IMF）和经济与合作发展组织（Organization for Economic Co-operation and Development，OECD）对财政透明度给予很高的重视。经济与合作发展组织认为，好的政府与好的经济与社会成果紧密相连，而政策倾向、规划和实施的开放性和透明度是决定是否是一个好政府的关键因素。预算是政府政策最重要的文件，其中有政策目标和具体实施方案的描述。预算透明度被定义为对财政信息全面、按时和系统地揭示。

根据经济与合作发展组织对透明度的定义，政府应该提供的文件包括以下几类：（1）预算文件。预算文件必须清楚和容易理解，包括政府所有收入和支出。预算草案应提前足够多的时间交由议会审查。预算文件应有附属的文件，具体解释收入与支出规划。支出的绩效指标应被明确。预算文件应包括一个中期的视角，以及与过去对照比较的有关信息。支出要按照部门和机构分类。经济假设和税式支出要与经济与合作发展组织定义的要求吻合。预算文件还要包括政府资产与负债、非金融资产、公务员退休等相关讨论，并与经济与合作发展组织定义的要求吻合。（2）预算前期报告。这类报告主要用于鼓励关于预算的讨论，阐述政府的长期经济和财政目标、经济与财政政策倾向，为接下来的预算做准备，并强调总体收入、支出、赤字、剩余和负债。经济假设应与经济与合作发展组织定义的要求吻合。（3）月度报告。月度报告要包括每月收入与支出数额，体现出预算执行的进展，并且与之前预测的进行对比。如果实际与预测有比较大的差距，需给出解释。支出应按照部门和机构分类。报告和相关文件还要包括政府借债的有关信息。（4）年中报告。年中报告是对预算执行的更新，要对年度预算结果的预测进行更新。任何其他会对预算造成实际影响的政府决定和情况需被公开。（5）年终报告。年终报告是政府关键的会计责任报告，需被上级审计机关监督，在年底6个月之内发布。年终报告中呈现的收入与支出水平要符合议会在预算里的允许，包括绩效报告、与过去收入与支出的对比。支出要按照部门和机构分类。年终报告也要包括政府资产与负债、非金融资产、公务员退休等相关讨论，并与经济与合作发展组织定义的要求吻合。（6）选举前报告。这项报告用于大选之前，展现政府财政状况，促进更具有信息透明化的大选和公共辩论，并且最迟应于大选前两周被发布。这项报告应包括与年中报告所要求内容一致的报告，并注意其完整性。（7）长期报告。长期报告评估目前政府政策的可持续性，至少每5年要出一次长期报告，或者在收入或支出规划有较大变动时。报告应评估由人口变化（如人口老龄化）带来的预算后果，以及其他潜在发展在长期的影响。要明确任何预测后面的假设，并阐述一系列可能的和合理的情况。

一些特殊信息需要揭露。例如：（1）经济假设。所有对预算的主要经济假设预测的偏离都是政府的财政风险。所有经济假设必须被揭示，这包括国内生产总值的增长、国内生产总值增长的构成、就业率和失业率、目前账目、通货膨胀和利率（货币政策）。报告还要提供关键经济假设对预算影响的敏感性分析。（2）税式支出。税式支出是对特殊人群和活动的优惠处理造成的对税收收入的预测成本。税式支出的预测成本需被作为预算附属信息被揭示。关于哪一方面的税式支出讨论也应被包含在总支出的讨论中以便于预算选择。（3）财政债务与财政资产。所有财政债务与财政资产应在预算、年中报告和年终报告中体现。月度的借债行动应在月度报告和相关文件中揭示。借债和金融资产要按规定分类。债务管理工具比如期货合同应被揭示。预算中需包括利率和外汇交换率的财政成本影响明感度分析。（4）非金融资产。非金融资产包括实际产权和器械，估价和折旧方式需被揭示。当完全的权责发生制不被采纳时，资产应被记录，记录的信息应在预算中被提供，体现在年中和年终报告中。（5）雇员退休义务。雇员退休债务需在预算中揭示，体现在年中和年终报告中。精算统计假设应被揭示。雇员计划的所有资产应由市场价值决定。（6）或有负债。或有负债是否发生取决于未来的情况。所有重要的或有负债应在预算中指出，体现在年中报告和年度财政陈述中。可能的情况下，或有负债的总额应被揭示并且按性质归类，拖欠的历史信息应被揭示。当不能被量化的情况下，应列举出并进行描述。

为保证报告的质量和完整性而采取的措施：（1）会计政策。所有报告应具备会计政策的小结，并且对所有财政报告均有统一的会计政策。如果有所变化，变化的性质和理由应被陈述。（2）系统和责任制。内部财政监督，包括内部审计应保证报告信息的完整性。每份报告需包含各位部长和负责撰写报告的高级官员的责任陈述。（3）审计。年终报告应由上级审计机关进行审计。由上级审计机关准备的审计报告应由议会审查。（4）公共与议会审查。议会应有机会和资源对其认为需要的财政报告进行有效的审查。所有由经济与合作发展组织指出的财务报告应被公布，包括可被在网上免费下载。（5）财政部长应积极推进公民个人和非政府组织对预算程序的理解。

第二节　法国政府预算信息公开的法律依据、途径和方式

法国政府预算管理遵循"依法管理",所有的预算管理活动,都有详细的法律条文进行清晰地界定。预算公开也不例外。法国大革命时期通过的《人权和公民权利宣言》第 14 条规定:所有公民都有权亲身或由其代表来确定赋税的必要性,自由地加以认可,关注其用途,决定税额、税基、征收和时期。该法第 15 条也明确声明:社会有权要求机关公务人员报告其工作。

2001 年《财政法组织法》第 56 条规定:本组织法所提及的法令和决议都要刊登在官方公报上。除涉及国防、国家内部和外部安全或外交机密外,所有的提案报告也要刊登在官方公报上。

法国多年规划以及年度预算循环的全过程,包括编制、议会辩论及投票表决、执行、审计以及决算都按照规定的时间完成(具体流程参见第四章和第六章),并在此过程中,按照时间顺序,通过互联网、新闻媒体、出版物等渠道向社会公众公布。财政与公共账目部管辖下的预算局设有专门预算信息公布网站:Forum de la Performance,① 其中可以找到所有关于预算的文件法案,也有适合公民阅读的简介指南。便于公民随时免费下载查阅,即时掌握每年最新预算草案规划与审议动向。相关网站还有 Service-Public, LegiFrance, gouvernement, la France et vous, Référentiel Général d'Accessibilité pour les Administrations (RGAA) 等便于与公众互动、让公众自主了解相关法律的网站。

在 Forum de la Performance 网站首页上,设有公共财政、预算和国家账目、绩效和公共管理、公共管理机构、预算文件、国际监视和文件资源几项专栏。每项专栏下层层递进,具体和详细地描述并提供相关内容和文件。

具体地说,较为笼统的公共财政专栏介绍了以下几个方面:公共财政主要特征、法国公共财政情况、欧盟的公共财政框架、地方共同体筹资和社会保障筹资,以及欧盟筹资。

在预算与国家账目专栏下,设有财政法组织框架、财政法组织法、预算文件、国家的预算、预算准备和审查、三年预算、国家预算执行和国家账目。在绩效和公共管理专栏下,介绍了以下几个方面:以绩效为导向的公共管理、国家预算的绩效、管理控制、《财政法组织法》意义下的成本分析会计、内部控制、人员、公共行动现代化,以及国家现代化管理发展步伐档案。在公共管理框架专栏下,有预算管理与框架、人员雇用与支出、预算控制、预算内部控制、操作员、GBCP 和公共机构、公共利益集团、监督机构以及预算循环。在国际监督专栏下,设有国际公共管理、国际监督人员以及法国和国外有用的链接。在文件资源专栏下,设有时事、事实档

---

① 字面翻译为"绩效论坛",实际上是一个预算信息发布网站。

案、可供下载文件的软件 Budgetek、预算循环、预算文件、预算局发布、参考文件、新闻界、公开的报告、英文的文件和数据索引。

在预算文件专栏下，设有编年制的法律及各草案文件，以及每年度预算循环按时间发布的所有相关文件准备通函。在编年制的法律及各草案文件专栏下，公民可以查阅自2006年《财政法组织法》实施以来，所有政府提交的《财政法（草案）》、议会投票表决的财政预算法，包括《财政法初始案》和《财政法修正案》，还有《账目决算和审批法案》，以及所有相关的附录。此外，公民还可以查阅随着议会辩论，财政委员会的报告和对每项任务国民议会、参议院的意见报告与特殊报告。预算循环通函专栏下有每年度按时间发布的所有相关文件准备通函。

在公民参与方面，经济与财政部网站设有经济与财政公共咨询专栏。自从2011年5月17日编号2011-525关于简化和改善法律质量的法律以来，国家、地方共同体和公共机构就有在采纳规范条文之前向公众在网络上咨询的可能性。在此专栏下呈现的主题是关于经济和财政部的。这使得所有公民可以参与公共辩论并且发表观点。

另外，预算局每个月都建立预算月度状况（Situation Mensuelle Budgétaire，SMB），通过预算部长的新闻通稿发布，预算部长对月度情况以及月度数据的前景做评论。这项举动表现出了财政信息透明化的意愿，也加强了对国际货币基金组织规定的公共财政透明度良好实践准则框架下，国家预算执行的认知和理解。在规定的日期，根据提前公布的日程，国家预算月度状况提供了年内国家预算执行的真实写照，一个月接着一个月地表述主要的会计要素：支出、收入、收入的预先扣除、特殊账目余额，以及他们的总体结果，即一般预算余额。

预算月度状况通过会计数据，建立和提供了国家预算执行在执行年中变化的小结，可以与上一年度同一时间段执行观测的结果进行对照。这一月度状况报告一个月一个月地评价所有造成国家预算执行余额各要素的变化：支出的变化、税收收入变化（增值税、公司税及收入税）和非税收入（股息、国家不动产收入）。国家提供的这一指标（预算月度状况）使得所有和法国预算状况有关的角色对法国公共财政月度状况的信息保持了解，尤其是欧盟的决策机构和公共债务的债权人。

第三节　预算与账目透明度

一、预算透明度

2001年《财政法组织法》对透明度的要求是，预算的设计和编排是结果导向性或者支出目的明确的，而不再是以前的按支出部门和性质编排。于是，经费分为任务、计划和行动来编排，使得公民更好地理解纳税人缴纳的钱如何为公共政策筹资。任务代表的是国家公共政策方向，并在其下归类了由公共政策方向定义的规划。

第九章　法国政府预算公开与透明度

由议会投票表决的任务大约三十多个，有部门内、部门和部门间的。部门间的任务下各个规划属于不同部门，但是属于共同的公共政策范畴的，例如，发展协助政策、学校教育、研究和高等教育、劳动与就业等。任务只是在预算投票表决的时候具有作用，一旦《财政法》被颁布，其下的各个计划才是公共管理的单位。任务是三年预算编制的一项工具。2001年《财政法组织法》并没有明确部门间计划的负责人，在实际操作中，这是一项合作工作。

计划是预算编制的单位、公共管理和绩效度量的单位。一项计划包含了一个部门的一系列一致的行动所需的经费，并设有目标和预期结果。计划也包括了各种不同性质的支出：人员经费、运营、干预、投资等，包含一项政策的整体经费。这些经费由矩阵的形式表现，一方面按目的与结果编排（即行动），另一方面按支出性质编排（即条款）。《财政法初始案》一旦颁布，经费通过分配法令拨付给部门的各个计划，同时还有人员经费上限和其他条款的支出。一个计划是一个责任中心，需要经费和人员的周转。为了保持公共政策成本的透明度，计划下行动的成本会计分析（comptabilité d'analyse du coût）反映出整体的支出。有一些支出由于其特殊性，并不属于某个计划，例如，公共权力的拨款（共和国总统、国民议会、参议院、宪法委员会），有一个经费上限但是没有具体的细化和目标；公共权力的拨款包括偶然性及不可预料的支出，以及薪酬的总体度量。

行动的总数大约为600个，细化了公共政策的具体目标。行动并没有什么限制，但在年度绩效草案中被评价，在执行中也要提供相关信息，为决策者提供公共政策成本的有用信息。

预算信息透明度也通过预算文件的附属文件反映出来。"方法与手段"（voies et moyens）细化了预算收入，每个计划的解释性附件（蓝色文件）包含《年度绩效草案》，描述了经费、使用、绩效、第一欧元论证、操纵机构、税式支出、承诺许可与拨付经费程序登记表，以及行动的成本分析。决算法除了呈现国家总账目以外，还包括最终支出和收入的解释性附录，和每项计划与《年度绩效草案》结构相似的《年度绩效报告》。

每个部门的预算职位描述了根据唯一的准则"等价于全职工作职位"（Equivalent Temps Plein Travaillé，ETPT）的国家支出薪酬的所有职位，无论是公务员、合同制员工还是临时雇用人员。它考虑到工时的分配（非全时工作）和一年内上班的时长（一年内雇用的日期）。2014年职位的上限为国家机构1 906百万个，各操纵机构392 000个。对职位的投票不仅在于职位的增加和取消，也针对职位的储备。支出要明确整体的成本，对于每个职员的薪酬，对于公务员来说，雇主缴纳的分摊金在2014年为74.3%，被缴纳到特别分配的退休金账户中。《年度绩效草案》要明确规划的经费和使用，是决策者和公民对公共政策的实施有一个完全的视野。

每个规划的经费要经过"第一欧元论证"。在《年度绩效草案》中，不仅要读出新的度量方式，还要有具体细化的公共支出元素：人员成本数额、公务员比例、补助金额、干预部署（补助金收益者数目×数额），以及新的投资。

税式支出被写在"方法与手段"分卷。2001年《财政法组织法》规定了税式支出在每个计划中的分配。在同一个文件中显示出为实现一个公共政策的所有方法。附录提供了一些特别的信息：一项预算范畴变化的分析、像地方行政区域预算一样，将预算分为两大部分（运营部分和投资部分）的指示性描述、经费的储备率。总附录为议会提供信息。"黄色"文件描述了的主题有：人员支出、退休制度、操纵机构、协会的补助、与地方行政区域的关系、社会保障，以及与欧盟的关系。交替政策文件（Documents de Politiques Transversales, DPT），即"橙色"预算文件，是关于由不同部门规划的政策，如对外行动、国土管理、外省、道路安全、城市等。

公共机构也用矩阵的形式（一方面是支出的目的，另一方面是支出的性质）来表述预算。但是地方行政区域是否要施行2001年《财政法组织法》的制度是一个问题。如果没有按照目的来编写预算的制度，地方行政区域可以不按支出性质来编制，而按照功用来编制，比如道路、社会援助、学校教育支出。如果按照类似于国家预算的任务/计划/行动这样的结构来编制，这就相当于委托地方行政区域采用自己本地的编制目录，但是现在预算的一致性是当前提倡的。为了提供信息，规模比较大的地方行政区域也可以采纳按目的来编制的预算目录，有一些地方已经编入了这样的形式。地方行政区域的预算各部分的功用分隔得很远，为了均衡性原则，运营部分和投资部分的区别很明显，不允许这两种性质的支出相互替代。考虑到地方行政区域的自主性，《财政法组织法》在地方的应用显得有些不合适，但是一些管理上规则的改变和实践中比较好的应用，使得一些较大规模的地方区域逐渐向《财政法组织法》的道路靠拢。

二、账目透明度

只有财务账目能反映出一个机构真实的财务状况。和预算不同的是，预算是预测行为，而账目的真实性是参照标准规范的。账目的准确性要遵守欧洲的相关义务规定。

按照《2012年11月7日编号2012–1246关于预算管理和公共会计的法令》（GBCP）①的定义，公共会计是一个财政信息的组织系统，负责获取、分类、记录和监控预算、会计和现金业务的数据，以便建立合法的和真实的账目；公共会计负责汇报各种财务报表，以确实地反映资产的状况、财务的状况和执行年结束时的收支结果；公共会计还要计算行动和工作的成本，以及绩效的评价。公共会计分为一般会计、预算会计和分析会计。

一般会计描述了所有影响资产、财政状况和结果的变化。《宪法》对所有公共行政的会计原则来源于公司会计：账目的合法性和真实性、收支结果与资产以及财政状况的准确性。

预算会计描述了承诺许可与支付的拨放和使用，以及收入许可的记录，反映经费的使用情况。

分析会计基于一般会计之上，度量某个结构组织、某项工作、某项规划、某个

---

① Le décret n°2012–1246 du 7 novembre 2012 relatif a la Gestion Budgétaire et Comptable Publique (GBCP).

产品或者某项补助的实施的成本，使得组织和管理的决策更加明了。

GBCP法令以来，国家与公共机构和社会、地方行政机构不同的地方在于明确的预算会计和一般会计的双重系统，而地方行政区域和社会保障行政保持着两个会计系统的统一。

会计规范化定义了各财务报表的目的和结构、价值和分类标准。公共行政会计准则由政府部门决议确定，由一个独立于账目建设者的权利机关提议。公共部门会计准则委员会（CNOCP）是一个咨询机构，负责协调和统一公共行政会计标准。根据一般会计的规则，委员会和国家、地方和社会保障行政主管常务委员会起草会计准则草案，适用于公共行政人员。

为了保证真实的透明性，国家账目既通过预算会计又通过一般会计来表现。与英国文化地区会计不同的是，英国会计是通过每一个部门来呈现的，而法国会计集中在国家层面。预算会计包括划拨会计（为了某项投资而预先储备的承诺许可）和承诺许可、拨付经费和收入会计，以及使用支出的许可会计。预算会计近似于现金流会计。不存在预算准则，只有一整套的法律规定（《财政法组织法》和《财政法》），集中起来作为预算会计的标准。预算会计虽然要被审计法院审查，但并不被鉴证。

一般会计是基于权利和义务的事实原则基础上的（《财政法组织法》第30条）。支出和收入业务（支出的相关工作、发放纳税名册或赋税的申报）只考虑与其相关的执行年（会计年度），独立于它们的支付和收款日期。账目的透明度表现在，12月31日要对债务和债券的实现进行描述，无法实行支出和收入的延期。账目由公共财政总局的国家会计事务产出，并由审计法院鉴证。国家实行的总会计准则和公司会计准则不同之处只在于其行动的特殊性（对公共事务的补助、税务等）。会计准则由国际标准和一般会计科目表建立起来，定义了每个开支与收益科目，以及每个资产与负债科目。由公共财政总局在一份国家会计制度表中写出（资产负债表：类别1至类别5；盈余/赤字表：类别6和类别7）。财务报表包括一张损益表（盈余/赤字表）、资产负债表和现金流量表，以及资产负债表以外契约的附表。

2006年以来，根据会计准则所规定的估价准则，国家资产负债表每年呈现的是资产与负债。国家并不像公司一样以利润为目标，因为国家在其整个领土上通过税收来为公共服务工作筹资，并进行收入再分配。于是，这项资产会计是一系列关于国家财政情况的信息和为审计法院监控提供的载体。它也是公共决策者的一项管理工具，因为它度量的成本和绩效是决策的基础（跟踪债务和债权、计算未来的开支、对资产进行动态的管理等）。

账目透明度因为会计多样性的不同概念而有所改变。预算会计（现金出纳）和一般会计（资产）的区别，一方面，是来源于预算支出和收入，对损益表［资本净值（patrimonial）］没有影响，因为像投资业务和借出被记录在了资产负债表上；另一方面，财政盘点业务（开支的支付、分摊折旧和准备金、预先观察到的收益和费用等）只对损益表有影响（资本净值）。从预算损益结果到国家会计结果，这是由欧盟保留下来的筹资能力或需求的概念，要减去财务性质的预算业务（借出款和预扣款）并加上影响筹资需求的非预算业务（债务减免）。

2001年《财政法组织法》建立的行动成本分析会计是会计的第三个维度，目的在于计算在预算的规划之下各个行动实施的成本。成本分析会计在预测和执行阶段度量公共政策的全部成本；会计记录的不是直接的开支，而是全部的成本。

GBCP法令以来，公共机构账目（les comptes des organismes publics）既通过预算会计的现金原则来展现，也通过一般会计的权利和义务的事实原则来展现，其财务报表包括一张资产负债表、一张损益表和附表。也可以以类似于一般会计科目表那样的会计科目表来展现账目合并。

在国家中央政府机构账目建立之前，从1994年开始，社会保障账目根据权利和义务的事实原则建立起来。利用社会保障机构自2001年起唯一的一张会计制度表，会计高级委员对其进行规范化。账目合并（损益表、资产负债表和附表）是通过几个步骤来完成的。基础机构的年度账户会被转至国家分支机构进行集中，建立这一分支制度的合并账目，并被其行政委员会核准。所有合并账目要被社会保障机构的常设会计团队进行核对后，再被最终送往社会保障部和审计法院。社会保障账目委员会由部长领导，对公众公布制度的账目；它召集了所有相关人员，例如议会代表、法院代表、职业机构代表、行政委员会代表以及具有法人资格的代表，使得赤字的结果引起更多的重视。

地方行政区域各地的账目也实行一般会计。标准由预算局的公共财政总局规定，按预算类（chapitres）定义预算分类目录，根据地方区域的种类，按一般会计中的类别分类：M14针对市镇，M52针对省，M71针对大区。拨款审核者负责行政账目，承诺和签发付款通知的预算业务，而会计负责管理账户，建立所有已实现的预算业务，也就是损益表和资产负债表。账目要在6月1日交予拨款审核者以便与行政账户进行对照比较，接着被提交给评议会。账目透明度可以通过行政和管理账户的合并来改善。账目的决议通过6月30日之前的评议会对地方行政长官陈述的行政账目进行的投票来表决。

第四节 行政监控透明度：政治权力的透明度

法国经济与财政部下的财政稽查总局，监督中央行政部门。它们的工作、监控、调查和报告，由各部门部长支配。这些工作大部分情况下是机密的。部门部长有全部的决定权。所以，在这一方面的透明度完全取决于政治意愿。部门总稽查是国家高级行政人员，但是由部长支配，部长是其上级，可以决定给他们的任务、负责人员以及后续工作。财政总稽查人员不多，可以很快调动执行任务的人员很少。任务决定、指派人员的决定均由部长、办公室主任和总监督首长决定。在这样的条件下，任务的内容、察看、结论和提议的透明度均由部长支配和自由决定。

总有理由来反对透明化。例如对某项行政工作（比如某大区财政局）的监督控制,在这种监督下,总能找出工作方式上的问题、纪律问题,甚至严重的情况下的司法问题。但是程序总是经过很长时间,平均为一年左右。这种情况下不可能发布各种反映问题人员的报告。此时的透明度是不可能。这种监督的延续性也由部长中央行政有关首长决定。例如,某议会会员想了解某部门下的某负责人是否有问题和什么问题。如果他想看报告,他很可能无法拿到报告。他必须去向部长索取,在适当情况下,他可能获得的是口头的陈述和结论。部门部长或他的办公室会很容易以税务机密、银行机密、职务机密或者私人机密等理由拒绝公布报告,如税务机密通常是正对议会议员的。

然而,也有可能就某一主题,部长甚至政府,向议会和公众,自由决定接受一定的透明化。例如在对标准征税例外减轻的特殊条款(niches fiscales)处理上。这一问题一直是议会和公众议论的焦点。是否要保留一些措施?到什么程度?为了什么目的?为了使得这些问题更加清晰,政府曾要求财政总监督做了很多调查。政府负责公布一些不完全的信息,针对一些 niches fiscales 的维持或修改。所以在这一问题上,透明度表现的具有一定方向性。

另一对信息透明度的改变,是 2007~2008 年金融危机以后,发现公众对于金融产品和情况的信息比较闭塞。因此,政府认为有必要进行金融立法的重建,更加保护消费者利益。这项工作从 2008~2009 年起以总结报告的形式,特别是针对信息方面的立法。

第五节　透明度与公共政策评估:破译和辨认

上文我们提到,公共财政国际基金会主席米歇尔·布维耶在 2012 年摩洛哥拉巴特举办的第六届国际研讨会上的导入性报告中提出,公共财政透明度当然通过信息的发布来实现,但是同时也是通过必要的认知,这需要研究人员具备相关的科学工具。而公共政策评估则是为实现公共管理透明化的一种手段和方式。

公共政策评估字面上看似简单,但我们可以猜想到其背后操作上的困难,这也可以解释法国公共政策评估的长时间的发展道路。但是,评估的定义和要求是少有争议的。评估,指的是制作一套参考系,是一项观测、度量和分析技术工作。德洛(Deleau,1986)的报告中指出:评估公共政策,是对政策效果的再认识和度量,通过评价系统的鉴定程序,进行度量(优先考虑定量指标)、对照(将其他状况与所观测状况进行比较)和因果解释。公共政策评估的目的在于研究那些司法、行政和财政手段的实施是否产生的政策所期待的效果,是否达到了政策所规定的目标。1990 年 1 月 22 日,又被改为:对一项政策评估的目标在于通过对比规定目标的结果和实行手段来评价政策的效率。1998 年 11 月 18 日创立了国家评估理事会,1998 年 11 月 28 日的通函指出:公共政策的评估在于对比成果和实施手段与方式——司法、行政或者财政——并与最初规定的目标进行对比。这与监控或检测工作不同,要对政策的效率得出一个一致赞同的评判,而不是简单的核查行政或技术规范是否被遵守。

评价工作同时是一项制度性工作,融入公共管理和公共系统运作,意在达到一个明确的目标:公共管理透明化。

在国家现代化进程中,评价制度是新公共管理不可避免的工具。现在,这项工具不仅属于行政范畴,新的人员在辩论中占有了优势:议会和审计法院。2001年《财政法组织法》在财政法案的阐述上,通过将公共支出写入任务、计划和行动,以及各种经费的目标和指标、成果和工作服务的质量,使公共工作可以被议会评价。这项法律上的义务引起了法国行政上新的实践方式,真正的评估文化的第一步:管理与操纵控制。这一步是必要的,各部长和人员开始按秩序运行。但这些人员还不足以很好地驾驭评估工作。事实上,预算的年度性使观测影响的时间过于短暂,此外,并不是所有的行为都被进行系统评估,设计上,《财政法组织法》的计划是部门的,只有任务是部际间的,有一些互动行为仍然是不太能被观测到的。解决方式当然在于新人员的参与,即人员多元化。

过去,在政治生活中,议会只能远距离地对公共政策做出评估。由于2001年《财政法组织法》,尤其通过为了支持国家账户认证的年度绩效报告,议会这次抓住了提供给它评估公共行动的机会。这样,从此以后,评估工作便属于议会具体的职权和工作。另外,1999年建立了评估与监控任务(Mission d'Evaluation et de Contrôle, MEC),几年后,2009年,国民议会成立了评估与监控委员会(Comité d'Évaluation et de Contrôle),这两件事情亦可见证公共政策评估已融入议会的政治生活中。

第六节 审计法院:促进公民对信息的掌握

依据插入《宪法》的第47-2条的2008年7月23日宪法法律[1]第22条规定:审计法院协助议会监控政府的行为。审计法院现在协助议会和政府监控财政法预算法的执行以及《社会保障筹资法》的实行,同时协助公共政策的评估。通过审计法院面对公众的报告,促进公民对信息的掌握。所以,评价已经成为一项《宪法》意义上的义务,议会由审计法院协助,开展评估工作。审计法院协助议会进行这项任务,审计法院的工作与职责也因此扩大:从《财政法组织法》以来,从监控认证到现在的政策评估。

根据《宪法》第47-2条,审计法院的职责是保证公共钱财正确的使用,并提供公民信息。审计法院是一个独立的司法机关,与议会和政府之间有同等距离,协助两者。法院通过其网站向公众公布它的所有工作(除非特殊的机密要求)。审计法院的监控和评估包括以下方面:(1)合法性:公共钱财是否按实行的法律规定被使用?(2)效率和经济:观测到的结果是否与所使用的投入相称?(3)成效:观测到的结果是否符合所追求的目标?

---

[1] 《2008年7月23日编号2008-724第五共和国制度现代化的宪法法律》。

第九章 法国政府预算公开与透明度

审计法院的报告在公布观测状况的同时提出建议。这些建议是具体的方法，意在以最优的成本纠正浪费和推进公共管理工作的进步。审计法院保证这些建议后续的实施并跟踪。年度公开报告就是用于后续情况的。当它发现有违反法令或者管理错误的情况时，审计法院也可以对决策者和公共管理者的职责提出问题。在一些情况下，审计法院自己判决和宣布惩罚方式，在其他情况下，它让权力主管机关负责后续，如预算与财政纪律法院或者司法审判。

2016年2月10日，审计法院公布了《年度公开报告》。审计法院的《年度公开报告》是向公民公布信息的重要机会。以2016年《年度公开报告》为例，共分为两卷。报告以2016年1月底的公共财政状况分析作为导入，第一卷公布一些观测情况并且做出建议和具体改善公共基金使用与公共工作的效率。这样，公共政策、组织方式以及公共服务工作管理的分析突出显示了效率系数和取得的进步，并且通过17个案例的学习就公共管理改革进行教育。第二卷陈述了审计法院、区域与领土账目法庭的组成和职务，以及它们的行动尤其是之前提出的观测与建议的后续结果。还有公共权力的满意程度不同的14个调查案例和法院建议。它们的实行程度被法院用颜色标为不同等级：绿色（法院观测到了一些进步）、橙色（法院着重强调）和红色（法院警告）。而预算与财政纪律法院《年度报告》是作为审计法院的《年度公开报告》的附录。审计法院的公开报告的编写和发布见专栏9-1。

专栏9-1

审计法院的公开报告——编写和发布

法院每年公布一项年度公开报告和一些公开主题报告。虽然越来越多的工作被公布，《年度公开报告》一直在发挥沟通作用汇总有着重要的地位，使得公众知道法院和区域与领土法庭的工作，并且从中汲取教育意义。《年度公开报告》和其附属文件建立在法院和区域与领土法庭的监控、调查和评估工作上。这些工作由法院之下的七个法庭之一来实现，或者由多个法庭和地方行政区相关法庭协助组合。公开报告与规划委员会追踪公开报告方案的内容，由首席会长、总检察官和法院的庭长组成。公开报告方案要交给理事会法庭进行采纳。这一机构设于首席会长领导下，面对总检察官、法院法庭首长、主要参议员和特殊工作的主要参议员。为了维护法律所保护的机密，法院可以向公众公开所有最终观测到的情况来小结他们的工作。这些发布的内容不对其他不被公开的内容进行预判，法院可能保留这些内容，特别是预算与财政纪律法院或司法机构法定有的内容。审计法院《公开报告》可以在审计法院和地方行政区法庭网站上下载到：www.ccomptes.fr，由法国文献档案（La Documentation Française）发布。

资料来源：法国审计法院2016年《年度公开报告》。

各部长、议会和审计法院,这些国家级的人员和机构,这些公共行动的一线人员,组织起来进行这项已经成为一项义务的评估工作。这项进程的关键在于人员的多元化,因为评估的实现是通过伙伴化的合作的。而正如前文提到的,公共政策评估则是为实现公共管理透明化的一种手段和方式,已经成为一项制度性的工作,融入公共管理和公共系统运作,意在达到一个明确的目标:公共管理透明化。

第七节 国际预算伙伴关系2015年调查中的法国预算透明度

国际预算伙伴关系(International Budget Partnership,IBP)的公开预算调查(open budget survey)是世界仅有的独立和可比较性的预算透明度、参与度和监督调查。若要使得国际性的行动和倡议(如世界气候变化的行动)获得成功,预算的信息必须被广泛地公开。国家公民要被给予其表达声音的机会,并且要提供预算透明度独立的司法与审计监督。预算透明度、参与与监督的挑战已经在各国家受到重视。公开预算调查发现多数国家还没有提供足够的信息以使得公民和社会理解和监督预算,只有一小部分国家提供了适当的公共参与机制,正式的监管机构经常面对监督政府工作的限制性。但是,根据公开预算调查过去几次的报告,预算透明度方面已经有很大进步,直到2015年。预算透明度在世界范围内有所改善,尤其对那些过去在预算信息方面公布信息很少信息的国家。进步通常不需要很多成本就可以做到,如政府公布一些原来在内部使用的文件。调查预算信息公开度的问题主要涉及八项预算文件。2015年公开预算调查揭示各国政府在预算信息的公开度上有很大差距。

透明度对于预算讨论和合适的监督是一项重要的条件,但并不是唯一的条件。公民和社会有机会参与到预算程序以及自上而下的司法与审计的正规监管同样具有重要的意义。为了保证稳健的责任制预算系统,这三方面要同时开工。

公开预算调查用109个指标来衡量预算透明度。这些指标用来评价中央政府是否按时公开8项关键的预算文件,以及在这些文件中的信息是否是可理解和有用的。每个国家被给予一个100分以内的分数用来在公开预算指数中排序。这是世界上仅有的独立和可比较的预算透明度衡量。

2015年公开预算指数中,法国获得76/100分,显著地高于世界平均水平45分。法国向公众提供了大量的预算信息。仅仅是透明度并不足以提高预算管理。公众参与可以有效地改善效果。所以公开预算调查衡量了公众参与预算的程度。这些参与应在预算程序过程中由执行、司法和审计机构提供。法国公众参与度为40/100分,法国政府在公众参与预算程序方面比较弱,但是比世界平均水平25分要高出不少。

表9-1按各次公开预算调查的时间顺序展现了法国在八项关键预算文件上的提

供情况。可以看出，除了2008年的年中复审文件未被提供或者延迟提供以外，其他年份的其他文件都被按时公布了。

表9-1　　　　　　　　　　预算文件的可得性

文件	2006年	2008年	2010年	2012年	2015年
预算陈述	●	●	●	●	●
行政部门的预算提案	●	●	●	●	●
预算法律颁布	●	●	●	●	●
公民预算（Citizens budget）		●	●	●	●
执行年中的报告	●	●	●	●	●
年中回顾	●	■	●	●	●
年终报告	●	●	●	●	●
审计报告	●	●	●	●	●

注：■没有制作文件/延迟公布；★为内部人员使用而制作；●公布。
资料来源：Open Budget Survey 2015：France［R］. International Budget Partnership, http：//www.internationalbudget.org/wp-content/uploads/OBS2015-CS-France-English.pdf.

公开预算调查还考察了立法机关和上级审计机构是否提供了有效的预算监督。这些机构对于预算的规划和实行具有关键的作用。预算监督方面，法国得分91/100分。说明法国立法机关和上级审计机构在预算规划和实行过程中提供了足够的监督。在法律规定下，上级审计机构有自行决定审计事务的权力。而且，上级审计机构的首长在没有立法与司法允许下不可被解雇开除，以支持其独立性。而且，上级审计机构有足够的资源完成它的授权但是实际上的质量保证系统比较弱。

国际预算伙伴关系建议，为了改善透明度，法国应该提高预算执行建议文件的可理解度，未来几年支出收入的分类，同时提高年末报告的可理解度，对比计划和实际的宏观经济预测。

为了改善公民参与度，法国应该建立可信和有效的机制，例如公开审讯、调查、聚焦群体等，来获得预算方面的公共视角；在有公共见证和审听的预算部门、机构处召开立法听证会；建立正式的公众参与上级审计机构，形成其审计项目并参与审计审查。

第十章

法国政府预算监督

■ 本章导读

　　法国预算监督体系历史悠久且独具特色，在整个国家财政管理体系中具有重要作用。随着预算监督体系不断发展完善，已经基本形成三足鼎立的局面：议会宏观监督、政府内部日常监督与审计法院司法监督分工明确、相互配合的全方位、多层次预算监督体系。本章从议会监督、内部监督与审计监督三个角度系统地梳理了法国政府预算监督体系。

第十章 法国政府预算监督

第一节 议会监督

法国议会由国民议会（Assemblée nationale）与参议院（Sénat）[①] 组成。国民议会议员由直接选举选出。参议院依间接选举选出。参议院保证共和国的各地方单位的代表性。居住在法国国外的法国人在国民议会和参议院中应有其代表。法兰西共和国《宪法》第 47 条规定：议会根据组织法规定的条件，表决通过《财政法（草案）》。以最高法的形式确定了议会对政府预算的审查监督权力。审议与批准财政法案是议会对政府行为实行全过程监督的重要方式，体现在宏观监督层次。各级议会对本级政府的预决算进行监督，议会将对政府预决算的监督视为约束政府行为、行使权力的重要手段，对预决算进行监督是各级议会的重要工作。法国议会对预决算的审查也格外严格与细致。

一、程序性监督

《宪法》规定，一部法案被通过前必须经过两个议院依次审议。《财政法（草案）》和《社会保障筹资法（草案）》首先提交给国民议会。具体流程：《财政法（草案）》最迟在下年度预算执行开始前的 10 月第一个星期二提交议会，之后送达财政委员会审查。国民议会在收到草案后进行为期 40 天的一读，并提出修改意见。参议院在收到草案后进行为期 20 天的一读，并提出修改意见。若国民议会在一阶段讨论中并未投票通过议案的全部内容，则政府向参议院提交最初的议案以及根据议会意见进行修改后的议案。参议院须在收到 15 天内提出修改意见。若参议院在一读中未投票通过议案的全部内容，则政府重新向国民议会提交给参议院的议案和根据参议院意见修改后的议案。随后，启动紧急程序，审核《财政法（草案）》，即总理有权要求由两院相等人数组成的混合委员会举行会议，负责就讨论中的条款提出一个决议。如果混合委员会不能达成共识，或者该共识不能依照规定的条件通过时，政府可以在国民议会和参议院对草案进行二读后，要求国民议会做出最后的决议。

若议会在收到议案后的 70 天内并未表态，草案条款可通过拨款命令生效。

二、询问监督

询问是议会监督政府行为的重要手段，一般分为书面询问与口头询问，其中口头询问在两院应用较多。《宪法》规定议会每周应组织一次会议，优先供议会议员

[①] 有时也译为上议院。

提出质询和政府进行答辩。在讨论预算时，议会审查会直接审查到各部门与单位。议会享有对政府部门进行询问的权力，在会议期间，政府还需要提交《国家财政经济情况报告》，财政部长要就《财政法（草案）》做出答辩与解释，各部部长也要就该部门的预算接受质询与说明，新闻媒体可进行实况转播。

三、预算拨款与分配监督

预算拨款与分配上，过去为保证预算执行规范，原则上，批准后的预算只能通过议会才能进行修改变动。紧急情况下，政府可以以法令的形式修改各计划支出，但不能超过已确定的总支出额，但该规定缺乏灵活性，影响公共支出效率。

2001年《财政法组织法》赋予各公共政策计划负责人更大的自由度。其中第12条规定，在告知国民议会和参议院财政委员会和其他相关委员会后，根据财政部长报告做出的决定，可以进行科目流用和经费转移。同一部门内的拨款，可以在计划之间有科目流用。累计流用额在同一年度内，不能超过《财政法》中每个相关计划拨款额的2%。这个上限同样适用于相关计划中的人员支出拨款。经费转移会改变部门之间计划的拨款分配，为了计划的既定目标，与计划相对应的编制在部门之间进行转移的情况下，随着编制的转移，拨款也可以在确定的部门之间进行转移。同时，《财政法组织法》也制定了限制性条款，科目流用和部门间转移经费的使用必须通过为此设立的特别账户进行，且只能在《财政法》规定的计划之间进行，不能从其他支出分类向人员支出分类进行科目流用和经费转移。《财政法组织法》也赋予了议会更大的监督权力，在遵守《宪法》第40条的前提下，议员可以对同一项任务下的计划间进行经费的重新调配。

2001年《财政法组织法》第13条规定，在紧急情况下，征询国民议会和参议院财政委员会意见后，根据法国最高行政法院的意见，在不影响最近的财政法法案定义的平衡条件下，追加的拨款可以预先拨付。为了不影响平衡状况，预先拨款之前要先取消原先的拨款或确认有额外的收入。追加的拨款累计额不能超过当年《财政法》中拨款总额的1%。在收到预算拨款议案的七天内，两院财政委员会告知总理议会关于预先拨款议案的意见。在收到这些委员会的意见后或在上述期限过后还没有（两院）意见时，才能签发预先拨款令。在上述基础上，关于最近的财政法法案中的拨款变动，必须在属于相关年度的《财政法（草案）》中提出，请求议会的批准。在紧急和绝对必要的国家利益需要情况下，可以追加拨款。在告知国民议会和参议院财政委员会后，部长委员会可以根据法国最高行政法院的意见，做出预先拨款的决定。内含批准拨款变动的《财政法（草案）》，要立即提交议会或提交给即将开始的议会例会。

为了防止最近的财政法法案中定义的相关年度预算平衡状况恶化，可以根据财政部长的报告做出决定，取消某项拨款。在同样条件下，根据财政部长报告所做的决定，可以取消已失去目的的拨款。《财政法组织法》制定了限制性条款，总量上，取消拨款的累计总额，不能超过当年度财政法法案中拨款总额的1.5%。同时，程序上，取消拨款的建议必须在《财政法修正案》中提出。

四、信息监督

在信息公开方面，议会享有对《财政法（草案）》的执行进行跟踪与监督的权力，并提出对所有公共财政相关问题的评估。除涉及国防、国家内部与外部安全的机密、密令和药品机密外，议会要求的所有财政和行政资料及签发的命令，包括各机构和负责行政监督的组织撰写的报告全文，都必须向议会提供。

在信息质量方面，政府提交的《财政法（草案）》必须用蓝皮书详细列明各部门预算，蓝色的附录以标题、章节和条款对支出进行分类，提供每个计划的拨款信息，各个部门的预算都独立一章。标题是标准的，所有部门都使用这些标准标题，方便区别经常性支出、政府干预、投资和投资补助。每个部门和机构都有自己特有的一章预算，议会的拨款基础是针对每个部门机构的章节。随年度财政法法案议案（即《财政法（草案）》）一起提交的，是国家经济、社会、财政状况和展望的报告。报告要特别提供年度财政法法案议案编制基础测算的前提假设、方法和测算结果。报告提供和解释从提交《财政法（草案）》议案之时开始至少4年的发展前景、收入、支出和公共行政机构的总余额。附录报告还应包括国民收支账户报告。这些账户反映前几年的账户状况。影响国家收入和支出的《财政法（草案）》的每个条款，都要将其对当年度甚至随后几年收支影响的结果或后果进行量化评估。每年政府向议会提交的报告既要包含财务信息，也要包含公共政策业绩信息。

五、执行监督

执行监督又称政策审查，即在财政法实施期间以信息或其他方式通知议会执行的议会审查，或在最终财政法法规投票选举的情况下预算执行后实施的议会审查。

（一）实施期间的审查

《财政法》规实施期间的议会审查包括与预算实施相关的知情权，主要体现在，每院议会的财务委员会可以收到或申请大量的预算通报。

1. 财政委员会信息。

（1）预算报告员。2001年8月1日颁布的《财政法组织法》第57条规定财政委员会跟踪并监控财政法规的实施，并对与公共财政相关的所有问题进行评价：该任务可委托委员会主席、总报告员，在其职权范围内，也可委托专门的报告员实施。因此，他们将针对所有他们认为有用的文件，场所以及听证进行调查。例如，2014年6月，国家议会财政委员会总预算报告员曾要求政府预算秘书，转发2013年受各项所得税法规影响的纳税人相关数据。该问题的延迟回复导致该总报告员不得不亲临到访掌握这些信息的管理机构。需向他们提供他们所要求的任何财务以及行政方面的情报和资料，包括由负责行政审查的机构以及部门建立的所有报告。与国防、国家内外安全以及医疗教育保密协议相关的保密项除外。

2001年8月1日颁布的《财政法组织法》第59条规定，当无法在合理的期限内得到要求的信息沟通的情况下，根据收集信息的困难程度，财政委员会主席可以通过快速流程申请所辖范围内的裁决权，摆脱强制性的束缚。宪法委员会认为该项规定只能被理解为行政仲裁员可安排公共管辖法人紧急通报相关问题资料或信息（2001年7月25日编号2001-448DC决议[①]）。

（2）财政委员会。每届议会的财政委员会应该能收到各项阶段性财务状况报告：各项任务、计划以及行动的消费经费月报、担保支出月报告、政府金融预算周报、政府月报等。

财政委员会可以向审计法院申请调查，或听取总理意见。

为了清楚了解《财政法》的执行情况，委员会也可以听财政部部长或其他部长意见。为了检验并对年度《财政法（草案）》做出表决，2001年8月1日颁布的《财政法组织法》第49条规定了财政委员会以及其他相关的委员会，应于7月10日前向政府投递调查问卷，并要求10月10日前书面回复该问卷。此外，财政委员会主席以及总报告员判断有必要听证的人员应服从该条款，并免除职业保密限制，保留其他保密项（防卫、内外安全、医疗或教育机密）。

作为财政委员会下属机构，1999年2月创立的检查评审组的使命是联合审计法院，去评估并审查公共开支的效率；并组织部长以及高级公务员听证会。1999年7月该工作组反馈的第一份报告中包括警务、职业培训、高速公路政策以及就业援助等领域的公共支出改善建议。2000年，反馈了另一份关于大学管理的报告。工作组的工作范围包括税收、司法援助、铁路系统与公共合作伙伴之间的财务关系、收容所申请预算成本、大学监管、消防救援部门的财务、文化政策投资，以及公众工资调整。对于检查评审组对政府部门提出的意见，该相关部门应在两个月内予以书面回复。

2. 议员信息。一般来说，为了得到更完整的信息，议员可以使用问询程序（政府问询、口头问询、书面问询）。与财政委员会一样，为了获取对预算执行的相关解释，其他常任委员会也可以听证部长、高级公务员，或公共财政高级委员会主席。最终，议员信息，即使这些信息并非很有针对性，将通过由财务部公布的各项指标来保证：经费消费月状况报告、财政预算周状况报告、政府预算状况报告、政府月状况报告等。

（二）执行后审查

预算最终决算法案表决期间，将进行财务预算执行后议会验证审查。以前，该审查在预算执行后2~3年内进行，但2002年起，该审查在相关财政年度下一年进行；如果该决算法案在财务性质法案之列，该鉴定也不会应用到《财政法》所有相

[①] Décision n°2001-448 DC du 25 juillet 2001.

关法规。

在法国历史上，预算执行后验审出现在王朝复辟时期：1817年3月25日颁布的《财政法》第151条提出了部长每年交账的原则，1818年5月15日颁布法案第106条建立了对政府账目的法定查账条款。第三共和国时期，账目结算不再是政府的主要隐忧，查账通常"打包"进行。例如，5项预算于1890年结算，8项于1902年结算，6项于1921年或5项于1938年结算。1946年《宪法》第18条规定国民议对国家进行决算。第五共和国时期，直至2001年颁布的《财政法组织法》进行的重新评价之前，一直采用限期两年的决算法，在某些情况下甚至会更长，并且几项预算会在同一时间结算。例如，1979年和1980年的预算一起在1982年结算，1986年和1987年预算于1989年结算，1995年和1996年预算于1998年结算。

2001年《财政法组织法》第1条规定：《财政法（草案）》在关于前一年的《决算法（草案）》未在某院议会前第一次宣读并经过其票选之前，不能在此院议会前讨论。所以现在，《决算法（草案）》应当与之相关的财政年之后的6月1日之前递交。

第二节 内部监督

针对预算执行情况进行的内部检查属于行政检查，理论上由政府专门的团队、专员或专职部门进行检查，检查同时针对主拨款审核员、副拨款审核员和会计。预算的决策与执行相分离是法国预算的重要原则。财政监控员制度与公共会计制度相互配合为实现这一原则提供了制度基础。

一、对拨款审核人的检查

针对预算的行政执行情况，主拨款审核人（部长）或副拨款审核人（特别是指省长）分别接受财政监控员和地区公共财政局局长实施的中央检查和地方检查，另外，他们也接受公共会计的检查。

（一）财政监控员

1. 财政监控员的任命。

（1）预算检查及部级财会。《1922年8月10日关于已发生支出的检查机构的法律》规定，政府部委必须设置一个已发生支出的检查与核算部门，"已发生支出的检查员"管理这个部门，1956年，"已发生支出的检查员"被重新命名为财政监控员。《2005年11月18日关于预算检查及部级财务部门的职责、组织结构和管理岗位的法令》调整了这个组织机构。针对一名或数名主拨款审核员设立一个预算检查及财务部门，该部门由预算部长管理。部门由一名具备公共会计资质的预算监控员领导。该部门包括预算检查部和财务部：常规经济和财政检查团的成员和财政员可被任命为部长。预算监控员在这些部门内实施内部检查，并且针对主拨款审核员行使《2012年11月7日编号2012-1246关于预算和公共会计管理的法令》规定的财政检查。它协调针对部门地方上的工作单位而设置的各财政检查机构的工作。依据预算部长的决定而任命，其任期3年，同一岗位的总任期不得超过6年，根据部门利益考虑可以撤销该岗位。从监控员的地位（预算部部长行使上级权力）及赋予他的特权来看，监控员完全不受被检查的政府部长的管辖。

（2）地方财政检查。按照《2012年11月7日编号2012-1246关于预算和公共会计管理的法令》第88条款的规定，由地区公共财政局局长负责进行地方行政单位的财政检查，由一名常规经济财政检查组成员、一位高级专家或一位公共财政管理员辅助检查。他评估计划下可操作型预算（BOP）及行动的持久性、识别并告知财政风险、分析公共政策的支出及成本解释，并向省长及拨款审核者提出建议。

2014年3月11日确定预算检查被委托给公共财政大区负责人的机构清单的一系列决定规定了根据《2012年11月7日编号2012-1246关于预算和公共会计管理的法令》第220条及随后条款而确定的每个地区由地区局长负责执行预算检查的机构清单：地区大学及教育事业中心（Centre Régional des Oeuvres Universitaires et Scolaires，CROUS）、建筑学院、地区卫生所、国家教育文献中心（Centre National de Documentation Pédagogique，CRDP）、政治学院（Institut d'Études Politiques，IEP）等，及一些职业学院（如ENSP、ENSSS、IRA、ENAP、ENM等）。

2. 财政监控员的工作职责。

（1）一般工作职责。负责财政检查的部门，依照《2012年11月7日编号2012-1246关于预算和公共会计管理的法令》的规定（第66条和第87条），通过评审两年工作规划的可持续性以及当前经费使用和收入管理的合理性，保证财政法律被遵守执行。监控员致力于识别和告知财政风险，分析公共政治支出与成本的解释。在检查预算规划时，以公共支出的控制为目标，财政监控员分析一个期间内，计划负责人呈报的预期支出及收入的真实性，及每个计划内行政部门管理员以及会计呈报的预期支出及收入的真实性。检查经费及收入的使用账目。另外，财政监控员辅助预算部长制定措施，防止预算平衡出现恶化。

（2）预算执行的规划。财政监控员审批各部委最迟在执行年开始的一个月之前拟定的年度预算初步规划文件。与预算管理范围和预算监控有关的部级决定（预算部适用2013年12月16日决定①，司法部适用2013年12月17日决定②等）规定了

---

① Arrêté du 16 décembre 2013 relatif au cadre de la gestion budgétaire et au contrôle budgétaire des ministères de l'intérieur et des outre-mer pris en application de l'article 105 du décret n°2012-1246 du 7 novembre 2012 relatif à la gestion budgétaire et comptable publique.

② Arrêté du 17 décembre 2013 relatif au cadre de la gestion budgétaire et au contrôle budgétaire du ministère de la justice pris en application de l'article 105 du décret n°2012-1246 du 7 novembre 2012 relatif à la gestion budgétaire et comptable publique.

每个部委的预算规划文件的内容：收入的最高分配额及预期流入流出，科室之间的分配等。依据这个审批，部门管理人员可以针对每个计划建立经费，涉及每个部委的收入分配计划的准确性及政府各部门每个计划的经费分配的准确性，同样涉及管理员编制的预算执行情况的预期管理及跟踪文件的呈报条件。财政监控员应该确保经费准备金的构成，以防止预算平衡的恶化。

缺少预算初步规划文件或者该文件内容不完整，导致财政监控员认为无法在1月10日之前通过审批，财政监控员应向预算部部长提出以便完成初始预算规划文件的审批。

最后，财政监控员对管理员提交的预期管理文件签发初步意见。初步意见包括这些文件的总体预算一致性、开支对公共财政的预期影响、法律上政府应该承担的及政府不得不承担的支出范围。部委决定详细规定了预期管理文件的内容（收入及经费的月度使用计划、承诺许可及拨付经费的季度使用情况）及向预算监控员提交资料的延迟期限（计划下可操作型预算应在3月1日之前提交等）。

（3）预算执行情况的跟踪。财政监控员审核可能导致经费准备金减少而更改经费分配的草案。根据支出或经费的性质、金额及拨款审核员所拥有的预测及跟踪方法的质量，某些支出文件、对某项投资业务的经费分配、某些经费授权书或其替代性证明文件需要被审批或签发初始意见。同样，鉴于支出性质或相当高的支出金额，某些付款法令或其代替性文件也应被审批。

对于所有可能导致人员支出经费减少的预案，财政监控员必须签发初始意见；他针对预算提议和补充经费的请求提供意见和理由，提交预案的同时，把该意见提交预算部部长和相关部长。财政监控员接收计划负责人提供的经费及收入使用情况报告。有关预算执行的规划和跟踪的规则条款未被遵守时，或超出可用经费或者开支与支出控制目标不符时，在下一年度的预算初步规划文件中，监控员可以向部长建议对所工作的单位进行强化监察。

3. 财政监控员的检查方法。

（1）审批及初始意见。监控员通过接收所有的证明性文件，审查供审核或供签发初始意见的文件草案，检查支出的出账、经费及收入的可支配性、评估的准确性及对公共财政的影响，不能以文件草案的合法性作为理由而拒批或拒签初始意见；监控员只能评审文件的合理性，不能评审其合法性，只有行政评审员有权评判文件的合法性。

但是，如果人员招聘或管理文件草案可以对当年或之后的几年产生重要的预算影响，那么应该检查文件草案的规章条款及补偿条款。部级决定规定了审批和初级意见签发流程方面的操作及范围。例如以下合同应该提交审核：金额在50万~100万欧元（含）之间的信息或远程数据传输合同、工程合同、设备采购合同（动产或办公用品）、金额在100万~150万欧元（含）之间的维修或保养合同、招聘许可（竞聘、专业考试等）和正式任职。晋级、晋升和主要薪酬的补贴应该提交签发初始意见。

仅当相关部长提交文件并且预算部部长批准之后，才能执行被拒绝审批通过的文件。计划负责人或部门负责人不受反对这个初始意见的约束：如果计划负责人或部门负责人决定不执行给定的意见,他可把自己的决定及理由以书面形式通知财政监控员。财政监控员应该尽快着手并且在最迟15天内完成审批或签发初始意见。如果监控员没有在该期限内完成所要求的审批或签发初始意见,并且财政监控员没有在该期限内书面要求提供签发指令所需的补充信息或文件,相关行政部门可以根据自己的提议使用经费或进行支出;如果财政监控员在该期限内书面要求提供签发指令所需的补充信息或文件,自提交所请求的信息或文件之日起,重新计算15天的期限。对于申请签发初始意见的支出文件,提供补充信息或文件的要求可导致检查期限暂停,信息或文件被提交后继续计算期限。

据审计法院统计,对于中央行政机构来说,财政监控员每年签发65 000个审批,主要涉及人员支出(47 000个),法院认为可以显著地降低这个数字。

(2)经验性检查。财政监控员根据所评估的财政风险制定年度经验性检查计划,并在3月1日前把计划提交给部长;但是,他也可以不依据该计划而针对无审批或初始意见的文件进行经验性检查(2012年法令第101条),对此,拨款审核者应该向监控员提供完成检查所需的所有资料。在支出被付款后,才能行使此提审权。

(二)会计

1. 预算合理性检查。作为付款方,公共会计针对付款令的合理性执行监控员工作,即他仅仅从预算和会计角度评估合理性,而不评估是否符合法律和法规通用条款,后者属于合法性评审员的工作。实际上,行政评审员认为会计执行合理性检查,而非债务有效性的合法性。

2012年11月7日有关公共会计总规章的法令①第19条和第20条款规定了监察的职责范围并指出,会计在付款前应该核对拨款审核员的资质、经费的可用性、支出的准确出账、付款的解除债务性和债务的有效性;检查债务的有效性包括已提供服务的证明、结算计算的准确性、证明文件的编制和监察的预操作,即存在的财政监控员的审批;对此应该注意,1922年8月10日法律②的第6条规定,没有加盖财政监控员印章的拨款命令是无效的,对会计而言是没有价值的拨款命令。

对于政府的地方支出,地区公共财政局局长及其授权的省公共财政局局长,除承担公共会计的职责外,也行使财政监控员的职能。所以在承诺与付款这两个阶段,他们具备双重头衔。从这个角度看,在某种程度上,公共会计的工作更便利了。

会计的检查工作无期限限制,如果他认为支出是合理的,那么他就在拨款指令上盖章("已阅,可付款")。

2. 拒付和征用。会计认为被要求付款的款项不合理时,可以暂停付款并把这个决定告知拨款审核者。拨款审核者可以不接受会计的拒绝意见,并向会计提供征用令;会计把征用令发给财政部长,如果拨款审核者归属预算及财政纪律法院管辖,

---

① 《2012年11月7日编号2012-1246关于预算管理和公共会计的法令》。
② 《1922年8月10日关于承诺支出监控的组织的法律》。

那么财政部长把征用令转交给审计法院。

按照1963年2月23日《财政法》① 第60条的规定，启动征用流程可免除会计的责任，由拨款审核者承担相应的责任。被征用的会计在原则上应该遵从收到的付款命令，但是，根据2012年11月7日法令②第136条的规定，可以依据资金金额不足（某些军用支出除外）、已实施服务不存在、付款无法解除债务或缺少财政监控员审批这些理由暂停支付。

（三）政府公共合同委员会

《公共合同法》（Code des Marchés Publics）第129条和2004年11月26日的公共合同法执行法令③规定了政府公共合同委员会（及其不同于工业机构和商业机构的公共机构），委员会负责协助部长编写或签署合同；委员会编制这些合同的备注、建议或意见。财政部部长任命委员会主席；委员会包括会员（根据合同内容而选定等）及高级公务员（竞争、消费和反欺诈总局的局长等）；报告人（行政或财政法院的成员）协助实施职责。

所有预计合同金额高于600万欧元（不含税）的合同草案均应提交该委员会；应该在30天的期限范围内把委员会提出的备注、建议或意见告知合同负责人。如果不可预期的事件导致事态紧急，合同负责人可以不咨询委员会而直接启动合同签署流程。

二、对会计的检查

公共会计接受双重检查：一方面是来自中央的检查，由财政稽查总局负责；另一方面的检查则来自周边，由地区公共财政局局长负责，他们作为国库的高级会计，同样接受财政稽查总局的检查。但是，检查公共会计仅仅是这些机构工作职责的一部分，特别是对财政稽查总局而言，这些机构对其他众多组织机构行使更广泛的督查权。这两个机构的特权具有相似性，并在某种程度上互补。

（一）财政稽查总局（l'Inspection Générale des Finances）

1. 财政稽查总局的组织架构。财政稽查总局源自依据1801年9月6日的领事决定而设立的国库稽查总局，根据1816年3月25日的决定而创建；1831年3月10日的条令为它赋予了现在的面貌，经2006年10月4日修改的《1973年3月14日编号73-276关于财政稽查总局机构特殊地位的法令》确定了它的章程。通常，通过国立行政学校（l'École Nationale d'Administration，l'ENA）的途径（排名最前的学员）

---

① Loi n°63-156 du 23 février 1963 de finances powr 1963（le partie-Moyens des services et dispositions spéciales），1963年2月23日编号63-156对1963年的财政法（第二部分——公务资金和特殊条款）。
② 《2012年11月7日编号2012-1246关于预算管理和公共会计的法令》。
③ 《2004年11月26日编号2004-1299关于国家公共合同委员会的法令》。

为这个庞大的国家机构招聘成员，并且按照选举委员会的建议大约 1/3 的成员为"外围"。例如，前部长弗朗索瓦·列奥塔德在 2001 年 12 月通过外围方式被任命为总财政稽查长。

财政稽查机构包括副稽查员、稽查员和总稽查长职级，共计约 270 名成员，但是仅有不到 1/3 的成员承担稽查职能；其他成员担任政治职务（选举委任、部委内阁等），或行政职务（中央管理部门），或在公共领域任职（公共企业管理）或在私营领域（银行、保险等）任职。为避免这种曾经使机构完全解体的外派性质，要求年轻稽查员在工作 4 年之后才能被晋升。机构可以任用高级公务员承担外派工作，可以在至少 55 岁以上的曾担任管理职能的公务员中任命 5 名特职的总稽查员。

稽查局在部门领导的管理下，分为区域分部（覆盖多个区域）和专项分部（主题性：社保、资金等）。稽查局通过巡回的方式行使职责。由稽查员自己或以总稽查长（组长）为领导，由年轻稽查员构成的稽查组进行现场检查。

2. 财政稽查总局的工作职责。

（1）检查公共会计。财政稽查总局作为唯一的部际监督机构，与其他监督机构不同，对所有的公共会计（及财政部所有的地方上的员工）拥有原则管辖权，包括国库的直属会计和其他政府部门的会计类职工。2012 年法令第 173 条规定，政府的所有会计均受财政稽查总局的检查。实际上，只有军方会计不接受这个检查，由专门的军方检查员团队对他们实施监督。

稽查为突击性的纸质检查和现场检查：稽查小组到达会计岗位时，要求暂停工作（现金结算、资金和金额的统计、暂停登记簿等），并可以要求被检查的会计提供任何信息。稽查组进行查看，即稽查组不采取任何即时性措施（他不向被检查的会计发出命令），特殊情况除外（在特殊情况下，如发现现金短缺时，稽查组可以暂停核算工作，并向部长汇报）；编制对审报告，包括多列内容：财政稽查员的意见、被检查员工的回复、财政稽查员的新一轮意见和可能存在的被检查员工的上级领导的意见。

稽查组组长在报告内填写结论，并把文件提交部长，部长采取相应的措施（余欠的结算等）。

（2）检查次级拨款审核者。1947 年 3 月 30 日《财政法》第 4 条和《1947 年 4 月 8 日编号 47-636 关于次级拨款审核者行政会计监控的法令》，赋予了财政稽查总局检查政府所有次级拨款审核员的行政核算的权力（理论上包括属于国防部的次级拨款审核员）。本检查为纸质资料检查。

（3）对享受财政优惠的机构进行检查。

①对享受补贴的机构进行检查。《1958 年 9 月 23 日关于财政拨款令一般条款的命令》① 第 31 条款规定，其管理不受公共核算规则约束的、并享受补贴特别是政府补贴的所有机构均应接受财政稽查总局的检查，该检查核实补贴的用途，确认补贴

---

① Ordonnance n°58-896 du 23 septembre 1958 relative à des dispositions générales d'ordre financier, Chouvel F. Finances Publiques 2015［M］.18th éd. Gualino éditeur, Lextenso éditions, 2015.

的用途符合补贴的预期目标。

②对享受非补贴性垫款的机构进行检查。同一法律文本规定,向政府申请垫款(特别是注资、借款、提供预付款或利息保证金的形式的资助)的企业、工会、协会或公司,针对受资助的用途部分,应该接受对它们管理文件的纸质和现场检查(资产负债表、账簿等)。

③对享受公款或类似资金的机构进行检查。《1996年4月12日关于经济和财政范畴各种条款的法律》第43条款拓宽了财政稽查总局的检查范围,并针对检查定义了惩罚。享受政府、政府公共机构或受国家经济和财政检查的其他法人的法定义务扣款、补贴或其他财政垫款的机构,或享受欧盟财政垫款的机构必须全权接受稽查组的纸质和现场检查,鉴于稽查组的检查范围可能延伸至经由上述机构而享受财政垫款、补贴或分享资金的机构,因而也确立了"追及权"。

当公款或类似资金被分配至一项特定支出并且金额不超过受益机构总财源的半数时,稽查局仅仅针对这部分资金的使用账目进行检查,机构应该利用支出的证明文件制作使用账目。如果机构没有制作此使用账目,检查员可对机构所有的账目和管理进行检查。

所有阻碍稽查组检查的行为均可以导致15 000欧元的罚款,并且可以要求退还用途不合理的资金;另外,财政部可提交资料给有管理权限的共和国检察官,以提起公诉。最后,在检查时特别是在此类检查结束后发现资金没有按照预期用途使用,那么有管辖权限的部长可以命令返回与预期用途不符合的金额部分。

(4)其他机构的检查。同时,针对其他机构如社保局、储蓄银行和人寿保险公司等,稽查局有纸质和现场检查权。

(5)顾问职能。财政稽查总局兼具财政部长的顾问职能,应财政部长的要求,财政稽查总局编制与改革规划有关的报告或研究文件。例如,财政稽查总局曾于1999年对与法国有可比性的九个国家进行税务机关职能的可比性分析。1999年,财政部长曾委托财政稽查总局的部门领导[与国家统计与经济研究所(INSEE)总局局长联合]对税务机关的重组进行鉴定,鉴定结论于2000年1月公开。例如,2012年9月,稽查局提交了政府办事处的报告和关于公共政策复审(Révision Générale des Politiques Publiques,RGPP)的资产负债表相关报告等。

(二)省公共财政局局长的检查

1. 对公共会计的检查。除承担高级会计及财政检查员的工作外,省公共财政局局长同时负责公共会计的检查监督工作。根据《1954年2月1日编号54-122关于国库主计官(les trésoriers-payeurs généraux,省公共财政局长原来的称呼)团队特殊地位法令》的修改版规定,他们作为部门领导承担本省范围内地方上的工作。对会计岗位的检查是现场进行的、突击性的。检查后会编制报告,并把意见传达给被检查的公共会计。

2. 对受补助机构的检查。针对受益于政府、地方团体或公共机构分配的补贴的私营机构，1958 年 9 月 23 日法令①第 31 条款赋予国库高级会计与财政稽查总局相同的稽查权。

《1996 年 4 月 12 日编号 96-314 关于经济和财政范畴各种条款的法律》第 43 条款拓宽了各省局长的检查权力，使他们具备与财政稽查总局相同的权力：自此以后，享受法定义务扣款、补贴或其他国家财政垫款的机构、国家的公共机构或应接受国家经济财政检查的其他法人受省公共财政局长的检查约束（在省所辖地理范围内），他享有追及权（受益于上述机构的财政垫款、补贴的机构，或分享上述机构的资金的机构）。其检查条件、范围和惩罚与财政稽查总局的检查条件（纸质与现场）、范围（检查所有账目或仅检查使用账目）和惩罚（罚款、偿还）相同。

第三节 审计监督

针对财政法执行情况而实施的司法检查属于外部检查，具备经验型检查的特性，也就是说，一旦操作完成即进行检查。这类检查由两个法院执行：审计法院和预算与财政纪律法院。二者的组成、运行方式及权限不同。但是，由于两个法院的审判对象不同、针对不同原因而宣判的惩罚不同，从这个角度看，两个法院具备互补性。该种制度安排又被称之为司法型财政监督。

一、审计法院②

法国的审计法院依照法定职权与法定程序对行政机关及其公务人员的行政行为是否合法进行监督。审计法院在财政监督中具有较大职权，发挥着重要作用。

（一）审计法庭的司法权限

1. 审计法庭，公共会计的账目法官。

（1）账目上交。公共会计应该每个会计年度把账目上交给审计法院。主要会计把账目直接上交法院，经审核后，在他们账目中继续做二级会计的账目。《2011 年 3 月 29 日关于法律辩护人的组织法》第 10 条规定，主要会计直接向审计法院提交账目。

在账目编制年度的下一年的 6 月 30 日之前，政府会计的账目应直接提交给审计法院的书记员（《2012 年 11 月 7 日编号 2012-1246 关于预算和公共会计管理的法令》的第 151 条）。依据《2013 年 7 月 25 日确定国家公共会计账目会计构成文件的决定》的规定确定政府公共会计账目的会计文件清单。

---

① Ordonnance n°58-896 du 23 septembre 1958 relative à des dispositions générales d'ordre financier.
② 其构成与权责请同时参见第一章。

依据《财政法院法典》的第 L.131.1 条款的规定,根据法院首席庭长的决定,法庭可以把某些国有公共机构的账目审判权赋予区域审计法庭。例如,首席庭长《2010 年 11 月 8 日关于账目审判和某些类别的国家公共机构审查的决定》向区域法庭赋予了首先审判国家公共机构账目(商业和工业法庭、职业法庭、建筑学院等)的权力;《2013 年 11 月 15 日关于账目审查和医疗公共机构管理的决定》向区域审计法庭赋予了检查医疗性公共机构管理情况的权力。

有权限的会计(即持证会计)必须依法向法院提交管理账目,同时,"事实"会计也应该向法院提及管理账目。"事实"会计是指不具备合法资格但实际上操纵了公共资金的人员,他们应该承担相同的提交文件的义务。会计编制的管理账目应该配以证明文件系列,因此,审计法庭每年收到几万个系列,对应几百吨的文件。

《财政法院法典》的第 L.131-6 条款和 L.131-7 条款规定,会计逾期编制账目或者会计逾期回复他们收到的付款令时,审计法庭可处以逾期罚款,罚款数额可高达约 2 280 欧元。《1996 年 8 月 21 日关于明确公共会计被处以的最高罚款额有关的法令》,事实上在 1998 年以后才得以实施,该法令规定针对不同会计实施罚款分级费率表。例如,对于国家主要会计而言,每个账目每延迟一个月的罚款率为 200 欧元,对于其他会计而言,每延迟一个月的罚款金额为 60 欧元。

(2)财务审判流程。根据著名箴言"法院审判财务,但是不能审判会计",审判的客观性,要求原则上不得进行会计主观责任的任何评审。这与最高行政法院被请求对审计法院的裁决进行翻案时,最高行政法院强调的观点相同,审计法院"在评审公共会计的账目时,只能依据所检查的财务资料在行使其审判职能时合法地做出决定,特别是不能对会计当事人的个人行为进行任何评价"。但是,尽管审计法官在执行审判职能时不得对会计当事人的个人行为进行任何评判,审计法官应该针对会计是否致力于完成他被委托的各种检查工作而表明意见,这种努力与财务评判结果不可分离。

财务评审程序的性质包括:法官居主导地位、书面、对审和机密。流程具备法官居主导地位性是指法院领导程序,并因此具备广泛的调查权:法院有权要求提供与检查有关的所有资料,报告员可以进行纸质调查和现场调查(文件、调查、鉴定等)。程序是书面性的,检查员与被检查者之间的交流为通信交流(问题调查表、提供补充文件的请求等),与此同时,法院的报告员也可以与会计进行谈话,作为书面程序的补充,会计也可以在审讯时口头陈述。

程序的对审性质,首先体现在预审阶段:报告员法官书信交流,并可以与会计举行听证会。报告员法官编制预审报告,这个报告是法庭的内部工作文件,主要委员编写二次预审书,确保报告员的意见和建议是有合理依据的。

程序的机密性,是指预审是不公开的。根据与公正诉讼权利有关的欧盟人权法院(CEDH)① 的决定,审判程序发生了演变。因此,《2008 年 10 月 28 日编号 2008 -

---

① 法文全称:Cour Européenne des Droits de l'Homme。

1091 关于审计法院和区域审计法庭的有关的法律》，及与这些法院司法程序的改革有关的 2008 年 12 月 19 日的执行法令①规定，如果总检察长确认会计没有债务，那么分庭长出具一个简单的命令即可解除会计的管理清偿责任；相反，如果结论是存在债务，那么他应该提起公诉并通知相关会计，以便会计了解被指责事项并在审判之前组织辩护。从这个公诉开始，程序开始具备争执性并充满了对审性：预审必须与会计交流、以书面形式，并可以依据会计的要求进行口头交流。只有在对审性的预审结束、报告员在评审结束时编写第二份报告之后并且参照公共部的结论，法院才能确定裁定评审结果。为避免法国曾经存在的争议性诉讼流程过长问题，取缔了所谓的"双裁定"流程：自此以后，审计法院出具唯一的裁定结果。在 Martinie 决定中，欧盟人权法院指出，程序的对审性质意味着会计（有权限的会计或事实会计）可以要求审计法院进行公开审讯；自此之后，所有程序均系统化地执行公开审讯。有权限的法庭可以举行秘密磋商，但是必须在公开审讯时宣读裁决结果。

（3）财务评审。2013 年，审计法院发出了 99 项裁决，分庭长签发了 111 个指令以解除会计的义务。这个决定分为两种形式：可以向会计提供管理合规性的证明文件，也可以对会计的责任进行担保。

①解除责任：如果不向会计发出付款令，也不发出保留意见，那么认为账目合规并且会计可收到唯一法官发给的解除管理责任证书。当会计离职并且确认其管理合规时（或不合规项已被纠正并且亏损已被核对），法庭宣布其最终离职并提供清偿证明。

②结欠：当法庭发现现金短缺而导致账目不合规定时（收入未征收、非法支出等），法庭向会计发出结欠令，要求会计支付短缺金额及利息（2013 年签发了 43 个结欠令，总金额高达 13 500 万元）。需要指出的是，会计同样可以被财政部指定结欠，例如，稽查发现现金短缺之后，在审计法院介入之前，财政部可以指定会计结欠，但是部长的决定（裁决）与审计法官的审判无关；然而，根据被审核财产的权威性依据原则，部长不能要求已被审计法庭解除清偿责任的会计结算结欠。鉴于会计的个人责任及罚款责任，会计应该清偿其负责的款项，如果未自发支付款项，可以追究保证金以及扣押会计个人财产，以执行强制征收；会计死亡的情况下，对其继承人执行结欠。《1992 年 12 月 30 日关于国库特殊债务总财务处权限的决定》规定，该机构具备征收会计结欠（及罚款）的权力。

（4）上诉途径。承担结欠的会计首先拥有审判上诉权：审计法院的法令不受上诉的影响，会计可以向最高行政法院针对无权限、形式瑕疵和违法提出翻案申请，最高行政法院是审计法院裁决的翻案法官。如果最高行政法院的判决为翻案，那么事件移交审计法院的联合法庭。

针对审计法院裁决时无法了解到的行为性错误，可以向审计法院提出复审上诉。另外，在《2008 年 3 月 5 日编号 2008 - 228 关于调查结论和公共会计及其类似结欠

---

① Décret n°2008 - 1397 du 19 décembre 2008 portant réforme des procédures juridictionnelles devant la Cour des comptes, les chambres régionales des comptes et la chambre territoriale des comptes de Nouvelle-Calédonie.

审核的法令》规定的条件下，会计可以利用完全行政的方式，提出免责，对此，受理案件的行政部门应该从主观上评审会计的行为与责任；当与会计意愿无关的外部事件（火灾、战争、持械偷盗等）导致会计承担责任时，会计可以向财政部长申请不可抗力免责。部长可以裁定部分或全部免责，但是，如果该申请被拒绝，可以通过上诉的方式以越权的理由向国家最高行政法院起诉这一决定。另外，会计可以请求财政部长全部或部分地减免结欠，但是，这个决定（重大数额应先咨询审计法院的意见）完全取决于部长的意愿并且不得构成争议性上诉。

2. 审计法院，申诉法官。1982 年创建的地区审计法庭，着重负责审理地方团体及其公共机构的公共会计账目，以及申报为事实会计的个人账目，这使审计法庭升为这些分庭判决结果的申诉法官。区域审计法庭每年签发大约 400 个判决（另外签发 2 000 份责任解除令），审计法院平均签发 40 余份申诉令（如 2013 年为五十几份）。

（1）申诉的流程。可以针对地区审计法庭的判决提起申诉；在判决公布之日起的两个月内，有权限的会计或事实会计、地方团体或公共机构的代表、政府委员可以针对地区审计法庭或审计法院的总检察长（或行政法院有权审理的纳税人）提起申诉。

申诉形式是，向地区审计法庭的书记员提交申请，申请分为 3 份，必须包括事实陈述、理由及结论。申请被告知相关方，相关方拥有一个月的时间可以编制备忘录作为回复或进行辩驳。随后，判决、申请及备忘录被提交给审计法院的总检察长，总检察长把文件和他的指控意见转交法庭。

（2）申诉的检查。根据之前描述的流程，审计法院（第 4 分庭）审查被申诉的判决是否合规，并可以做出批准判决的决定，也可以撤销判决，如果法院受理了申诉方提及的部分理由，那么可以导致部分批准或部分撤销。

（二）法院实施的管理审查

1. 对拨款审核人管理的审查。

（1）审查的性质。之前及现在，法院均无权审判拨款审核人（部长等），但是依据《财政法院法典》的第 L.131-2 条款的规定，宣告为事实会计的拨款审核员除外。法院依据文件检查及现场检查，核实公共账目内描述的收入与支出是否合规，并确认政府部门和其他公法法人管理的资金及票据是否正确使用。所以，这个行政检查，作为非审判性检查，是一个预算及管理检查，是公共管理的合规性及质量检查。

法院拥有大量调查方法以实施这类检查：法院的报告员可以要求提供所需的所有文件，可以现场查阅所有资料，具有听证权等。政府主要会计的账目的评审主要由第一分庭负责，与此不同的是，根据 7 个分庭的权限划分，7 个分庭均检查拨款审核人的管理情况。

（2）检查范围。这个检查不能对拨款审核人处以司法惩罚（但是，这个检查可以明确有权限的会计或事实会计的责任，或者可以向预算与财政纪律法庭甚至是司法部长提起审理申请):法庭仅仅把所观察到的管理漏洞或不合规项告知有权限的政府部门,由这些政府部门纠正这些行为或对此处以惩罚。通常在评审会计账目和检查相应证明文件时发现管理的不合规项,因为这些文件可以反映拨款审核人在预算方面的行政执行情况。

出现重大不合规项或者严重管理错误时,应分庭庭长的要求,首席庭长向相关部长申请快速简易审理,并抄送财政部长,通过该快速简易审理,向相关部长解释法庭的意见(如2013年共41份快速简易审理);部长应该在3个月内回复这个快速简易审理并把回复内容抄送财政部长。

根据《财政法院法典》的第 L. 135－5 条款的规定,必须在两个月内把快速简易审理决定及部长回复转交财政委员会。2013 年 12 月 18 日关于军队规划的法律①(第9条)扩展了转交范围,与议会常委会权限范围有关的法庭通信,均应转交所有这些议会常委会。

同样,分庭庭长也可以采用书信的方式向有权限的部门(各部委的局长、部门领导等)提供意见,以引起他们对管理问题的重视(2013 年共 309 封信):在书信内规定回复期限,回复期限不得低于 1 个月。

总检察长,应分庭庭长的要求,可以向相关部门发通告(或检察院公文)(如2013 年共发了 40 份公文),相关部门应该进行回复,回复条件与对分庭庭长信函的回复条件相同。

2. 对国有企业财务与管理的审查。

(1)涉及的公司。除了对信托局(la Caisse des Dépôt et Consignations, CDC)的操作进行审查外,审计法院必须检查政府占公司注册资金大部分金额的国有工业和商业公共机构、国有公司、国有企业、混合经济公司或股份公司的财务和管理(100 多家一级企业和约 1150 家分公司,共雇用约 86.4 万名雇员)。除法庭的上述强制性权限外,法庭还拥有可选性权限,政府或其他公共法人全部或分别占有超过半数注册资金的或者拥有半数以上发言权的工业或商业领域的其他公共机构,或上述公司握有半数以上股票或者拥有半数以上发言权的分公司,或者政府或受法院检查的其他机构直接或间接地、部分或全部地持有的资金而对决定或管理具备决定权的法人。

(2)实施检查。接受强制性检查的公司应该向法院提交其年度财务及所有附件(管理报告、稽核报告等),接受可选检查的公司在接到检查通知后应该向法院提供相同的文件。

报告员有重大的调查权(通报所有的资料等),公司财务稽核员不能向他们隐瞒职业机密。有权限的分庭评审预审报告,评审意见传达给企业领导和监督部长,他们拥有至少 1 个月的时间提出他们的意见。收到回复并且进行必要的听证之后,分庭对财务和管理进行最终裁决并向相关部长提交特殊报告,在特殊报告内,分庭

---

① Loi n°2013－1168 du 18 décembre 2013 relative à la programmation militaire pour les années 2014 à 2019 et portant diverses dispositions concernant la défense et la sécurité nationale.

阐明它对财务合规性和管理质量的观点（如2013年共计25份特殊报告）。

3. 对社会保障机构的检查。

（1）受检查的机构。应接受法院检查的国家社保机构包括，具备国家公共机构地位的社保机构（国家家庭补助金管理机构等），以及享受民事法人资格和财政自主性并且部分或全部管理为法定义务体制（疾病、生育、养老社保、家庭补贴等）的受私法管辖机构和这些机构的社团及联合会（共约950家机构）。

（2）检查的特殊性。根据特殊形式行使法院权限：截至2008年，实际上由省财务检查委员会在法庭的监督下执行社保机构的财务检查，省财务检查委员会演变为由地区国库高级会计领导的地区财务检查委员会（Comités Régionaux d'Examen des Comptes，COREC）。这些委员会向负责审批财务的政府部门签发意见，但是审计法院可以根据其职责或总检察长的指控而进行第二次检查。在社保分支合并财务认证及社保机构财政认证的新形势下，随着各网络系统的内部检查和审查的工作负担加重，《2006年12月21日编号2006-1640对2007年的社会保障筹资法》第41条款规定，自2008年起取消COREC。十几个报警指标被制定出来（延迟提交账簿、已查错误的比例、生产率、缺席率等），根据这些指标，相比每个组织系统的平均值而言累计差距最大的机构将被指控。

机构被指控或未被指控时，法院可以自己实施检查，或者依据《2006年6月11日编号2008-549与审计法庭开展社保机构检查的检查方式有关的法令》规定的条件，按照有权限的分庭庭长的要求（卫生和社会事务、劳动监察等），政府专职部门实施检查。

《1994年7月25日编号94-637与社会保障有关的法律》同样规定：法庭应该每年向议会提交所查社保机构的财务分析报告。应该在9月份向议会提交这些报告。

4. 法院的其他检查。按照分庭庭长的建议并在征求总检察长的意见之后，根据首席庭长的决定，其管理不受公共会计法规约束但是享受国家或其他接受审计法院监督的法人提供的附加税、捐助、补贴或其他财政资助的机构，以及上述机构提供补贴或参与注资的所有机构，均是审计法庭的检查对象。根据财政资助（附加税、补贴、捐助）是否超过机构财源的半数以上，确定检查的范围为全部账目还是仅仅检查财政资助使用账目。

1991年8月7日《关于申请公众募集资金的机构检查的法律》（《财政法院法典》的第L.111-8条款）规定，审计法庭可以根据《1992年9月17日编号92-1011关于对公开募集捐款的机构账目监控的法令》规定的条件对民众募集资金使用账目在国内的活动部分进行检查（内务部长的意见确定了公众募集资金的日期日历；例如，2013年意见于12月22日公布在政府公报上，涉及34项活动）。这些机构应该建立账目，详细记录每种类型的开支对应的金额（《1993年7月30日关于确定公开募集捐款机构对民众募集资金的年度使用账目编制形式的决定》明确了这个账目的编制形式），审计法庭核对已发生开支是否符合申请公众募集资金时制定的目标。当审计法庭检查公众募集资金的使用账目时，审计法庭不做刑事性裁决，不裁决与民事性质有关的法律和义务方面的争议，因此，欧盟人权公约第6条款的规定不适用于审计法院。审计法院的意见应该提交给相关机构的董事长，机构董事长在进行回复前应该向董事会和全体大会汇报。审计法院的最终意见应通报给相关部长以及国民议会和参议院的财政委员会委员长。2009年12月30日的2009年度《财政法修正案》第20条款规定，如果审计法院发现制定的目标与使用的开支之间存在不一致，他应该向预算部长提交明确的公开的申告，预算部长可以依据这个申告而中止机构享受的税收优惠中的赠与、遗赠和拨付；相反，部长向首席庭长及财政委员会委员长提供报告并阐明理由。报告内的意见应该公布在政府公报上。

《1996年6月24日关于利于协会的各种措施的法律》第10条拓宽了审计法院的检查范围，自此以后，针对那些享受申请公众募集资金的机构提供的、从公众活动中募集的任何形式的资金的其他机构，审计法院均可以进行检查。

根据《财政法院法典》的第 L. 111 – 7 条款的阐述，依据有关经济和财政令各种条款的1996年4月2日法律第45条的规定，审计法庭也可以对受益于社团财政资助的机构进行检查。审计法院同样检查遗产基金（《财政法院法典》的第 L. 111 – 8 条款），受私法管辖的法人，或住房社会经济协会（《财政法院法典》的第 L. 111 – 8 – 2 条款）。

2000年4月12日《关于公民与政府部门关系中的公民权的法律》第11条的规定，把审计法院的检查权限扩展到强制参与（1%的住房、职业培训等）的资金募集机构（约800个）。根据《2003年8月1日关于文学或艺术事业赞助的法律》，法院检查权限扩展为，可享受税务优惠的捐赠对应的开支与享受捐赠的机构的目标是否一致。

根据国家总统的要求，2008年以来，审计法院检查共和国总统府的部门财务与管理。

（三）法院的协助及信息通报角色

1. 协助政府与议会。

（1）向政府提供协助。政府可以申请审计法院的协助，要求审计法院进行某些具体项目的调查，一般而言，这些调查的报告是不公开的：例如，1980年，审计法院调查了 EDF – GDF 的社会性工作，1981年调查了政治财政诈骗事件，1983年调查了失业保险等。《2011年12月13日编号2011 – 1862与诉讼分配及某些司法程序减负有关的法律》第42条款规定，国家总理可以要求审计法院进行以下任何调查：社保预算法律或融资法律的执行情况调查，或者应服从财政司法检查的机关或单位的管理调查；国家总理可以决定是否公示这些调查信息。

（2）共同协助政府或议会。根据《宪法》第47 – 2条款的规定，审计法院协助议会和政府检查财政法律的执行情况。针对每项决算法律草案，审计法院提供上一年度预算决算法律草案的报告，报告后应该随附政府财务的书面证明。这些报告的主要内容为预算的实际执行方式，这些报告非常重要。2006年以来，2001年8月1日的《财政法组织法》第58条第5款规定，审计法院被赋予国家稽核员的职能：审计法院证明国家财务的合规性、可靠性和准确性，书面证明文件随附在决算法草案后，并随附所实施检查的报告。2007年审计法院检查2006年财务时首次执行了该条款（签发了约12个保留意见）。审计法院每年签发约12个。

2011年7月29日的2011年度《财政法修正案》（第62条款）拓宽了财务证明职责，由政府财务拓展为公共行政部门。或者审计法院自己对财务（政府）进行证明，或者针对自己不负责认证的财务（地方团体、大学等），审计法院向议会告知财务质量。对此，认证报告会转交审计法院，以便它编写总结并签发财务质量意见，财务质量意见应该提交给国家总理、预算部长和议会议长。

依据2008年7月23日《宪法》法律而插入到《宪法》中的第47-2条款规定，审计法院协助议会与政府进行《社会保障筹资法》执行情况的检查。《2005年8月2日编号2005-881关于社会保障筹资法的组织法》第1条第Ⅷ款规定，在协助工作职责方面，审计法院还应该针对每个社保分支的平衡表是否一致提供意见，并提供常规社保体制的国有机构的财务合法性、可靠性和准确性认证报告和每个社保分支合并财务的合法性、可靠性和准确性的认证报告。报告应该阐述认证结束时所实施的检查。《2001年6月21日编号2011-703关于审计法院与账目稽核员之间关系和对财政法院法典第L.141-3条的施行的法令》和《2011年6月21日对2011年6月21日编号2011-703关于审计法院与账目稽核员之间关系的法令的施行和对财政法院法典第L.141-3条的施行的决定》规定了审计法院的法官与稽核员之间的关系（事先商讨等）以及向稽核员询问的信息，目的是向审计法院提供合理保证，确保社保分支的财务运营情况的信息和负责常规社保体制征收工作的机构的财务信息不存在较大错误。

（3）向议会提供协助和信息。与国有企业的财务检查和管理有关的特殊报告不进行公示，但是应该通报议会的两个财政委员会（及监督部长）。同样，首席庭长应该向财政委员会和议会的调查委员会通报审计法院的评价及意见，并向财政委员会提交法院向部长递交的并且部长未在六个月的期限内回复的所有通信。

《2005年8月2日编号2005-881关于社会保障筹资法的组织法》第14条规定，针对议会委员会受理的与社会保障筹资法的应用有关的所有问题，议会委员会均可以要求审计法院进行审查，对此，审计法院应该对受其检查的机构进行调查。

2001年8月1日，《财政法组织法》第58条款显著地增加了审计法院的协助性工作职责。因此，针对每次国民议会上财政委员会委员长或一般报告员提出的与财政法执行情况的检查工作和转归他们负责的公共财政有关的所有问题的评价工作，审计法院必须实施这些协助工作。因此，国民议会的财政委员会委员长在2011年曾委托审计法院对警察和宪兵的职权区域重新定义以及两种势力之间的合作进行调查，2011年10月提交了相应报告。同年，参议院财政委员会委员长委托审计法院对国库—税务合并负债表进行调查，2011年10月提交了相应的报告，并委托审计法院对司法费用进行调查，2012年9月提交了相应报告。2013年，应国民议会的财政委员会的请求，针对军队酬金和高速公路过路费编制了报告；2014年，根据这个委员会的请求，审计法院编制了法律辩护人报告。

这些调查的结论必须在8个月的期限内予以通报。在提交政府应该在公共财政方向辩论会上介绍的《国家经济演变与公共财政方向报告》的同时，审计法院应该向国民议会提交前一年度的执行情况报告。另外，审计法院在提交任何《财政法（草案）》时，应该附交一份关于通过行政方式操作的经费调拨报告，在上述《财政法（草案）》内申请审批这一报告。自2006年以后，审计法庭在提交与上一年度执行结果和相关财务有关的决算法律草案时，附交1份报告，着重分析每个工作职责和每项计划对应的经费的执行情况。2001年8月1日的《财政法组织法》也规定，审计法院应该向财政委员会的委员长及一般报告员提交年度检查计划以咨询他们的意见，但是宪法委员会认为这一项规定有损审判权的独立性，因而不符合《宪法》精神（2001年7月25日编号2001-448 DC决议①）。

《2011年2月3日趋向于在检查政府行为和公共政治评估方面强化议会职能的法律》规定，分庭庭长，在公共政策评估领域向议会提供协助时，可以自发向审计法院提出评估请求，可以由常务委员会提出评估请求或者分庭内创立的任何常务机构提出申请，以进行公共政策的评估。请求不得涉及社保预算法律、财政法律的执行情况的检查或跟踪，也不得涉及公共财政或社会财政问题。审计法院编制报告，并在法院规定的期限内向申请评估的机关通报该报告，这个期限不得超过12个月；申请评估的部门决定是否公示该报告。

2013年，审计法院共编制了20余份报告。其中，13份报告是根据财政委员会的请求，3份是应社会事务委员会的请求，2份是应议会议长的请求，1份是应国家总理的请求。

2. 对法律辩护人的协助。《2011年3月29日编号2001-333与法律辩护人有关的组织法》第19条规定，法律辩护人可以要求审计法院的首席庭长进行任何研究。

3. 向被管理者传达信息。《宪法》第47-2条款规定，审计法院利用公众报告向公民提供信息。

（1）公开报告。审计法院每年编制报告，报告以前是呈交皇帝的，而后变为交给国王；1832年以后，报告同样应该分发给议会议员，1938年以后，报告才被公布在政府公报上，即面向公众。报告每年先呈交给共和国总统，之后公示，但是报告具有2年的延后性。公共报告委员会包括审计法院首席法官、总检察长、分庭庭长和一般报告员，委员会根据分庭的提议准备报告并确定文本，在委员会法庭上审批通过这个报告。

在报告公示之前，应该把意见通报相关人员（部长、国有企业负责人、地方行政机关等），相关人员在2个月内书面答复，答复内容被插入到报告中。

这个报告包括几卷（如2014年为五卷）和几千页，囊括了审计法院在年度内做出的评价中选择意见和建议。这个报告的公示对行政机关和国有企业而言是一个"重大的激动人心的"时刻，因为这个报告披露了这些机构中某些机构的一些丑行、浪费和管理错误。

在翻案法官的眼中，公共报告对某一事件的评价可能构成有损公正原则和辩护

---

① Décision n°2001-448 DC du 25 juillet 2001.

权。例如，基于审计法院法官的权利性质以及其决定对于当事人的影响，法国最高行政法院认为公正原则与辩护权原则都起到了阻碍作用，审计法院先前曾在公共报告中提及某一事件中某些行为是不合规的，但是公正原则与辩护权原则使得审计法院的越权管理的司法裁决无法被正常宣判［最高行政法院，大会（Ass.），2000年2月23日，① Labor Metal 公司］。

一般而言，报告描述政府部门、地方领域和公共政策的运行情况以及相关人员的回复；报告也描述审计法院先前意见的后续结果（包括跟踪建议的指标等）。2011年7月29日的2011年度《财政法修正案》（第69条）规定了这一做法，并把描述范围扩展为财政审判最终意见的后续结果。

为评估审计法院意见的影响及效力，1963年政府决定建立后续结果委员会，委员会由财政稽核总局的部门领导负责，包括高级公务员，他们负责跟踪审计法院的建议执行情况并对此编制报告。在1986年委员会被撤销之前，委员会认为跟踪1/3的评价有效应，1/3部分有效，1/3完全无效。1991年1月3日，部长委员会决定，在公开报告公示后的3个月之内组织一个部委委员会，以检查审计法院的建议的后续结果；然而，这个值得称赞的提议并未被切实落实，自1991年以来，没有对此组建部委委员会。但是，审计法院在1997年的公开报告中首次纳入了所提意见和建议的后续结果：在某些案例上，审计法院认为是有改进。在1998年的报告中，审计法院更新了这个首创行为，单独成卷描述后续结果。

修改2001年8月1日编号2001-692《财政法组织法》的2005年7月12日编号2005-779的《组织法》② 第11条规定，审计法院的《年度报告》可以成为国民议会和参议院的辩论主题。

（2）特别主题公开报告。1991年1月3日的部长委员会也决定，针对重大的特殊议题，允许审计法院在年度公开报告之外公布关于重要主题的特别公开报告，例如，难以纳入《年度报告中》的综合调查或关于主题公共政治分析的调查。这些报告公布在政府公报的刊物上，报告也包含了相关机构负责人的回复。报告由分庭团队编制，在委员会法庭上磋商；当报告涉及地方政治时，报告依据的是地区审计法庭的工作。1991年以来，编制了四十余个专项公共报告，例如，《国库及地方团体债务的管理》（1991年11月）、《帮助成年残疾人的社会政策》（1993年11月）、《里昂信贷团队》（1995年10月）、《领地团体利于企业的干预行为》（1996年11月）、《地方供水和排水公共部门的管理》（1997年1月）、《国家博物馆和国家艺术品收藏》（1997年2月）、《毒品瘾防治措施》（1998年7月）、《公路道路领域的省级行动》（1998年11月）、《法国高速公路政策》（1999年7月）、《国家团结对老战士的工作》（2000年6月）、《国家在财政领域危机中的干预行为》（2000年12

---

① 即最高行政法院2000年2月23日的大会（Conseil d'État, Assemblée du 23 Février 2000, Société Labor Metal）。

② Loi organique n°2005-779 du 12 juillet 2005 modifiant la loi organique n°2001-692 du 1er août 2001 relative aux lois de finances（1）

月)、《矿山领域的总结》(2000年12月)、《政府公共职能》(1999年12月和2001年4月)、《城镇社团》(2001年11月)、《城市政策》(2002年2月)、《国家民事公务员的年金》(2003年4月)、《青年司法保护》(2003年7月)、《教育体系管理》(2003年4月)、《邮政》(2003年10月)、《迎接移民》(2004年11月)、《大学研究的管理》(2005年10月)、《依赖性老年人》(2005年11月)、《监狱管理》(2006年1月)、《海啸受害人援助》(2006年12月)、《领地团体在经济发展方面的协助》(2007年11月)、《铁路网》(2008年4月)、《社区与学校》(2008年12月)、《TER转移至地区》(2009年12月)、《邮局》或《监狱性公共部门》(2010年7月)、《公共安全军力的管理与组织》(2011年7月)、《地方公共债务的管理》(2011年7月)、《RATP企业委员会运转不良》(2011年12月)、《SDIS》(2011年12月)、《城市政策》(2012年7月)、《迎接并陪伴旅游人群》(2012年10月)、《政治科学》(2012年11月)、《法国对海地的援助》(2013年1月)、《Dexia》(2013年7月)、《地区财政》(2013年10月)、《海外省卫生》(2014年6月)和《军队装备保持运行条件》(2014年9月)等。

二、预算与财政纪律法院[①]

审计法院无权审判拨款审核人(具备事实会计资格的除外),拨款审核人不受管理检查的约束,因此,立法机构制定了由预算与财政纪律法院执行的针对拨款审核人的专项检查,该法庭是根据1948年9月25日的法律[②]而建立,由审计法院的首席庭长主持,共包括5个审计法院的次级成员和议会的6个成员,其中财政部分的主导是副庭长。[③] 预算与财政纪律法院与审计法院一样,应该每年提交公开报告,作为审计法院公开报告的附件,公开报告以法院工作为内容。本报告的公示是非连续的,单独成卷。

正如在第一章中所介绍的,法庭可以审判的人员包括:部委内阁的成员、国家和海外省的团体的民事或军事公务员或职工,以及接受审计法院或区域审计法庭的检查的机构的代表、管理人员或职工。这个列举范围很广,因此,法庭可以审判拨款审核人(尽管主拨款审核人不在审判范围内)、管理人员和会计(有权限的会计和事实会计)甚至包括财政监控员在执行工作时的违规行为。

(一) 受惩处的违规行为

1. 违反财政法规的行为。违反收支执行法规或资产管理法规的行为覆盖了违反公共会计原则的各种情况,主要包括:无权限人员进行支出、无财政检查而拨款、

---

① 其构成与权责请同时参见第一章。
② Loi n°48-1484 du 25 septembre 1948 tendant à sanctionner les fautes de gestion commises à l'égard de l'Etat et de diverses collectivités et portant création d'une Cour de discipline budgétaire et financière.
③ 2005年,预算与财政纪律法院的成员有所增加:自此之后有两个部分,共计6个成员,评判时间明显缩短。

不合理的支出列账以隐藏经费超支、部分或全部未收款、支付了不应付的款项等。违反资产管理条例时（不动产交易，或签署公共合同），如果此违规行为与公共支出执行程序相关，那么此违规行为可以被惩处。

2. 非法优惠的授予。所有受法庭审判的机构或个人，向他人提供或试图提供非法的金钱或实物优惠而导致国库或相关团体或机构受损害时，将受到法庭的惩处：未交货而付款，非合法支付补偿金、酬金或实物优惠，或承担不应支付的职员酬金。

法庭认为，为保证公共机构持续运行并且无其他符合规定的方案时采取的重大违规行为可以完全被免于处分，这在财政方面的法律判例中是罕见的。例如，在省卫生和社会事务局长的许可下，一位医院院长曾设立了违法的合同制医生酬金体系，首先是值班付款和虚拟罚款的形式。随后，无审批权限的医院董事会审批了日常酬金。尽管值班补贴和罚款以违规的方式构成了相关医生总体商讨的酬金的一部分，但是医生向医院部门提供了服务，符合机构的工作职责与需要，所以没有构成非法优惠方面的违规［预算与财政纪律法院（CDBF），2009年4月16日，富热尔医疗中心］。

3. 违反终审判决的决定。《1980年7月16日编号80-539与行政领域裁决的罚款和与公共法有关法人的判决执行有关的法律》规定了法庭应审理的两类违规：针对机关处以罚款的终审司法判决规定的有关费用，未遵守与支出的承诺和拨款有关的法规；以及导致机构由于未执行终审判决而被罚款的职员的行为。而尽管领导或部门负责人本身没有违规，他们应该针对下属的违规行为而承担责任；由于未履行对员工的监督义务，与员工一样，他们也可能被法庭处以惩罚。

(二) 流程与惩罚

1. 流程。提交法院审理时应该联系总检察长，总检察长决定资料归档或资料转交法庭庭长，庭长指定一名拥有广泛调查权的报告员（文件通信、调查、听证等）。当报告员进行的预审终结时，资料移交总检察长。总检察长可以把事件归档，或者把资料移交财政部长或相关部长，部长们拥有至少1个月的时间签发意见（否则，继续下一步流程）。把资料移交总检察长后，总检察长在15天的期限内依据理由明确的决定而宣布归档（并通知国民议会主席、国家总理、财政部长及其他相关部长）或依据理由明确的结论而移交法庭。与案件有关的人员可以了解完整的文件内容，并在一个月内编制书面备忘录，并在流程进展过程中请律师出席。

在法庭规定的一般非公开的听证会上，可以听取证人及相关方的意见——相关方必须具备话语能力。如果法庭成员的出席人数超过4人，法庭可以进行磋商，根据多数意见进行裁定，如果意见均等，那么庭长的意见具备决定性作用。对于听证会的非公开性，法国最高行政法院认为这一点与保护人权和基本自由权的欧盟公约第6条的规定相悖：当听证会可能导致处以罚款时，预算与财政纪律法院应该从欧盟公约第6条款的角度，以刑事方面控诉是否合理的决定人的身份，出席公开听证会，并且不得妨碍《财政法院法典》有关听证会非公开性的条款。另外，公正原则要求法院成员不得审判他以其他公务名义评估过的案件，例如，如果申请纪律法院评估的事件已经在审计法院公共报告中被认定成立及违规,那么纪律法院不得参加审计法院公共报告的审批工作。

2. 惩罚。首先应该注意,仅当法院可审判人员拥有其上级签发的书面指令或有权限的部长个人提供指令时,法院可审判人员才可以免受惩罚。在第一种情况下,由上级承担责任;在第二种情况下,没有负责人,因为法院无权审理部长;同时,如果惩罚不是确实成立或者当惩罚不具备足够的严重等级时,法院出具免诉决定。

法院可以根据情节轻重调整裁决的惩罚,惩罚为罚金,根据违法行为及违法人的资质不同,罚金也不相同。针对违反公共会计条例的行为(财政检查、无权限的费用支出),罚金为150欧元至违规人员一年工资总额;对于不执行司法决定而导致罚款的违规行为,罚款金额为300欧元至一年工资总额之间;对于授予非法优惠的违规行为,罚款为300欧元至双倍年工资总额。对于国有企业领导人的管理失误或错误,罚款可高达年工资总额;对于地方议员,如果他们可被法院审判,那么罚款最高金额为750欧元,如果这些议员岗位补贴的年度总金额超过750欧元,那么最高罚款金额为年度总补贴额。《1992年12月30日关于国库特殊债权总财务处职权的决定》规定,国库特殊债权总财务处可以收取法庭裁决的罚金。

法院可以决定是否公布它裁定的惩罚:审判结果具备终审特性,所以可以依据法庭的决定,部分或全部地,必要时以匿名的形式(不出现姓名和地点)公布在政府公报上。法院做出的裁决(每年四个或五个)是不能上诉的。但是可以向法国最高行政法院申请翻案。对于当事人或总检察长而言,申请是开放的。

面对法院提出的合宪性优先问题,① 宪法委员会明确:预算与财政纪律法庭的成员,鉴于他们的出身,享受一切独立性和公正性保证,起诉流程既不违反对审原则,也不违反遵守保护权原则或无罪推定,并且,应该明确详细地定义处以的惩罚;然而,如果法院起诉不妨碍刑法和纪律方面行动的执行,并且如果同一事件可能被判决为可叠加的几个惩罚,依照《人权与公民权宣言》(la Déclaration des droits' de l'homme et du citoyen)第8条规定的比例性原则,判决的惩罚总额不得超过应承受的其中一种惩罚的最高额。

---

① 法文原文:question prioritaire de constitutionnalité。

第十一章

法国地方政府预算

■ 本章导读

20世纪80年代,中央权力开始下放到地方,带动了地方预算的发展。地方行政区域的预算在某种意义上是一项法案,决策机关(市议会、省议会或者大区议会)通过它预估和批准年度收支计划。预算包含两个部分:运营部分和投资部分。本章介绍了法国地方政府体制、地方政府收支、中央与地方之间的财政预算关系、地方政府预算准则、地方政府预算编制和地方政府预算执行。

第一节 法国地方政府体制

一、地方政府的《宪法》框架

《宪法》第72条在其第1款中规定："法兰西共和国的地方行政区域（Les collectivités territoriales）包括市镇、省、大区、特殊地位的地方行政区域和受《宪法》第74条管辖的海外地方行政区域。所有其他的地方行政区域均由法律根据需要设立，以取代前款所提及的一个或几个地方行政区域"。

根据国家法律，市镇（les communes，截至2013年1月1日，法国共有36 663个市镇）的财政体制主要由《地方行政区域总法典》的前两部分规定（国民议会选举和既定制度规定）。这部法典在1996年和2000年接替了《市镇法典》（后者本身在1977年接替了《市镇行政法典》），并完善和更新了公共组织机构运营的若干规则，这一规则适用于所有的公共机构。从总体上来看，市镇本身拥有60%的自主资源，在财政环境方面处于一个相对比较有利的位置。因此，尽管市镇的财政政策几经调整，市镇财政仍旧保持了良好的发展态势，并且分为两种不同的发展模式：一种是居民人数小于3 500人的市镇（这种市镇的总人数在2012年达到33 766人，占到了法国市镇总人数的92%，并占法国总人口的1/3），另一种居民人数大于或等于3 500人的市镇（这样的市镇法国截至2012年共有2 937个，只占到了居民总人口的67%）。

法国各省份（les départements）的财政业务代表了地方财政的1/3，与市镇部门的财政业务表现出很不同的面貌。其财政支出多集中在几个主要的功能上，虽然也曾呈现出多样化发展的趋势。一直到现在，主导政府支出的手段仍然是"运营项目（fonctionnement）"，将近占到了各省支出总数的78%，而在"投资项目（investissement）"中所付出的花费则只占到22%的比例。从传统上来讲，各省份的预算被看做是一种"乡间小路的辅助性预算"，因为在很长时间以来，这些预算都被用在道路养护上，又或者是用在社会安全及卫生防疫方面。其构成了公共设施（例如港口、机场）不可忽视的重要组成部分，对道路交通的意义尤为重大。

大区（les régions）的财政制度最初由《1972年7月5日编号72-619关于大区创建和组织的法律》（特别是1982年3月2日以及1986年1月6日的修改）确定。目前各大区的财政制度主要由《地方行政区域总法典》第一部分和第四部分（有关立法与章程）所规定，并对与所有公共机构相同的主要原则以及规则进行了补充与调整。调整后的规则与大型市镇和省份的政策有很大相似之处。大区的财政状况不如市镇和省份的财政状况，例如，2005年的时候，大区本身的财政资源只占到资源总数的43%。由于多方面的原因，之后有了明显的增长，到了2009年的时候已经占到55%的比例。

二、地方分权的发展趋势

自中世纪以来，法国君主政体就在努力树立针对"各个分散民族构成的集合体"的权威。并且，法国大革命强制要求中央集权。作为法国大革命的继承者，拿破仑也强调中央集权。19 世纪后来产生的各个政体维持从法国大革命和第一帝国继承而来的中央集权架构不变，这保证了国家统一以及中央政府对整个国家行使权力。接连而来的君主立宪、第二共和国、第二帝国、第三共和国，采用了同一种行政组织，只是略有区别。

（一）地方分权的第 I 次行动

从中央集权到地方分权是从第一次世界大战开始的。它颠覆了共和国模式的这一支柱。1981 年，在弗朗索瓦·密特朗当选总统后，当时的内政和地方分权部部长兼马赛市长加斯东·德范尔致力于筹备地方分权的重大改革。从 1981 年 7 月起，与市镇、省和大区权力和自主权相关的法案被提交给了新当选的议会并接受辩论。该法案于 1982 年 1 月 28 日表决通过，并于 1982 年 3 月 2 日颁布实施[①]。再加上 1982 年 7 月 22 日法律所作的补充，这项法律对全国地方组织进行了重大改革，其中最著名的是：规定由省议会议长担任省的行政首长，以取代省长；用事后司法监管代替之前的事前行政管理；设立新的财务审判机关：大区审计法院，其任务之一是在财政预算方面协助省长开展工作；将大区全面升级为地方行政区，设有全民直接选举产生的议会；在每个省和每个大区，国家代表（1982 年 3 月 2 日法律称之为"共和国专员"）继续负责捍卫国家利益，确保遵循法律，维持公共秩序和对行政机关进行监管。1983 年 1 月 7 日[②]和 1983 年 7 月 22 日[③]的法律，修改了市镇、省、大区和国家之间的权力分配。从 1982~1986 年，25 项法律以及将近 200 个法令竞相颁布实施。这就是人们所说的"地方分权第 I 次行动"。《1992 年 2 月 6 日编号 92 - 125 关于共和国地方行政的方针法》，其雄心就在于吹起地方分权的"第二股风"，启动市镇之间的合作、地方民主并继续强化地方分权。《1995 年 2 月 4 日编号 95 - 115 对于地方领土整治和发展的方针法》，尤其是 1999 年 7 月 12 日通过的[④]被称为"CHEVENE-MENT"的关于加强地方分权和市镇间合作的法律，继续进行改革。1999 年 6 月 25 日[⑤]与领土整治和可持续发展相关的 VOYNET 法律，2000 年 12 月 13 日[⑥]被称为

---

① 《1982 年 3 月 2 日编号 82 - 213 关于市镇、省和大区权力和自主权的法律》。
② 《1983 年 1 月 7 日编号 83 - 8 关于市镇、省、大区和国家之间职权分配的法律》。
③ 《1983 年 7 月 22 日编号 83 - 663 补充 1983 年 1 月 7 日编号 83 - 8 关于市镇、省、大区和国家之间职权分配法律的法律》。
④ 《1999 年 7 月 12 日编号 99 - 586 关于加强和简化市镇间合作的法律》。
⑤ 《1999 年 6 月 25 日编号 99 - 533 对于地方领土整治和可持续发展的方针法与对 1955 年 2 月 4 日编号 95 - 115 对地方领土整治和发展方针法的修改》。
⑥ 《2000 年 12 月 13 日编号 2000 - 1208 关于团结和城市改造的法律》。

"团结和城市改造"的法律,以及 2002 年 2 月 28 日公布的[1]关于近邻民主的法律,又进行了补充。

(二) 地方分权的第Ⅱ次行动

雅克·希拉克担任总统时期的政府总理让-皮埃尔·拉法兰(Jean-Pierre Raffarin)于 2003 年启动了"地方分权的第Ⅱ次行动"。在《2003 年 3 月 28 日编号 2003-276 关于共和国地方分权组织的宪法法律》之后,又颁布了为实施该宪法法律所必须的多项组织法。该宪法法律将新的职权转交给地方行政区域。《宪法》改革对从 1958 年《宪法》继承而来的法律框架进行了更新,并确立了新的原则。这项改革被议会两院联席会议通过而非全民公决。议会两院的讨论同时还伴随着公众舆论的辩论,由法国每个大区内的审判官对地方自主权进行监管。共和国"地方分权组织架构"的原则由此确立(《宪法》第 1 条),大区也得到了《宪法》的正式认可。在《宪法》修改的进程中,制宪会议希望通过多项组织法得以发布。这包括 2003 年 8 月 1 日地方行政区域对地方分权的各种区别政策事先进行试验性改革的组织法[2],以及同日通过的符合参与制民主新形式需要的与地方全民公决相关的组织法[3]。最后是 2004 年 7 月 29 日关于地方行政区域财政自主权的组织法[4],用来实施《宪法》第 72-2 条,指出了构成地方行政区域享有资源"关键部分"的"自有资源"的概念。对于权力的移交,与地方职责相关的一个大法案在议会两院经过了长达几个月的讨论,最后成为了《2004 年 8 月 13 日编号 2004-809 关于地方自主权和职责的法律》。法律还在经济发展、旅游事务、职业培训或是某些基础设施(如公路、机场、港口等)、保障性住房、建设、教育或是文化遗产保护方面赋予了地方行政区域新的权限。其中的有些规定具有试验性改革的特征,时间期限不超过 5 年。它还包括不可忽视的国家将人员管理移交给地方行政区的活动,尤其是初高中雇用的技术类公职人员和公共机构工人(Techniciens et Ouvriers de Service, TOS),以及装备部门的公职人员。这项改革的初衷是强化大区层面的职权,但结果却强化了移交给省级行政区的角色和权限,尤其是在社会事务方面。

(三) 地方分权改革的新时期

萨科齐总统五年任期内进行的改革,从某种意义上标志着与前两轮地方分权运动的决裂。前两波运动首先聚焦的是把国家的权力移交给地方,而新的政治力量提出的目标则是希望简化地方机构设置,加强地方民主和设立不同于地方行政区域的机构,从而将地方分权推向成熟。此外,总统五年任期内的改革在 2007 年开始的金融和经济危机的大背景下设立了对公共财政的严格限制。由此,自 1982 年颁布的地

---

[1] 《2002 年 2 月 27 日编号 2002-276 关于近邻民主的法律》。
[2] Loi organique n°2003-704 du 1er août 2003 relative à l'expérimentation par les collectivités territoriales (1).
[3] Loi organique n°2003-705 du 1er août 2003 relative au téférendum local (1).
[4] Loi organique n°2004-758 du 29 juillet 2004 prise en application de l'article 72-2 de la Constitution relative à l'autonomie financière des collectivités territoriales (1).

方分权法律以来，法国的地方行政区域改革进入了新时代，进入了从体制和财政方面进行调整的时代。

2012 年 5 月 6 日，弗朗索瓦·奥朗德当选为法国总统，开启了"地方分权改革的新时期"。地方分权改革确定的目标就是重新恢复作为国家和共和国价值代言人的中央政府和作为地方活力和社会联系主要推动者的地方政府之间的信任条件。这种信任将在彻底被革新过的对话中建立起来。这种对话能够将政府改革与地方分权凝聚到同一个目标下，以中央政府和地方政府之间的互补性为依托，重新振兴法国。中央政府和地方政府对话的经常性、公正客观以及优质，是公共机构正常运行的常规的首要条件。

在地方政府层面，省长和中央政府权力下放的部门是地方行政区域的首要对话者，尤其是在施行公共政策以及实施法律和规章方面。在中央政府层面，每个部委负责在其职权范围内与代表地方政府的协会进行公共政策对话。

为此，两个中央部委起着特殊的"跨部门"的作用，这使得这两个部门位于国家和地方行政区对话的中心：一个是属于内政部长和国家改革、地方分权和国家公职部长共同管辖的地方行政区域总局（Direction Générale des Collectivités Locales，DGCL），另外一个是经济与财政部下属的公共财政总局（DGFIP）。

三、地方行政机构及主要财政机构

（一）地方行政区域总局

地方行政区域总局位于咨询机构体系的中心，因为它承担着某些咨询机构秘书处的功能，根据这些机构的不同组成部分，全年负责国家部委、代表地方政府的协会以及议员之间的对话、辩论和协调工作。无论是在财政领域，与地方财政委员会（Comité des Finances Locales，CFL）一起，还是在地方公职人员领域，与地方公职人员高级理事会（Conseil Supérieur de la Fonction Publique Territoriale，CSFPT）一起，或是在更为专业的领域，这种"委员会工作程序"在国家和地方政府的对话中起到基础性的作用。

地方行政区域总局属于内政部长和政府改革、地方分权和国家公职部长的共同管辖。其职责是成为中央政府内部与地方政府进行对话的特许对话者。它负责起草涉及地方政府的所有规定，在各个地方行政区之间分配国家的财政资助资金，制定地方参与者（议员和职员）的章程。该局于 1802 年成立，最初名称为入市税和市镇管理局，1960 年改为地方行政区域总局。地方行政区域总局对分配国家的财政资助资金，尤其是整体运行费用和整体装备费用进行管理。2008 年，国家对地方政府的财政拨款高达 720 亿欧元。地方行政区域总局根据地方分权法律移交给地方政府的职权，确立拨付给地方政府财政补偿金额的规则和计算方式。它同样还参与地方税制及国家与地方政府分享的税制规则的制定。它对每个类型的地方行政区域确定预算和账目，为议会准备地方预算的预算控制和财务分析，并且还监管涉及地方政府借款及公共合同规范中财政改革的内容。

在经济发展和领土整治领域，地方行政区域总局尤其注意从法国和欧盟法律出发，对涉及地方政府经济活动的问题进行监管。另外，它还有权管辖所有涉及地方政府行为的要素（地方议员和地方政府职员）。

（二）公共财政总局

公共财政总局既代表从中央政府历史上延伸出来的公共部门，也代表着新型的行政机构。它来自于2008年对税务管理总局和公共账目管理总局的合并。其使命既能使其为公共机构的稳健财政做出贡献，又有利于在社会、经济和地方政府领域营造互信的氛围。公共财政总局各个部门存在于全国各地，最接近于它的用户和合作伙伴。这些部门设在公共财政中心，但属于不同的序列，这也反映了公共财政总局履行职责及牵涉公众的多样性。公共财政总局通过其战略性文件，为2013~2018年制订了宏伟计划：成为共和国的模范政府部门，服务各级民众，确保工作人员的工作条件。

（三）地方财政委员会

地方财政委员会根据1979年1月3日法律设立，主要目标是维护地方行政区的财政利益，并让地方政府与国家协调一致。根据《地方行政区域总法典》第1211-3条的规定，地方财政委员会监管行政运营总资金（Dotation Globale de Fonctionnement, DGF）的分配。确定行政运营总资金（DGF）某些份额变化的权力也属于该委员会。

此外，政府还能就涉及地方政府的各项法案、各项修正案或是财政方面的各项规章征询其意见。对于政府颁布的法令，这种意见征询是强制性的。财政委员会的另一个使命还在于，向政府和议会在制定涉及地方财政的财政法案时提供必要的分析。

在地方直接税制改革和法定拨款稳定的大背景下，地方财政委员会的良好运行能够让行政运营总资金的分配符合新的形势，并且为建立完整而平衡的横向财政分摊机制体系做出巨大贡献。地方财政委员会于2011年和2012年所做的横向财政分摊工作，为同一类型的地方行政机构重新分配财政资源新机制的建立做出了巨大贡献（全国各省征收的有偿资产转移税财政分摊基金；全国市镇和跨市镇资源财政分摊基金；全国各省和各大区征收的企业增值税缴纳费用财政分摊基金）。地方财政委员会因此可以和地方政府的财政不均衡做有效斗争。

至于更为详细的行政运营总资金，根据《地方行政区域总法典》第1613-3条的规定，正如财政法案中载明的那样，地方财政委员会对行政运营总资金的预期金额给出意见。2012年，它还被授予了调整行政运营总资金保证部分下限以及补偿部分下限的权力，以增加财政分摊的费用金额并为逐渐纳入行政运营总资金体制的各部分费用提供资金。此外，对于全国各省征收的有偿资产转移税财政分摊基金，当这一基金超过一定的数额时，地方财政委员会可以截留一部分基金资源，以填补收入不佳年份的资金缺口。

（四）开支评估咨询委员会（Commission Consultative sur l'Évaluation des Charges，CCEC）

开支评估咨询委员会根据《1983年1月7日编号83-8关于市镇、省、大区和国家之间职权分配的法律》（地方分权第Ⅰ次行动）成立。《2004年8月13日编号2004-809关于地方政府自主权和职责的法律》（第Ⅱ次行动）第118条修改了开支评估咨询委员会的组成和功能，该委员会如今已成为地方财政委员会的下属机构，由1名当选代表主持工作，共有22名成员，与国家和所有地方行政区域的代表共同开展工作[2名大区议会议长、4名省议会议长、5位市长其中至少两人为市镇间合作公共机构（Établissement Public de Coopération Intercommunale，EPCI）主席]。

开支评估咨询委员会的主要职责在于，对国家和地方政府权限转移、新设立或扩展的涉及地方政府的权限所给予的财政补偿进行评估和监管。其内部设立了三个处，大区处、省级政府处和市镇处。每个处都由相同比例的国家代表和议员组成。其成员人数根据其在地方财政委员会当选代表的人数而变化。开支评估咨询委员会还对确定拨付给每个所涉及地方行政区域补偿款金额的部委法令草案给出意见，从而保证开支和所拨付的资源相符。此外，开支评估咨询委员会还参与确定国家和地方政府之间权限移交所形成的开支增加或减少的评估方式。内政部长或预算部长同样还可以就地方行政区域的请求咨询该委员会。其最终还负责每年为议会制定过去10年中移交给地方政府的开支变化的财务报告。这个财务报告反映出人员移交和权限委派的结果，以及拨付的用于补偿新增、移交或扩展权限的各类税费收益变化。对于每次的职权移交，开支评估咨询委员会都会不偏不倚地召集国家代表和职权移交所涉及类别的地方政府代表参加会议。相反，如果审查与所有地方行政区域相关的问题，尤其是涉及增加或减少开支的评估方式的问题，委员会举行全会。

四、法国地方团体预算与会计改革

直到1997年，市镇的预算与会计框架都是由会计规则M11和M12定义的，这两套规则是在1960年设计的。1982年一般会计科目表的修订，和地方分权新环境下财政管理的改善，即同年出台的地方分权法以及1983年的权能转让法，都以法律的形式确认务必要推进地区会计账目走向现代化。地方行政机关（在教育、城市规划、社会、文化等方面）职能权限的扩大，已经导致其财政预算大幅度增加，1980~1995年，增长到3倍之多（1995年，7650亿法郎，相当于1160亿欧元）。这要求决策和管理人员拥有可靠的信息、指标，确切反映出他们的行为对财政的影响。对公民和合作方的透明度要求采用的会计框架接近于一般会计科目表，使得市镇的财政情况容易被理解，并且兼顾地区管理的特殊性和预算平衡性原则。

改革的准备从1990年开始在国家和地方选民代表的紧密配合下展开。一开始是试验性的，直到1997年才整体性地展开。司法基础是《1994年6月22日编号94-

504 关于地方团体行政的预算与会计条款的法律》。这部法律修改了《地方行政区域总法典》，补充了几项法令，由法国经济与财政部的法令批准，建立了预算和会计规则 M14。① M14 来自一般会计科目表以及《商业法典》（le Code de Commerce）的一些会计原则，但并不是全盘照搬。考虑到法律和规章制度的变化，M14 每年都会被修改。2016 年预算和会计规则 M14 的修改就考虑到了 2015 年 12 月 21 日的法令。

2004 年 M52 在省级被实行。2005～2009 年间，M71 在大区被试行，而 2009 年 11 月 17 日编号 2009 - 1400 的法令②使之从 2010 年开始成为强制性。这些规则在 2005 年末的法律（《2005 年 8 月 26 日编号 2005 - 1027 有关地方行政区域以及附属于它们的团体和地方公共机构预算和会计规则简化和改善的法令》③）颁布之后被改变。这些文件引入了很多编辑的和技术上的修改、多年化机制的拓展，以及对准备金制度的改革。

第二节　法国的地方政府收支

在预算上，地方行政区域之间的差距是可观的：就区域范围来说，法国岛（Ill-de-France）区域在 2008 年的总支出是 60 亿欧元，而最小的城市大区利穆赞（Limousin），同年总支出则为 6.1 亿欧元。2009 年，低于 500 位居民的市镇的平均预算为人均 1 709 欧元（或者一个有 100 位居民的市镇的平均预算为 171 000 欧元），而巴黎市的支出花费则为 70 亿欧元。

一、地方政府支出

各类地方行政区域的共同特点就是其投资支出，要比国家的高得多。同时，2007 年的各地方行政区域的预算（见表 11 - 1）包括平均 40% 的投资支出，用以运营国家与地方之间的项目合同范围部分，即通过权力下放至大区而协调分配的任务（领土整治、职业培训、公立中学、交通）。大区极少直接管理公用事业，而他们的预算就因此略有刚性。人员支出在 2007 年仅占据运营支出的 11%，虽然这一比例自 2005 年来因为运输能力的影响而迅速上升。

---

① M14 是针对市镇的预算分类目录。
② Ordonnance n°2009 - 1400 du 17 november 2009 relative à la simplification et à l'amélioration des règles budgétaires et comptables applicables aux régions et aux syndicats mixtes de l'article L. 5721 - 2 du code général des collectivités territoriales.
③ Ordonnance n°2005 - 1027 du 26 août 2005 relative à la simplification et à l'amélioration des règles budgétaires et comptables applicables aux collectivités territoriales, à leurs groupements et aux établissements publics locaux qui leur sont rattachés.

第十一章 法国地方政府预算

表11-1　　　　地方行政区域的支出与收入（2007年实施）　　　单位：10亿欧元

	市镇	州省	大区
运营实际支出	58.9	45.4	14
人员支出所含	30.4	8.3	1.6
运营收入	69.7	54.3	19.6
地方直接赋税所含	26.1	19	4.4
其他赋税所含	14	16	6.1
获取转账所含	19.2	13.2	8.3
除借贷偿还外的投资支出	25.3	14.2	9.1
债务总额	55.5	21.9	12.7
债务总额/自筹资金	5.1	2.4	2.3

资料来源：Observatoire des finances locales, Les finances des collectivités locales en 2009, juillet 2009 和 Adam F. Ferrand O. Rioux R. Finances Publiques [M]. 3rd éd. Presses de Sciences Po et Dalloz, 2010.

各市镇的情况则非常不同：运营支出非常繁重（在2007年，平均总支出为70%），以及高于50%的人员支出。

其实，省的投资支出部分与所观察到的市镇投资支出是非常接近的（2007年，24%对比30%），这个百分比自2002年登记以来，由于社会新政策的权力下放，致使其能够掌握主要运营预算，而一直有所下降。由于这个原因，相较于2007年，在包括了大量干预支出的情况下，人员支出只占18%。

按功能对地方行政区域的支出进行分配（见表11-2），能清晰地表明预算的优先等级。

表11-2　　　　2007年地方行政区域支出的运营分配　　　　单位：%

地区	运营支出（主要项目）	投资支出（主要项目）
大区	经济干预（7） 职业培训（33） 教育（16） 交通（23）	教育（27） 交通（19） 治理和住房（10） 经济活动及研究（11）
省	社会支出（64） 交通（7） 公路网（3） 教育（5） 一般服务（10）	公路网（41） 学校设施（19） 环境、治理及住房（13） 经济发展（7）

续表

地区	运营支出（主要项目）	投资支出（主要项目）
居住人口超过 10 000 人的市镇	城市服务和治理（15） 教育（13） 社会干预（11） 体育和青年（9） 文化（8） 一般行政管理（39）	城市化和治理（42） 学校设施（11） 运动设施（11） 文化设施（9）

注：投资偿还贷款不包括在表内。

资料来源：Direction générale de la Comptabilité publique, Les comptes des régions 2007, Les comptes des départements 2007, Les comptes des communes 2007 和 Adam F. Ferrand O. Rioux R. Finances Publiques [M]. 3rd éd. Presses de Sciences Po et Dalloz, 2010.

二、地方政府收入

对于市镇和州省，其运营收入的首要来源是地方税收。地产税构成了那些小型市镇的地方税收主要来源，而在那些拥有超过1万居民的市镇，则是（直到2010年废除为止）职业税起到了决定作用。间接税在州省和大区起到了增长作用，比如2004年以来，分配的一部分石油产品的国内产品消费税（Taxe Intérieure sur les Produits Pétroliers, TIPP），以及2005年的保险协定税（对于州省的）。在2008年和2009年，财产移转税的降低，就严重影响了州省的预算。

尽管有均衡机制的存在，财政资源的分配也是极不均匀的，特别是市镇之间。总体来看，人均潜在税收随着市镇大小的增加而增加，但设立一家大公司，有时就足够从根本上彻底改变财务状况。在运营上获得的转移支付，主要由国家捐款构成，尤其是行政运营总资金。各市镇同样也收到来自各州省和大区的社会津贴。

为了允许地方行政区域掌管地方分权改革第一阶段（1982～1986年）中转移的权限，1982年3月2日颁布的法律以及1983年1月7日出台的法律通过税收资源以及预算资源的方式，规定了有关职限转移成本的补偿。因此，国家层面的许多种税收都被转移到地方团体中去（见表11-3）。针对机动车辆的不同类别的税收——其中以机动车印花税最为著名，在1984年的时候被分配给省级单位执行，同样的，注册权和广告税的分派也是如此。在1983年的时候，各地区都得到了灰卡级别（les cartes grises）的税收摊派，随后由于所有权有偿转让的减少以及2000年10月印花税的下降，这一转移税收的份额在地方团体的财政中受到了削减。

第十一章 法国地方政府预算

表 11-3　　　　　　　　地方行政区域的转移税收　　　　　　单位：百万欧元

年　份	2006	2009
灰卡级别（大区间）	1 535	1 938
省级注册权与广告税	6 300	7 367
各省间 TIPP（石油产品内部税收分配机制）的摊派	4 949	5 843
各大区间 TIPP（石油产品内部税收分配机制）的摊派	945	3 216
各省保障金税收的流动	1 185	3 113
税收流动总金额	14 914	21 486

资料来源：Projets de loi de finances pour 2006 et 2010, jaune budgétaire "Effort financier de l'État en faveur des collectivités locales" 和 Adam F. Ferrand O. Rioux R. Finances Publiques [M]. 3rd éd. Presses de Sciences Po et Dalloz, 2010.

2003 年 3 月是权力下放地方分权改革的新阶段，地方财政自治得到了加强，对于权限转移的补偿以收入的方式进行分派，而不是以预算份额来施行。另外还出台了新的改革手段，即对国家层面的税收在国家和团体机构之间进行分配。

国家同样介入地方财政，并对在国家团结名义下实行的财政改革进行补偿。如此一来，由于缺乏切实可行的地方税收措施，国家逐步采取一定的举措，对税收进行调整。总的来说，国家（也就是国家层面的份额）在 2007 年的时候直接对地方财政进行扶持，相比于 20 年之前的 10% 有了很大增长（见表 11-4）。

表 11-4　2004 年和 2007 年地方直接税收中的国家份额　　单位：10 亿欧元

地方直接税收	增长	国家补贴份额 金额	国家补贴份额 占比（%）
2004 年			
职业性税收	25.47	8.50	33.3
居住税	13.65	3.87	28.3
固定资产税	18.08	1.27	7.0
总值	57.20	13.62	23.8
2007 年			
职业性税收	28.85	10.86	37.6
居住税	15.85	4.22	26.6
固定资产税	21.33	1.45	6.8
总值	66.03	13.62	25.0

注：包括补偿资本的份额。国家支持份额在比例上（补偿份额+国家减免份额）/（地方投票通过产品+补偿份额）相等。不包含在财政服务部分之内的增长价值并没有被计算在内。

资料来源：DGCL, Les collectivités locales en chiffres 2009 和 Adam F. Ferrand O. Rioux R. Finances Publiques [M]. 3rd éd. Presses de Sciences Po et Dalloz, 2010.

国家在地方税收中的介入表现在以下几个方面：

一是全部或部分减少地方税收。相对的，国家建立了一项"补偿份额"，以改革当年的收入损失为基础，并采取独立于财政的计算方式，吸收融合进运营份额之中。

二是国家同样用财政支持立法机构对个别种类纳税人的减税或免税政策。对于地方机构来说，这两种技术并不是没有差别的：在减税的情况下，国家替代了纳税者缴纳其分摊额，对于地方政府来说是没有什么影响的；在免税的情况下，税基本身获得削减，国家的补偿则取决于未来地方机构的政策。

职业性税收在其取消之前，就是这样，成为最不"地方化"的税收，在2007年的时候，其中38%的份额以国家预算的名义流向地方机构。居住税同样也受到了国家30%的支持，相较于1980年的小于10%，出现了较大增长。

固定资产税仍然是地方税收的重要部分，国家干预在其中起的作用十分薄弱，仅占了7%的比重，免税政策在其中的影响力是有限的。

三、中央政府资助

国家对地方财政的干预同样采用了预算资助的方式，将资金投入到地方行政区域中。这些资助在近二十年间出现了极其显著的增长，从1985年的240亿欧元上涨到2009年的760亿欧元。在2009年的预算当中，针对地方行政区域的份额约占了总体预算净收入的27%。

对地方行政区域的资助在国家预算中表现为国家收入预扣款或者一般预算支出和一些特殊账户支出。这些补助的类型各不相同：有的以运营或设备补助金的形式出现，有的以弥补权限转移成本的经费形式，最后还有以地方税收减负的补助资本的形式（见表11-5）。这些国家补助类型的不同特点（计算、编码模式、地区间分派模式）由《地方行政区域总法典》规定。但需要注意到一大部分资金付给了并非严格意义上的地方行政区域，而是一些种类的地方公共机构，尤其是市镇间合作公共机构。这些数据被系统地记录在"地方行政区域的资助"中。

表11-5　　　　　2006年和2009年国家资助地方
行政区域的不同类别

单位：百万欧元

项　目	2006年的增长	2009年的增长	类型
1. 运营资产			
行政运营总资金（DGF）	38 218	40 847	PR
机构特殊资产	136	38	PR
地方选举资产	50	65	PR
科西嘉岛TIPP回馈	30	44	PR
2. 设备资产			
附加税补偿金	4 030	5 855	PR

第十一章 法国地方政府预算

续表

项　　目	2006 年的增长	2009 年的增长	类型
流通政策借款补偿金	620	600	PR
市镇设备总资产（DGE）	459	484	DB
各省设备总资产（DGE）	311	224	DB
乡村发展资产	124	131	DB
3. 竞争转移补偿			
权力下放地方分权总资产（DGD）	1 031	1 415	DB
职业性教育权力下放地方分权总资产	1 611	1 686	DB
各省中等教育设备资产（DDEC）	318	326	PR
各大区教育设备资产（DRES）	640	661	PR
4. 地区税收补偿			
职业性税收补偿资产（DCTP）	1 116	595	PR
地区税收的免除补偿（PR）以及减少补偿（DB）	13 658	20 032	DB/PR
5. 特殊津贴	1 768	1 887	DB
6. 其他	380	679	
总数值	64 500	75 569	

注：PR：收入优先；DB：预算资金（国家支出）。

资料来源：Jaune budgétaire "Effort financier de l'État en faveur des collectivités locales" (PLF 2006 和 2010) 和 Adam F. Ferrand O. Rioux R. Finances Publiques [M]. 3rd éd. Presses de Sciences Po et Dalloz, 2010.

对于地方上日常运营支出财政上的资助在 2009 年的时候上涨到了 410 亿欧元，是国家对地方行政区域资助的 55%。行政运营总资金创立于 1979 年，它几乎代表了资产总量的数额，是一项整体性资金，经费可自由使用，能够在不同的客观标准之间进行分派，并针对市镇、市镇间组织以及各省。从 2004 年开始，这项资产开始运用于各大区。

自从 1993 年开始，市镇一级的行政运营总资金包含了定额资金和目标性的治理资金。定额资金相当于所有受益地方都会领取的一块资金；目标性的治理资金由三个分支构成：城市团结资金（Dotation de Solidarité Urbaine，DSU）、乡村团结资金（Dotation de Solidarité Rurale，DSR）——这两项是针对发展较为滞后的市镇，以及市镇间资金（dotation intercommunalité）——这一资金不仅扶持市镇，同时扶持市镇间合作公共机构。定额资金是总资产中薄弱的一块，因为这项资金无法用客观标准进行计算，而是依靠历史经验上的地方基于薪金的税收收入进行衡量，并于 1965 年由行政运营总资金替换。很显然的，在近 40 年以来，这项参考指标已经不再被使用。2004 年和 2005 年《财政法》的改革，将行政运营总资金的结构合理化了（见表 11-6）。

表 11-6　　　　　　　　　行政运营总资金的结构

	计算方式	衡量方式
1. 市镇和市镇间的 DGF（行政运营总资金）（233 亿欧元）	每年相较于上一年的确定性指数级增长	累进率与 DGF（行政运营总资金）在总体资产中的累进率相等（通货膨胀 50% 的增长率计算在内）
a. 定额资金（141 亿欧元）		
基础资产份额	人均 60 欧元（人口小于 500 人的市镇）到 120 欧元（人口大于 200 000 人的市镇）。这项系数被以指数的方式衡量	累进率受到地方财政委员会（CFL）的规定，相对于 DGF（行政运营总资金）的累进率保持在 75% 以下的水平
"表面"资产份额	每公顷 3 欧元（山区地带是 5 欧元）	同上
职业性税收"薪资"补偿	市镇一级未计算	累进率受到地方财政委员会（CFL）的规定，相对于 DGF（行政运营总资金）的累进率保持在 50% 之内的水平
b. 调整资金	总体金额由市镇 DGF（行政运营总资金）总体金额和定额资金的差额决定	
市镇团体的 DGF（66 亿欧元）	两种组成部分： ·补偿份额（41 亿欧元），英语补偿职业性税收下的薪资损失（对于各个组织机构而言）； ·市镇间份额（24 亿欧元），受到（地方财政委员会）的限制，对于任何形式的市镇间财政来说，以人均欧元数为单位，包含了以下单位； -基础份额（30%），用于行政人口的财政合作； -捐税摊派份额（70%），分别用于行政人口、财政潜力一级财政合作	进步率受到地方财政委员会的限制

续表

	计算方式	衡量方式
城市团结及社会合作资金（DSU）（12亿欧元）	被选举资格类别：人口超过5 000人且发达程度不高的市镇，根据资源和职责综合性指数（人均财政潜力、人均收入、社会住房与福利性住房增长数） 根据此项指数、人口数，对ZUS、ZFU以及总人口进行分配	在扣除团体资金之后，CFL在DSU、DSR以及DNP之间进行分配。2005～2010年，DSU在这项分配中获益颇多
乡村团结资金（DSR）7亿6 000万欧元）	可行性：人口低于1万人的市镇以及人口低于2万人的大区首府 • 第一分支：用于代行中心化职责的"市中心"； • 第二分支：人口低于1万人，财政潜力薄弱的市镇	
国家分摊资金（Dotation nationale de péréquation（DNP））（7亿欧元）	被选举资格类别：人均财政潜力较弱，财政努力高于平均水平	
2. 各省行政总体份额（121亿欧元）	每年的增长由上一年的指数决定	累进率与DGF的总体增长持平
定额资金（79亿欧元）	人均70欧元。这项分值系数由指数衡量	累进率由CFL表示（最多占DGF增长水平的70%）
补偿份额（28亿欧元）	2003年对各省来说，权力下放地方分权总体份额的95%加上2005年以及2006年财政法规所确定的修正份额（与竞争力转移相关联）	累进率与DGF的总体水平持平
城市分摊资金（5.7亿欧元）	可行性：城市各省，其人均财政潜力没有超过平均的2倍。根据资源和职责综合性指数（人均财政潜力、人均收入、社会住房与福利性住房增长数）	在扣除补偿资金和定额资金之后，CFL每年将剩下的各省DGF在分摊资金和最低行政运营资金之间进行分配
最低行政运营资金（7.7亿欧元）	非城市各省； 根据财政潜力以及道路长度进行分配	

续表

	计算方式	衡量方式
3. 大区的 DGF（54 亿欧元）	其增长水平由前一年的指数所决定	增长水平与 DGF 的总体水平相持平
定额资金	对于任意一个大区来说，其增长在 2004 年的时候占到了 DGD 的 95%，用于补偿职业性税收造成的"薪资"损失以及大区居住税所占份额	累进率由 CFL 规定，是 DGF（行政运营总资金）累进率的 75%~95%
分摊资金	总体增长：根据大区 DGF（行政运营总资金）的定额资金； 被选举资格：人均金融潜力低于平均水平 15% 的大区； 按每平方公里的财政潜力进行份额分派，同时考虑人口的财政贡献率	

资料来源：Adam F. Ferrand O. Rioux R. Finances Publiques [M]. 3rd éd. Presses de Sciences Po et Dalloz, 2010.

第三节　中央与地方之间的财政预算关系

　　法国地方行政区域支出的一大特点在于其财政模式的复杂性，数目庞大的财政流动将国家的预算与地方财政的预算之间建立了一定的联系。这些财政上的联结是十分必要的，因为它能够确保国家层面的安定团结，使领土范围得到确认，并且能够掩盖地方税收上的不足，促使地方机构之间达成合作以采取措施加快发展。

　　国家和地方行政区域之间财政关系的复杂性，是存在于地方行政区域在财务预算领域自主管理权问题的一个缩影。在法国，地方行政区域财政自主的举措经历了几个阶段。对于地方预算的财政限制的撤销随之逐步进行。自从七月王朝的专制举措以来，市镇和各省都提出了关于国家预算以及预算自主运营的一些方案。1917 年约瑟夫·卡约（Joseph Caillaux）[①] 的改革，建立了对收入的税收，将国家的税收与地方税收特别分明地区别开来。《1980 年 1 月 10 日编号 80-10 关于地方直接税制整治的法律》中又多次重申了这个法令，允许地方议会自主投票，决定四项直接税率，而并没有那么多的限制。1982 年和 1983 年的权力下放地方分权法案则免除了

[①] 法国政治家，建立了所得税（l'impôt sur le revenu）。

针对地方行政区域的财政监管,并给予地方行政区域新的资源,以使其行使自身的权限。《1986 年 12 月 1 日编号 86 - 1243 关于价格与竞争自由法令》,使地方行政区域能够自由确定公共服务的价格,有关借款方面的限制则逐步被完善起来。在预算和税收领域,2003 年的《宪法》修订条款最终明确了共和国地方团体行政自主管理的原则。

《宪法》中第 72 - 2 条款提出了五项原则:

"在法律规定的范围内,地方行政区域从可以自由支配的资源中受益。

地方行政区域可以全部或者部分地接受各种性质的税收,法律允许其在法律允许范围内固定税基和税率。

税收收入以及地方行政区域其他自主资源,对于任何种类的地方行政区域来说,都是资源总体决定性的组成部分等。

任何国家和地方行政区域之间的权限转移都伴随着相等量资源的投入,并被投入到实践之中。任何导致地方行政区域支出增加的权限的建立和延伸,其相应资源由法律决定。

法律规定了促进地方行政区域之间平等的平衡条款。"

《2004 年 7 月 29 日编号 2004 - 758 根据宪法第 72 - 2 条关于地方行政区域财政自主的组织法》对于地方行政区域财政自主管理关于"自主资源"的条目在《宪法》文本基础上进行了进一步规定:法律允许地方行政区域确定税基、税率或费率的"任何性质"的税收产品,或是法律对每个地方行政区域规定的,服务使用费、地区产品、城市规划参与、① 金融产品,以及捐赠和遗赠的税率或者税基中的地方的部分。

除此之外,法令还将自主资源相对于资源总量(包括行政运营性的与投资性的,借款不在其中)的比率做出了详细规定,其数量不得低于 2003 年的时候的数值。这一举措从总体上适用于地方行政区域的任何一个种类(市镇一级、各省以及各大区)。在出现偏差的情况下,为了在财政法中进行更改性的处理,会有两年的延迟。

最后,《2004 年 8 月 13 日编号 2004 - 809 关于地方自由与责任的法律》对地方的自由与责任做出了相应规定,并且明确了权限转移的补偿模式:财政补偿依照国家中等水平支出为标准,在最近三年的时间内计算(如果是投资行为的话则按照五年来算),需要与转移行为同时进行;补偿主要通过对各种性质的税收进行分配来实施;需要保障转移性财政的收入,在特殊情况下减少受益地方行政区域的改革,收入的损失应该由国家承担,并以此保证权限转移的补偿成本。

从国家的角度来看,国家引导宏观经济政策。正如公共财政中的其他组成部分一样,对地方行政区域的资助应当受到一定的控制。它们的快速增长而且不与经济形势直接相关的状况令人担忧。从 OCDE 国家层面上来看,国家资本份额与地方税

---

① 法文原文:des participations d'urbanisme,是地方行政区域的预算投资资源,通常由领土整治工作者或建造者提供。其目的在于为与治理任务有关城市化的公共成本融资。

收之间实际上达到了一种均衡。地方税收从始至终被限制在一定范围之内，极少有地方行政区域能够同时自由决定税率又决定地方税收分配。从总体规则上来看，地方行政区域的自主性是以税率的固定不变为基础，在比利时、德国、英国以及西班牙，地方行政区域的财政收入主要来自国家税收份额的一部分，最经常出现的情况是以家庭收入和企业收益的税率附加形式出现。

在法国，关于地方行政区域财政自主性和税收的争论一直存在，而国家对地方的规制机制被年复一年地定义和调整，主要在于多年预算框架的定义、民选代表间紧密的合作，以及规划合约的融资合作。

第四节 地方政府预算准则

法国的地方政府预算体现了年度性准则、总体性、特殊性和平衡性原则。

一、年度性准则

年度性准则在地方政府预算中，表现在每年经费的发放是通过一个早期的预算来实现的。与《财政法》不同的是，通常是在执行年度初期被采纳的。这个预算经常被年中的一些变更决定所修改，在遵守平衡性原则（见下文）的前提下，这些修改随时可能出现。年度经费的使用具有一些灵活性。

二、总体性原则

总体性原则包括统一性、普遍性和真实性。在地方行政区域财政预算中，整体性这一原则显得相对减缓，也有一些例外以预算调整或者预算之外业务的形式来实现。

预算的调整有三种形式。第一，附属预算（区别开来的会计业务）能够在主预算旁边列明个例业务。附属预算包括强制性附属预算和可选性附属预算。第二，地方预算中收入分配种类繁多。一方面，一些资源（有时被称为投资实际收入）被强制用于（这在新的市镇和省级会计制度中有一些余地）投资支出（财产元素售卖、借款、城镇化税务、设备补贴等）；另一方面，某些特定的收入必须用于之前预定的支出（或者在附属预算中单独列出来）。第三，有时也会有一些特别的会计程序来补偿某些业务，尤其是经费恢复，但其规模是很有限的。

预算之外的业务主要指资金流业务。和国家层面相比，地方层面的流动资金业务规模不如国家，因为地方上的预算（投资项目）要体现借债和还债。但是，预期预算的收入从而导致资金流的提前支出和其偿还并不在预算中体现。在较大的地方行政区域，对这些资金流的业务逐渐重视起来。在原来"资金提前预付"一栏的旁边，记录资金流和其他银行界给予的资助。

三、特殊性原则

特殊性原则，首先意味着预算必须以章节和条目的形式呈现，根据情况，按性质和功能分层，这些分层由国家法规条例决定。这也就说拨款就是由预算收支项目（chapitres）拨出；如果理事会决定，也可能通过条款（articles）拨出。但是简单地对条款投票表决并不足以按条款拨款，必须是预算机关明文规定（制定一个不可更改的条款清单）。

其次，项目和条款的作用表现在三个方面。第一，执行者不可以将经费在项目之间转账，他得向委员会征求修改意见。在大区，委员会可以授权执行主席将经费在项目与项目之间转移，限制额度在本部分（运营部分或投资部分）支出的7.5%。而执行主席可以在同一项目中，将经费在条款与条款之间转移，除非是特别规定的条款。第二，通过项目或者特别条款拨出的经费是有限的，因为和国家层面不同的是，地区预算没有估计性的经费。因此，地区执行者不能超出数额。第三，有些类似于国家层面预算的突发的和未预测到的支出，对于没有预测到的支出，可以在预算的每个部分拨出。必要的时候，在执行者发出付款通知时自动转账给资金不足的账户。但是数额是有限的，不超过每个部分的7.5%。

最后，特殊性原则还表现在，地方行政区域的机制其实相对于《财政法组织法》有些远。一些区域，比如巴黎、里昂和马延省，对一些管理进行了与《财政法组织法》一致的调整，遵守任务和计划的这种结构，以及经费的替换性。必要的时候，还进行绩效评价。但是这项调整却不在预算体系内。

四、平衡性原则

正如其他从属于国家但不同于国家的公共机构一样，地方行政区域要遵守一项预算平衡的司法原则。这项传统的原则是为了维护地方行政区域和国家的财政状况，因为国家是自发的担保者，同时也是将根据形势而采取的造成财政赤字的行动留给国家层面。所以，预算（即预测时）必须要求实际均衡，并且消除可能的执行赤字。

首先是收入和支出评估的真实性（无过高的收入评估和过低的支出评估），这对于预见性行为来说很明显是很难监控和惩罚的。其次是遏制借款。和国家不同，地方上实际上是可以通过借款来平衡预算的，这些借款也是编入预算的。然而它们不能无限期地这样下去，因为平衡性原则非常正式且需体现在会计账目上。同样，归还借款也在预算的范围内，而且地方行政区域必须能够在贷款到期时使用既定资源归还，即必须用自主资源或者补贴，不可以用借款还借款。这种禁止以贷还贷的规定充分体现在平衡性原则里面。最后，也就是每个部分（运营项目部分和投资项目部分）的平衡，预算的两个部分必须平衡。但是，一方面，投资项目的平衡能通过从运营项目提取来实现;另一方面,平衡这个词越来越意味的是无赤字。实际上,虽然盈余会被一些财政和司法信条禁止(因为盈余违反了年度性和税务必要性),却越来越被立法者接受。如果在有效时间内发现不平衡,其惩罚由地区长官根据区域审计法庭(la chambre régionale des comptes)提议决定的预算办公室修正意见构成,有的时候由司法机关行政部门宣布预算的废止,如果不这样的话,用执行赤字来恰当地消除不平衡。

行政账务中出现的赤字消除实际上是来自于平衡性规则,因为如果后者只在预测阶段介入的话,就无实际作用。然而执行阶段赤字的概念和预见性赤字的概念有点不同。一方面是一个总体的赤字,它包括行政账户两个部分的结果(类似于主要预算和附属预算的关系);另一方面,它是一个净赤字。执行阶段赤字的惩罚根据赤字的大小而定。如果赤字很小,必须在发现当年吸收(并入当年的预算),但没有什么特别的程序。如果赤字严重(根据地区,5%或10%的运营收入),必须在发现后通过出台能够修正的程序,这个程序由地区账目法庭提议由地区长官决定,在下一年或后几年进行吸收。这两种情况,使得业务的连续性原则是不可避免。

第五节 地方政府预算编制

一、地方政府预算的主要特征

无论是在收入还是支出上,地方行政区域预算的主要特征是被分为运营项目部分和投资项目部分。这种分法是有经济意义的。运营项目部分包括了地方政府的日常收入与支出(薪酬、债务利息等),非常接近于预测的盈余/赤字表(le compte de résultat)。投资项目部分描述了投资业务的融资方式,是一张预测的融资报表。两大部分收入与支出的种类由《地方行政区域总法典》规定(见表11-1)。税收收入是运营项目部分的主要收入,其中主要是地方直接税。国家资助资产,根据是运营资助,比如行政运营总资金(la Dotation Globale de Fonctionnement),还是投资资助,分为两部分。与国家预算不同的另一个地方是,法国地方政府预算中,借债收入和借债的偿还是预算业务而不是现金业务。预算目录直接来自于地方行政团体的总会计目录,接近于一般会计科目表。

按性质分类的收入和支出被归为"预算项目(chapitres budgétaires)",是特殊性原则的应用。对应于一般会计科目表中的两位数账目。类别6代表运营支出,类别7代表运营收入,类别1和类别2代表投资部分。还有几个整体的预算类包括了几个两位数的账目。"未预见到的支出"记录在运营部分,构成一个经费储存,在执行年间根据需要向其他预算项目进行分配。

在居民人数超过3 500人的市镇、省和大区,为了提供信息,预算还有另一种表述方式，即按十大运营项目阐述。这十大运营项目代表了地方行政的主要任务（社会行动、道路、教育支出、住房等）。

二、年度预算循环

地方行政区域的预算在某种意义上是一项法案，审议决策机关（市议会、省议会或者大区议会）通过它预估和批准年度收支计划。自1月1日至12月31日是其准备阶段，直到执行年的3月31日之前都可以被通过，遇到总统选举的情况下是直到4月15日之前。

预算的执行期自1月1日至12月31日。会计拥有相同的期限以登记收入名目和支出付款凭证，由各级长官（市长、省级议会主席、大区议会主席）签发。无论是什么地方行政区域，预算的内容和呈现方式都是一样的。对这三层地方行政区域而言，经表决允许的经费，也就是预算许可的结构也是一样的。

年度预算循环见表11-7。

表11-7 地方行政区域的年度预算循环

N（某）年会计年度预算	执	行
原始预算： 1月1日前投票产生（最迟3月31日N） 补充预算： 如有必要并且N-1年的盈余结果被知晓可变更决议： 在N年内随时可以	-N年1月1日至N年12月31日，投资情况 -N年1月1日至N+1年1月31日，经营情况 （N+1年1月31日：附加日）	
N+1年可变更决议： 在1月21日之前都可以调整必需的运营支出付款通知和计划执行操作的经费	国家拨款审核机关的会计账目：预算结果是行政账目	国家会计账目：财产结果是管理账目（同一般会计科目表）

资料来源：MINEFI Collectivités locales 的网址：www.colloc.bercy.gouv.fr 和 Monique Calvi. Comptabilité publique territoriale [M]. Nathan, 2013.

N+1年附加日结束之后，如果国家拨款审核人的会计账目和国家会计的会计账目是一致的，那么就表示该账目完成，可以结束。

三、预算内容和介绍

（一）总原则

1. 存在两大部分（sections）：运营部分和投资部分。运营部分盘点运作过程中的费用和收入,即那些开拓业务、财政业务或者特殊业务(比如购买消费品、员工薪水支出、纳税人所缴纳的税收)盈余结果的要素。投资部分总结那些不重复的、会改变对地方区域资产的操作(如借款收入、购买固定资产支出)。

2. 存在两种执行情况:实际的和计划的。实际上,不管是收入还是支出,都表现为一项资金的活动(比如低地滑雪收入入库、支付薪水);然而,计划收入和支出与国库实际收支无涉,比如只是计算而未出库的支出(比如折旧费)和未入库产品(如不动产生产、投资盈亏差额补助金分摊额)都在此列。

3. 预算平衡的特征。

(1)每个部分都实现收支平衡。运营部分和投资部分的总支出(实际支出和计划支出)等于总收入(实际收入和计划收入)。

(2)预计的盈亏差额转入投资部分。从运营部分抽调一定的资金支持投资部分一直是必不可少的。预计的盈余(预计的支出和产品之间的差别)是投资收入的一部分。

(3)两大部分之间转换操作对称性。运营部分的两部分间转换支出(如折旧费)是投资部分的两部分间转换收入。

(4)行政区域自主筹资:预算平衡手段。自主筹资主要来自运营部分业务的余额(收入−支出),对投资部分的筹资而言这是必不可少的。事实上,正是因为自主筹资,投资部分实际支出与实际收入之间的差额将得到资金补充。

同样地,两部分间转换的运营计划收入(比如不动产生产、投资盈亏差额补助金分摊额)是两部分间转换的投资计划支出。

(二)预算构成

1. 总体信息。它包括行政区域的统计、税务、财政信息、预算投票方式和上一年度的预算执行。

(1)统计信息、税务信息和财政信息。统计信息包括人口、道路公里数、可用建筑面积数、与地方行政区域有合作关系的组织数。税务信息,基于N−2年的信息,与N−1年人均税收潜力相关。财政信息是所有人均比例(债务、经营支出、投资支出、直接税总额等)。

(2)预算投票状况。这一方面不涉及大区。即目录的使用程度,也就是说,运营部分和投资部分投票的条款(articles)或项目(chapitres)的明细程度。

(3)上一年度的预算执行情况。这一部分的介绍只涉及省级预算。包含每一部分的N−1年度支出总额、年度收入总额、N−2延期执行余额、N−1年待实现数额和最终余额。

2. 预算总述。

(1)预算总图。旨在总体介绍两个部分的收支情况(见表11−8)。

表 11 – 8　　　　　　　　市镇级预算案举例

	支出	收入
为当前预算表决的运营经费	5 929 174	5 929 174
	+	+
前一会计年度剩下还要实现的数额（RAR N – 1）	0	0
	+	+
002 延期运营部分的收支结果	0（赤字）	0（盈余）
	=	=
运营部分合计	5 929 174	5 929 174
	支出	收入
为当前预算表决的投资经费	2 312 500	3 327 220
	+	+
前一会计年度剩下还要实现的数额（RAR N – 1）	2 328 610	1 614 520
	+	+
001 延期投资部分的收支差额	310 630（差额为负）	0（差额为正）
	=	=
投资部分合计	4 951 740	4 951 740
预算合计（两部分总合计）	10 880 914	10 880 914

资料来源：Monique Calvi. Comptabilité publique territoriale ［M］. Nathan，2013.

（2）预算财务平衡。表 11 – 8 旨在说明运营部分的自主筹资，为投资部分筹资。这两大部分的每个部分都有一份收入和支出报表，包含实际数据和理论数据（见表 11 – 9、表 11 – 10、表 11 – 11、表 11 – 12）。总收入、总支出包括议会投票通过的经费和上一会计年度剩下还要实现的数额。在省级和大区级的预算平衡阐述形式与之很相像。

表 11 – 9　　　　　　　　　　运营部分

支出

预算项目	名称	前一年预算额	会计年度待实现数额 N – 1（RAR）	新预算额	表决通过预算额	合计（RAR + 投票）
011	总支出	1 385 500	0	1 413 300	1 413 300	1 413 300

续表

预算项目	名称	前一年预算额	会计年度待实现数额 N-1（RAR）	新预算额	表决通过预算额	合计（RAR+投票）
012	个人支出及相关费用	2 410 600	0	2 458 800	2 458 800	2 458 800
014	产品衰耗	54 000	0	57 400	57 400	57 400
65	常规管理支出	470 200	0	484 970	484 970	484 970
656	当选人的运营开支					
	常规管理总开支合计	4 320 300	0	4 414 470	4 414 470	4 414 470
66	财政支出	171 500	0	180 800	180 800	180 800
67	例外支出	4 800	0	5 000	5 000	5 000
68	准备金	0	0	0	0	0
022	计划外支出	15 000	0	20 000	20 000	20 000
	实际运营支出合计	4 511 600	0	4 620 270	4 620 270	4 620 270
023	投资部分划拨	920 835		1 040 024	1 040 024	1 040 024
042	两部分间计划转换操作	266 700		268 880	268 880	268 880
043	内部计划操作	0		0	0	0
	计划运营支出合计	1 187 535		1 308 904	1 308 904	1 308 904
	合计	5 699 135	0	5 929 174	5 929 174	5 929 174
						+
	002 延期或者提前收支差额					0
						=
	运营部分支出总合计					5 929 174

第十一章 法国地方政府预算

表 11–10　　　　　　　运营部分

收入

预算项目	名称	前一年预算额	会计年度待实现数额 N–1（RAR）	新预算额	表决通过预算额	合计（RAR + 投票）
013	支出减少	35 000	0	38 000	38 000	38 000
70	领域内服务型产品及销售	575 310	0	578 420	578 420	578 420
73	税收	3 775 400	0	3 888 100	3 888 100	3 888 100
74	捐赠和分红	1 148 736	0	1 271 994	1 271 994	1 271 994
75	其他常规管理项目	100 850	0	105 600	105 600	105 600
常规管理收入合计		5 635 296	0	5 882 114	5 882 114	5 882 114
76	金融产品	5 000	0	0	0	0
77	例外产品	2 170	0	2 460	2 460	2 460
78	准备金回流	13 500	0	16 000	16 000	16 000
实际运营收入合计		5 655 966		5 900 574	5 900 574	5 900 574
042	两部分间计划转换操作	43 169		28 600	28 600	28 600
043	内部计划操作	0		0	0	0
计划运营收入合计				28 600	28 600	28 600
合计		5 699 135	0	5 929 174	5 929 174	5 929 174
						+
002 延期或者提前收支缺额						0
						=
运营部分收入总合计						5 929 174
经营（计划支出 – 计划收入）						
为投资部分的预计自主筹资划拨额					1 280 304	

资料来源：Monique Calvi. Comptabilité publique territoriale [M]. Nathan, 2013.

表 11-11　　　　　　　　　投资部分

支出

预算项目	名称	前一年预算额	会计年度待实现数额 N-1 (RAR)	新预算额	表决通过预算额	合计 (RAR+投票)
010	储备	0	0	0	0	0
20	无形固定资产	105 000	220 000	82 000	82 000	302 000
204	设备补贴	1 500	0	3 200	3 200	3 200
21	有型固定资产	2 986 200	1 800 890	1 484 100.54	1 484 100.54	3 284 990.54
22	划拨所得固定资产	0	0	0	0	0
23	流通中的固定资产	100 000	0	0	0	0
****	设备运行总额	0	0	0	0	0
设备总开支合计		3 192 700	2 020 890	1 569 300.54	1 569 300.54	3 590 190.54
10	支出、各基金	0	0	0	0	0
13	储备金	0	0	0	0	0
16	投资补贴	560 300	101 800	694 600	694 600	796 400
18	相关借贷	0	0	0	0	0
26	往来账目	4 000	0	0	0	0
27	分红和债券	2 000	205 920	0	0	205 920
020	其他固定资产计划外开支	10 000	0	20 000	20 000	20 000
财政开支总额合计		576 300	307 720	714 600	714 600	1 022 320
45	第三方账目统计	0	0	0	0	0
	实际投资支出合计	3 769 000	2 328 610	2 283 900.54	2 283 900.54	4 612 510.54
040	两部分间计划转换操作	43 169		28 600	28 600	28 600
041	资产操作	0		0	0	0
	计划投资支出合计	43 169		28 600	28 600	28 600
	合计	3 812 169	2 328 610	2 312 500.54	2 312 500.54	4 641 110.54
						+
001 延期或者提前操作结存						310 629.64
						=
投资部分支出总合计						4 951 740.18

注：支出 ****：如果"操作"章获投票通过，将会出现。

表 11–12　投资部分

收入

预算项目	名称	前一年预算额	N–1（RAR）	新预算额	表决通过预算额	合（RAR+投票）
010	储备	0	0	0	0	0
13	投资补贴	120 563	100 400	155 352	155 352	255 752
16	相关借贷	1 653 000	1 514 120	0	0	1 514 120
20	无形固定资产	0	0	0	0	0
204	设备补贴	0	0	0	0	0
21	有形固定资产	0	0	0	0	0
22	划拨所得固定资产	0	0	0	0	0
23	流通固定资产	0	0	0	0	0
	设备总收入合计	1 773 563	1 614 520	155 352	155 352	1 769 872
10	分摊额、各基金和储备金	250 890	0	344 260		
1068	运营资本盈余	600 181	0	1 432 304.18	1 432 304.18	1 432 304.18
138	不可转让的投资补贴	0	0	0	0	0
18	往来账目	0	0	0	0	0
26	分红和债券	0	0	0	0	0
27	其他固定资产	0	0	0	0	0
024	固定资产转让	0	0	96 400	96 400	96 400
	财政总收入合计	851 071	0	1 872 964.18	1 872 964.18	1 872 964.18
45	第三方账目统计	0	0	0	0	0
	实际投资收入合计	2 624 634	1 614 520	2 028 316.18	2 028 316.18	3 642 836.18
021	运营部分划拨	920 835		1 040 024	1 040 024	1 040 024
040	两部分间计划转换操作	266 700		268 880	268 880	268 880
041	资产操作	0		0	0	0
	计划投资收入合计	1 187 535		1 308 904	1 308 904	1 308 904
	合计	3 812 169	1 614 520	3 337 220.18	3 337 220.18	4 951 740.18
						+
	001 延期或者提前操作结存					0
						+
	投资部分收入总合计					4 951 740.18
	从经营部分划拨过来的预计自主筹资				1 280 304	

资料来源：Monique Calvi. Comptabilité publique territoriale [M]. Nathan, 2013.

(3) 预算总平衡。其中包含1份收入报表和1份支出报表（见表11-13），按实际情况和计划情况进行区分。收入和支出按预算类性质特征进行分类。原始的或者合计的先前预算数据在大区预算中显示。

表11-13　　市镇级预算总平衡节选

1. 支出（当前预算+待实现额）

运营部分	实际数额	计划数额	合计
011 总支出	1 413 300	×××××	1 413 300
012 个人支出及相关支出	2 458 800	×××××	2 458 800
014 产品耗损	57 400	×××××	57 400
60 购买及库存变化	×××××	0	0
65 常规管理中出现的其他支出	484 970	×××××	484 970
656 选民代表的花费（超过1万居民）	0	×××××	0
66 财政支出	180 800	0	180 800
67 例外支出	5 000	0	5 000
68 折旧费及物品费	0	268 880	268 880
71 库存积压（或清仓）	×××××	0	0
022 计划外支出	20 000	×××××	20 000
023 向投资部分划拨	×××××	1 040 024	1 040 024
支出-合计	4 620 270	1 308 904	5 929 174
			+
002 延期或者提前的盈亏差额			0
			=
运营部分支出总合计			5 929 174

投资部分	实际数额	计划数额	合计
10 分摊额、各基金和储备金	0	0	0
13 投资补贴	0	20 000	20 000
15 风险准备金和开支（2）	×××××	0	0
16 贷款还本（非预算的1688除外）	796 400	0	796 400
18 往来账目	0	×××××	0
设备交易合计	0	×××××	0
20 无形固定资产（1）	302 000	0	302 000
204 已缴设备补贴	3 200	0	3 200
21 有形固定资产（1）	3 284 990.54	8 600	3 293 590.54

续表

投资部分	实际数额	计划数额	合计
22 划拨所得固定资产（1）	0	0	0
23 流通固定资产（1）	0	0	0
26 分红和分红债券	0	0	0
27 其他财政固定资产	205 920	0	205 920
28 固定资产折旧（回收）	×××××	0	0
29 固定资产贬值准备金（2）	×××××	0	0
39 库存贬值准备金（2）	×××××	0	0
45 第三方账目操作合计	0	0	0
481 多个会计年度累积支出	×××××	0	0
49 第三方账目贬值准备金（2）	×××××	0	0
59 财政账目贬值准备金（2）	×××××	0	0
3 库存	0	0	0
020 计划外开支	20 000	×××××	20 000
投资开支 – 合计	4 612 510.54	28 600	4 641 110.54
			+
001 延期或者提前的负执行差额			310 629.64
			=
投资部分支出总合计			4 951 740.18

2. 收入（当前预算 + 待实现额）

运营部分	实际数额	计划数额	合计
013 支出减少	38 000	×××××	38 000
60 购买及库存变化	×××××	0	0
70 领域内服务型产品及销售	578 420	×××××	578 420
71 库存或清仓	×××××	0	0
72 官办工程	×××××	8 600	8 600
73 税收	3 888 100	×××××	3 888 100
74 捐赠及分红	1 271 994	×××××	1 271 994
75 其他常规管理产品	105 600	×××××	105 600
76 金融产品	0	×××××	0
77 例外产品	2 460	20 000	22 460
78 折旧费和准备金回收	16 000	0	16 000

续表

运营部分	实际数额	计划数额	合计
79 支出转移	××××××	0	0
投资收入－合计	5 900 574	28 600	5 929 174
			+
002 延期或者提前的盈亏差额			0
			=
运营部分收入总合计			5 929 174
投资部分	实际数额	计划数额	合计
10 分摊额、各基金和储备金	344 260	0	344 260
13 投资补贴	255 752	0	255 752
15 风险准备金和开支（2）	××××××	0	0
16 贷款还本（非预算的 1688 除外）	1 514 120	0	1 514 120
18 往来账目	0	××××××	0
设备交易合计	0	0	0
20 无形固定资产（1）	0	0	0
204 已缴设备补贴	0	0	0
21 有形固定资产（1）	0	0	0
22 划拨所得固定资产（1）	0	0	0
23 流通固定资产（1）	0	0	0
26 分红和分红债券	0	0	0
27 其他财政固定资产	0	0	0
28 固定资产折旧（回收）	××××××	259 880	259 880
29 固定资产贬值准备金（2）	××××××	0	0
39 库存贬值准备金（2）	××××××	0	0
45 第三方账目操作合计	0	0	0
481 多个会计年度累积支出	××××××	9 000	9 000
49 第三方账目贬值准备金（2）	××××××	0	0
59 财政账目贬值准备金（2）	××××××	0	0
3 库存	0	0	0
021 运营部分划拨	××××××	1 040 024	1 040 024
024 固定资产转让	96 400	××××××	96 400
投资收入－合计	2 210 532	1 308 904	3 519 436

第十一章 法国地方政府预算

续表

	+
001 延期或者提前的正执行差额	0
	+
划至1068账目	1 432 304.18
	=
投资部分收入总合计	4 951 740.18

注：(1) ××××××：不可能。(2) 不包括"设备业务项目"。(3) 如果地方行政区域采用预算准备金机制。

资料来源：Monique Calvi. Comptabilité publique territoriale [M]. Nathan, 2013.

（三）预算的投票表决

该部分对每一预算项目（chapitre）详细介绍了收入和支出的条款（article），先是运营部分随后是投资部分。

每张表格包含三列：回顾上年预算、新提案、投票表决。

它将明确上年的预算信息是原始预算数据还是合计数据。

在省级和大区级的预算中，会对每一部分的全部预算项目进行概括，并显示出对计划许可（les autorisations de programmes）和本年度经费的投票表决。

（四）附录

这一部分是补充信息，供选民代表和第三方使用。

——按功能交叉介绍预算：主要针对居民数目超过3500人的市镇，以及被选定按照性质投票确定预算的省份和大区。

——地方的财产状况：其中包括债务情况（针对借款人、贷款方式和税种等方面）、准备金情况、固定资产折旧方法、会计年度内支出转移、第三方账目执行情况、财政经营平衡（投资部分）等。

——地方收到或者做出的抵押：主要涉及借款租赁合同、贷款抵押、公共私人合作合同、所付补贴、计划许可、拨付经费、特殊拨款所获得额外收入。

——人员情况：从类别、业务领域、薪酬等方面细化人员的情况。预算人员和配备人员有所不同。兼职工作的情况也有所涉及。

——税务信息：涉及经决议通过的税务产品，确定征税税率。

——地方机关收到其财政抵押的组织机构清单。

——地方政府创设的机构和部门清单。

——附属预算中涉及的个体部门。

四、预算许可

根据《地方行政区域总法典》第 L.4312-3 条（大区层面）、第 L.3312-3 条

(省级层面)和第 L. 2312 – 2 条(市镇层面),预算经费按预算项目投票表决。如果相关机构许可,也可按预算条款投票表决。

(一)预算类和预算款项的性质定义

1. 预算项目(chapitres)和预算条款(articles)。

(1)预算项目的定义。在运营部分中,预算项目对应性质账目,编号是两位数,以 6 和 7 开头(比如 73 "税务");在投资部分以 1 和 2 开头(如 21 "有形固定资产")。特殊预算项目不是指目录中的性质账目。

(2)预算条款的定义。条款对应于更为详细具体的性质账目,在目录中属于更细致的内容。

2. 投资部分"业务"支出预算项目。在省级目录 M52 中,指的是"计划"预算项目而不是"业务"预算项目。

(1)业务的概念。涉及投资部分,评议议会可以选择一个或者几个业务。业务是一个统称,指获得固定资产、与固定资产相关的工程以及帮助最终完成一项或者几项工程(如建造体育馆)的研发费用都在此列。业务的概念只涉及支出经费。在预算经费管理当中业务的经费选择具有极强的灵活性。原因在于,业务经费的控制是对于在总预算当中为此项业务预留出来的专项资金。

(2)业务的预算定义。按业务表决的情况下,每项业务都有一个编号,由大区确定,自 10 号开始,无特定限制。在签发付款通知的时候,使用该数字以确定哪些款项是用于业务方面的。在业务内部,预算款项与 20 项、21 项、23 项账目的细节保持高度一致,上述账目属于性质目录。例如,某大区决定向 15 号业务"François Mauriac 高中"拨款,总额为 400 万欧元(包括研发费用、建造费用和设备费用)。该业务构成一个支出预算项目,其款项在财政预算当中按照下述方式进行细分(见表 11 – 14)。

表 11 – 14　　　　　　　　业务举例

项目	名称	数额
15 号业务	François Mauriac 高中工程	4 000 000
2031	研发费用	400 000
2111	土地	400 000
2184	动产	800 000
2313	在建的有形固定资产	2 400 000

资料来源:Monique Calvi. Comptabilité publique territoriale [M]. Nathan, 2013.

预算经费的期限控制由第 15 号"业务"项目决定。对于预算款项中超出的预算额,大区议会主席可以签发付款通知,继续提供经费支持。当然前提必须是遵循业务的总体金额。

3. 综合预算项目。综合预算项目指的是性质账目重组,表现的是运营部分和投资部分中此类账目的一致性。如果与实际业务相关，那么以 01 进行编号；如果与计划业务相关，那么以 04 进行编号（见表 11-15 至表 11-19）。

与"业务"预算项目不同，这些预算项目必须由地方负责，目的在于保证预算始终一致、简洁明晰，保证清晰度。

表 11-15　　　　　　　预算项目重组说明

项目	经营部分	投资部分
实际综合预算项目 （M14、M52、M71）	011 一般性开支 012 人员开支 013 开支损耗（收入） 014 产品损耗（开支）	
实际综合预算项目 （专涉省级目录 M52）	015 最低融入社会救济金（RMI）（收入和支出） 016 专项自主补助金（收入和支出） 017 就业团结收入（收入和支出）	010 最低融入社会救济金（RMI）（收入和支出） 018 就业团结收入（收入和支出）
实际综合预算项目 （专涉目录 M71）	无	无
实际综合预算项目 （专涉目录 M14）	无	010 或者 3 储存储备（收入和支出）
规定综合预算项目 （M14、M52、M71）	042 运营和投资预算项目间的规定互转业务（收入和支出）	040 经营和投资预算项目间的规定互转业务（收入和支出） 041 遗产业务（=收入和支出项内部规定的）
规定综合预算项目 （专涉目录 M52）	无	无
规定综合预算项目 （专涉目录 M71）	无	无
规定综合预算项目 （专涉目录 M14）	043 这一部分内部的规定业务（收入和支出）	无

表 11–16　经营部分实际综合预算项目账目重组

运营部分实际综合预算项目	综合预算项目重组账目
011 一般性开支	购买及其他外部支出（60 系列，除去 6031、61 和 62）+ 某些税务（635 和 637）
012 人员开支	人员指出账目 64 + 621 外部人员 + 人员支出相关的税务 631 + 633
013 开支损耗（收入）	所有的折扣账目 609，619，629，65869 + 人员开支清偿 6419，6459，6479 + 收入库存变动账目 6032 和 6037
014 产品损耗（开支）	使用费还款和税 701249，70389，70619，7068129，739，7419，748719，748729 和 7489
015 最低融入社会救济金（RMI）	所有与 RMI 相关的运营支出和收入
016 专项自主补助金（APA）	所有与 APA 相关的运营支出和收入
017 就业团结收入（RSA）	所有与 RSA 相关的运营支出和收入

表 11–17　运营部分规定综合预算项目账目重组

运营部分规定综合预算项目	综合预算项目重组账目
042 运营和投资预算项目间的规定互转业务（支出）	运营支出（账目 6 借款），与之相对的是投资收入（折旧费 68、放款转为运营补助金 674、产权性质的固定资产出让业务 675 和 676 – 仅限于行政相关账目，即已实现预算、工地货物或者半成品货物的库存变动、在生产产品和服务的库存变动、603 和 713 产品的变动、债务利息和重新部署处罚款变为本金 66111 和 668）
042 运营和投资预算项目间的规定互转业务（收入）	运营收入（账目 7 贷款），与之相对应的是投资支出（折旧回收 78、转为收支差额的补助金或基金 777、转入投资部分的开支 79、官办工程 72、产权性质的固定资产出让业务 775 和 776 – 仅限于行政相关账目，即已实现预算、折旧抵消 7768、工地货物或者半成品货物的库存变动、在生产产品和服务的库存变动、603 和 713 产品的变动、捐献和遗赠转为资本 777、运营部分投资盈余 7785）
043 运营和投资预算项目间的规定互转业务（收入 = 支出）	股权支出并入生产成本（欠账 608、贷款 796）。 工地货物或者半成品货物的库存变动（简化的经常性盘存）（欠账 6015、贷款 60315）。 产业的在建生产（待整治的土地研发支出 6045、购买材料、设备、工程 605、在整治工地上的例外支出 608、计划外额外开支 7133）

表 11-18　投资部分实际综合预算项目账目重组

投资部分实际综合预算项目	综合预算项目重组账目
010 最低融入社会救济金（RMI）（收入和支出）	所有与 RMI 相关的投入支出和收入
018 就业团结收入（RSA）（收入和支出）	所有与 RSA 相关的经营支出和收入
010 或者 3 储存储备（收入和支出）	整治业务许可的简化的经常性存盘框架下与库存相关的业务收入和支出（账目重组 31、33 和 35）

表 11-19　投资部分规定综合预算项目账目重组

规定类实际综合预算项目	综合预算项目重组账目
010 或者 3 储存储备（收入和支出）	整治业务许可的简化的经常性存盘框架下与库存相关的业务收入和支出（账目重组 31、33 和 35）
040 运营和投资预算项目间的规定互转业务（支出）	同运营部分项目 042 账目（收入）[①]
040 运营和投资预算项目间的规定互转业务（收入）	同运营部分项目 042 账目（支出）[②]
041 遗产业务（收入和支出项内部规定的）	捐献和遗赠转为资本（2 类借方账目，贷款 10251）； 设备原始补助金（2 类借方账目，贷款 131 和贷款 132）； 设备工程提前调整费用（借款 20、借款 21、借款 22、借款 231、借款 232，贷款 237 或贷款 238）； 性质补助金（借款 2044，贷款 21 或贷款 27）； 性质分红收入（借款 261，2 类贷款账目）； 完成工程所需研发费用及嵌入费用（借款 21、借款 23，贷款 2031 或贷款 2033）； 放款转为设备补助金（借款 204，贷款 274 或贷款 276）； 获得养老金（2 类借方账目，贷款 16878）； 第三方账目投资业务（账目在委托人方面和，受委托人方面是不一样的：受委托人方面是借款 2763 或贷款 20441，贷款 45，在委托人方面是 2 类和 1 类账目）

注：①②见表 11-17。
资料来源：Monique Calvi. Comptabilité publique territoriale [M]. Nathan, 2013.

4. 特殊预算项目。

（1）前会计年度结转（编号 00）。盈余（收入）或赤字（支出）的结转在预算中的编码为 001"投资部分执行差额转入"和 002"运营部分余额转入"。前会计年度的投资部分（支出中未被收入覆盖的部分）的筹资需求被划分到 D001 投资支出列。前会计年度的盈余用来应对投资部分的融资需求（预算项目 1068，作为投资收入），必要的时候，可以将其中的一部分划归为运营预算，属收入 R002 列。前会计年度投资部分如果没有融资需求，可将盈余额算作 R002 列运营收入或者 R001 列投资收入。

如果出现赤字的结果，将其归为 D002 运营支出列。这些收入和支出列对维持财政平衡很有帮助，但是不是预算项目，不是转账对象也不是为其发放债券或付款通知的对象。

（2）计划外开支（编号 020 和编号 022）。投资部分计划外开支（020）和运营部分计划外开支（022）是为了丰富预算项目，根据其性质属性，都属于开支。然而，它们从来不需要付款通知。

（3）预估盈亏差额（编号 02）。会计年度的预估结果（即收入和支出之间的差额）被归在 023 预算项目"投资部分账目转入"之下，属于运营计划支出。相应地，在 021 预算项目"运营部分账目转出"，它构成投资部分计划收入。这是地方自主筹资的一个要素。对于 021 和 023 这两个预算项目，不会有债券或者付款通知。

（4）资产相关的让与产品（编号 024）。涉及固定资产让与贴现的预估产品，按照预算，被看做投资实际收入，不会对其发放债券。在投资部分账目转入当中不会作为预估产品出现。

（5）支付设备补助金（204 类）。该预算项目对地方支付给第三方的设备补助金进行了重新整理和定义，列在"业务"预算项目的部分除外。账目 204 不属于预算项目 20 "无形固定资产"。

（6）第三方账目相关业务（编号 45）。与第三方账目相关的已实现业务在投资部分特殊预算项目中得到重组：454："第三方账目下已完成的强制性工程"；456："针对教育机构的投资部分"；457："合作完成的公路建设投资业务"；458："委托投资业务"。

对于支出，数字"1"被添加到支出项编码的前三位数之后，对于收入，数字"2"被添加到收入项编码的前三位数之后（4561 "针对教育机构的投资业务，支出"；4562 "针对教育机构的投资业务，收入"）。

（7）选民代表的运营支出（编号 656 或编号 6586）。这些账目（市镇级编码 656，省级和大区级编码 6586），按照 CGCT 的第 L. 2121 - 28、L. 4131 - 23、L. 5215 - 18 和 L. 5215 - 4 - 2 条，描述了选民代表们运营支出的贡献部分。

5. 半预算业务项目。除了审议机关的相反决议，存在一定数量的业务只被编入经营部分预算或者只被编入投资部分预算。这些被称做半预算业务项目（见表 11-20），我们只能在预算的支出或者收入单项中找到它们。因此，虽然准备金被认为是实际运营支出，但是不能将其归为投资收入。

想要保留预算部署权（如折旧费）的行政区域，应进行评议并考虑到方法的持续性，在任期内一旦做出选择将不可更改。

表 11 –20　　　　　　　　　半预算式业务记账描述

半预算业务，投资收入或者经营收入	零散的不稳定账目，非预算性	零散的不稳定账目，预算收入
储备金回收	1 529 394 959	781 786 787
收支差额划拨	110	1 068
国库下随机借款账目合并	51 932	16 449
库存变化	3 237	603
流走后回收的利润归并	276 518	76
其他产品归并	4 098 418	账目系列 7
半预算业务，投资收入或者经营收入	零散的不稳定账目，预算支出	零散的不稳定账目，非预算性
库存变化	603	3 237
流走后回收的利润归并	661	1 688 518
其他支出归并	账目系列 6	40 842 864 386
VMP 让与纯支出	667	50

资料来源：Monique Calvi. Comptabilité publique territoriale [M]. Nathan, 2013.

（二）预算项目和预算条款的功能定义

在按照功能进行表决的情况下，参照功能目录关于分配预算业务的各种细分，按照特殊的用以区分非分配预算业务中实际业务和规定业务的编码方式，对预算项目和预算条款进行定义。

对于分配预算业务，预算条款对应专栏码，该数码后面紧跟的是功能目录中最精细的编号。对于非分配预算业务，预算条款以预算项目的数字开头，该数码后面紧跟的是性质目录中最细致的账目编号（见表 11 –21、表 11 –22）。

表 11 –21　　　　　　　　运营部分的功能预算项目细节

市镇目录 M14	省目录 M52	大区目录 M71
92 栏"个性化业务"（收入和支出）：预算项目 920 ~ 929，功能目录的细分相关	93 栏"个性化业务"（收入和支出）：预算项目 930 ~ 939，功能目录的细分相关	93 栏"个性化业务"（收入和支出）：预算项目 930 ~ 939，功能目录的细分相关
93 栏"非分摊公共业务"：支出预算项目 931 ~ 939，收入预算项目 931 ~ 935	94 栏"非分摊公共业务"：预算项目 940 ~ 946	94 栏"非分摊公共业务"：预算项目 940 ~ 946

续表

市镇目录 M14	省目录 M52	大区目录 M71
金融业务、年费和分红、税务、项目间转移、项目内部规定业务、当选者的经营开支、计划外开支、向投资部分划款	直接税、其他税务、年费和分红、金融业务、当选者的运营开支、储备金和其他混合业务、部分间转移	直接税、其他税务、年费和分红、金融业务、当选者的运营开支、储备金、部分间转移
	栏95"未实现的预测预算项目"：952 计划外开支、953 向投资部分划款	栏95"未实现的预测预算项目"：953 向投资部分划款

表 11-22　　　投资部分的功能预算项目细节

市镇标 M14	省标 M52	大区标 M71
栏90"设备业务"（收入和支出）：预算项目 900~909，功能目录的细分相关	栏90"省级设备"（收入和支出）：预算项目 901~909，功能目录的细分相关	栏90"分配预算业务"（收入和支出）：预算项目 901~909，功能目录的细分相关
栏91"非分配预算业务"（收入和支出）：预算项目 910~919：遗产业务、债务和其他金融业务、年金、补助金和配属分红、部分间转移、向教育投资的业务（大区和省）、公共道路投资业务、委托业务、计划外支出、向运营部分划款	栏91"非省级设备"（收入和支出）：预算项目 910~919，功能目录的细分相关 栏92"非分配预算业务"（收入和支出）：预算项目 921~926：非配属税务、年金和分红、债务和其他金融业务、第三方账目业务、遗产业务、部分间转移	栏92"不可指标化的业务"（收入和支出）：预算项目 921~926：非配属税务、年金和分红、债务和其他金融业务、遗产业务、部分间转移
栏95"固定资产转让业务"	栏95"未实现的预估预算项目"： 950 计划外支出 951 向运营部分划拨 954 固定资产转让业务	栏95"未实现的预估预算项目"： 951 向运营部分划拨 954 固定资产转让业务

资料来源：Monique Calvi. Comptabilité publique territoriale [M]. Nathan, 2013.

第六节　地方政府预算执行

一经表决通过，会计年度内预算案的收入和开支就可以开始执行了。国家拨款审核人（市长、省议会主席、大区议会主席）签发支出授权书，开具收入凭据。会计对此进行监督，并对已经接受的收入和支出进行计算，并做账。

性质账目方案和功能目录中最为详细的地方，是在支出付款凭证和收入凭据上，相关细节无论多大或者多小都必须被标示出来。需指出，就市镇而言，根据其规模的大小，预算决议或者按性质展开或者按照功能展开。如果市镇的人口规模小于3 500人，预算的执行将尽可能详尽地按照性质账目方案展开。如果市镇的规模大于3 500人小于1万人，或者大于1万人，并且已经决定采用性质决议，那么其预算的执行将尽可能详尽地按照性质账目方案展开。对上述市镇而言，在总会计方面，功能编码必须补全入账。如果是市镇的规模大于3 500人小于1万人，其预算预测和执行（0～9号功能）将按照《地方行政区域总法典》第R.2311-1条编成一个数字。如果市镇的人口规模达到或者超过1万人，功能编码将按照目录详细展开。对于已经决定采用功能决议的省份和大区而言，也是一样的。

一、收入执行

所有的债券都有收入凭据，将其具体化。债券一经确认并结清（换言之，使用事实得到确认）就会出具收入凭据。至于无凭据入库，则需要发放一种规律性凭据，以确认地方会计账目中的收入。

（一）收入凭据的发放

收入凭据的发放按照1998年6月18日编号为NOR/ECOR/98060/10C的部委间通报①的规定进行，此通报公布在1998年9月1日的Journal Officiel（JO）上并经《地方行政区域总法典》的第R.2342-4条批准生效。

1. 收入凭据的内容。市镇、省、大区级的三种收入凭据的内容都是一样的。序列号（按年度）；债券性质；证明债券真实存在的文件或资料；预算出账和收入会计；收入总额；期满盘货号（例如：分批中的哪一批次）；借方（姓名和地址）；凭据发放日期和生效期限；支付方式；追索期限和途径；如果利息是可索还的，必须在文件或者条例上将其明晰出来，并注明税额和日期；涉及增值税，一定要包含不含税总额和增值税。

拨款审核人的签字确认可要可不要。

另外，在凭据的任何一部分都必须出现下列文字：省和大区：执行凭据按照《1992年12月31日编号92-1476的1992年财政法修正案》第98条的规定付诸实施，按照《1966年8月19日编号66-624与省和市镇收入收回相关的法令》②的相关条款发放并交付。《1981年4月13日编号81-362与地方机关和公共机构的收入收回相关的法令》对上述第66-624号法令进行过修改。市镇：执行凭据按照税务指南第L.252条的要求付诸实施，其发放和交付按照《地方行政区域总法典》第R.2342-4

---

① Circulaire du 18 juin 1998 relative au recouvrement des recettes des collectivités territoriales et établissements publics locaux et à la forme et au contenu des titres de recettes.

② Décret n°66-624 du 19 août 1966 relatif au recouvrement des produits départementaux et communaux.

条和第 D.3342-11 条进行。

2. 收入凭据的正规阐述。

(1) 个人凭证。所使用的凭证必须以 1998 年 6 月 18 日公布的部委间政府通报[①]上的凭据为模板，包括四个部分：第一部分：收入执行凭据，由税务局的公报单据构成，可以追踪债券的回收情况；第二部分：收入执行凭据，被附入管理账目，另附证明地方权限的文件；第三部分：收入执行凭据，给借方的付款通知单；第四部分：收入执行凭据，预算拨款人保管的清算单（见表 11-23）。

表 11-23　　收入凭据模板：执行凭据（第一部分）

日期	收据号	所付金额	应剩额	备注
地方或机构		款项收回会计		
Tataotine 市政府 Des Tilleuls 路 23 号 73000 Tataotine 市镇预算 M14		Villefranche 财政部 Annecy 街 133 BP 50 73000 Villefranche		
收入项和分析 12 月份的学校餐费 发票号：2009 年 12 月 21 日，200912125		ESPRIT Céline 小姐 Sous-bois 路 73000 Tataotine 借方姓名和地址		
原始年份	签发日期	提单号	凭据号	利息、税务和起征点
2010	2010/02/19	9	80	
出账 类-功能　业务　盘存		总额（不含税）	总额（增值税）	应付款
7067-2		23.10	0.00	23.10
			应付款	23.10

执行凭据：2009 年 2 月 3 日第 2009-125 号政令关于预先许可地方产品回收追踪的政令废止了第 D.3342-11 条，由第 R.3342-8-1 条取代。

名字、姓氏、拨款审核人职称：RICCHIERO Albert，市长

应付款通知单先是部分可拆分

地方或机构：Tataouine 市政府
　　　　　　市镇预算 M14

会计年度	凭据号	借方	应付额
2010	80	ESPRIT Céline	23.10

资料来源：Monique Calvi. Comptabilité publique territoriale [M]. Nathan，2013.

---

① Circulaire du 18 juin 1998 relative au recouvrement des recettes des collectivités territoriales et établissements publics locaux et à la forme et au contenu des titres de recettes.

在"出账"栏中,需列明预算条款,性质账目号和/或者功能编码(人口规模为 3 500 人或者超过 3 500 人的市镇、省和大区)。

支付方式见专栏 11 – 1。

专栏 11 – 1

支付方式

——现金支付:向负责回收的会计银行支付现金,注意携带付款通知单,银行会提供收据。

——银行或者邮局支票支付:前往负责回收的会计银行,注意携带支票存根,存根须完好无损,无便贴无订书针。

——向负责回收的会计银行的账户转款:务必在"联系人"(correspondance)下,登记可拆分的存根参数等资料。

务必在支票上注明用途国库,必须指明受益人,必须提供您持有的凭据的资料。

咨询、申诉、支付困难

——咨询:如果您想要得到您应付款项的明细,或者您怀疑某些地方出现了偏差,请及时与地方或者相关机构的负责部门取得联系。

——申诉:如果您需要解决的问题不大,请直接与当前负责的地方和机构的相关部门取得联系。请务必将您的诉求告知负责回收的会计银行,以明晰您所持的凭据的情况。注意:司法审议不会因您的问题不够严重而不予及时对待的,所有情况一视同仁,不分大小。

——支付困难:如果您没有办法支付应付款项,请向回收的会计银行提交相关机构开具的证明。

追索途径:在收到根据当前条款(地方行政区域总法典(CGCT)第 L. 1617 – 5 条)下发的支付通知单两个月的期限内,根据您债务的性质,对于争议款项,您可以直接上诉至相关行政法院。比如:

——学校食堂、医药产品:行政法庭

——房租、租赁支出:初审法庭

——排污净化、生活垃圾和生活用水处理相关:初审法庭(如果债务总额小于或者等于司法组织法第 R. 321 – 3 的规定数额)和高级初审法庭。

如果您想找律师,或者如果您满足 1991 年 7 月 10 日颁布的第 91 – 647 号法律要求的条件,您可以得到司法帮助。关于这些,您需要向高级初审法院申请。

资料来源:Monique Calvi. Comptabilité publique territoriale [M]. Nathan, 2013.

(2)集体凭据。集体收入凭据出现在一个文件中,根据借方确定的期限,具有相同特征的债券的回收期限也相同。

在市镇层面,该负债文件必须包含下列按语"执行凭据按照税务指南第 L. 252 条的要求付诸实施,其发放和交付按照 CGCT 第 R. 2342 – 4 条和第 D. 3342 – 11 条进行。"在省和大区层面,则是执行凭据按照《1992 年 12 月 31 日编号 92 – 1476 的 1992 年财政法修正案》第 98 条的规定付诸实施,按照 1966 年 8 月 19 日第 66 – 624 号法令的相关条款发放并交付。1981 年 4 月 13 日第 81 – 362 号法令对第 66 – 624 号法令进行过修改。

该集体凭据上包含了个人收入凭据上必须出现的所有有用信息。在这样的前提下,对债务总体而言,其中的公共性元素(发放日期、预算和账目出账等)只需录入一次即可。

债务的个人信息,比如借方的名字和地址,出现在集体一览表的每一行中。

一览表中提到的借方拥有一个集体凭据编码,紧跟此编码的是一系列连续的数字,该系列数字专门用来表示集体凭据。

集体凭据一式三份:前两联连同付款清单一并交给会计,第三联由拨款审核人保存。

负责拨款审核的部门向借方出具个人付款通知函。

(二)收入凭据向会计传递

1. 总则。在收入凭据明细表上,收入凭据按预算条款增序进行总结。收入凭据明细表生成新的指示,该指示主要针对明细表上列出的收入凭据。每个明细表都有一个编号,这些编号是连续的,按会计年度编起,第一个数字是 1。每一页重新合计一次,即在上一页中"待合计"。在最后一页,凭据明细表的总额之后,随附先前任务总额过账单。

明细表一式三份,一份有地方存档,另外两份上交给会计(其中一份归为管理账目)。一份明细表不可同时包括经营收入凭据和投资收入凭据。

要想中止该明细表,需要书面文件。

如果明细表中的凭据需要发放,需要拨款审核人提前签字、盖章,范例文件如下:在市镇层面,中止执行该总额为×××(大写)的凭据明细表。该凭据为可执行凭据,根据税务程序手册第 L. 252A 条执行,依据《地方行政区域总法典》第 R. 2342 – 4 条和第 D. 3342 – 11 条发放和收回。至于省级和大区级,则根据 1992 年 12 月 31 日的第 92 – 1476 号法令第 98 项条款和 1966 年 8 月 19 日的第 66 – 624 号法令。

如果会计没办法按照凭据上的备注信息或者按语收回款项(如缺少详细地址)或者出现凭据不完全合规合法的情况,相关操作不在会计的工作范围内。在明细表中,应该将该类型的收入凭据扣除,并将凭据连同相关的证明文件提交拨款审核人。拨款审核人更改行政账目。如果重新发放此类凭据,那么它们将以新凭据的形式出现在明细表中。

2. 国家代理人公开发放。国家代理人主持发放的收税一览表需告知会计,让会

第十一章　法国地方政府预算

计做好相关的准备工作；同时，也要通知地方，进行预算登记和会计账目登记。会计一旦得到通知，须告知拨款审核人，并要求其在明细表中登记。

（三）凭据发放前已收回的收入的规定

该部分既涉及凭据发放前由会计提前接收的收入，也涉及由公共事业代理人提前接收的收入。

1. 会计预收收入。在拨款审核人发放收款凭据之前，有很多收入是由会计预先接收的。主要集中在补助金、贷款、国家拨款、按照每月 1/12 缴纳的直接捐税①等。

预收收入时，会计需将其登记在收入一览表 P503 中，每份收入都有一个序列号，按接收顺序进行编排。该一览表一式三份，随附相关的入库证明（贷款通知单、还款通知单）。需要定期向拨款审核人提交该一览表。一览表提交周期的长短由会计和拨款审核人双方协商决定，签字确认。具体提交日期最迟不得超过规定日期 1 个星期（对于人口少于 500 人的市镇，不得超期 15 天）。

国家方面，总额预先确定的收入（如行政运营总资金）通常不按照上述方式进行接收，即不在 P503 一览表中。确定国家的清缴总额后，预算拨款审核人可以签字发放年度收入凭据。每个月，会计接收收入入库后，只需要在凭据上签字即可。如果地方上缴的钱款数额小于所发放的收入凭据上标注的数值，在会计年度年末，需要建立收入减少凭据，以清楚说明实际收入额和预先开出的收入凭据数额之间的差别。上述规定依据的是《地方行政区域总法典》第 L.1612 – 11 条的相关规定。

2. 经理人预收。由公共事业经理人接收收入与《1962 年 12 月 29 日编号 62 – 1587 关于公共会计总规章的法令》第 11 条相违背。该条文明确规定只有公共会计可以负责收回地方机关上缴的收入。可以由财产管理机构负责收取小额收入，这有助于提高收入收回率，减少回收收入的成本。收入凭据的发行是有数额限制的，没有达到发放凭据额度下限的小额收入只能由公共事业代理人负责收取（根据《地方行政区域总法典》第 D.1644 – 1 的规定，目前的门槛数额为 5 欧元）。1997 年 12 月 29 日的第 97 – 1259 号法令②和《1998 年 2 月 20 日编号 98 – 037 A – B – M 的关于地方机关和地方公共组织机构收入管理和提前接收收入的部委间指令》③，明确规定了设立财产管理处的条件及其经营规则。

现金入账可开具一份一般性凭据，该凭据由代理人发放。像其他收入凭据一样，该凭据也需要被登记到一份明细表当中，须将该明细表连同相关证明文件上交会计。

---

① 法文名称：les contributions directes，从 1791 年法国大革命起建立起来的四种直接税的总称，称为"四老（quatre vieilles）"。这些直接捐税可以按照每月 1/12 的方式付款。

② Décret n°97-1259 du 29 décembre 1997 relatif aux régies de recettes, d'avances et de recettes et d'avances des collectivités locales et des établissements publics locaux.

③ l'instruction interministérielle n°98-037 A – B – M du 20/02/1998 sur les régies de recettes et d'avances des collectivités et établissements publics locaux, Monique Calvi. Comptabilité publique territoriale [M]. Nathan, 2013.

（四）收入缩减和取消

第一种取消或者缩减收入情况的出现是由于具体的错误导致的。根据会计年度独立原则，第二种取消或者缩减支出的情况允许在会计年度末尾出现对逆账，该对逆账出现在收入的附属机制框架内。

1. 收入缩减或取消。

（1）当前会计年度。调整的收入凭据也存在预算出账和会计出账。原始凭据将调整后的凭据以由待被标注特殊编码的待取消凭据明细表的形式，提交给会计。这些凭据编码与原编码不同。

预算收入的执行方式是，在已开具收入凭据明细表的总额中，减掉已取消收入凭据明细表的总额。

根据会计处理的总账目可以看出，收入缩减或者取消之所以发生，多数情况下与贷方发起的可变账目的借方有：如果债券未收回，那么是相关的第三方账目；如果已收回债券，那么是账目466"缴款盈余"。然而，在目录M71当中，与私法的自然人借方，是账目47141"需重新入账的盈余收入"；对法人借方，是账目4718"其他要上交的收入"。不可以用其他债券抵偿的数额将归入账目466"缴款盈余"。

（2）已结束会计年度。调整文件是一张凭据，入账方式如下：如果是经营收入调整，对于性质表决产生的预算，记为条款673"取消凭据"；对于按功能表决产生的预算，记为可变的功能性条款92 676。如果是投资收入调整，在发放初始凭据时记为可变预算条款。

根据会计的总账目，消减或取消凭证的负债方如下：如果原始凭据已经被缴清，那么对于经营收入计入账目673"取消凭据"的借方，并且相应的，计入账目466"缴款盈余"的贷方；如果M71目录上，凭据未缴清（方式方法如前文所述），那么计入债务人账目的贷方。对于投资收入，计入原始贷记账目的借方。

2. 对逆账框架下收入取消（会计年度末）。附属业务的对逆账框架（如预知的收入）中，取消凭据的操作过程可参见上文中提到的凭据取消或消减过程。

（五）收入凭据生效和征收

根据《1962年12月29日编号62 – 1587关于公共会计总规章的法令》第11条，唯一有权使收入凭据生效并将其收回的机构是公共会计，上述凭据包括收入、合同确定的债券、所有权凭据或者其他凭据。它们负责保管并入库地方的各项性质的收入。

1. 收入凭据生效。

（1）回收前先发放的凭据。在会计收到凭据和对应的明细表之后，不管是出于个人责任还是金钱相关的责任，都需要对其进行监督审核。收入凭据按照相关的预算条款被归入预算账目，同时也需要将其录入地方会计总账。该操作导致地方债券出现，涉及两项账目。会计按照时间的先后顺序保存收入凭据明细。

（2）债券确认入库后发放的凭据。收到拨款审核人发放的常规凭据后，会计履行监督职责，负责做账，按照相关的预算账目经费，将其列入常规账目（账目471的附属账目）。

2. 收入凭据征收。

（1）征收。收入凭据一经开出，税务员就应该着手采取必要的措施，以保证征收。如果征收遇到阻碍，不顺利，可以诉诸法律手段，走民法程序，按照相关法令执行。

另外，《地方行政区域总法典》第 L. 1617－5 条已经有针对第三方的不满的程序：可以采用简化的方法直接将地方及其他公共机构的债务人的资金收入国库直接账目。

（2）不可收回债券。会计年度 N 的收入余额清单在次年 1 月 30 日截止。会计年度（N＋1）的收入余额清单在 N 年 12 月 31 日截止。需要将这些清单连同会计开具的相关的迟交证明以及证明其无价值的许可证提交审议大会：尚可收回的未收回部分；需承认其无价值的部分。存在三种情况允许做无效处理：借方无力偿还；债券失效；借方消失。

判定其无价值的账目处理方式与个人账目的处理方式类似：账目 654 "不可收回债券损失"（或者次级账目 6541 "无价值债券"），由第三方账目贷方记下。拨款审核人会发放凭据，相关决策机构会给出认定无价值许可。

二、支出执行

（一）拨款审核人的职能

拨款审核人需要为支出提供担保、清偿支出，并为支出拨款。

1. 担保职能。担保的意思是负责公共机构创建或者确认某项开支。担保必须得到议会的预算许可以及各类公共组织机构专属法律法规的许可、同意、认可（《1962 年 12 月 29 日编号 62－1587 关于公共会计总规章的法令》第 29 条）。

可获得司法担保的情况如下：法律法规的施行；拨款审核人个人或者拨款审核代表人的个人行为；法律、条例、个人决定（工作人员开支）交织；司法决议（征用、损害赔偿、利息）。会计担保先于或者与司法担保同时发生。

原则上，无论何种支出，在没有预先得到预算审核人认可或者批准的情况下，是不可能得到担保的。然而，对于某些规律性的地方公共机关书面预见的支出而言，在未得到预算审核人许可的时候，也可以资金资助，前提是国库有资金可用。这种情况多发生在能源、水资源、电话、邮件和贷款清偿等方面。

2. 清算职能。根据拨款审核人掌握的资料，或者应债权人要求，或者应国家要求，进行清算。其目的在于确认债务事实，中止开支。

3. 拨款职能。拨款需要拨款凭证，表明应缴清的数额，由地方下达支付命令。每份拨款凭证随附相关的法律文件。具体文件列表在《地方行政区域总法典》第 D. 1617－19 条的附录中。债权人的权责一经确认，就需要干预。因此，在补充日内，只有剩余的债务可以得到拨款。

（二）支出付款通知

1. 内容和形式。付款通知是支付命令的行政载体，由拨款审核人告知会计（见表11-24）。如果要求支付法定货币，那么凭据的格式必须按要求来：直接接受债权人的收条。否则，凭证需另附贷款通知单以及银行或者邮局账户的转账许可证。

表11-24　　　　　　　　付款通知书类型

付款方	地方机关或机构	会计年度	款项	明细表编号	凭据编号	账目号
	Pontcharra 市政府 市镇预算 M14	2010	6227	49	670	×××

付款通知

付款方会计 Pontcharra 财政部 Des Belledonnes 街14号 BP15 38190Pontcharra	支出项 调查问询费　征用土地　道路		
	支付期限		
	期限：35天	开始日期：2010/05/14	结束日期：2010/06/18
CRÉANCIER 抵押局 Grenoble 1号局 Paul Bert 街242 38000Grenoble	法律文件		
	文件号 201018635		
	预扣		
入账 款项-功能 业务 清单号	不含税总额 HT	增值税总额 TVA	凭据票面数额
6227-8	60.00	0.00	60.00
转账总额 60.00	应付净额		60.00
单据额	付款通知最终金额确定：60.00 PONTCHARRA 市 2010年6月10日		
数额如上所述的收条 （地点） 时间　　　签字			签字并加盖公章

凭据是有有效期的。如果债权人未能在规定的时间内将其提交，那么债权人将有可能违反1968年12月31日颁布的第68-1250号法令中关于超期未提交的规定。

转账命令
拨款审核机关：

PONTCHARRA PONTCHARRA 财政部		日期	欧元
		2010/06/10	60.00

第十一章 法国地方政府预算

续表

公司名称－地址－窗口				业务动机：参考	
BDF GRENOBLE				文件号：201018635	
机构	窗口	账目号	钥匙	指令发布者	
				PONTCHARRA 市政府	670
30001	00279	0000Z05001	5	地方或 EPL	凭据号
受益人 GRENOBLE 抵押局					
退回动机	银行账目报表不可用		12	结清账	14	其他动机：
	收款方不能识别		16	转账	15	

资料来源：Monique Calvi. Comptabilité publique territoriale [M]. Nathan, 2013.

付款凭据上必须要有的项目如下：编码，按年编码，由连续的数字构成；债权人姓名及地址；支付对象；支付方式，其他与支付相关的必要信息；预算或者会计入账；财产清单（若有必要）；TTC 拨款总额（如果对增值税 TVA 有要求，则详细说明含税额和增值税）；向债权人付款净额；日期；相关文件。

2. 凭据及其发放方式介绍。

（1）债权人信息。凭据上债权人的名字与其相关司法文书的名字保持一致。姓氏和名字不可以省写，必须是全名。如果债权人是一家公司，那么需要说明公司的性质（股份有限公司、有限责任公司）。

（2）毛支付额和净支付额。毛支付额对应于预算支出的数额，通常与需要付费债权人的净支付额相等。然而，由于拨款审核人的干预或者会计的干预，毛支付额会有一定的消减。

相反地，还应该注意，支出如果涉及增值税，那么要支付的净额往往大于预算支出总额。如果预算支出未将增值税计算在内，那么需要加付增值税（TVA）。

由拨款审核人发起的收入进项是由法律条例引发的，尤其是工资税。

由会计发起的收入进项来自于资产让与和止付。后者还是可以迁出进项的，这些进项来自于地方债权人收入凭据的细致追踪。

"净支付额"对应于应该付给受益人的数额。

（3）日期。日期用数字表示，格式如下：发行会计年：由 4 个或者 2 个数字构成（比如 2012 或 12）；发行日期：由 5~6 个数字构成。首先，前两个数字对应每个月的哪一天，后面两个数字表示月份，最后两个数字表示某一千年中的年份（比如：110512 表示 2012 年 5 月 11 日）。

（4）支出项。在凭证上，支出项名目需再现与支出相关的周期和介绍。

（5）支出证明文件。根据《地方行政区域总法典》第 D.1617–19 条的相关款项规定，与支付相关的所有证明文件都必须在凭据上有所提及。对于已经开具证明文件的支付行为，需要在凭据上明确出来，当然也包括其发放时间和总额。另外，如果某一证明文件针对的是多次重复入账，凭据也需要明确包含此信息。

(6) 入账。在凭据当中，该栏目需要包括下述内容：相关的预算款项；性质账目编号；对于人口规模超过 3 500 人但是更多地依靠性质表决来确定财政预算的市镇、省和大区而言，需要包括功能编码（对不可分配业务而言，包括预算类；对可分配业务来说，则是预算款项）。

3. 集体签发付款通知的非强制性程序。如果其支出涉及相同的预算款项，拨款审核人可以只发放一次付款通知。凭此通知回收同一债权人所有不同的发票或者账单（应付供应方的钱款总额）。凭据上面需要提及每张发票或者账单的总额，如果没有提及，至少也要以附件的形式随附。另外，如果存在发票或者账单所参照的相关依据，也要一并明确出来。

人员支出一直是需要集体签发付款通知的，债权人的数量、入账款项和支付方式不作考虑。人员支出集体付款凭证依据业务的清算报表、工资津贴和与个人工资收入相关的其他附属因素，或者已支付款项总额副本。

人员支出付款凭证必须被记录到一项特殊的明细表上，该明细表要与其他常规明细表放在一起。

（三）付款通知向会计传递

1. 总原则。在明细表中，随附与支付方式相关的证明文件和材料付款凭证，按照预算条款增序排列。该明细表一式三份：两份提交给会计，其中一份归入管理账目；另一份由会计呈交给拨款审核人，以作备案。

凭据的明细表需包含付款通知的相关信息，具体内容如下：服务名称；负责会计的名字；会计年度和凭据发放日期；债权人名称；支出会计入账和预算入账，甚至其功能编码；如果有的话，还需给出财产清单编码；拨款项目总额。

每个明细表都按照会计年度从数字 1 开始编码。如有必要，也可以按照序列进行编码。每项附属预算都是明细表中的一项特殊的序列。

投资支出和经营支出不可同时出现在同一份明细表中（人口规模小于 500 人的市镇除外）。

2. 强制签发付款通知。涉及强制性付款，国家代表直接将凭据下发给会计。由会计直接告知拨款审核人，并要求拨款审核人将其列入下一次的预算日志中。

3. 付款通知前已实现支付处理。对于某些支出，考虑到其特殊性，可以在付款通知下发前对其进行支付。这样的支出通常是指重复性支出。比如得到拨款审核人同意提前拨款的支出和由公共事业经理人预先支付的支出。

（1）付款通知前预支出。此类支出多指水务收入、电力收入和贷款清偿。债权人将划款日期告知会计。会计将该支出登记在账目 4721 的次级账目下"付款通知前预支出"，由账目 515 银行"国库账目"进行支付。同时，会计通知拨款审核人尽快出具相应地付款通知。一旦收到付款通知，会计按照适当的账目欠账（如 60612 "电力能源"）结清账目 4721。

（2）公共事业经理人预先执行的规定。提前财务管理旨在确保小额开支得到妥善支付。公共支出方面相关的规定适用于公共事业经理人，同样也适用于会计。

按照规定并根据成立财产管理处的预计频率，或者至少在每个月的月末，公共事业经理人将其建立的明细日志中的两联连同其相关的证明文件提交拨款审核人。拨款审核人对上述材料进行审核，保留其中的一联，将另一联连同相关证明文件和相应地付款通知一并交付给会计。

会计同样需要对相关文件进行审核，以确保支出合理合法合规定。

4. 支出消减或取消。之所以会出现预算消减或取消主要是为了改正具体操作过程中出现的错误，确保计划外开支和预先确定的开支按照会计年度内联结原则得到妥善支付。其确认主要根据拨款审核人出具的一份支出调整文件进行。该文件带有调整型凭据的特征（日期、入账总额），也包含调整所需的清算动机及基础。

（1）当前会计年度内支出消减或取消。在取消其中一份凭据时候，最新的明细表中出现的所有的凭据总体是不可更改的。预算支出的总体控制通过从已开凭据明细表总体中截去取消的凭据总明细表的方式实现。待取消的凭据明细表的编号方式与已开凭据明细表的编码方式有所区别。

在由会计负责的总账目中，支出的缩减或取消被记在登记了原始支出的账目的贷方。如果付款通知还没有得到支付，那么它们将被记在第三方原始可变账目的借方，或者，在相反的情况下，记在账目47621"会计年度内不同借方"的借方。

像收入凭据一样，调整性支出付款凭证也是执行性的。

某会计年度内出现的针对某计划外状况的取消凭据可按照年末业务处理条款进行处理。

（2）完结会计年度支出消减或取消。调整文件，具体表现为一份收入凭据：如果涉及投资支出，那么在开具初始凭据时将其记为可变预算款项；如果涉及的是经营支出，对于性质表决通过的预算，将其记为账目773"前会计年度取消凭据或者受每四年发生一次的坏账影响的凭据"；对于按功能表决产生的预算，将其记为原始可变条款92773。

在会计负责的总账目中，调整性凭据被记录为：开始计入借方的贷方预算账目，调整涉及投资支出；账目773"前会计年度取消凭据或者受每4年发生一次的坏账影响的凭据"。对于例外情况，比如原始金额已经支付完成或者剩余账目已经被记为代付或者凭据显示为借方，则记为账目46721"不同借方—当前会计年度"。

5. 凭据支付。

（1）概述。根据《1963年2月23日编号63-156对1963年的财政法（第二部分-公务资金和特殊条款）》法令第60条的相关规定，会计需要行使其个人和金钱方面的权责，对预算审核人的决定进行监督。上述规定的内容为：不管是从个人角度而言，还是从金钱角度而言，会计都有义务根据总条例确定的预设条件对公共账目的各种情况进行监督。

在支付支出付款凭证前，根据《1962年12月29日编号62-1587关于公共会计总规章的法令》第12、第13条，会计有权行使其监督权。为了保证会计顺利形式其监督权，与每张凭据相关的证明文件都必须有，且格式规范。这是2003年4月

2 日改自《地方行政区域总法典》第 D.1617-19 条的第 2003-301 号法令①及其附件 I 规定的。上述文件由拨款审核人制定,有时还会伴有执行决议。

(2) 同意支付。会计同意进行支付的凭据需按照相应的款项登记到预算账目中,同时也要登记到总账目中。预算明细表的其中一联应该交还给拨款审核人。

(3) 会计监督制裁。

①违规开支或者不正当开支。通过监督,会计可以中断支付。但是根据《地方行政区域总法典》第 1617-2 条法律的规定,他需要将其决定告知拨款审核人。会计从已开具凭据明细表中将被中断支付的凭据金额扣除。并向拨款审核人提供一份调整过的明细表,随附未付款通知和中断支付的决议。

一旦出现支付中断,拨款审核人可以:补充签发付款通知相关的材料;完全撤销付款凭证;向会计提出征用请求,发生下列情况是除外:国库资金不足;所拨开支用于违规支出或者不正当支出,或者是不应该由其支出的支出;证明文件不齐全的支出;未经地方权力机关批准认可执行的项目的支出。

经补充完善的凭据和那些伴有支付请求的凭据作为新的凭据出现在已开具凭据的明细表中。会计将随附支付请求的凭据提交负责支付的总库,再由其告知地区账目办事处。

②国库资金储备不足。如果因为国库资金储备不足而被迫中断支付,一旦储备资金补充完毕,即可继续按照规定进行支付。一旦出现此种情况,会计需要立即告知拨款审核人。国库资金得到补充后,拨款审核人是唯一有权发布支付命令的机构。如果支付因国库资金储备不足而遭中断,会计无法驳回拨款审核人的再支付命令。

6. 支付方式。

(1) 原则。1965 年 2 月 4 日第 65-97 号修改法令规定了公共组织机构的支付规则和方式。但是,也有例外的情况。某些按照规定必须通过划账的方式进行支付的规定就是无效的。比如需要当事人出示文件确定其权限和质量的支付,拒绝进行划账支付的数额。通过上述法令,拨款审核人根据负责预算的部长确定的条件选择具体的支付方式。

(2) 划账支付规定。涉及划账支付,会计和拨款审核人须告知债权人支出对象、支出细账及其需要的相关参照材料。

人口规模超过 1 500 人的地方行政区域、与之相关的机构和至少包括一个人口超过 1 500 人的市镇间合作机构等银行划账或者邮局划账可以通过磁条跨银行进行。电子支付无需贷款通知也无需支付明细表。所有的划拨都通过法兰西银行进行。

(3) 国库支票支付规定(对于省和大区)。修改后的《1965 年 2 月 4 日第 65-97 号关于公共机构预算支出支付方式和程序的法令》第 5 条允许各省和大区可以采用国库支票进行支付。按照由 1982 年 6 月 3 日编号 82-103 B-M-P3 指令修订过的 1948 年 5 月 29 日编号 605 的通函的相关规定执行。

---

① Décret n° 2003-301 du 2 avril 2003 modifiant le code général des collectivités territoriales (partie Réglementaire).

第十一章　法国地方政府预算

国库支票的发行可以用作支出支付,因此支付并不一定需要通过划账来实现。可按照此种方法进行支付的支出主要是社会救济、奖学金或者社会救助津贴。

省级和大区级的支付方需要关注由拨款审核人制定、国家印刷局支票簿申请明细表。

国库支票先由省级和大区级支付方,之后交给拨款审核人,由拨款审核人将其转交给相关的债权人。一旦签字,付款人贷记国库账目515,转交总国库主计官进行支付。

(4)根据支付命令进行支付。这不是一种常规的支付方式,主要是针对未分割债券,或者某些支付取决于当事人出示的债券凭证和确定其权限的文件的债券。

支付命令由拨款审核人制定并签字确认。与相应地凭据编号相同。

会计审核支付命令之后,将其提交拨款审核人。在数字明细表上,拨款审核员重新赋予其相应权限。

会计确认过的支付总额被记在账目513"支付命令"的贷方、债务已被记在其中的账目类别4的贷方。

这种命令型支付可以通过现金执行,也可以通过其他任何方式向省和大区级银行支付,只要债权人方便即可。支付完成后记在账目513的借方、国库账目515的贷方。

参 考 文 献

[1] 安秀梅：《外国国库管理制度介绍》，载于《北京财会》2003年第6期，第16~19页。

[2] 艾志鸿：《法国议会对政府的监督机制》，载于《新疆人大（汉文）》2001年第2期，第44~45页。

[3] 程光：《法国审计法院体制的启示》，载于《审计月刊》2006年第10期，第7~8页。

[4] 陈新丽、冯传禄：《奥朗德的困境——试析当前的法国政治生活》，载于《法国研究》(Études Françaises) 2013年第4期，第11~15页。

[5] 财政部税收制度国际比较课题组：《法国税制》，中国财政经济出版社2002年版。

[6] 财政部财政监督考察团：《法国财政监督及对我国的借鉴作用》，载于《财政研究》1998年第1期，第60~64页。

[7] 财政部"财政监督"课题组：《财政监督》，中国财政经济出版社2003年版。

[8] 法国国库署：《2014年度报告》，http://www.aft.gouv.fr/documents/%7BC3BAF1F0-F068-4305-821D-B8B2BF4F9AF6%7D/publication/attachments/24716.pdf。

[9] 法中公共财政监督研讨会中方代表团：《法国财政部门实施全过程监督的做法及其借鉴》，载于《中国财政》2007年第2期，第77~79页。

[10] 法中公共财政监督研讨会中方代表团：《法国财政预算改革与监督管理新情况考察及借鉴》，载于《财政监督》2007年第1期，第61~65页。

[11] [法] 让·马蒂耶著，郑德弟译：《法国史》，上海译文出版社2002年版。

[12] 黄严：《新LOLF框架下的法国绩效预算改革》，载于《公共行政评论》2011年第4期，第101~128页。

[13] 贺邦靖：《国外财政监督借鉴》，经济科学出版社2008年版。

[14] 贾康、阎坤、周雪飞：《国库管理体制改革及国库现金管理研究》，载于《管理世界》2003年第6期，第15~25页。

[15] 楼继伟：《法国的预算管理》，载于《中国财政》1999年第3期，第57~60页。

参考文献

[16] 林玲：《法国审计法院和欧盟审计院的财政监督机制的比较及启示》，载于《审计月刊》2006年第1期，第43~44页。

[17] 林树杰、朱天华：《中法财政监督法律制度比较研究及启示》，载于《江苏工业学院学报（社会科学版）》2009年第4期，第13~18页。

[18] 李俊、张炜：《德国、法国中央银行国库管理职能的比较与借鉴》，载于《国际金融》2013年第7期，第64~68页。

[19] 李海：《法国国库现金管理框架及其对我国的启示》，载于《金融电子化》2009年第5期，第81~84页。

[20] 马海涛：《现代国库管理制度的国际比较与借鉴》，载于《西部财会》2004年第9期，第56~57页。

[21] 毛加喜、何毅君、周菲、翁晓波：《寻找中法财政监督的共同支点——"中法财政监督研讨会"专题报道》，载于《财政监督》2004年第6期，第4~12页。

[22] 穆良平：《主要工业国家近现代经济史》，西南财经大学出版社2005年版。

[23] 财政部会计司：《欧洲政府会计与预算改革》，东北财经大学出版社2005年版。

[24] 邱华炳：《法国国库管理动作的现状、特点与启示》，载于《当代财经》1999年第9期，第29~32页。

[25] 申焕章、黎和贵、黄小勇：《法国国库管理体制特点及启示》，载于《金融时报》2004年9月14日。

[26] 吴国庆：《当代法国议会的特征》，载于《欧洲研究》1999年第2期，第55~61页。

[27] 吴国庆：《法国政治史（1958—2012）》，社会科学文献出版社2014年版。

[28] 韦慧娟、张玮：《法国的财政监督及其经验借鉴》，载于《财政监督》2006年第3期，第59~60页。

[29] 王银梅：《法国财政监督的基本情况及启示》，载于《财政监督》2005年第10期，第42~43页。

[30] 王加林：《发达国家预算管理与我国预算管理改革的实践》，中国财政经济出版社2006年版。

[31] 徐瑞娥：《法国财政制度》，中国财政经济出版社1998年版。

[32] 徐瑞娥：《法国财政部简介》，载于《西欧研究》1990年第2期，第55~56页。

[33] ［英］科林·琼斯著，杨保筠、刘雪红译：《剑桥插图法国史》，世界知识出版社2004年版。

[34] 张晋武：《欧美发达国家的多年期预算及其借鉴》，载于《财政研究》2001年第10期，第74~78页。

[35] 周红：《法国公共会计体制评介》，载于《会计研究》2001年3月。

[36] 张晓红：《财政监管理论分析与制度优化》，大连理工大学出版社 2009 年版。

[37] 中国人民银行包头市郊区支行课题组、宋月茂、胡亚梅：《借鉴国外国库单一账户制度管理的经验及对我国的启示》，载于《北方金融》2015 年第 10 期，第 67~68 页。

[38] 中华人民共和国财政部国际司：《法国财政管理体制介绍》，http：//gjs. mof. gov. cn/pindaoliebiao/cjgj/201306/t20130613_917793. html。

[39] 中国财政史研究所，http：//czs. cufe. edu. cn，http：//czs. cufe. edu. cn/html/_caizhengshiyanjiu_zhuanji/_caizhengshiyanjiu_diliujilunwen/20131203/562. html。

[40] 中国国际贸易促进委员会驻法国代表处：《2008 年至 2009 年法国经济形势回顾与展望》，2009，http：//www. ccpit. org/Contents/Channel_3902/2009/0213/536305/content_536305. htm。

[41] Adam F. Ferrand O. Rioux R. Finances Publiques [M]. 3rd éd. Presses de Sciences Po et Dalloz, 2010。

[42] Bardaji J. Loubens A. D. Partouche H. La maquette de prévision Opale 2010 [R]. la Direction Générale du Trésor.

[43] Chouvel F. Finances Publiques 2015 [M]. 18th éd. Gualino éditeur, Lextenso éditions, 2015.

[44] Damien Catteau. Droit budgetaire Comptabilite publique LOLF et GBCP [M]. 2e éd. Hachette Livre, 2015.

[45] Deleau M., Nioche J – P, Penz P, Poinsard R.. Evaluer les politiques publiques, méthodes, déontologie, organisation. Rapport du groupe de travail "Méthodes d'évaluation des politiques publiques" [R]. Commissariat général du plan. La Documentation Française-Paris, 1986.

[46] David Heald. Pourquoi la transparence des dépenses publiques est-elle si difficile à atteindre？[J]. Revue Internationale des Sciences Administratives, 2012 IISA-Vol 78（1）：33 – 53.

[47] Farhana Akhoune. La réforme de la gestion budgétaire et comptable publique, commentaire du décret du 7 novembre 2012 [M]. Lextenso éditions, 2013.

[48] Frank Mordacq. Les finances publiques [M]. 3rd éd. Presses Universitaires de France, 2014. 2.

[49] Jean-Luc Albert. Finances Publiques [M]. 8th éd. Dalloz, 2013.

[50] James E. Alt and Lassen D. D.. Fiscal transparency, political parties, and debt in OECD countries [J]. European Economic Review, 2006（50），1403 – 1439.

[51] Klein C. Simon O. Le modèle Mésange nouvelle version réestimée en base 2000 [R]. la Direction Générale du Trésor.

[52] Loubens A. D. Thornary B. Modélisation de la boucle prix-salaires pour la France par une approche macrosectorielle [R]. la Direction Générale du Trésor.

[53] Monique Calvi. Comptabilité publique territoriale [M]. Nathan, 2013.

[54] Nomenclatures des Communes Applicable au 1er janvier 2016, Instruction M14 [R].

[55] Sous la direction d'Roux A. Finance Publiques [M]. 3rd éd. La documentation Française, 2011.

[56] Sous la direction de Michel Bouvier. La transparence des finances publiques : vers un nouveau modèle [M]. Actes du 6e colloque international de Rabat. LGDJ, Lextenso Éditions, 2013.

· Michel Bouvier. Rapport introductif : La transparence des finances publiques : une exigence éthique, politique et scientifique [R].

· 2 · Philippe Auberger. Transparence des contrôles administratifs : le cas de l'Inspection générale des Finances en France [R].

· Alice Lachèze. Transparence et évaluation des politiques publiques : un nouvel enjeu [R].

[57] Manuel sur la transparence des finances publiques (2007) [R]. Fonds Monetaire international.

[58] Transparence, système de responsabilité et risques budgétaires [R]. Département des finances publiques en collaboration avec le Département des statistiques. Fonds Monetaire international.

[59] Assembeé nationale, http://www.assemblee-nationale.fr.

· http://www2.assemblee-nationale.fr/decouvrir-l-assemblee/histoire/la-ve-republique/les-reformes-constitutionnelles-depuis – 1958.

· http://www.assemblee-nationale.fr/connaissance/lois_finances_lois_financement/section-05.asp#P2749_403115.

· http://www.assemblee-nationale.fr/connaissance/lois_finances_lois_financement/section-05.asp#P2749_403115.

[60] Agence France Trésor. http://www.aft.gouv.fr.

[61] Banque de France. https://www.banque-france.fr/accueil.html.

[62] Cour des comptes. www.ccomptes.fr.

· Le rapport public annuel 2016, Tome I Les observations [R]. Cour des comptes, Chambres regionales & territoriales des comptes, https://www.ccomptes.fr/sites/default/files/EzPublish/RPA2016-Tome-1-integral.pdf.

· http://www.ccomptes.fr/Publications/Publications/Le-budget-de-l-Etat-en-2013-resultats-et-gestion.

[63] Conseil d'État. http://www.conseil-etat.fr.

[64] Caisse d'Amortissement de la Dette Sociale. http://www.cades.fr/index.php?lang=fr.

[65] Direction Générale du Trésor. http://www.tresor.economie.gouv.fr.

texte&modifier＝LOI_ORGANIQUE&fastPos＝3&fastReqId＝732014826&oldAction＝rechTexte.

- https：//www.legifrance.gouv.fr/affichTexte.do？cidTexte＝JORFTEXT000000787241&fastPos＝1&fastReqId＝4880964&categorieLien＝id&oldAction＝rechTexte.
- https：//www.legifrance.gouv.fr/affichTexte.do？cidTexte＝JORFTEXT000000886764&fastPos＝2&fastReqId＝2103172411&categorieLien＝id&oldAction＝rechTexte.
- https：//www.legifrance.gouv.fr/affichTexte.do？cidTexte＝JORFTEXT000000333548&fastPos＝9&fastReqId＝274400762&categorieLien＝id&oldAction＝rechTexte.
- https：//www.legifrance.gouv.fr/affichTexte.do？cidTexte＝JORFTEXT000000804607&fastPos＝1&fastReqId＝852280773&categorieLien＝id&oldAction＝rechTexte.
- https：//www.legifrance.gouv.fr/rechTexte.do？reprise＝true&fastReqId＝42077764&navigator＝navigatornaturetexte&modifier＝ARRETE&page＝28.
- https：//www.legifrance.gouv.fr/affichTexte.do？cidTexte＝JORFTEXT000000299367&fastPos＝6&fastReqId＝70770455&categorieLien＝id&navigator＝navigatornaturetexte&modifier＝DECRET&fastPos＝6&fastReqId＝70770455&oldAction＝rechTexte.
- https：//www.legifrance.gouv.fr/affichTexte.do？cidTexte＝JORFTEXT000000299367&dateTexte＝20180207；https：//www.legifrance.gouv.fr/affichTexte.do？cidTexte＝JORFTEXT000000299367&dateTexte＝20180224.
- https：//www.legifrance.gouv.fr/affichTexte.do？cidTexte＝JORFTEXT000027825743&fastPos＝1&fastReqId＝415732999&categorieLien＝id&oldAction＝rechTexte.
- https：//www.legifrance.gouv.fr/affichTexte.do？cidTexte＝JORFTEXT000023105769&fastPos＝408&fastReqId＝266086877&categorieLien＝id&oldAction＝rechTexte.
- https：//www.legifrance.gouv.fr/affichTexte.do？cidTexte＝JORFTEXT000028221621&fastPos＝267&fastReqId＝369185391&categorieLien＝id&oldAction＝rechTexte.
- https：//www.legifrance.gouv.fr/affichTexte.do？cidTexte＝JORFTEXT000018217947&fastPos＝194&fastReqId＝126610983&categorieLien＝id&oldAction＝rechTexte.
- https：//www.legifrance.gouv.fr/affichTexte.do？cidTexte＝JORFTEXT000000163227&fastPos＝1&fastReqId＝1110326319&categorieLien＝id&oldAction＝rechTexte.
- https：//www.legifrance.gouv.fr/affichTexte.do？cidTexte＝JORFTEXT000000724377&fastPos＝1&fastReqId＝339591530&categorieLien＝id&oldAction＝rechTexte.
- https：//www.legifrance.gouv.fr/affichTexte.do？cidTexte＝JORFTEXT000000813423&fastPos＝3&fastReqId＝638858778&categorieLien＝id&oldAction＝rechTexte.
- https：//www.legifrance.gouv.fr/affichTexte.do？cidTexte＝JORFTEXT000024228706&fastPos＝7&fastReqId＝258554427&categorieLien＝id&oldAction＝rechTexte.
- https：//www.legifrance.gouv.fr/affichTexte.do？cidTexte＝JORFTEXT000024228714&fastPos＝3&fastReqId＝1179662387&categorieLien＝id&oldAction＝rechTexte.
- https：//www.legifrance.gouv.fr/affichTexte.do？cidTexte＝JORFTEXT000000726395&fastPos＝2&fastReqId＝1562385774&categorieLien＝id&oldAction＝rechTexte.

• http：//www. tresor. economie. gouv. fr/3805 _ Les-documents-de-travail-et-les-analyses-relatives-aux-previsions.

［66］Direction de l'information légale et administrative. http：//www. vie-publique. fr/

• http：//www. vie-publique. fr/decouverte-institutions/finances-publiques/ressources-depenses-etat/budget/qu-est-ce-que-budget-etat. html.

• http：//discours. vie-publique. fr/notices/147000102. html.

［67］European Commission. https：//ec. europa. eu/commission/index_en

• https：//ec. europa. eu/info/node/4318.

• http：//ec. europa. eu/economy_finance/economic_governance/sgp/convergence/index_en. htm.

• http：//ec. europa. eu/economy_finance/economic_governance/sgp/convergence/index_en. htm.

• Programme de Stabilité de la France 2009 – 2012［R］, http：//ec. europa. eu/economy_finance/economic_governance/sgp/convergence/programmes/index_en. htm.

• Programme de stabilité de la France 2011 – 2014［R］, https：//ec. europa. eu/info/sites/info/files/file _ import/sp _ france _ fr _ 0. pdf. http：//ec. europa. eu/europe2020/pdf/nrp/sp_france_fr. pdf.

• Recommandation du Conseil du 14 juillet 2015 concernant le programme national de réforme de la France pour 2015 et portant avis du Conseil sur le programme de stabilité de la France pour 2015［R］.

［68］Forum de la performance. http：//www. performance-publique. budget. gouv. fr.

• Calendrier . http：//www. performance-publique. budget. gouv. fr/sites/performance_publique/files/files/flash/calendrier/calendrierminefi. htm.

• Guide pratique de la LOLF-Comprendre le Budget de l'État［R］, Ministère de l'économie et des finances, http：//www. performance-ublique. budget. gouv. fr/sites/performance_publique/files/files/documents/performance/lolf/guidelolf2012. pdf.

• Stratégie, objectifs et indicateurs de performance. http：//www. performance-publique. budget. gouv. fr/finances-publiques/lolf-cadre-organique-performance-publique/essentiel/s-informer/strategie-objectifs-indicateurs-performance#. VhjqF8OS2M9.

• Exécution du budget de l'État.

http：//www. performance-publique. budget. gouv. fr/budget-comptes-etat/execution-budget-etat#. V7fTJTz9e6g.

• Projets de loi de finances pour 2006 et 2010, jaune budgetaire "Effort financier de l'État en faveur des collectivites locales". https：//www. performance-publique. budget. gouv. fr/documents-budgetaires/lois-projets-lois-documents-annexes-annee/exercice – 2006#. WpIdeDs3GM8; https：//www. performance-publique. budget. gouv. fr/documents-budgetaires/lois-projets-lois-documents-annexes-annee/exercice-2010#. WpIdjjs3GM8.

· Projet de loi de finances pour 2009. https：//www. performance-publique. budget. gouv. fr/documents-budgetaires/lois-projets-lois-documents-annexes-annee/exercice-2009/projet-loi-finances-2009#. WpIdSTs3GM8.

· Projet de Loi de Programmation des Finances Publiques pour la Période 2009 - 2012. http：//www. performance-publique. budget. gouv. fr/sites/performance _ publique/files/farandole/ressources/medias/documents/ressources/PLF2009/loi _ programmation _ financespubliques_2009_2012. pdf.

· Rapport d'activité 2013-2014 Direction du Budget ［R］. http：//www. performance-publique. budget. gouv. fr/ressources-documentaires/publications-direction-budget/supports-communication/rapports-d-activite-direction-budget#. Vn_YW8OS2M8.

· Rapport sur la Programmation des Finances Publiques pour la Période 2009 à 2012 Annexé à L'Article 3 ［R］. http：//www. performance-publique. budget. gouv. fr/sites/performance_publique/files/farandole/ressources/medias/documents/ressources/PLF2009/rapport_loi_programmation_financespubliques_2009_2012. pdf.

· http：//www. performance-publique. budget. gouv. fr/finances-publiques/grandes-caracteristiques-finances-publiques/approfondir/structure-depense-publique#. VztAjKwgK6g.

· http：//www. performance-publique. budget. gouv. fr/finances-publiques/grandes-caracteristiques-finances-publiques/s-informer/structure-recettes-publiques-0 #. V7VWxjz9e6h 之后变更为 https：//www. performance-publique. budget. gouv. fr/finances-publiques/grandes-caracte ristiques-finances-publiques/s-informer/structure-recettes-publiques-0#. Wo56NTs3GM-.

· http：//www. performance-publique. budget. gouv. fr/budget-comptes-etat/volet-performance-budget-etat/essentiel/s-informer/missions-programmes-actions-trois-niveaux-structurent-budget-general#. VJV1XwLkA.

· http：//www. performance-publique. budget. gouv. fr/budget-comptes-etat/lois-finances/essentiel/s-informer/differentes-lois-projets-loi-finances#. V7VVrzz9e6h.

· http：//www. performance-publique. budget. gouv. fr/budget-comptes-etat/budget-3-annees#. VpCWhNUgK6g.

· https：//www. performance-publique. budget. gouv. fr/actualites/2018/deficit-budgetaire-2017-en-amelioration-13-milliards-d-euros-rapport-a-2016#. WmLd0sY3GM8.

· http：//www. performance-publique. budget. gouv. fr/finances-publiques/financementsecurite-sociale.

［69］Haute Conseil des Finances Publiques. http：//www. hcfp. fr.

［70］Institut national de la statistique et des études économiques. https：//www. insee. fr/fr/accueil.

· https：//www. insee. fr/fr/statistiques/3294245.

［71］International Budget Partnership. https：//www. internationalbudget. org/

· OECD Best Practices for Budget Transparency ［R］. OECD, 2002.

· Open budget survey 2015：France, ［R］, International Budget Partnership (IBP), http：//www. internationalbudget. org/wp-content/uploads/OBS2015-CS-France-English. pdf.

[72] Le portail de l'État au service des collectivités. http：//www. collectivites-locales. gouv. fr.

- http：//www. collectivites-locales. gouv. fr/comptabilite-m14 – 5.
- http：//www. collectivites-locales. gouv. fr/%EF%BB%BFinstitutions.
- Observatoire des finances locales, Les finances des collectivite locales en 2009, juillet 2009. https：//www. collectivites-locales. gouv. fr/finances-des-collectivites-locales-2009-etat-des-lieux-0;
- https：//www. collectivites-locales. gouv. fr/files/files/OFL2009_00. pdf.

[73] Le portail de l'Économie, des Finances, de l'Action et des Comptes publics. http：//www. economie. gouv. fr/.

- http：//www. economie. gouv. fr/les-ministeres.
- https：//www. economie. gouv. fr/qui-fait-quoi-au-ministere.
- http：//www. economie. gouv. fr/cnocp.
- http：//www. economie. gouv. fr/cnocp-en.
- Public sector accounting standards council Annual report 2014 [R]. Conseil de normalisation des comptes publics. https：//www. economie. gouv. fr/files/files/directions_services/cnocp-en/mission/annual_report/CNOCP_annual_report_2014_web. pdf.
- Recueil des normes comptables de l'État. Ministère de l'économie et des finances. 2013.
- Conceptual framework for public accounts [R]. Conseil de normalisation des comptes publics.
- Présentation du Conseil de normalisation des comptes publics. OCDE 11ème Symposium annuel des comptes publics en droits constatés Paris, 3 – 4 mars 2011.
- http：//www. economie. gouv. fr/cnocp/comite-des-normes-comptabilite-publique#ci.
- https：//www. economie. gouv. fr/files/directions_services/cnocp/missions/textes/Article_115_LFR_2008. pdf.
- http：//www. economie. gouv. fr/caef/comptabilite-publique-historique.
- http：//www. economie. gouv. fr/cedef/bibliotheque-fiscalite.
- http：//www. economie. gouv. fr/cedef/bibliotheque-finances-publiques.
- http：//www. economie. gouv. fr/cedef/bibliotheque-textes-officiels.
- http：//www. economie. gouv. fr/les-ministeres/directions-ministere-finances-comptes-publics.
- Publication des résultats du déficit public 2015 [R], Ministère de l'économie et des finances.
- 3 · Guide de la justification au premier euro des crédits du PLF 2006 (Annexe 1). http：//www4. minefi. gouv. fr/budget/circpdf/CM1 – 04 – 4600/Dossiertechnique2-

GuideJPE_PLF2006. pdf.

· The French Tax System, Situation as at 31 July 2011 [R]. Public Finances General Directorate, Tax Policy Directorate, Ministère de l'économie, des finances et de l'industrie.

[74] Le portail Persée. http：//www. persee. fr/web/revues/home.

· Charles-De-Gaulle. Discours de Bayeux. 16 juin 1946. http：//www. persee. fr/doc/rfsp_0035 – 2950_1959_num_9_1_402990.

[75] Le portail du service public de la Sécurité sociale. http：//www. securite-sociale. fr.

· http：//www. securite-sociale. fr/-Comprendre-la-Securite-sociale-? type = part.

[76] Le site officiel de l'administration française. http：//www. service-public. fr/.

[77] Paolo Chiocchetti, The economic program of Emmanuel Macron, https：//resume. uni. lu/story/the-economic-programme-of-emmanuel-macron.

[78] Plateforme ouverte des données publiques françaises. https：//www. data. gouv. fr/fr/.

[79] Sénat. http：//www. senat. fr/role/index. html.

[80] Un site de la direction générale des Finances publiques. https：//www. impots. gouv. fr/portail/.

[81] Conseil constitutionnel. http：//www. conseil-constitutionnel. fr/conseil-constitutionnel/francais/page-d-accueil. 1. html.

· http：//www. conseil-constitutionnel. fr/conseil-constitutionnel/francais/les-decisions/acces-par-date/decisions-depuis-1959/1979/79-110-dc/decision-n-79-110-dc-du-24-decembre-1979. 7728. html.

· http：//www. conseil-constitutionnel. fr/conseil-constitutionnel/francais/les-decisions/acces-par-date/decisions-depuis-1959/1991/91-298-dc/decision-n-91-298-dc-du-24-juillet-1991. 8770. html.

· http：//www. conseil-constitutionnel. fr/conseil-constitutionnel/francais/les-decisions/acces-par-date/decisions-depuis-1959/2001/2001-448-dc/decision-n-2001-448-dc-du-25-juillet-2001. 504. html.

· http：//www. conseil-constitutionnel. fr/conseil-constitutionnel/francais/les-decisions/acces-par-date/decisions-depuis-1959/2002/2002-464-dc/decision-n-2002-464-dc-du-27-decembre-2002. 676. html.

[82] European Central Bank. http：//www. ecb. europa. eu/home/html/index. en. html.

· http：//www. ecb. europa. eu/ecb/legal/date/2014/html/index. en. html.

· http：//www. ecb. europa. eu/ecb/legal/pdf/oj_jol_2014_168_r_0015_en_txt. pdf.

· http：//www. ecb. europa. eu/ecb/legal/pdf/oj_jol_2014_168_r_0017_en_txt. pdf.

[83] Le service public de la diffusion du droit. http：//www. legifrance. gouv. fr.

- La Constitution du 4 octobre 1958 de la France. http：//www. legifrance. gouv. fr/Droit-francais/Constitution/Constitution-du-4-octobre-1958；

Version consolidée au 23 février 2018：

https：//www. legifrance. gouv. fr/affichTexte. do？cidTexte = LEGITEXT000006071194.

- Loi organique n° 2001 - 692 du 1 août 2001 relative aux lois de finances. http：//www. legifrance. gouv. fr/affichTexte. do？cidTexte = JORFTEXT000000394028&categorieLien = cid.

- Loi organique n° 2012 - 1403 du 17 décembre 2012 relative à la programmation et à la gouvernance des finances publiques. https：//www. legifrance. gouv. fr/affichTexte. do？cidTexte = JORFTEXT000026785259&fastPos = 1&fastReqId = 493881301&categorieLien = cid&oldAction = rechTexte.

- Loi n° 2014 - 855 du 31 juillet 2014 de règlement du budget et d'approbation des comptes de l'année 2013（1）.

http：//www. legifrance. gouv. fr/affichTexte. do；jsessionid = 9CEB0775901DF6A4D35ED177AFE4EB14. tpdjo06v_1？cidTexte = JORFTEXT000029318958&categorieLien = id.

- Loi constitutionnelle n° 2008 - 724 du 23 juillet 2008 de modernisation des institutions de la V^{e}République（1）. http：//www. legifrance. gouv. fr/affichTexte. do？cidTexte = JORFTEXT000019237256&fastPos = 1&fastReqId = 1674901753&categorieLien = id&oldAction = rechTexte.

- Loi n° 2009 - 135 du 9 février 2009 de programmation des finances publiques pour les années 2009 à 2012（1）. http：//www. legifrance. gouv. fr/affichTexte. do？cidTexte = JORFTEXT000020236735.

- Loi de financement de la sécurité sociale 2015 en chiffres［R］, Ministère des finances et des comptes publics, Ministère des affaires sociales, de la santé et des droits des femmes.

- Décret n°2012 - 1246 du 7 novembre 2012 relatif à la gestion budgétaire et comptable publique

Version initiale

https：//www. legifrance. gouv. fr/affichTexte. do？cidTexte = JORFTEXT000026597003&fastPos = 2&fastReqId = 1351274728&categorieLien = id&oldAction = rechTexte；Version consolidée au 15 décembre 2014.

http：//www. legifrance. gouv. fr/affichTexte. do；jsessionid = 7879CFDC1CDCF78AF0475CB195DF9661. tpdjo06v_1？cidTexte = JORFTEXT000026597003&dateTexte = 20141215.

- Journal officiel, 28 décembre 2008, https：//www. legifrance. gouv. fr/affichTexte. do？cidTexte = JORFTEXT000019995721&fastPos = 1&fastReqId = 473253122&categorieLien = id&oldAction = rechTexte.

- https：//www. legifrance. gouv. fr/affichTexte. do？cidTexte = JORFTEXT000034

748271&fastPos=1&fastReqId=975787202&categorieLien=id&oldAction=rechTexte.

· https：//www.legifrance.gouv.fr/affichTexte.do? cidTexte=JORFTEXT000035058568&fastPos=43&fastReqId=1528858680&categorieLien=id&oldAction=rechTexte.

· https：//www.legifrance.gouv.fr/affichTexte.do? cidTexte=JORFTEXT000033076213&fastPos=1&fastReqId=31483908&categorieLien=id&oldAction=rechTexte.

· https：//www.legifrance.gouv.fr/affichTexte.do? cidTexte=JORFTEXT000034807175&fastPos=1&fastReqId=1440810553&categorieLien=id&oldAction=rechTexte.

· https：//www.legifrance.gouv.fr/affichTexte.do? cidTexte=JORFTEXT000036085512&fastPos=1&fastReqId=619173478&categorieLien=id&oldAction=rechTexte.

· https：//www.legifrance.gouv.fr/affichTexte.do? cidTexte=JORFTEXT000026871050&dateTexte=&categorieLien=id.

· https：//www.legifrance.gouv.fr/affichTexte.do? cidTexte=JORFTEXT000020236735&categorieLien=id.

· https：//www.legifrance.gouv.fr/affichCode.do；jsessionid=FFA9BC34291389C7CCDB05E4A442774B.tpdjo12v_3? cidTexte=LEGITEXT000006073189&dateTexte=20150203.

· https：//www.legifrance.gouv.fr/affichTexte.do；jsessionid=DBE4CACEFECDC6442F2C475DF7B82443.tplgfr41s_1? cidTexte=JORFTEXT000000522819&dateTexte=20180126.

· https：//www.legifrance.gouv.fr/affichTexte.do? cidTexte=JORFTEXT000000603366&fastPos=24&fastReqId=1322521765&categorieLien=id&oldAction=rechTexte.

· https：//www.legifrance.gouv.fr/affichTexte.do? cidTexte=JORFTEXT000000811035&fastPos=153&fastReqId=1635793044&categorieLien=id&oldAction=rechTexte.

· https：//www.legifrance.gouv.fr/affichTexte.do? cidTexte=JORFTEXT000000878035&fastPos=7&fastReqId=422811042&categorieLien=id&oldAction=rechTexte.

· https：//www.legifrance.gouv.fr/jo_pdf.do? id=JORFTEXT000000878035.

· https：//www.legifrance.gouv.fr/affichTexte.do? cidTexte=JORFTEXT000028056223&fastPos=2&fastReqId=1187897204&categorieLien=id&oldAction=rechTexte.

· https：//www.legifrance.gouv.fr/affichTexte.do? cidTexte=JORFTEXT000029318958&fastPos=2&fastReqId=729305310&categorieLien=id&oldAction=rechTexte.

· https：//www.legifrance.gouv.fr/affichTexte.do? cidTexte=JORFTEXT000000190291&fastPos=67&fastReqId=598534321&categorieLien=id&oldAction=rechTexte.

· https：//www.legifrance.gouv.fr/affichTexte.do? cidTexte=JORFTEXT000000625158&fastPos=1&fastReqId=2037667968&categorieLien=id&oldAction=rechTexte.

· https：//www.legifrance.gouv.fr/affichTexte.do? cidTexte=JORFTEXT000000548068&fastPos=1&fastReqId=1667253703&categorieLien=id&oldAction=rechTexte.

· https：//www.legifrance.gouv.fr/affichTexte.do? cidTexte=JORFTEXT000022511151&fastPos=1&fastReqId=2086224149&categorieLien=id&oldAction=rechTexte.

- https：//www. legifrance. gouv. fr/affichTexte. do？ cidTexte = JORFTEXT0000001 83109&fastPos = 20&fastReqId = 1131480989&categorieLien = id&oldAction = rechTexte.
- https：//www. legifrance. gouv. fr/affichTexte. do？ cidTexte = JORFTEXT0000006 07372&fastPos = 17&fastReqId = 1970541108&categorieLien = id&navigator = navigatornaturet exte&modifier = LOI&fastPos = 17&fastReqId = 1970541108&oldAction = rechTexte.
- https：//www. legifrance. gouv. fr/affichTexte. do？ cidTexte = JORFTEXT0000002 17398&fastPos = 169&fastReqId = 73689500&categorieLien = id&navigator = navigatornatur etexte&modifier = DECRET&fastPos = 169&fastReqId = 73689500&oldAction = rechTexte.
- https：//www. legifrance. gouv. fr/affichTexte. do？ cidTexte = JORFTEXT0000002 15309&fastPos = 1&fastReqId = 2049567136&categorieLien = id&oldAction = rechTexte.
- https：//www. legifrance. gouv. fr/affichTexte. do？ cidTexte = JORFTEXT0000002 15309&fastPos = 1&fastReqId = 2049567136&categorieLien = id&oldAction = rechTexte.
- https：//www. legifrance. gouv. fr/affichTexte. do？ cidTexte = JORFTEXT0000004 48566&fastPos = 105&fastReqId = 1445953878&categorieLien = id&navigator = navigatornaturetexte&modifier = DECRET&fastPos = 105&fastReqId = 1445953878&oldAction = rechTexte.
- https：//www. legifrance. gouv. fr/affichTexte. do？ cidTexte = JORFTEXT0000007 11604&fastPos = 1&fastReqId = 1194274192&categorieLien = id&oldAction = rechTexte.
- https：//www. legifrance. gouv. fr/affichTexte. do？ cidTexte = JORFTEXT0000008 86460&fastPos = 1&fastReqId = 1018300852&categorieLien = id&navigator = navigatornatur etexte&modifier = LOI&fastPos = 1&fastReqId = 1018300852&oldAction = rechTexte.
- https：//www. legifrance. gouv. fr/affichTexte. do？ cidTexte = JORFTEXT0000321 48548&fastPos = 218&fastReqId = 611149540&categorieLien = id&navigator = navigatornatu retexte&modifier = DECRET&fastPos = 218&fastReqId = 611149540&oldAction = rech-Texte.
- https：//www. legifrance. gouv. fr/affichTexte. do？ cidTexte = JORFTEXT0000302 18501&fastPos = 201&fastReqId = 316075313&categorieLien = id&navigator = navigatornat uretexte&modifier = DECRET&fastPos = 201&fastReqId = 316075313&oldAction = rech-Texte.
- https：//www. legifrance. gouv. fr/affichTexte. do？ cidTexte = JORFTEXT0000003 96225&fastPos = 3&fastReqId = 435048844&categorieLien = id&navigator = navigatornaturet exte&modifier = LOI&fastPos = 3&fastReqId = 435048844&oldAction = rechTexte.
- https：//www. legifrance. gouv. fr/affichTexte. do？ cidTexte = JORFTEXT0000006 03366&fastPos = 17&fastReqId = 1921185327&categorieLien = id&navigator = navigatorna turetexte&modifier = DECRET&fastPos = 17&fastReqId = 1921185327&oldAction = rech-Texte.
- https：//www. legifrance. gouv. fr/affichTexte. do？ cidTexte = JORFTEXT0000004 51379&fastPos = 3&fastReqId = 732014826&categorieLien = id&navigator = navigatornature

- https：//www. legifrance. gouv. fr/affichTexte. do？cidTexte = JORFTEXT000020088470&fastPos = 2&fastReqId = 569683010&categorieLien = id&oldAction = rechTexte.
- https：//www. legifrance. gouv. fr/affichTexte. do？cidTexte = JORFTEXT000000339591&fastPos = 1&fastReqId = 1588410783&categorieLien = id&oldAction = rechTexte.
- https：//www. legifrance. gouv. fr/affichTexte. do？cidTexte = JORFTEXT000000339591&categorieLien = id.
- https：//www. legifrance. gouv. fr/affichTexte. do？cidTexte = JORFTEXT000000339591&dateTexte = 20041231.
- https：//www. legifrance. gouv. fr/affichTexte. do？cidTexte = JORFTEXT000020236735&fastPos = 1&fastReqId = 7343230&categorieLien = id&oldAction = rechTexte.
- https：//www. legifrance. gouv. fr/affichTexte. do？cidTexte = JORFTEXT000026871050&fastPos = 4&fastReqId = 1804313698&categorieLien = id&oldAction = rechTexte.
- https：//www. legifrance. gouv. fr/affichTexte. do？cidTexte = JORFTEXT000000880039&dateTexte = 20180222.
- https：//www. legifrance. gouv. fr/affichTexte. do？cidTexte = JORFTEXT000000320197&categorieLien = id.
- https：//www. legifrance. gouv. fr/affichTexte. do？cidTexte = JORFTEXT000000320197&dateTexte = 20180222.
- https：//www. legifrance. gouv. fr/affichTexte. do？cidTexte = JORFTEXT000000320195&fastPos = 5&fastReqId = 1707757718&categorieLien = id&oldAction = rechTexte.
- https：//www. legifrance. gouv. fr/affichTexte. do？cidTexte = JORFTEXT000000722113&fastPos = 4&fastReqId = 1277136709&categorieLien = id&oldAction = rechTexte.
- https：//www. legifrance. gouv. fr/affichTexte. do？cidTexte = JORFTEXT000000531809&dateTexte = 20180222.
- https：//www. legifrance. gouv. fr/affichTexte. do？cidTexte = JORFTEXT000000396397&categorieLien = id.
- https：//www. legifrance. gouv. fr/affichTexte. do？cidTexte = JORFTEXT000000760911&fastPos = 1&fastReqId = 1290447150&categorieLien = id&oldAction = rechTexte.
- https：//www. legifrance. gouv. fr/affichTexte. do？cidTexte = JORFTEXT000000207538&fastPos = 2&fastReqId = 2016385666&categorieLien = id&oldAction = rechTexte.
- https：//www. legifrance. gouv. fr/affichTexte. do？cidTexte = JORFTEXT000000593100&fastPos = 1&fastReqId = 775807042&categorieLien = id&oldAction = rechTexte.
- https：//www. legifrance. gouv. fr/affichTexte. do？cidTexte = JORFTEXT000000601882&fastPos = 2&fastReqId = 1175535754&categorieLien = id&oldAction = rechTexte.
- https：//www. legifrance. gouv. fr/affichTexte. do？cidTexte = JORFTEXT000000804607&fastPos = 3&fastReqId = 862875209&categorieLien = id&oldAction = rechTexte.
- https：//www. legifrance. gouv. fr/affichTexte. do？cidTexte = JORFTEXT000000273622&fastPos = 3&fastReqId = 578615520&categorieLien = id&oldAction = rechTexte.

- https：//www.legifrance.gouv.fr/affichTexte.do?cidTexte=JORFTEXT000000820345&fastPos=1&fastReqId=1004144260&categorieLien=id&oldAction=rechTexte.
- https：//www.legifrance.gouv.fr/affichTexte.do?cidTexte=JORFTEXT000000451379&fastPos=1&fastReqId=242169368&categorieLien=id&oldAction=rechTexte.
- https：//www.legifrance.gouv.fr/affichTexte.do?cidTexte=JORFTEXT000000698857&fastPos=2&fastReqId=16991860&categorieLien=id&oldAction=rechTexte.
- https：//www.legifrance.gouv.fr/Droit-francais/Constitution/Declaration-des-Droits-de-l-Homme-et-du-Citoyen-de-1789.
- https：//www.legifrance.gouv.fr/affichTexte.do?cidTexte=JORFTEXT000000741468&fastPos=1&fastReqId=199373181&categorieLien=id&oldAction=rechTexte.
- http：//www.conseil-constitutionnel.fr/conseil-constitutionnel/francais/les-decisions/acces-par-date/decisions-depuis-1959/2001/2001-448-dc/decision-n-2001-448-dc-du-25-juillet-2001.504.html.
- https：//www.legifrance.gouv.fr/affichTexte.do?cidTexte=JORFTEXT000028339951&fastPos=56&fastReqId=1761713019&categorieLien=id&oldAction=rechTexte.
- https：//www.legifrance.gouv.fr/affichTexte.do?cidTexte=JORFTEXT000028347831&fastPos=6&fastReqId=259976581&categorieLien=id&oldAction=rechTexte.
- https：//www.legifrance.gouv.fr/affichTexte.do?cidTexte=JORFTEXT000000509290&dateTexte=20180223.
- https：//www.legifrance.gouv.fr/affichTexte.do?cidTexte=JORFTEXT000000624299&fastPos=4&fastReqId=1382045736&categorieLien=id&oldAction=rechTexte.
- https：//www.legifrance.gouv.fr/affichTexte.do?cidTexte=JORFTEXT000000682715&fastPos=1&fastReqId=1965843941&categorieLien=id&oldAction=rechTexte.
- https：//www.legifrance.gouv.fr/affichTexte.do?cidTexte=JORFTEXT000000242925&fastPos=1&fastReqId=1658202783&categorieLien=id&oldAction=rechTexte.
- https：//www.legifrance.gouv.fr/affichTexte.do?cidTexte=JORFTEXT000000672605&fastPos=17&fastReqId=1019063501&categorieLien=id&oldAction=rechTexte.
- https：//www.legifrance.gouv.fr/affichTexte.do?cidTexte=JORFTEXT000000886810&dateTexte=20180223.
- https：//www.legifrance.gouv.fr/affichTexte.do?cidTexte=JORFTEXT000000705362&fastPos=1&fastReqId=1734489479&categorieLien=cid&oldAction=rechTexte.
- https：//www.legifrance.gouv.fr/affichTexte.do?cidTexte=JORFTEXT000000193354&fastPos=1&fastReqId=531801446&categorieLien=id&oldAction=rechTexte.
- https：//www.legifrance.gouv.fr/affichTexte.do?cidTexte=JORFTEXT000019699735&fastPos=1&fastReqId=137846126&categorieLien=id&oldAction=rechTexte.
- https：//www.legifrance.gouv.fr/affichTexte.do?cidTexte=JORFTEXT000019990130&fastPos=2&fastReqId=1303898562&categorieLien=id&oldAction=rechTexte.
- https：//www.legifrance.gouv.fr/affichTexte.do?cidTexte=JORFTEXT000019

- 91718&fastPos=1&fastReqId=1303898562&categorieLien=id&oldAction=rechTexte.
- https：//www. legifrance. gouv. fr/affichTexte. do? cidTexte=JORFTEXT000000726395&fastPos=2&fastReqId=660380987&categorieLien=id&oldAction=rechTexte.
- https：//www. legifrance. gouv. fr/affichTexte. do? cidTexte=JORFTEXT000028338825&fastPos=1&fastReqId=1476964393&categorieLien=id&oldAction=rechTexte.
- https：//www. legifrance. gouv. fr/affichTexte. do；jsessionid=73445D93D10A6E55520C81F7F952D889. tplgfr28s_2? cidTexte=JORFTEXT000000817095&dateTexte=20071231.
- https：//www. legifrance. gouv. fr/affichTexteArticle. do；jsessionid=73445D93D10A6E55520C81F7F952D889. tplgfr28s_2? cidTexte=JORFTEXT000000817095&idArticle=LEGIARTI000006759292&dateTexte=20071231&categorieLien=id#LEGIARTI000006759292.
- Code des juridictions financières：https：//www. legifrance. gouv. fr/affichCode. do；jsessionid=73445D93D10A6E55520C81F7F952D889. tplgfr28s_2? cidTexte=LEGITEXT000006070249&dateTexte=20071231.
- https：//www. legifrance. gouv. fr/affichCodeArticle. do；jsessionid=73445D93D10A6E55520C81F7F952D889. tplgfr28s_2? cidTexte=LEGITEXT000006070249&idArticle=LEGIARTI000006357196&dateTexte=20180224&categorieLien=id#LEGIARTI000006357196.
- Code de la sécurité sociale：https：//www. legifrance. gouv. fr/affichCode. do? cidTexte=LEGITEXT000006073189&dateTexte=20180224.
- https：//www. legifrance. gouv. fr/affichCode. do；jsessionid=73445D93D10A6E55520C81F7F952D889. tplgfr28s_2? idSectionTA=LEGISCTA000006156303&cidTexte=LEGITEXT000006073189&dateTexte=20180224.
- https：//www. legifrance. gouv. fr/affichTexte. do? cidTexte=JORFTEXT000018979166&fastPos=6&fastReqId=1012554193&categorieLien=id&oldAction=rechTexte.
- https：//www. legifrance. gouv. fr/affichTexte. do? cidTexte=JORFTEXT000000365254&fastPos=5&fastReqId=1279052778&categorieLien=id&oldAction=rechTexte.
- https：//www. legifrance. gouv. fr/affichTexte. do? cidTexte=JORFTEXT000024960344&fastPos=1&fastReqId=1256671561&categorieLien=id&oldAction=rechTexte.
- https：//www. legifrance. gouv. fr/affichTexte. do? cidTexte=JORFTEXT000023781167&fastPos=2&fastReqId=789722677&categorieLien=id&oldAction=rechTexte.
- https：//www. legifrance. gouv. fr/affichTexte. do? cidTexte=JORFTEXT000000451379&fastPos=1&fastReqId=1939040594&categorieLien=id&oldAction=rechTexte.
- https：//www. legifrance. gouv. fr/affichTexte. do? cidTexte=JORFTEXT000028824278&dateTexte=19950725.
- https：//www. legifrance. gouv. fr/affichTexte. do? cidTexte=JORFTEXT000000705334&dateTexte=20180224.

- https://www.legifrance.gouv.fr/affichTexte.do?cidTexte=JORFTEXT000000787241&fastPos=1&fastReqId=1835779489&categorieLien=id&oldAction=rechTexte.
- https://www.legifrance.gouv.fr/affichTexte.do?cidTexte=JORFTEXT000000428976&fastPos=10&fastReqId=832537218&categorieLien=id&oldAction=rechTexte.
- https://www.legifrance.gouv.fr/affichTexte.do?cidTexte=JORFTEXT000000239925&fastPos=11&fastReqId=596239339&categorieLien=id&oldAction=rechTexte.
- https://www.legifrance.gouv.fr/affichTexte.do?cidTexte=JORFTEXT000000804607&fastPos=4&fastReqId=1783124334&categorieLien=id&oldAction=rechTexte.
- https://www.legifrance.gouv.fr/affichTexte.do?cidTexte=JORFTEXT000000184042&fastPos=1&fastReqId=1055530232&categorieLien=id&oldAction=rechTexte.
- https://www.legifrance.gouv.fr/affichTexte.do?cidTexte=JORFTEXT000021283028&fastPos=1&fastReqId=1710731202&categorieLien=id&oldAction=rechTexte.
- https://www.legifrance.gouv.fr/affichTexte.do?cidTexte=JORFTEXT000000809033&fastPos=1&fastReqId=1029372713&categorieLien=id&oldAction=rechTexte.

[84] https://www.legifrance.gouv.fr/affichTexte.do?cidTexte=JORFTEXT000000391362&fastPos=1&fastReqId=2031835794&categorieLien=id&oldAction=rechTexte

- https://www.legifrance.gouv.fr/affichTexte.do?cidTexte=JORFTEXT000000179313&fastPos=2&fastReqId=770798631&categorieLien=id&oldAction=rechTexte.
- https://www.legifrance.gouv.fr/affichTexte.do?cidTexte=JORFTEXT000000512896&dateTexte=20000408.
- https://www.legifrance.gouv.fr/affichTexte.do?cidTexte=JORFTEXT000000311784&fastPos=1&fastReqId=2073264026&categorieLien=id&oldAction=rechTexte.
- https://www.legifrance.gouv.fr/affichTexte.do?cidTexte=JORFTEXT000000391362&fastPos=2&fastReqId=1475907105&categorieLien=id&oldAction=rechTexte
- https://www.legifrance.gouv.fr/affichTexte.do?cidTexte=JORFTEXT000000752784&categorieLien=id.
- https://www.legifrance.gouv.fr/affichTexte.do?cidTexte=JORFTEXT000000602595&fastPos=1&fastReqId=1019576080&categorieLien=id&oldAction=rechTexte.
- https://www.legifrance.gouv.fr/affichTexte.do?cidTexte=JORFTEXT000000851303&dateTexte=20121231.
- https://www.legifrance.gouv.fr/affichTexteArticle.do;jsessionid=8E6271315300DDBE8963927B50DE830C.tplgfr28s_2?cidTexte=JORFTEXT000000509913&idArticle=LEGIARTI000006534075&dateTexte=19901204&categorieLien=id#LEGIARTI000006534075.
- https://www.legifrance.gouv.fr/affichTexte.do?cidTexte=JORFTEXT000021446446&fastPos=1&fastReqId=341335474&categorieLien=id&oldAction=rechTexte.
- https://www.legifrance.gouv.fr/affichTexte.do?cidTexte=JORFTEXT0000008

11035&fastPos = 1&fastReqId = 2033479430&categorieLien = id&oldAction = rechTexte.

· https：//www. legifrance. gouv. fr/affichTexte. do？ cidTexte = JORFTEXT0000008 74705&fastPos = 1&fastReqId = 2049769075&categorieLien = id&oldAction = rechTexte.

· https：//www. legifrance. gouv. fr/affichTexte. do？ cidTexte = JORFTEXT0000240 21430&fastPos = 2&fastReqId = 1767255917&categorieLien = id&oldAction = rechTexte.

· https：//www. legifrance. gouv. fr/affichTexte. do？ cidTexte = JORFTEXT0000006 84297&dateTexte = 20180323.

[85] Site web officiel de l'Union européenne. https：//europa. eu/european-union/index_fr.

· L'accès au droit de l'Union européenne. http：//eur-lex. europa. eu/homepage. html.

· http：//eur-lex. europa. eu/legal-content/FR/TXT/？ qid = 1519290429131&uri = CELEX：31970D0243.

· http：//eur-lex. europa. eu/legal-content/FR/TXT/？ qid = 1519291430803&uri = CELEX：32000D0597.

· http：//eur-lex. europa. eu/legal-content/FR/TXT/？ qid = 1519292294465&uri = CELEX：32007D0436.

· http：//eur-lex. europa. eu/legal-content/FR/TXT/？ qid = 1519292897391&uri = CELEX：32014D0335.

图书在版编目（CIP）数据

法国政府预算制度／吴亚萍编著．—北京：经济科学出版社，2017.10
（典型国家和地区政府预算制度研究丛书）
ISBN 978-7-5141-8941-4

Ⅰ.①法⋯　Ⅱ.①吴⋯　Ⅲ.①国家预算－预算制度－研究－法国　Ⅳ.①F815.652

中国版本图书馆 CIP 数据核字（2017）第 329507 号

责任编辑：刘　颖
责任校对：刘　昕
责任印制：李　鹏

法国政府预算制度

吴亚萍　编著

经济科学出版社出版、发行　新华书店经销
社址：北京市海淀区阜成路甲 28 号　邮编：100142
总编部电话：010-88191217　发行部电话：010-88191522
网址：www.esp.com.cn
电子邮件：esp@esp.com.cn
天猫网店：经济科学出版社旗舰店
网址：http://jjkxcbs.tmall.com
北京季蜂印刷有限公司印装
787×1092　16 开　20.5 印张　460000 字
2017 年 10 月第 1 版　2017 年 10 月第 1 次印刷
ISBN 978-7-5141-8941-4　定价：55.00 元
(图书出现印装问题，本社负责调换。电话：010-88191510)
(版权所有　侵权必究　举报电话：010-88191586
电子邮箱：dbts@esp.com.cn)